作 者 简 介

蒋廷瑜　广西兴安人，1939年10月生，1964年毕业于北京大学历史系考古专业，之后一直在广西壮族自治区博物馆工作，历任广西壮族自治区文物考古工作队副队长、队长，广西壮族自治区博物馆馆长，研究馆员，1990年被评为广西有突出贡献科技人员，1991年起享受国务院特殊津贴。现为广西文物专家小组组长、广西文物鉴定委员会主任委员、中国古代铜鼓研究会理事长。长期从事文物考古研究工作，发表学术论文90多篇，出版专著(含合著)10多种，代表著作有《铜鼓史话》、《铜鼓艺术研究》、《古代铜鼓通论》、《广西贵县罗泊湾汉墓》等。

广西文物考古研究所学术丛书之二

桂岭考古论文集

蒋廷瑜　著

科学出版社

北　京

内 容 简 介

本书为蒋廷瑜先生亲历广西先秦汉晋考古工作 40 年间的重要研究成果辑录。共收录已发表和待刊论文 37 篇,按研究内容分为先秦考古、汉晋考古、古代官印研究和其他 4 个部分,彰显作者在广西先秦汉晋考古方面的学术造诣,比较完整地反映了作者对广西先秦汉晋考古学的基本看法,读者从中可以对广西古代社会发展及其特殊性有个比较正确的认识。

本书可供历史学、民族学、考古学等相关专业师生和专家学者参考阅读。

图书在版编目 (CIP) 数据

桂岭考古论文集 / 蒋廷瑜著. —北京:科学出版社,2009
(广西文物考古研究所学术丛书;2)
ISBN 978-7-03-025358-3

Ⅰ. 桂… Ⅱ. 蒋… Ⅲ. 文物 – 考古 – 广西 – 文集
Ⅳ. K872.67-53

中国版本图书馆 CIP 数据核字(2009)第 149545 号

责任编辑:宋小军 刘 能/责任校对:张 琪
责任印制:赵德静/封面设计:张 放

科 学 出 版 社 出版
北京东黄城根北街 16 号
邮政编码:100717
http://www.sciencep.com
中国科学院印刷厂 印刷
科学出版社发行 各地新华书店经销
*
2009 年 8 月第 一 版 开本:787×1092 1/16
2009 年 8 月第一次印刷 印张:23 1/2 插页:1
印数:1—1 200 字数:538 000

定价:108.00 元
(如有印装质量问题,我社负责调换〈科印〉)

《广西文物考古研究所学术丛书》

编辑委员会

序

广西因宋置广南西路得名。秦置桂林郡，故省称"桂"。境内山高谷深，岩溶密布，林木苍翠，景色奇丽。自古以来，这里就是多民族聚居的地方，因僻处中国南疆，古代交通不便，与外界交往不多。中原汉人对这片土地感到神秘，誉其为"人间仙境"；对生活在这片土地上的古人也感到神秘，则以蛮夷怪异目之。外人真正了解古代广西，只不过 100 多年的历史；现代考古学的介入，则是近 50 多年来的事。考古学的介入，才使人们对广西的古代物质文化有了更深层次的了解。在研究广西古代物质文化的考古学者中，蒋廷瑜同志是其中的一位翘楚。

我与廷瑜同志初识于 1977 年。那时，十年浩劫刚过去不久，我因考古编辑组稿事宜出差南宁，当时他任广西文物考古工作队副队长，分管田野考古业务，故有缘结识。我们一见如故，话题直指广西历年发掘的先秦墓、汉晋墓，以及铜鼓的征集、花山崖画的调查。在了解墓葬材料的整理情况后，商定平乐银山岭战国秦汉墓的交稿日期。蒋廷瑜践约及时交稿，给我留下很好的印象。从此，我们不断有书信往来，互通信息，互相支持解惑。可以说，我们是在共同的考古爱好基础上建立起来的"君子之交"。

蒋廷瑜勤奋好学，敬业乐群。在人们的印象中，他是一位知名的古代铜鼓研究者，其实他的心思一直是在田野考古上，主攻专业是广西先秦汉晋考古学。大学毕业后，供职广西壮族自治区博物馆，40 多年来，考古工作从未间断，即使在身居博物馆领导岗位上，也不松懈对田野考古的关注和研究。他参加或主持了广西右江流域考古调查、兴安秦灵渠及秦城遗址调查、平乐银山岭战国秦汉墓发掘、贵县罗泊湾汉墓发掘、合浦汉墓发掘、兴安汉晋墓发掘，等等，八桂大地上之有古遗址、古墓葬发现的地方，几乎都留下他的身影。调查发掘后，他又积极投入组织或参与资料的整理编写。他参与编写《广西贵县罗泊湾汉墓》、《广西出土文物》、《广西铜鼓图录》，独著几本铜鼓专集，还写了许多单篇论文。收入该书的大都是他亲历广西先秦汉晋考古工作的重要研究成果。岭南石戈、广西先秦青铜文化、西瓯地望、汉代句町国、汉代錾刻花纹铜器、楚国南界和楚文化对岭南的影响等篇，是架构该书的主体宏文。散见于岭南和西南地区的青铜钺、人面弓形格剑、青铜甬钟、羊角钮钟、柱形器等特殊器物，以及广西出土的汉唐官印、南朝地券等的考释，则是本书精辟的学术小品。这些文章，大多是一物一议，文笔流畅，论证缜密，言之有据，令人信服。现在汇编成册，彰显作者在广西先秦汉晋考古方面的学术造诣，比较完整地反映作者对广西先秦汉晋考古学的基本看法，读者从中可以对广西古代社会发展及其特殊性有个比较正确的认识。这是该书的学术价值所在。

从年龄上说，他是我的老弟，我对广西历史考古的认识，却大多是从他的论著中获得的，在个别问题上，偶有意见相左，但不影响我们的友谊。先秦汉晋去今已远，现存的历史文献和已发现的考古资料都很有限，学者在研究中存在不同看法是正常现象。求同存异，互相尊重，我们共同期待考古新资料的不断发现再作定论，也希望年轻同志参与讨论。最近廷瑜来信告诉我，明年他将届古稀之年，广西文物考古研究所要他编个人论集，说我最了解他的成长，要我为论集写个序，我对同侪老人的心态有点感触，知道同侪老人欢喜回头看看过去，检讨一下自己走过的学术路程，出个集子，留供后人参考，好像这样做自己才能得到心灵慰藉，也算是一个学者应尽的一种历史责任。廷瑜是同侪群体中的精英，还不算"老"，以后还会写新篇，出续集，这个集子只能算是他个人学术生涯的阶段性成果，但结集出版的用意是相同的，所以我不避老拙滞钝，欣然为之序。

黄展岳

2008 年 12 月 1 日于北京木樨园寓所

自　序

　　我在广西从事考古工作40年，因为业务所需，断断续续写了一些相关的论文。现在盘算起来，大约有100篇，同时还写了将近200篇普及性的学术小品。恭逢盛世，承蒙广西文物考古研究所领导和同仁的关照，嘱编个人论文集，不胜感激之至。

　　我把这些论文大致分成先秦和汉晋两个阶段，这是我在广西从事考古工作的重点，此外，偶尔也涉及其他历史时期。

　　《岭南出土石戈探微》是应香港中文大学中国考古艺术研究中心邀请出席"南中国及邻近地区古文化研究国际会议"撰写的论文。该次会的中心议题是讨论牙璋，那时广西还没发现牙璋，我只好找与牙璋相近的石戈来研究。当时搜集了岭南地区所有石戈资料，将其分为8个类型。研究结果表明，石戈有它自身发生、发展历程，原本是劳动生产工具和武器，到原始社会末期，武器的功能增强，数量增多，成为岭南进入阶级社会初级阶段的标志。

　　《广西先秦青铜文化初论》是我和蓝日勇为"中国考古学会第四次年会"准备的论文。文中将广西的先秦青铜器划分为商至西周、春秋、战国三个阶段，探讨了它们的来源，从而推断出广西在商和西周时期就有了青铜文化的萌芽。结论认为，广西青铜文化是在中原文化影响下发生的，广西青铜文化发生时代较早，发展的速度较慢，发展的程度不充分，杂糅了周围各种地方文化特色。

　　《从银山岭战国墓看西瓯》是我在协助韦仁义整理平乐银山岭战国墓葬材料后有感而发的第一篇考古论文。通过对平乐银山岭战国墓的个案分析，确定这群墓葬代表着一种颇具特色的地方文化，用这些文化因素分析周围同时代的考古资料，大体勾勒出这种文化的分布轮廓，再用历史文献与之对勘，从而论证这种文化的主人是历史上的西瓯，进而利用考古资料论述了西瓯的社会性质和经济状况以及西瓯人的归宿。

　　对散见于岭南和西南地区的青铜钺（《先秦越人的青铜钺》）、人面弓形格铜剑（《广西所见人面弓形格铜剑》）、青铜甬钟（《略论岭南青铜甬钟》）、羊角钮钟（《羊角钮铜钟初论》、《羊角钮铜钟补述》）、柱形器（《铜柱形器用途推考》）等特殊的青铜器分别做了专门研究。对青铜甬钟和羊角钮钟的研究，说明岭南甬钟所代表的音乐是百越音乐，羊角钮钟和铜鼓所代表的音乐是百濮音乐，在古代南方民族乐器史研究方面开辟了新的领域。

　　虽然我对铜器铸造工艺是外行，但在研究早期青铜器的冶铸历史时也不得不加以关注，发表了一些不成熟的意见（《试论岭南早期青铜器铸范》、《广西出土越式铜鼎铸作工艺考察》、《先秦两汉时期岭南的青铜冶铸业》）。

《楚国的南界和楚文化对岭南的影响》是为"中国考古学会第二次年会"提供的论文，这次年会的中心议题是讨论楚文化。此文从文献和考古新发现两个方面论证了战国时期楚国南方边界稳定于湘漓二水之间，但楚文化的影响则及于岭南广大地区。这些是前人没有专门研究过的。

1976 年秋冬发掘了贵县罗泊湾汉墓，发掘完后整理考古简报和正式报告的任务主要落在我的身上，我的研究心得除了在《广西贵县罗泊湾汉墓》一书的结论中有所表述之外，后来还撰写了《广西贵县罗泊湾出土的乐器》（刊于《中国音乐》1985 年 3 期）、《贵县罗泊湾汉墓人殉研究》（刊于《三月三》1986 年 4 期）、《贵县罗泊湾汉墓出土度量衡资料分析》（收入《第二届中国少数民族科技史国际学术讨论会论文集》）和《贵县罗泊湾汉墓墓主族属的再分析》阐发了西汉南越时期的部分历史。

《西林铜鼓墓与汉代句町国》是在整理西林铜鼓墓资料之后的论文。通过对西林铜鼓墓材料的分析，论证了该墓主人是西汉时期中国西南夷中句町族的首领，结合历史文献推断了句町的社会经济状况和它的历史地位。

1975 年我参与主持了合浦堂排汉墓的发掘，出土了一枚琥珀印章，初步给它隶定为"劳新刬印"。后来得到师友帮助，发现原来判读有误，"新"其实是"执"，"印"其实是"邑"，正确隶定应是"劳邑执刬"。于是写了《"劳邑执刬"琥珀印考》，认定"劳邑执刬"印是南越国封赐给劳邑部族首领的官爵印。

我对汉代考古用功较多，发表的论文还涉及农业（《广西汉代农业考古概述》）和手工业（《汉代錾刻花纹铜器研究》）等。我花了多年时间搜集錾刻花纹铜器资料，撰写了那篇分量较重的论文，认定这种铜器兴起于西汉中期，盛行于西汉晚期和东汉前期，其制作中心在广西东南部的贵港和合浦。

2001 年 11 月在广东湛江举行"海上丝绸之路与中国南方港学术研讨会"，应邀与彭书琳合写了《汉代合浦及其海上交通的几个问题》，虽然我们当时还在资源晓锦考古工地，没有赶去出席这次会议，但这篇论文还是被选取入该会的论文集，后来又被选入《广西环北部湾文化研究》文集。

2001 年 6 在梧州召开了一次历史文化研讨会，有广东的学者出席，讨论到汉代苍梧郡治广信的地理位置，广西学者没有回应。会后《广西方志研究》约我补写一篇论文，这就是《试从考古发现探寻汉晋广信县治的地理位置》，根据梧州的考古发现，从汉晋墓葬的分布状况，我认为汉晋广信县治在今梧州市区内。

自 20 世纪 80 年代以后，我花了不少精力在铜鼓研究上，写了几本书，也写了一些论文，以致被人认为我是专门研究铜鼓的学者。其实我的心思一直是在田野考古，研究铜鼓只是一次偶然机会"误入歧途"。这部分论文原来我也选了几篇进来，有的朋友提醒我，那样做，这本文集就太庞杂了，不如把铜鼓论文剔出，使这本论文集真正是"考古"的。那些铜鼓论文如果有机会的话，可另外出一个集子，会更能集中说明问题。

为什么我把自己的文集称为《桂岭考古论文集》呢？所谓"桂"，就是"八桂"，是广西的雅称。"桂岭"就是广西的山山岭岭。在广西的山岭之间从事田野考古工作产生的论文称之为桂岭考古论文，不是很合适吗？20世纪80年代初，《广西日报》"花山"副刊的朋友为我开辟了一个介绍广西考古知识的专栏，称为"桂岭考古"，我利用这个专栏，连续发表了30多篇短文。我曾经撰写过一则联语："桂岭考古千般趣，铜鼓探索万种情"，请一位书法家朋友写成中堂，挂在我的办公室，作为座右铭。"桂岭考古"，其乐无穷，"桂岭考古千般趣"正是我的大部分人生写照。

蒋廷瑜

2008 年 10 月 5 日

目　　录

三、古代官印研究

四、其　　他

一、先秦考古

岭南出土石戈探微

石戈是石器中最晚出的器类之一。一般认为它是兵器，是战争出现的标志。实际上，在更多的场合，它是作为权力、地位的象征和祭祀的仪仗出现的，应同文明时代的到来有关。

岭南地区是石戈发现较多、较集中的地区。20 世纪 30 年代已在广东东北部发现石戈。50 年代以来，在广东进行的文物普查中又不时发现。但那时所见石戈多是残件，难以窥其原貌，有的被误归入别的石器加以描述。后来在粤北、粤东地区采集到可辨器形的直援直内有阑石戈，逐渐将它们同别的石器区分开来[1]。但在 60 年代，还是把它们作为新石器时代晚期的遗物来描述和报道。直到 1974 年在广东饶平县浮滨塔仔金山和联饶顶大埔山的一批墓葬中出土大量石戈之后，才使人们刮目相看，真正认识它们的特殊性和重要性[2]。在粤东地区，石戈与陶长颈大口尊、釉陶器、凹刃石锛一起，构成浮滨类型文化的主要内容。

到目前为止，广东出土石戈的地点，除饶平县多处以外，还有大埔[3]、蕉岭[4]、梅县[5]、兴宁[6]、潮安[7]、揭阳[8]、普宁[9]、海丰[10]、龙川[11]、连平[12]、乐昌[13]、曲江[14]、四会[15]、高要[16]、中山[17]、珠海[18]、东莞[19]、深圳[20]、惠阳[21]等县、市，以及香港沙洲、深湾[22]等处，主要集中在粤东汕头、潮州、梅州等地区，以韩江流域分布最密集。

实际上，这类石戈在与广东毗邻的福建也有广泛的分布，广西有零星的发现。

福建发现石戈的地点包括福州、建阳、光泽、仙游、莆田、惠安、安溪、同安、华安、南靖、平和、云霄、漳浦、龙岩、上杭、长汀、清流等县、市，80 年代以前，福建省博物馆已搜集到 50 多件，曾凡有专文论述[23]。80 年代以后，在南靖浮山[24]、霞浦沙江黄瓜山[25]、南平樟湖宝峰山[26]又有出土。

广西出土石戈的情况鲜为人知，已报道的仅有武鸣县岜马山西周晚期岩洞葬出土的 1 件[27]和平乐县银山岭战国墓填土中发现的 1 件[28]。其实在广西原认为是新石器时代晚期的文化遗址中也曾出土石戈。如 1957 年至 1960 年清理那坡县（当时叫睦边县）感驮岩洞穴遗址时，先后采集到残石戈 3 件；1964 年在昭平县乐群龙窝遗址发现残石戈 2 件；1966 年在全州县安和显子塘遗址出土残石戈 1 件，1978 年在同一遗址又采集到残石戈 1 件。这些石戈，都因过残，当时未被识别。完整的石戈也有采集，或因缺乏文化层位关系，或因没有伴出物，也未予以公开报道。如 1957 年在大新县丽江桥水坝工地出土 1 件；1963 年在贺县里松文汉屋背山采集 1 件；1964 年在马山县收集 1 件；1972 年在合浦县龙门江遗址出土 1 件；1974 年在钟山县清塘大爽水电站清基时出土 1 件；

1978 年在龙州县那浪收集 1 件；1981 年在象州县罗秀军田村采集 1 件；1992 年在田阳县隆平牌楼屯河里采沙时挖出一件等等。

广西以南，据说在越南北部也有石戈出土[29]。广西以西，至今尚未见到出土石戈的报道。

此外，广东北面的江西，在清江吴城等地也有石戈出土[30]。在河南商周时期的一些遗址和墓葬中也有石戈和玉戈出土。

由此我们看到，中国南方石戈的大致分布范围是：东到福建、广东沿海，南到广东珠海、香港，广西合浦、龙州，西到广西那坡、田阳，北到江西清江。地跨五岭南北，包括华南 4 省（区），以广东韩江流域为其重心。

曾凡在《关于福建与中原商周文化的关系问题——从出土的石戈谈起》一文中将福建的石戈分为 2 型 10 式；邱立诚在《略谈粤东"浮滨类型"文化的发现及其有关问题》一文中将浮滨类型文化遗存中的石戈分为 6 式[31]。这些分类，是我们进一步研究岭南出土石戈的基础。现结合其他地点出土的资料，将岭南石戈重新分类如下：

Ⅰ式，宽援短内戈。援较宽大，上下刃呈弧形向前收缩，前锋尖锐，援的后部有穿，内很宽，与援交接的界限不明。从平面看，这类戈的形状很像鱼头，又似中原地区商周瑞玉中的圭。饶平县田饶村鹧鸪堀石戈援面正中起脊，援刃向前收杀成锋，短内，内后缘平直（图一，2）；揭阳县地都伯爷坑石戈，内后缘抹角，穿稍为靠前，前锋残（图一，1）；大埔县枫朗保安斜背岭 M20：8 石戈，援北内宽，有脊，前锋有边刃，内极短，上缘微斜，后缘和下缘平直（图一，3）。福建漳浦石戈，华安苏玲小学石戈均属此类。

Ⅱ式，长援平内戈。援的上下刃平直，向前伸至锋端，内折成三角形锐锋。因前锋直线收削，较之Ⅰ式更像玉圭。饶平县浮滨塔仔金山 M6 石戈，长援短内，援上下刃均平直，向前收削成锋（图一，11）；大埔县枫朗斜背岭 M20：7 石戈，援上下刃平直，前端略宽于后端，内稍长，后缘略下斜（图二，9）。惠阳县龙舟山石戈、普宁县梅塘梅峰石戈属此类。

Ⅲ式，长援束腰戈。长援短内，与Ⅱ式近似。所不同者，其援上下刃均向中部收缩。从平面看，前窄，后宽，中腰内凹。饶平县浮滨塔仔金山 1 件，中脊到援后部向两侧斜出（图二，11）。龙川县坑子里石戈，援窄长，向前加宽，至援末又收缩成锋。东莞村头遗址石戈亦属此类。

Ⅳ式，长援微弯戈。援内均窄长，援刃稍向内弯，有如镰。揭阳县云路梅林坑石戈长援微下弯，锋端呈圭形，直内（图一，13）；大埔县金星面山采：74 石戈长方内，窄长援，上刃往下弧弯，中脊向两侧斜出（图二，8）；乐昌县老虎头石戈与金星面山采：74 石戈相同（图一，10）；曲江县周田月岭石戈、梅县安和村矮岭石戈、普宁县流沙仙姑山石戈均属此类。

Ⅴ式，方内折阑戈。内有穿，内援相接处起斜脊，此二斜脊到援的中部汇合成正脊，再直贯锋尖。饶平县浮滨塔仔金山 1 件形制与Ⅰ式相同，宽援短内，所不同者仅在

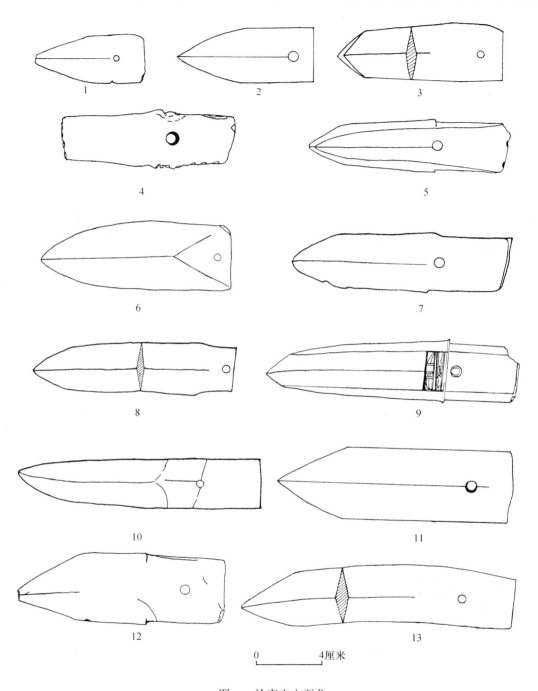

图一　岭南出土石戈

1. 揭阳伯爷坑（Ⅰ式）　2. 饶平鹤鹕堀（Ⅰ式）　3. 大埔斜背岭 M20:8（Ⅰ式）　4. 马山（Ⅷ式）
5. 饶平塔仔金山（Ⅶ式）　6. 饶平塔仔金山（Ⅴ式）　7. 田阳牌楼（Ⅵ式）　8. 武鸣岜马山（Ⅵ式）
9. 大新丽江（Ⅶ式）　10. 乐昌老虎头（Ⅳ式）　11. 饶平塔仔金山 M6（Ⅱ式）
12. 饶平塔仔金山（Ⅵ式）　13. 揭阳县梅林坑（Ⅳ式）

脊棱（图一，6）；饶平县新丰杨康官祠山石戈，援略窄，内亦略长，但仍有折阑（图二，7）；那坡县感驮岩2件残石戈均无穿，援内相接处起折阑，其中1件援的正面有两道脊，平行向前（图二，2）；另1件正反面都有两道平行的脊，但正反两面不对称（图二，4）。饶平塔仔金山Ⅲ式石戈，大埔金星面山采:74石戈、乐昌老虎头石戈也有类似折阑。

Ⅵ式，直内微阑戈。直援直内，援内相接处有向外折出不明显的阑。饶平县浮滨塔仔金山石戈，援内均较粗短，相接处有外折的阑（图一，12）；田阳县牌楼石戈，长援长内，援内间有斜肩式的阑（图一，7）；合浦县龙门江石戈，援向前收缩，上缘微下弯，形成弓背，内上缘平直，下缘向后斜，后缘向下斜，阑稍突起（图二，6）；武鸣县岜马山石戈，短内，阑微突，援锋呈三角形（图一，8）。

Ⅶ式，有边刃的直援戈。直援直内，上下阑突出，援上下均有边刃，有的内缘也有边刃，是石戈的高级形式。饶平县浮滨塔仔金山有出（图一，5）；香港沙洲石戈，援首锋刃已残，除有中脊外，援上下刃，内上下缘均有边刃（图二，10）；龙州县那浪石戈，援上下刃都有边刃，内上缘和后缘用铜片包裹（图二，12）；大新县丽江石戈，援上下刃，内上下缘及后缘有边刃，援的阑侧刻划纤细的平行直线和牛角形、绞索图案（图一，9）。兴宁县加地凹的琢制石戈残件、昭平县龙窝遗址残石戈，可能都属此类。

Ⅷ式，异形戈。从形态上不能归入以上7式者。如象州县军田石戈，长条形，无阑无穿，两面正中均起脊（图二，1）；钟山县大爽石戈，也是长条形，直援短内，内后缘抹角（图二，3）；马山县石戈，长方形内，后缘稍向下斜，援本较宽、厚，内端残去，援内之间阑稍突起（图一，4）；平乐县银山岭石戈，长条形，援上下刃较钝，无锋尖，内较援宽大，阑稍高出援刃（图二，5）；高要茅岗石戈，扁平，阑平斜，平面看像矛。

以上石戈不管分成多少类型，大体上都不出无阑石戈和有阑石戈两大类。从器物形态观察，无阑石戈较原始，有阑石戈较进步。Ⅰ～Ⅳ式石戈是最原始的石戈，像刀，像镰，初成其形。河南殷墟商代玉戈（M17:3）与Ⅰ式石戈相似，殷墟墓葬出土的石戈（KBM21:4）和玉戈（PM1:3、GM239:1）亦属此类[32]。夏鼐先生认为，殷墟妇好墓950号玉圭实际上是玉戈[33]，也与Ⅰ式石戈相似。Ⅴ、Ⅵ式石戈是发展中定型期的石戈，是有阑石戈的初始形态，湖北黄陂盘龙城楼子湾M4:9玉戈，郑州北二七路商代中期墓的石戈[34]，与Ⅵ式相似。Ⅶ式石戈是成熟期石戈，外形已与铜戈接近，明显带有仿铜戈的性质。在岭南粤东地区，从原始无阑石戈向原始有阑石戈发展的轨迹相当清晰。正如苏秉琦先生所指出的："韶关地区和汕头地区出土的石戈，从最原始的无阑戈到有阑戈，其发生发展的过程是中原所没有见过的。"[35]。

在中原地区新石器时代的裴李岗文化、仰韶文化、大汶口文化和龙山文化，都没有石戈发现，在中南地区的屈家岭文化、山背文化，在华东地区的河姆渡文化、良渚文化和崧石山文化，也没有石戈发现。从河南安阳殷墟发掘的情况看，梅园庄一期的石器中只有石刀、石镰，而无石戈，苗圃各期的石器中有两件还与石镰无明显区别的"石

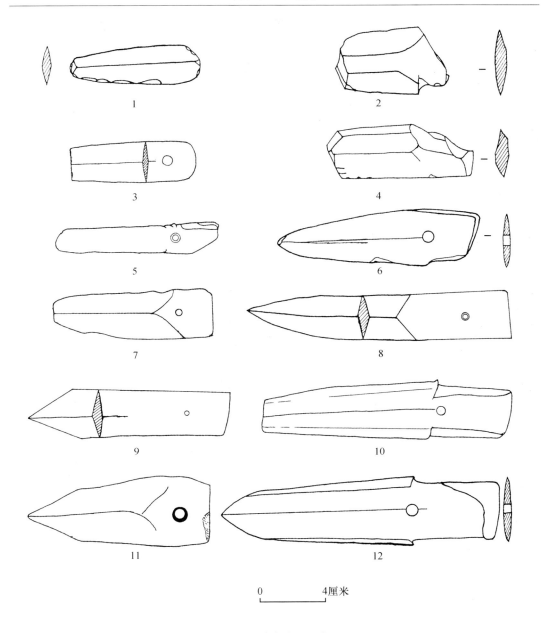

0　　　　　4厘米

图二　岭南出土石戈

1. 象州军田（Ⅷ式）　2、4. 那坡感驮岩（Ⅴ式）　3. 钟山大爽（Ⅷ式）　5. 平乐银山岭 M156：1（Ⅷ式）
6. 合浦龙门江（Ⅵ式）　7. 饶平官祠山（Ⅴ式）　8. 大埔金星面山采：74（Ⅳ式）　9. 大埔斜背岭
M20：7（Ⅱ式）　10. 香港沙洲（Ⅶ式）　11. 饶平塔仔金山（Ⅲ式）　12. 龙州那浪（Ⅶ式）

戈"，其他也都是石刀、石镰。在殷墟三期才真正见到原始的宽援短内石戈。在 1958～
1961 年发掘的一批殷墟墓葬中，出土青铜戈 23 件，石戈仅 2 件，玉戈也仅 2 件。可见
石戈在这时才刚刚露头[36]。在岭南地区，新石器时代诸多文化遗址中也不见石戈。岭

南地区的石戈最早见于石峡文化中期，而集中出现于比石峡文化稍晚的浮滨类型文化，在几何印纹硬陶中也流行。

关于石戈的年代，中原地区出现的时代是殷墟三期，即晚商文化中期。岭南石戈可参照饶平墓葬的材料推定。有的学者已推定过饶平墓葬的年代，根据一些器物的对比分析，凹刃石锛与江西吴城商代遗址所出的凹刃石锛相同，有阑石戈与江西吴城二期的石戈近似，陶大口尊与河南郑州二里冈 H17：103 大口尊没有明显区别，与二里冈上层的郑州铭功路商代墓所出的折肩大敞口青釉尊在造型上有共同的地方，陶器上的刻划文字（符号）有不少与吴城所出的相同，因而断定约相当于商代[37]。从石戈本身的发展序列来看，饶平的无阑石戈与殷墟三期的石戈很相似，饶平的微阑石戈（Ⅵ式）也比吴城二期的石戈原始。一般情况下，无阑石戈的年代要早于有阑石戈。因此，饶平墓葬应比吴城二期文化的年代还早。"浮滨类型"文化属广东青铜文化的萌芽阶段。潮安梅林湖直援石戈，因援的前段已残，可能属于Ⅱ式，也可能属于Ⅳ式，它与曲折纹和篮纹软陶共存，时代也相当于殷商。Ⅵ式石戈制作规整，与中原地区商周玉戈颇多接近，在广西武鸣岜马山西周岩洞葬中出现，时代应属商代晚期至西周。Ⅶ式石戈，器身厚重，阑齿突出，援内有更明显的划分，边刃清晰，形制接近早期的青铜直内戈，这类石戈在岭南地区多与夔纹陶共存，时代相当于西周至春秋时期。平乐银山岭石戈，因出于战国墓的填土中，不是战国墓的随葬品，说明战国时期已不流行，并且对它的用途已经陌生，废弃不用的年代相去甚远了。因此，岭南石戈的下限应是春秋时期。

有人认为，岭南石戈是仿商周铜戈的。这种说法不全面。石戈有它自身发生发展的历程，它的起始并非仿自铜戈，而是石器本身分化的结果。石戈是在新石器时代原有锋刃器的基础上发展起来的一种新器物。新石器时代的磨制石斧，刃在前端，垂直装柄于后端，与后来的石戈装柄形式类似；石刀用下刃切割，与石戈钩割的功能类似；特别是石镰，不仅垂直缚柄的形式与石戈相似，而且以其下刃钩割的主要功能的作用也与石戈相似。从石戈的原始形态来看，除了石镰、石刀、石斧的综合外，没有与之更相肖的工具。不可否认，中原地区是铜戈的发源地，商周时期是铜戈最流行的时期，铜戈在历史上的作用和影响不能低估。但是，不能以此来说明石戈必定仿自铜戈。更何况铜戈本身的起源也还是一个未解之谜。根据二里头文化铜戈的形制，铜戈很可能脱胎于当时的生产工具——石镰和石斧[38]，因此有人认为，铜戈的出现与中原龙山文化的石镰有一定的渊源关系[39]，有人甚至主张铜戈是从石戈发展而来的[40]。石戈与铜戈互为影响，其关系十分微妙。从殷墟发掘出土大量石镰，同时又有极少的原始形态石戈的情况来看，石戈起源于石镰之说，远比石戈起源于铜戈之说符合客观实际。反看岭南地区的情况也无不如此，新石器时代有石刀、石镰，没有石戈，只有到新石器时代末期，青铜文化刚刚萌芽的时候，才出现石戈。这时还没有与石戈相类似的铜戈。进入青铜时代，戈类兵器在岭南地区并不发达，从中原地区传入的铜戈也屈指可数。要说石戈仿自铜戈，就在那个时代也无从仿起。饶平顶大埔山墓地采集的铜戈，窄长援，平直而略下弯，短内，较援宽大，援内各有一穿，与当地石戈大不相同。即从中原地区来看，殷墟出土的原始石戈与它同时代的铜戈，在形制上也相去甚远。再从已发现随葬石戈（玉戈）同时又随葬铜戈的墓葬来看，两种质料的戈也没有相同或相似的例子。如湖北黄陂盘龙城楼子湾4号墓，既有玉戈又有铜戈，玉戈是直援直内，前锋作三角形，援内间的阑突很不明显，与岭南Ⅵ式石戈相似；铜戈的援呈梭形，从本部起逐步向前收缩成锋，内较窄，呈长方形，上下阑十分突出，不像任何石戈（图三，1、4）[41]。郑州铭功路西侧的2号商代墓，也是玉戈与铜戈共存，玉戈为直援直内，前锋收折成三角形，内很短，与援无分界线，无阑，后缘略向下斜，也与岭南Ⅵ式石戈相似；铜戈的援作前窄后宽的长条梭形，中部有脊棱，内长方形，较援窄，后部两面各铸有凹下的长方形框，后缘下方折角，上下阑突出器外，与玉戈迥异（图三，2、3）[42]。

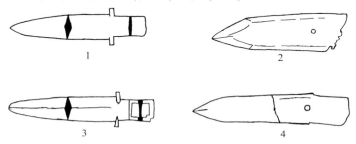

图三　玉戈铜戈比较

1、4. 湖北盘龙城楼子湾 M4　2、3. 郑州铭功路 M2

铜和石质料不同，制作和加工方法也不同。制造铜戈用浇铸法，将铜的合金熔化，浇灌到原来设计好的石范或陶范内，使之成形，然后再打磨加工；制造石戈用琢磨法，将石料锯截或敲砸出一定形状、大小，敲琢成形，然后打磨加工。无论石戈模仿铜戈，还是铜戈模仿石戈，都只能做到外形上的相似。商代铜戈，除了常见的直内戈之外，还有曲内戈和銎内戈。石戈只有直内戈，还没有发现曲内戈和銎内戈。是由于质料所限，没有仿制，还是根本没有想到仿制？笼统提石戈仿铜戈之说是难以成立的。

石戈作为锋刃器，原本是劳动生产工具和武器，前锋锐利，便于啄击，下刃有利于钩割，上刃有利于推挡，前锋与上下刃结台，便于砍劈，装上长柄，确是杀伤力很强的利器。在远古时代，大地上充满凶禽猛兽，人类为了生存，学会制造和使用利器，一方面用以防身，抵挡凶禽猛兽的袭击；另一方面用以进攻，击杀凶禽猛兽以为食。那时，劳动工具和武器是不分的。原始社会部落战争所用的武器也是平时劳动生产的工具。中国古史传说"黄帝以玉为兵"，所谓"玉兵"，就是琢磨精美的玉石兵器。在原始社会末期，随着社会生产力的发展和私有财产的积累，人与人之间的战争，较之与禽兽之间的格斗更为频繁，于是，一些生产工具分化出来成为专门的武器。石戈这种人类最早的武器，正是部落战争频繁的物证。岭南地区石戈的大量出土，标志着这里曾经有过战争频繁的发展阶段。而正是经历这个阶段，人类社会跨入文明时代。但是，有不少石戈制作规整，打磨光洁，大部分质料不很坚硬，出土时没有明显的使用痕迹，可能不是实用器。这些石戈，大多作为陪葬品被埋葬在较大的墓中，应是部落酋长或军事首领的专用品。随着社会的发展和物质财富的增加，人与人之间的地位发生差异，某些特有的生产工具或武器，逐渐被少数头人所垄断，并被赋予新的社会内容，成为权力和地位的象征。陈志达先生在论述殷墟出土的武器时，将殷代武器分为实战性、仪仗性和明器性三大类，而定玉石质戈为仪仗性武器[43]，是很有道理的。岭南地区石戈的产生、发展，正处在这样的社会历史阶段，担负了这种权力和地位象征物的角色。广东饶平浮滨 1 号墓，随葬石戈 3 件，是该墓地随葬石戈数量最多的一座墓，也是规模最大的一座墓。这座墓位于塔仔金山的山顶平台上，其他的墓环绕在它的周围，分布在山腰。墓室长 4.2、宽 2.9 米，随葬品 35 件，也是该墓群中随葬品最多的墓。在大埔枫朗清理发掘的 22 座墓中，随葬石戈的 4 座墓也是较大的墓，如金星面山 1 号墓，位于金星面山顶部东边平台上，长 2.2、宽 1.25 米，有随葬器物 22 件，是这批墓中随葬器物最多的 1 座，出土 1 件石戈；又如斜背岭 20 号墓，长 2.7、宽 1.2 米，随葬器物 19 件，其中有石戈 3 件。这些墓的主人，生前可能也是部落酋长或军事首领。这种现象和中原地区出土玉戈的情况相类似，安阳殷墟也只有大、中型的墓随葬玉戈，小型墓极少见玉戈[44]。

岭南地区少见玉戈，多见石戈，其石戈当具有与中原地区玉戈相同的功能。《说文解字》说：“玉，石之美。”古时玉、石没有明确界限，美石都是玉。岭南地区随葬石戈的主人应与中原地区随葬玉戈的主人具有相似的社会地位。

岭南大量石戈的出现，是当地文化发展的结果，是当地进入阶级社会初级阶段的产物。岭南石戈产生于青铜文化萌芽时期，是新出现的一种石器类型，开始并无类似铜器所仿效。但是岭南地区背靠五岭，面向南海，也不是与世隔绝的。很早就同中原地区发生文化交往。岭南Ⅰ、Ⅱ式石戈与殷墟商代石戈十分相似，其中Ⅱ式石戈与殷墟妇好墓Ⅴ式 978 号玉戈，Ⅳ式石戈与殷墟妇好墓Ⅴ式 1012 号玉戈，Ⅵ式石戈与殷墟妇好墓Ⅱ式 336、496 号玉戈，Ⅶ式石戈与殷墟妇好墓Ⅲ式 286、549、1314 号玉戈，都十分相似[45]；岭南Ⅶ式石戈与四川广汉三星堆祭祀坑出土的玉戈也相似[46]。表明这些地区存在着文化联系与交流。岭南地区青铜文化受着中原地区高度发达的青铜文化的影响，商周以后不但有青铜器传入和仿制，而且也有仿铜戈的高级型石戈。岭南石戈与殷墟、三星堆某些玉戈的相似性，反映了中国腹地青铜文化对岭南地区青铜文化初级阶段的直接和间接影响。

本文承彭书琳、陈文、谌世龙等同事校阅，提出宝贵意见，彭书琳临绘插图，谨致谢。

1993 年 7 月 5 日

注　释

[1]　广东省博物馆：《广东北部山地地区新石器时代遗存》，《考古》1961 年 11 期；广东省博物馆：《广东东部地区新石器时代遗存》，《考古》1961 年 12 期。

［2］ 广东省博物馆、饶平县文化局：《广东饶平县古墓发掘简报》，《文物资料丛刊》第 8 辑，文物出版社，1983 年。

［3］ 黄玉质、杨式挺：《广东梅县、大埔县考古调查》，《考古》1965 年 4 期；广东省文物管理委员会办公室等：《广东文物普查成果图录》，广东科技出版社，1990 年，25、26、29 页；广东省博物馆等：《广东大埔县古墓葬清理简报》，《文物》1991 年 11 期。

［4］ 麦兆良：《粤东考古发现》，转引自邱立诚：《略谈粤东"浮滨类型"文化的发现及其有关问题》，《广东省博物馆馆刊》1988 年 1 期。

［5］ 黄玉质、杨式挺：《广东梅县、大埔县考古调查》，《考古》1965 年 4 期。

［6］ 广东省博物馆：《广东东部地区新石器时代遗存》，《考古》1961 年 12 期。

［7］ 广东省文物管理委员会：《广东潮安的贝丘遗址》，《考古》1961 年 11 期；曾广亿：《广东潮安梅林湖西岸新石器时代遗址》，《考古》1965 年 2 期。

［8］ 吴城：《广东揭阳云路出土一批石器、陶器》，《考古》1985 年 8 期；《广东文物普查成果图录》，28 页。

［9］ 邱立诚：《广东普宁县梅塘发现石、陶器》，《文物资料丛刊》第 8 辑，文物出版社，1983 年；《广东文物普查成果图录》，27、30 页。

［10］ 同［4］。

［11］ 同［6］。

［12］ 朱非素：《近年来广东考古发掘新收获》，《广东省博物馆馆刊》1988 年 1 期。

［13］ 卢永光：《粤北地区新石器时代末期文化初识》，《纪念马坝人化石发现卅周年文集》，文物出版社，1988 年，图一，5 页。

［14］ 广东省文物管理委员会等：《广东曲江鲶鱼转、马蹄坪和韶关走马冈遗址》，《考古》1964 年 7 期；杨式挺：《广东新石器时代文化及其相关问题的探讨》，《史前研究》1986 年 1、2 期。

［15］ 广东省文物管理委员会：《广东西江两岸地区古文化遗址的调查》，《考古》1965 年 9 期。

［16］ 杨豪、杨耀林：《广东高要茅岗水上木构建筑遗址》，《文物》1983 年 12 期。

［17］ 杨式挺：《岭南先秦青铜文化考辨》，中国南方及东南亚地区古代铜鼓和青铜文化第二次国际学术讨论会论文，1991 年。

［18］ 珠海市博物馆等：《珠海考古发现与研究》，广东人民出版社，1991 年。

［19］ 邱立诚、刘成基：《东莞村头遗址发掘的初步收获》，《广东省博物馆馆刊》1991 年 2 期。

［20］ 莫稚：《广东宝安新石器时代遗址调查简报》，《考古通讯》1957 年 6 期。

［21］ 同［6］。

［22］ 广东省博物馆、香港中文大学文物馆：《广东出土先秦文物》，香港中文大学出版社，1984 年。

［23］ 曾凡：《关于福建与中原商周文化的关系问题——从出土的石戈谈起》，《中国考古学会第四次年会论文集》，文物出版社，1985 年。

［24］ 林公务：《十年来的福建史前考古》，《福建文博》1989 年 1、2 期合刊。

［25］ 福建省博物馆：《霞浦黄瓜山遗址调查简报》，《福建文博》1989 年 1、2 期合刊。

［26］ 福建省博物馆等：《南平樟湖宝峰山遗址发掘报告》，《福建文博》1991 年 1、2 期合刊。

［27］ 广西壮族自治区文物工作队等：《广西武鸣邑马山岩洞葬清理简报》，《文物》1988 年 12 期。

［28］ 广西壮族自治区文物工作队：《平乐银山岭战国墓》，《考古学报》1978 年 2 期。

［29］ 香港中文大学邓聪先生 1992 年 12 月函示；越南考古研究所黄春征先生 1993 年 5 月面告。

［30］ 江西省博物馆等：《江西清江吴城商代遗址发掘简报》，《文物》1975 年 7 期。

［31］ 邱立诚：《略谈粤东"浮滨类型"文化的发现及其有关问题》，《广东省博物馆馆刊》1988 年 1 期。

［32］ 中国社会科学院考古研究所：《殷墟发掘报告（1958～1961）》，文物出版社，1987 年。

［33］ 夏鼐：《商代玉器的分类、定名和用途》，《考古》1983 年 5 期。

［34］ 河南省文物研究所：《郑州北二七路新发现三座商墓》，《文物》1983 年 3 期。

［35］ 苏秉琦：《关于考古学文化的区系类型问题》，《苏秉琦考古学论述选集》，文物出版社，1984 年。

［36］ 同 ［32］。

［37］ 同 ［2］。

［38］ 北京大学考古系考古教研室商周组：《商周考古》，文物出版社，1979 年，18 页。

［39］ 杨锡璋：《关于商代青铜戈、矛的一些问题》，《考古与文物》1986 年 3 期。

［40］ 郭宝钧：《戈戟余论》，《中央研究院历史语言研究所集刊》第五本第三分，1935 年。

［41］ 湖北省博物馆：《一九六三年湖北黄陂盘龙城商代遗址的发掘》，《文物》1976 年 1 期。

［42］ 郑州市博物馆：《郑州市铭功路西侧的两座商代墓》，《考古》1965 年 10 期。

［43］ 陈志达：《殷墟武器概述》，《庆祝苏秉琦考古五十五年论文集》，文物出版社，1989 年。

［44］ 同 ［32］。

［45］ 中国社会科学院考古研究所：《殷墟妇好墓》，文物出版社，1980 年。

［46］ 四川省文物管理委员会等：《广汉三星堆遗址一号祭祀坑发掘简报》，《文物》1987 年 10 期；《广汉三星堆遗址二号祭祀坑发掘简报》，《文物》1989 年 5 期。

（原载于《南中国及邻近地区古文化研究》，香港中文大学出版社，1994 年）

广西先秦青铜文化初论

一、引　言

提起广西古代青铜器，人们一般只知道铜鼓，因为地方志书对各地铜鼓出土，流传的情况记载颇详，而对其他种类的青铜器缺乏记载。长期以来，人们对广西是否有先秦青铜器存在，模糊不清，甚至产生广西无青铜文化的错觉。

新中国成立以来，随着我国考古事业的蓬勃发展，广西的考古工作也开展起来，一些零星发现的青铜器得到了有关部门的及时收藏和记录，逐渐积累了一些资料。特别是1973 年在恭城嘉会秧家发现一座春秋时代墓葬，1974 年在平乐银山岭发现战国时代墓葬群，分别出土了成批的青铜器。

广西所见先秦青铜器的情况有三：一是墓中的随葬品，如恭城、平乐等地春秋战国墓中所出，这类青铜器成批出土，种类繁，数量多，可互相参证，资料至为珍贵。二是窖藏物，如武鸣、兴安的铜卣，陆川、荔浦的铜尊，灌阳、忻城的铜钟等，数量有限，但出土地点明确，资料也很重要。三是零星收集的流散文物，具体出土地点不明，可做其他铜器材料的补充。

到目前为止，恭城[1]、平乐[2]的两批青铜器已在该两处墓葬的考古报告中发表，嗣后于1977 年在田东锅盖岭发现两座战国墓[3]，1979 年在宾阳甘棠韦坡[4]又发现两座战国墓，资料也已发表。零星发现的一些青铜器，如武鸣、兴安的商代铜卣，灌阳、忻城、横县、宾阳、南宁出土西周至春秋的铜钟，也已作了简单的报道[5]，有的则收入《广西出土文物》一书[6]。但在这些材料发表后，还没有做进一步研究。我们拟就目前所能接触到的资料，做一番清理，试图探索一下广西青铜文化问题。仓促成文，错误和不当之处，请同志们批评指正。

在这里还需说明的是，本文所涉及的先秦青铜器是指在广西境内出土的，从商代到秦统一岭南之前这一特定历史时期的青铜器，其中不包括到现在为止还有年代争议的北流型铜鼓和在汉代墓葬中出土的那一部分战国铜器。文中提到各类铜器的统计数字，只是我们目前所搜集到的，有些县、市我们还来不及调查，那里出土的青铜器没有计入，还有待于今后补充。在收集资料过程中承蒙我馆保管部及广西有关县、市文物部门的大力支持，借此机会，致以感谢。

二、先秦青铜器分期

广西出土先秦青铜器由于数量少，材料比较零碎，要从它们本身划分出发展阶段是比较困难的。为了表述方便，我们暂按历史朝代，将它们划分为三个阶段来叙述：即商至西周时期，春秋时期，战国时期。

1. 商至西周时期

能确定商至西周时期的铜器为数甚少，目前只知有卣二件，尊三件，钟三件和戈三件，都是零星出土物。

卣二件，一件出于兴安县，具体地点尚未查实；一件出于武鸣县马头公社全苏大队勉岭，是窖藏物。

兴安铜卣器盖已失。提梁作绹索形，置左右脊上，与《美帝国主义劫掠的我国殷周青铜器集录》[7]（以下简称《劫掠》）一书所著录的 A556、557、558 各铜卣的提梁相同。器身两面饰浮雕式兽面纹，与《劫掠》所著录 A583 铜卣和《商周彝器通考》[8]著录的六二四杞妇卣相同。器底内有阴刻"天父乙"三字铭文，与《劫掠》著录的A522"天父乙"觯、A202"天父乙"簋和《西清古鉴》著录的 13-1 天父乙簋的铭文近似。无论从造型、纹饰和铭文都与黄河流域出土的晚商铜卣相似，应属商代晚期。

武鸣铜卣器壁厚重，器身呈灰黑色，是所谓"黑漆古"。器盖和器身都有高耸的扉棱，提梁置于正背面脊上，下端有牛首。通体以云雷纹为地，上饰夔龙、兽面、蝉纹，盖内有阴刻铭文"木"字。从造型、纹饰来看，与湖南宁乡出土的戈卣[9]很相近，应是商代晚期或西周早期的器物。

尊三件，分别出土于荔浦县栗木公社栗木大队马蹄塘、陆川县乌石公社塘城大队，宾阳县武陵公社廖寨大队木荣村。三件都是窖藏物。

荔浦铜尊和陆川铜尊造型、纹饰都相同。二器胎较薄，有铁锰锈，器形皆呈"亚"字形，敞口、短颈，斜肩，斜腹，底附大圈足，肩附二只细长反首兽耳，颈下饰圈点纹，肩部饰饕餮纹，肩腹交界处饰重环纹，腹部饰三角形夔纹，圈足上层饰环带纹，下层饰圆体云雷纹。这两件铜尊与湖南湘阴西周铜尊近似[10]。其外形也与长安普渡村西周墓中出土的铜尊近似[11]，时代应属西周。

宾阳铜尊器表有翠绿包锈，胎内呈紫色，有砂眼。器身与荔浦尊和陆川尊相似，亦作"亚"字形，但颈稍长，斜肩稍隆起，特别不同的是肩上二耳作牺形，牺头向外，牺身上各有一环。兽耳较粗壮，器壁也较厚重，纹饰较繁较细。时代也当属西周。在距此铜尊出土地点 2 米处，曾出土过一件大石铲，二者之间是否有时代关系，值得注意。

铜钟三件，分别出土于灌阳县红旗公社仁江大队钟山、忻城县大塘中学后背山、横县镇龙公社那旭大队那桑村妹儿山。

灌阳仁江铜钟甬部已残，干上饰乳钉纹和窃曲纹，钲周边饰圈中有小点的圈带纹；

枚短而尖,篆间饰勾连纹,与陈梦家《西周铜器断代》[12]提供的材料相比,其面部纹饰与其"中期钟"相同,篆间界格与其"中期钟"第三、四例相同,干与"中期钟"第二例相同,因而应是西周中期的。

忻城大塘铜钟身饰乳钉纹,舞饰兽面纹,鼓部正中饰窃曲纹,造型和纹饰与陕西长安普渡村西周长田墓出土的编钟相似[13],其时代也应是西周中期。

横县镇龙铜钟鼓部饰窃曲纹,正面鼓部左右两侧在窃曲纹地之上附以浮雕式装饰物,别处未见。钲、篆间、舞面饰雷纹和斜角雷纹,二层乳钉纹为界格,栾边和篆间饰水波纹三道。器体厚重,正面观几成矩形。从整个形象来看,可能是西周时期的器物。

戈三件,分别出于武鸣县马头公社全苏大队勉岭、武鸣县马头公社那堤大队敢猪岩、灌阳县新街。

武鸣勉岭铜戈与铜卣同出,出土时已残断。长胡二穿,但援、内平直,仍是早期铜戈特征。它与安阳后冈圆坑墓出土的二穿戈[14]、山东长清县复河北岸出土的Ⅲ式戈[15]都很相近,它们都是商代戈。戈体阑侧饰云雷纹一道,栉纹二道,其云雷纹与铜卣的地纹相同,这种纹饰常见于商代晚期和西周初期的铜器上[16]。所以,戈的时代应与铜卣相近,属商代晚期或西周早期。

武鸣敢猪岩戈是无胡戈,直援,直内,援较薄,中脊有棱,下阑突出,内后部有相邻的二穿。这种铜戈与殷墟商代晚期戈近似[17],同一洞穴堆积中出土绳纹陶片,时代可定为商代。

灌阳新街铜戈,援作三角形,援中脊起棱,与陕西宝鸡西周铜戈相似[18],也接近四川出土的西周初期蜀式戈[19],两侧均饰对称的夔凤纹,带有早期楚器色彩,时代可定为西周。

2. 春秋时期

这个时期铜器渐多,但除恭城秧家一组以外,其余都是零星发现物,而且以铜钟为最多。这个时期的铜钟分别发现于南宁那洪公社苏盘大队通蒙村、宾阳县芦圩、宾阳县新宾公社下河大队凉水坪、宾阳县古辣公社刘村大北庙、武宣县、北流县等地,还有贺县桂岭公社英民大队出土的一件铜镈。其中南宁通蒙钟、宾阳芦圩钟、宾阳新宾钟三件已做了报道,都定在春秋时代[20]。北流钟、武宣钟和宾阳刘村钟大同小异,都是扁圆直甬式,甬上有干,干上有旋,钲侧凸枚六组,每组三枚,枚尖短而无景。北流钟篆、钲、隧部纹饰皆已剥蚀,舞部饰变体兽面纹;武宣钟正面钲间饰窃曲纹,背面钲间无纹,舞面饰变体兽面纹;宾阳刘村钟钲间、篆间纹饰已锈蚀不清,可辨认的有圆圈纹,舞面饰变体兽面纹。这些铜钟,从形态和纹饰来看,也应是春秋时代器物。

贺县桂岭铜镈,出于地下深0.4米处,钮已断缺,从残存部分判断,属梯形鼻钮。旁出对称扉棱,据发现者称,原为五对,现每边仅存其一,最上的一对超出舞面。扉棱上饰线纹,前后上下各有一排乳钉,上排二枚,下排五枚,以弦纹分界,乳钉之间饰波浪纹。钮与扉棱同体一次浑铸,合范线通过扉棱和钮中心,舞面因合范不齐而高低不平。这件铜镈与湖南衡阳的一件铜镈除纹饰稍异之外，形制基本相同，同为罕见之物[21]。衡阳铜镈被定为春秋战国之际，贺县桂岭铜镈当与之时代相同。

恭城出土青铜器已见于《考古》1973年1期报道。当时把它们定为春秋晚期或战国早期。现再将有断代意义的几件器物补充说明如下。

铜尊二件。体圆，口作喇叭形，腹突出，圈足矮，形制与洛阳出土的段金歸尊、辛尊和令募高作父乙尊相近，只是纹饰各有不同。以上三尊容庚分别定为西周前期和商代[22]、长安普渡村西周墓二号出土铜尊（M2：25）[23]和安徽屯溪西周墓出土铜尊，（M1：89）[24]也与之近似。

罍一件。圆体，鼓腹，圈足，盖上有圆圈顶及四环钮，肩有二兽形耳。盖上饰蟠虺纹，肩部有凸带纹一道，带纹上缀涡纹，腹部饰蟠虺纹、蟠螭纹各一道，间以凸带纹和凹带纹，目前还未查到类似的铜罍，但从造型和纹饰作风，特别是肩缀涡纹情况看，应是春秋时代物。

铜钟二件。器形、纹饰相同，大小各异，应原是一组。椭圆直甬式，甬上有干，干上有旋，钲侧有凸枚六组，每组三枚，枚长有景，篆间饰斜角雷纹，钲间饰三角纹，隧饰窃曲纹，背面有枚，但无纹饰。形制与楚公钟近似[25]，只是干较粗鼓，隧道较窄，整个形体较粗短。也同两棱窃曲纹钟近似[26]，尤其甬、干酷似，但恭城钟无棱。前二钟被定为西周后期，后一钟被定为春秋战国。

铜戈一件。长胡三穿，内上一穿，援上扬，前部呈三角形，表现较晚期的作风。

大铜鼎，即原报告所分Ⅰ式鼎。圆口，附耳，深腹，圜底，马蹄足，外形浑厚凝重。耳内外、口下、腹部各饰蟠虺纹一道，腹部间以绳纹二道，腹下饰三角纹一道，膝饰兽面纹。从器形和纹饰大意来看，都同猷侯之孙鼎十分相似[27]。除了无盖和稍矮，粗壮厚重外，同圈盖蟠虺纹鼎也相近似[28]。此二鼎都被定为春秋战国时期。

此外，Ⅱ式剑作匕首形，圆茎，圆首，窄格，叶有凸脊，脊与刃分二色；铜镞皆长铤，双刃带翼，有中脊，Ⅰ式铜斧为方梯形，长方銎，凿呈长条形等，春秋战国时期皆见，没有明显时代特征。

从以上鼎、戈的特征看，时代略显得晚，因而有人主张此墓的时代定为战国。但从尊、罍、编钟等器物看，时代又偏早，从整个器物组合及其形制、纹饰的大势看，同在广西发现的战国墓葬出土物相比，有较大的距离，我们认为仍以定在春秋时代晚期为宜。

这座墓的另外四件铜鼎，二件铜钺，二件Ⅱ式斧，三件Ⅰ式剑，二件柱形器等，有明显的地方特色。如Ⅱ、Ⅲ式鼎皆浅腹，圜底，口沿上有一对直耳，其Ⅱ式鼎三足外撇，一件有提梁，腹内底铸一"屮"字铭文（图一，1、2）。这种鼎在安徽屯溪西周墓里也出过，但它的腹部有窃曲纹[29]。铜钺皆呈靴形，圆刃，长方銎，銎部饰雷纹或云纹（图一，3）。Ⅱ式铜斧也是宽圆刃，长方銎（图一，4）。Ⅰ式铜剑扁茎无格，茎上有圆穿孔，叶中有脊（图一，6）。柱形器原称车饰，其实应是棺材架的柱顶，顶端呈屋形，屋顶立一独角兽（图一，5）。这些器物在别地很少见，应代表了广西当地的土著文化。

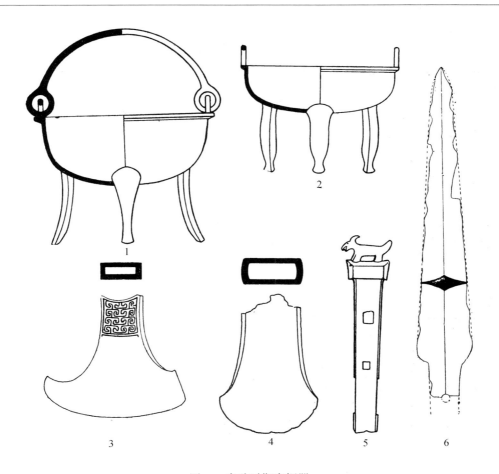

图一　春秋时期青铜器

1. Ⅱ式鼎　2. Ⅲ式鼎　3. 靴形钺　4. 圆刃斧　5. 柱形器　6. 扁茎剑（均出土于恭城秧家）

3. 战国时期

广西出土的战国时代青铜器包括生活用具、生产工具、武器、乐器和杂器等。生活用具主要是鼎，生产工具主要是斧、凿、刮刀，武器主要是剑、矛、镞、钺，乐器有钟、鼓等。属于这个时代的几处墓葬的发掘清理，为我们推断其年代提供了依据。平乐银山岭、田东锅盖岭、宾阳韦坡的资料已经发表，其他资料尚未发表，现以已发表的材料为主，兼及其他，依次作一简略说明。

鼎，可分为两大类。一类如梧州鼎，子口，附耳，深腹，圜底，高蹄足，纹饰简略，腹部有凸棱一道，足也起凸棱，膝部饰兽面纹，与湖南省出土的战国铜鼎相近似，明显属楚式鼎[30]。又如银山岭Ⅳ式鼎（M22：24），敛口，圆腹，圜底，有盖，方附耳，扁蹄足，盖面和附耳都有细蟠虺纹。这种铜鼎在湖南长沙和江西上高战国墓都出土过，带有五岭以北的色彩。

一类如平乐银山岭 I 、 II 式鼎，胎薄，器小，腹较浅，底平或稍圜，口沿上出方形扁耳，足高瘦、扁平（图二，1、2），和恭城县秧家春秋墓的 II 、 III 式鼎比较接近。容县陈村铜鼎与此类似。宾阳韦坡铜鼎是绳索状耳，实心细足（图二，3）。则同广东四会鸟旦山战国墓 II 式鼎更接近[31]。这类铜鼎有浓厚的岭南文化色彩。

斧，形制变化不大，都是一次合范铸成。长身，窄刃，刃略呈弧形，銎作长方形，有的銎作扁圆形，圆弧刃两侧微向外伸，有的斜肩宽刃，但都是一般常见类型（图二，4、5）。

刮刀，有的地方叫篾刀，形制基本相同，都是竹叶形，器身向上曲翘，背有脊，断面"呈"人字形，两刃前聚成尖锋，后部平。出土时往往有捆绑木柄的痕迹。也有个别的两刃呈波浪式弯曲（图二，6~8）。类似的刮刀，在广东、湖南、湖北战国墓中也有发现。但以广西和广东出土最多。

剑，数量众多，从大的方面来看，可分为长剑和短剑两大类。

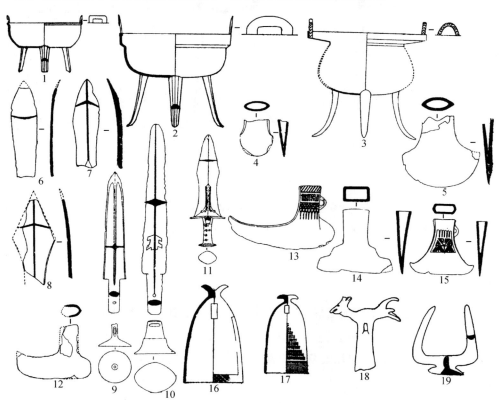

图二　战国时期青铜器

1、2. 浅腹鼎　3. 深腹鼎　4、5. 圆刃斧　6~8. 刮刀　9、10. 扁茎短剑　11. 一字格剑　12、13. 靴形钺
14. 双肩铲形钺　15. 扇形钺　16、17. 羊角钮钟　18. 柱形器　19. 叉形器（1、2、4、6、7、9、12~15、
18. 平乐银山岭，3、10. 宾阳韦坡，5、8、11、19. 田东锅盖岭，16. 浦北大岭脚，17. 容县龙井坉）

长剑剑身长而宽扁，圆或椭圆茎，茎上有二道凸箍，近剑身处有格。有的剑身由两种不同质料的青铜铸成，出土时刃侧是青黑色，脊侧是玉绿色，光亮如新。格上刻镂纹饰，原来嵌镶有珠饰。这种剑在中原内地从春秋时代晚期到战国时代中晚期都流行，尤以江淮流域的楚墓中出土最多。

短剑主要是《平乐银山岭战国墓》报告中的Ⅳ式和Ⅴ式剑。这种剑形体短小，扁茎，折肩，无格，剑身有凸脊，多数无剑首；有剑首的，也与剑身分离（图二，9），这种剑最常见，与恭城秧家春秋墓Ⅰ式剑相近，也最富地方特色。除平乐银山岭战国墓出土的以外，在宾阳韦坡、田东锅盖岭、灵山白石塘也有出土。宾阳韦坡战国墓的短剑剑身有形符号，与恭城秧家春秋墓铜钺上的纹饰相似（图二，10）。田东锅盖岭出土一件一字格剑，柄身一次铸成，扁身，中脊不显，两面均铸二道卷云纹，格呈一线，茎两面饰回形图案，与云南滇族墓中出土的相似（图二，11）。

矛，主要出于平乐银山岭战国墓。曾分为六式，Ⅰ、Ⅱ、Ⅲ式为常见类型，只是刺、箭的长短比例不同；Ⅳ式四脊状，Ⅴ式柳叶形，有较多的地方色彩。其中一件在箭部有"屏陵"二字铭文，其形制与秦都咸阳、临潼出土的铜矛相同[32]，显系秦器经过楚地传入广西的。

镞，近二百件，形制很复杂，但多为双翼形，身、铤一次铸成。铤中段稍粗，呈六棱或八棱柱状，无关。《平乐银山岭战国墓》报告曾按镞身不同分为六式。其中90%属Ⅰ、Ⅱ式，都是长身尖翼，刃呈斜线，前聚成锋；Ⅲ、Ⅳ式则短身短铤，后锋倒刺外扬。以上都是较常见的镞。Ⅴ、Ⅵ式较特殊，Ⅴ式空脊，扁箭形骹，无倒刺，形体较大，又似矛；Ⅵ式形体特大，通长9.5厘米，身扁宽，双翼为后锋与脊相连。另外还有三棱形镞、条形镞，但很少见。

钺，形制较特殊，继恭城秧家春秋墓的二件靴形钺之后，在平乐银山岭和贺县铺门战国墓又有出土，而且较之春秋时钺的翼角更长。还有双肩铲形钺，平乐，贺县和柳州都有出土，同类铜钺也见于广东德庆和四会的战国墓[33]。有的铜钺箭部有模印图案（图二，12～15）。

戈，在整个兵器中的比例最小，目前仅知有六件。其中田东锅盖岭铜戈中胡二穿，灌阳黄关兴秀村铜戈和兴安界首蜡烛台铜戈皆长胡四穿，都是中原地区常见类型。平乐银山岭一件有"江鱼"二字铭文的铜戈，形制与新郑郑韩故城Ⅲ式戈相同[34]，江鱼是楚国地名，当是战国末期从楚地传入。平乐银山岭还出土一件无内戈，戈呈曲尺形，无内，胡残，存二穿。无内戈在长沙浏城桥春秋晚期墓中出土过，但未见发表图片，不知是否与此同[35]。

鼓，在田东锅盖岭战国墓中出土一件，属铜鼓分类中的石寨山类型。此鼓形体较小，纹饰较简单，鼓面中心太阳纹八芒，外围只有三晕，主晕为四只翔鹭，另二晕饰三角齿纹和乳钉纹，反映了它的原始性。灵山白石塘出土一件，已残破不成形，胸部饰栉纹和圈带纹，也属石寨山型。

钟，分两类。

一类是甬钟，在宾阳韦坡战国墓出土三件，形体纹饰已较简化，其中二件有三十六枚，正面有纹饰，背面无纹饰，另一件只有二十四枚，正背面都无花纹。

一类是羊角钮钟，形状像半截橄榄，上小下大，中空，底边平直，横截面也呈橄榄形，顶部有竖长方形透穿孔，顶端歧出两片羊角形錾钮。浦北官垌大岭脚四件的下部都有一周菱形雷纹，容县六王龙井圳四件略显得修长，面部饰 S 形云纹，下端饰密集的弦纹，从其纹饰来看，应是战国时代遗物[36]，贵县罗泊湾西汉初期墓和西林普驮屯西汉前期墓仍有这类铜钟随葬[37]（图二，16、17）。

柱形器，在平乐银山岭战国墓出土六件，皆筒形箭，顶端饰一立禽或立兽；象州罗秀出土一件方形箭，顶端饰一立人俑。这种柱形器也是继恭城秧家春秋墓柱形器之后出现的，在广东清远、四会、肇庆、怀集和罗定的战国墓都有出土[38]，是岭南地区常见的器物（图二，18）。

叉形器，发现于田东锅盖岭和宾阳韦坡村两处战国墓地。锅盖岭三件，韦坡村六件。锅盖岭的是菱形座，上出二叉，状如牛角。韦坡村的有一件与锅盖岭的相同。另五件则是圆柱形座，上出二长叉，叉两侧起脊（图二，19）。

牛，柳州飞机场出土，作静立姿势，头部向前，头顶一对大弯角，与云南江川出土的虎牛鹿贮贝器、立牛枕等战国器物上的牛雷同[39]。

至于生活用品中的盘、钵、勺、带钩，工具中的凿、削，兵器中的镞，乐器中的铃等，数量既少，又是常见类型，此处从略。

三、广西青铜器的来源

在广西，商至西周时代青铜器只有零星的发现，这些器物具有较明显的中原文化色彩。如兴安、武鸣的商代铜卣，从造型、纹饰和铭文，都是中原风格；忻城大塘的西周铜钟，与长安西周编钟如出一模。显然这些器物是从黄河流域传入广西的。它们何以能远涉千山万水传入广西，还是一个未解之谜。从文献记载来看，远在传说时代，生活在广西的先民就同黄河流域发生了联系。《墨子·节用中》说："古者尧治天下，南抚交趾"；《尚书·尧典》也说到"申命羲叔宅南交"。这"交趾"、"南交"都泛指今岭南地区。《史记·五帝本纪》载：帝舜"践位三十九年，南巡狩，崩于苍梧之野，葬于江南九疑，是为零陵"；《淮南子·修务训》也说：舜"南征三苗，道死苍梧"。从长沙马王堆三号汉墓出土帛书地图《长沙国南部地形图》中在九疑山旁标注"帝舜"二字的情况来看，舜死葬的苍梧已接近广西，甚或已深入广西北境。到了商代，这种联系当更为密切，殷墟出土的海贝、龟版，经鉴定有不少是南海产的，也透露了岭南地区同商王朝发生联系的信息。再从考古发现来看，1974 年湖北黄陂盘龙城发掘了商代中期的城址，说明商王朝的统治区已到达长江中游的云梦泽畔。1977～1978 年试掘了湖南石门皂市商代遗址，更说明商王朝的统治区域已跨过天堑长江。在湖南发现商代文化遗址已达二十余处，发现商代晚期青铜器多达三百余件，地点遍及湘北、湘中和湘南，最南已到衡阳和常宁[39]。湖南与广西埌地相接，如从衡阳、常宁溯湘江而上到达广西境，只是几天的水程。在漫长的年代里，商文化包括青铜器，由黄河流域渐次向南递进，传入广西是完全可能的。

与此同时，在广西还有富有地方色彩的器物。如灌阳新街的凤纹铜戈，形制、纹饰都很奇特；武鸣勉岭铜戈，长胡二穿，形制与中原铜戈近似，但阑侧饰云纹和栉纹，又与中原铜戈不同；又如横县镇龙铜钟，在鼓部饰浮雕式的装饰物，也很有地方特点。这类器物虽然数量很少，但已表明当地存在一种与别地不同的青铜文化的萌芽，应引起我们的注意。联系到在广西东北部地区存在大量的几何印纹硬陶文化遗存，其中不少陶器纹饰是仿中原商周青铜器的[40]，又是这种土著文化存在的佐证。

春秋时代青铜器的数量有了增加，除了零星出土物之外，还有像恭城秧家那样的贵族墓葬的发现。从这座墓里出土的青铜器可以明显看出，它们杂糅了南北两种文化的不同风格，一类如鼎、罍、尊、钟、戈、镞等，是明显的岭北文化系统，同江淮地区楚文化比较接近；另一类如靴形钺、扇形斧、扁茎剑、浅腹鼎、兽首柱形器等，有浓厚的地方色彩，应是本地铸造品。就是形制与中原相同的铜钟，在花纹装饰方面也有自己的特色，如只在正面有纹饰，背面的钲间、篆间都无纹饰，也应是本地铸造。这些情况表明，岭北地区（主要是江淮流域）的青铜器仍不断流入广西，在广西青铜器中仍占主导地位，但从很有地方色彩的铜兵器和部分铜炊具来看，其造型之稳定，制作之精良，足以说明广西本身的青铜文化已有了进一步的发展。

到了战国时代，情况大变，青铜器空前多起来，而且大部分出自墓地，青铜器成为中小型墓葬的随葬品。它们成批的发现有利于对其组合及其相互关系的了解。但是这些青铜器仍和春秋时代的一样，有两个系统：一是五岭以北系统的，如楚式剑、戈、矛、镞等兵器，斧、凿、削等工具，盘、勺、带钩等用具，其中有的是直接从楚地传入的，有的是从中原地区经过楚地传入的，有的也可能是本地仿北方式的产品；二是本地产品，如双肩钺、靴形钺、扇形斧、扁茎短剑、刮刀、柱形器、叉形器、羊角钮钟等。靴形钺、扇形斧、扁茎短剑、柱形器在春秋时代可以找到祖型；双肩钺、刮刀、叉形器、羊角钮钟则是新的品种。这个系统的器物不但种类增加了，而且在兵器、工具、乐器各个方面都占有相当大的比例。也就是说，广西的青铜铸造业到战国时代已具备了相当规模，有自己的独特风格。此外，在广西也有从南方和西方传入的青铜器，如早期铜鼓、一字格剑和铜牛，很可能就是从西部的滇传入的。

四、广西青铜文化蠡测

综观以上所述，我们可以对广西先秦青铜文化作一概略的估计。归纳起来，有如下三个方面很值得注意。

（1）广西的青铜文化是在中原文化的影响下发生的，从一开始就伴随着中原青铜器的传入而来。从商、西周、春秋到战国时代，都有从长江流域甚至黄河流域传入的青铜器，而且在整个青铜器的数量中占有很大的比例。在这个基础上，广西本地铸造的青铜器，有的在器形、纹饰上也仿自中原青铜器，以致与中原青铜器大同小异。在铸造技术方面，广西出土青铜器也和五岭以北地区相同，如小件实心器采用双范合铸，大件中空薄胎器物则采用多块内外范合铸。在花纹装饰方面，除本地特色的器物装饰花纹带有浓厚的生活气息外，不少青铜器也仿中原铜器纹饰。这些情况说明，广西制作的青铜器多以中原青铜器为楷模，铸造工艺师承五岭以北。

（2）广西的青铜文化发展速度相当缓慢，发展程度极不充分。这种情况同广西的自然环境使采集、狩猎经济长期在经济生活中占重要地位，生产发展水平不高有直接关系。如果认为广西远在商代晚期已有青铜文化萌芽的话，中经西周、春秋，都没有很显著的变化，所见青铜器是零星的，仅停留在个别兵器和乐器上，没有发现过青铜礼器。我们在广西所见的商周青铜礼器，毫无例外都是从五岭以北传入的。另外，广西青铜器没有大型的铸件，目前发现最大的青铜器是恭城秧家的铜鼎，是楚式鼎，应是楚地传入的。广西本地所造的青铜器都是小件的兵器、生活用具和生产工具。到战国时代青铜器种类多起来，有较大发展的趋势，但已有大量的铁器了。无疑，这时广西地区已步入铁器时代。虽然目前还很难说清广西何时有自己的冶铁业，但到战国时代在生产、生活中大量应用铁器则是客观存在的事实。铁器的出现，使刚刚发展起来的青铜铸造业碰到了无法匹比的劲敌。青铜铸造业在生产、生活用具中再也不能发展了，本地铸铜工艺如果不是衰竭，也只能转移到当地的特殊产品即后来得到充分发展的铜鼓铸造上去了。

（3）广西青铜文化杂糅了周围各种地方文化特色，是我国南方边远地区青铜文化的一个重要组成部分。广西北靠五岭山脉，西倚云贵高原，南连印度支那半岛，东与珠江三角洲连成一片，东南面向南海。在古代，北方的楚，西方的滇，东南的越，都有独特的青铜文化。广西正处在楚、滇、越之间，地理位置使它接受这几种文化的影响极为方便。但从整个文化面貌来看，广西青铜文化与广东属同一系统，尤其到战国时代，这种地域性特点更为明显[41]。广西青铜文化受楚文化影响最深，有浓厚的楚文化色彩。楚文化不但直接传入广西，而且以广西为桥梁再南传到今越南等地。广西出土的早期铜鼓显然是滇文化系统的东西，它沿着南盘江而下，又沟通了滇与百越的联系。这种广泛的联系，为后来我国南方的统一奠定了良好的基础。

绘　图：罗坤馨
1983 年 3 月

注　释

［1］　广西壮族自治区博物馆：《广西恭城县出土的青铜器》，《考古》1973 年 1 期。

［2］　广西壮族自治区文物工作队：《平乐银山岭战国墓》，《考古学报》1978 年 2 期。

［3］　广西壮族自治区文物工作队：《广西田东发现战国墓葬》，《考古》1979 年 6 期。

［4］　广西壮族自治区文物工作队：《广西宾阳县发现战国墓葬》，《考古》1983 年 2 期。

［5］　梁景津：《广西出土的青铜器》，《文物》1978 年 10 期。

［6］ 广西壮族自治区文物管理委员会：《广西出土文物》，文物出版社，1978 年。

［7］ 《美帝国主义劫掠的我国殷周青铜器集录》，科学出版社，1962 年。

［8］ 容庚：《商周彝器通考》，哈佛燕京学社，1941 年。

［9］ 《中国古青铜器选》，文物出版社，1976 年，图版 21。

［10］ 见湖南省博物馆历史文物陈列（1981 年 12 月）。

［11］ 石兴邦：《长安普渡村西周墓葬发掘记》，《考古学报》1954 年 8 册，插图 13。

［12］ 陈梦家：《西周铜器断代》，《考古学报》1956 年 3 期。

［13］ 同［11］。

［14］ 郭沫若：《安阳圆坑墓中鼎铭考释》，《考古学报》1960 年 1 期，图版肆，2。

［15］ 山东省博物馆：《山东长清出土的青铜器》，《文物》1964 年 4 期。

［16］ 同［7］。

［17］ 陈梦家：《殷代铜器》，《考古学报》1954 年 7 册，图版叁伍、图 57。

［18］ 宝鸡市博物馆：《宝鸡竹园沟西周墓地发掘简报》，《文物》1983 年 2 期，图十五、图十六、图十七。

［19］ 四川省博物馆：《四川彭县西周窖藏铜器》，《考古》1981 年 6 期。

［20］ 同［5］。

［21］ 《衡阳博物馆收藏三件周代铜器》，《文物》1980 年 11 期。

［22］ 同［8］。

［23］ 石兴邦：《长安普渡村西周墓葬发掘记》，《考古学报》1954 年 8 册，图版拾壹。

［24］ 安徽省文化局文物队：《安徽屯溪西周墓发掘报告》，《考古学报》1959 年 4 期。

［25］ 同［8］，图九四五、图九五六。

［26］ 同［8］，图九五八。

［27］ 同［8］，图九七。

［28］ 同［8］，图六八。

［29］ 同［24］，图版贰，2

［30］ 《湖南省文物图录》，湖南人民出版社，1964 年。

［31］ 广东省博物馆：《广东四会鸟旦山战国墓》，《考古》1976 年 2 期。

［32］ 始皇陵秦俑坑考古发掘队：《临潼县秦俑坑试掘第一号简报》，《文物》1975 年 11 期。

［33］ 德庆铖见徐恒彬：《广东德庆发现战国墓》，《文物》1973 年 9 期；四会铖同［31］。

［34］ 郝本性：《新郑"郑韩故城"发现一批铜兵器》，《文物》1972 年 10 期。

［35］ 湖南省博物馆：《长沙浏城桥一号墓》，《考古学报》1972 年 1 期。

［36］ 蒋廷瑜：《羊角钮铜钟初论》，1981 年百越民族史研究会第二次年会论文，另见《文物》1984 年 5 期。

［37］ 广西壮族自治区文物工作队：《广西贵县罗泊湾一号墓发掘简报》，《文物》1978 年 9 期；《广西西林普驮铜鼓墓葬》，《文物》1978 年 9 期。

［38］ 何纪生：《略论广东东周时期的青铜文化及其与几何印纹陶的关系》，《文物集刊·3》，文物出版社，1981 年。

［39］ 高至喜：《"商文化不过长江"辨》，《求索》1981 年 2 期。

［40］　广西壮族自治区文物工作队：《广西几何印纹陶的分布概况》，《文物集刊·3》，文物出版社，1981 年。

［41］　蒋廷瑜：《从考古发现探讨历史上的西瓯》，《百越民族史论集》，中国社会科学出版社，1982 年。

（本文系与蓝日勇合著，原载于《中国考古学第四次年会论文集》，文物出版社，1985 年）

广西商周青铜器来源试析
——商末周初中原文化对岭南文化的影响

在广西境内零星出土一些商周青铜器，因为大都出于窖藏，缺乏明确的地层关系，它们的年代和来源一直模糊不清。本文就此做一些不成熟的探讨，就教于方家，请予批评。

要讨论的商周青铜器是：铜卣、铜盘、铜铙、铜镈。

一、铜　　卣

三件。

1. 勉岭卣

1974 年 1 月于武鸣县马头乡全苏村勉岭山麓出土。有提梁，有盖，器体呈椭圆形，下有圈足。通高 40 厘米，腹径横 24 厘米，纵 19.4 厘米，重 10 公斤。器表呈灰黑色，是所谓"黑漆古"。盖和身上四面都有高耸的扉棱，通体以云雷纹为地，饰三重花纹。盖面和腹部是浮雕式的兽面纹，目、眉、耳突起，目似圆球，眉如卧蚕，眉尖突出器体外。盖的边缘、颈部、足部各装饰夔纹一圈，夔身上又饰以勾云纹。盖顶有钮，钮由 6 只蝉纹聚合成瓜棱形。提

图一　铜卣正视
左：勉岭卣　右：戈卣

梁像一把弯弓，背面由两两相背的夔龙组成三角纹带，三角内又填饰蝉纹。提梁两端作成牛头形。全器构图严谨，刻镂精工。卣盖内有阴刻铭文"天"族徽[1]。从造型、纹饰来看，与湖南宁乡王家坟山晚商戈卣很相似，不仅器形相同，连盖侧和腹侧所饰的扉棱、犄角均相同，只是戈卣所饰主要纹饰为凤鸟纹，勉岭卣腹部所饰是水牛角兽面纹（图一）[2]。也与安阳殷墟出土的鸢卣近似，鸢卣提梁饰蝉纹，两端作兽首形，遍体饰饕餮及夔纹，盖器内铭各一字（图二）[3]。因此可断为商代晚期。

图二　铜卣侧视
左：勉岭卣　右：鸢卣

图三　铜卣
左：马王村卣　右：元龙坡卣

图四　铜卣
左：兴安卣　右：夔纹卣

2. 元龙坡卣

1985 年武鸣县马头乡元龙坡 147 号墓出土，出在墓东端的生土二层台上。垂鼓腹，圈足有直裙，圈形捉手盖，提梁作绳索状，两端提环作牛首状。上腹部饰夔龙纹带，盖上饰勾连云纹，通高 28.5 厘米，身高 16.2 厘米，口径 10 厘米×12.5 厘米，底径 13.2 厘米×16.4 厘米[4]。外形与传世西周器作旅彝卣[5]、某作父乙卣[6]相近。1963 年在陕西长安县沣西马王村出土一件，器身椭圆，有盖，盖有圆钮，圈足，口两侧有半环状耳连以绚索提梁，中间为浮雕式的饕餮纹，两侧为云纹，上下围小圆圈纹，圈足饰变形饕餮纹（图三）[7]。卣口、盖及腹部饰变形窃曲纹，可断为西周中晚期。147 号墓位于元龙坡西坡顶，墓室长 4 米，宽 0.6 米，深 1.64 米，东西两端都有生土二层台，是该墓地中一座较大的墓，随葬品除铜卣外，还有铜矛、铜单斜弧刃钺、陶罐、陶钵，填土中出过 3 件砂石铸范和许多陶片。根据出土遗物及 ^{14}C 年代测定，墓群的年代最早为距今 2960 年 ±85 年，最晚为距今 2530 年 ±100 年，正处西周至春秋时期。

3. 兴安卣

1976 年 8 月兴安县文化馆从该县土产公司收购站选出，出土具体地点不明。扁椭圆腹，绳索形提梁，撇圈足，缺盖，颈部饰夔龙纹，腹部饰有卷云状角兽面纹，器底内有铭文"天父乙"3字，通高22.8厘米，腹径15.3厘米×11.8厘米，足高2.5厘米[8]。此类铜卣在安阳殷墟屡见，都是扁椭圆形，绳索提梁，无兽头，前后面浮雕大饕餮纹，颈带对夔龙纹，足弦纹。其中属殷墟四期的夔纹提梁卣（HGH10：6）器形完全相同，上腹也有一周夔龙纹，也缺盖。扁圆形口，沿面略内倾，鼓腹圜底，扁圆形圈足，半环形耳，绚索形提梁（图四）[9]。器形、纹饰与山东滕县井亭商代晚期绳索形提梁卣相同。井亭卣有盖，兴安卣缺盖[10]。

二、铜　　盘

一件。1985年3月武鸣县马头乡元龙坡33号墓出土，器身作平唇，折沿，浅腹，双耳，高圈足，外腹饰窃曲纹，圈足饰勾曲纹，盘内中心饰六瓣花纹，其外围以三道重环纹，腹外壁饰窃曲纹，圈足饰云雷纹[11]。这种附耳圈足盘是西周时期最常见的样式。外形接近陕西长安普渡村长由盘；形制与保利博物馆所藏蛇纹盘极相似，如短斜沿方唇，浅腹弧壁，底略圜，高直圈足，附耳外撇等[12]。具有西周中晚期的特征（图五）。

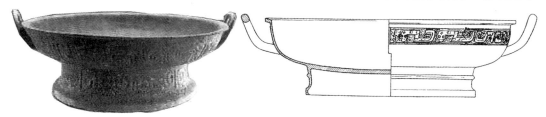

图五　铜盘
左：元龙坡盘　右：保利盘

三、铜　　铙

一件。1976年5月于灌阳县红旗公社仁江大队（今新街乡仁江村）钟山的一个岩洞内2米深处发现。共存物有绳纹陶片、石器。甬部已残，篆间饰细线雷纹，并用圈点纹框边，枚作尖锥状。残高36厘米，铣间宽28厘米，舞纵13.5厘米，舞横21.5厘米，重10.5公斤（图六）[13]。与1980年湖南耒阳夏家山出土的铜铙近似，夏家山铙已有雷纹细线雷纹篆带和接近甬钟的枚。1962年4月江西新余市主龙山出土一件，甬上有干无旋，枚已出现双叠台[14]。高至喜在《中国南方出土商周铜铙概论》中把它列为D式，即有枚铙，其特点是以云纹为主

图六　仁江铙

纹，但趋向简朴，乳钉逐渐加高而为枚，向甬钟过渡，甬部有旋，但无旋虫。认为是西周早期之物[15]。

四、铜　镈

一件。1976年于贺县桂岭公社英民大队（今贺州市桂岭镇英民村）红军岭出土。钮已断缺，从残存部分判断，属梯形鼻钮，栾出钩形棱脊，最上的一对高出舞面，棱脊饰线纹，前后上下各有一排乳钉，上排2枚，下排5枚，以弦纹分界；乳钉之间饰波浪纹，钮与棱脊同体一次浑铸，合范线通过棱脊和钮中心。残高38.5厘米，舞横7.8厘米，舞纵12厘米，铣间宽33厘米[16]。其形制接近藏于日本东京的一件铜镈，整个体态瘦长，栾侧棱脊的钩形和钲部上下的小乳钉都极相似（图七）。高至喜在《论商周铜镈》把它列为A型Ⅷ式，认为器形轻薄，纹饰草率，地纹已消失，出现细线组成的波线纹。处于镈的衰落阶段，其年代为西周中晚期[17]。

另外，在贺州、宾阳、荔浦、陆川还发现过西周铜罍。这些铜罍形制作大敞口，束颈折肩，腹斜内收，高圈足，折肩部焊接对称的兽耳，与中原商周时期典型的圆肩铜罍略有差别，却与四川彭县、湖南湘阴等地出土的西周铜罍很相似。器身上的花纹，如兽面纹、三角垂纹皆为典型的商周铜器纹饰，但其中的云雷纹、环带纹与典型的西周青铜器纹饰比较，已呈变异形态而融入了地方纹饰色彩。时代可能略晚，有待另文讨论。

关于这些青铜器的来源，主要有两种意见，一种意见认为它们是本地铸造的，另一种意见则认为是从中原内地传入的。

说是本地铸造的根据是当地有自己的青铜冶铸业，这些青铜器有自身的地方特点。1985年10月在武鸣县马头乡元龙坡发掘了一群西周春秋墓，出土了一批砂石铸范，完整的有6套，单面的有6件，残碎不全的有30余件。可辨器形有双斜刃钺、单斜刃钺、扇形钺、梯形斧、新月形刀、桃形镂孔镞、喇叭形圆形器、钗形器等。有的钺、斧、镞、刀和圆形器放入石范中正好吻合，证明就是这种石范浇铸出来的产品。类似砂石铸范还见于那坡县感驮岩遗址、平南县石脚山遗址和灵川县新岩遗址，说明从西周时期起，广西越人已普遍掌握了用石范浇铸铜器的技术。虽然没有找到铸造青铜礼器的依据，但所铸造的喇叭形圆形器背面圆弧，中心突起一个尖圆钮，

 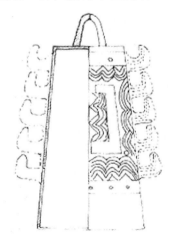

图七　铜镈
左：东京藏镈　右：英民镈

圆面有由弦纹、桁纹和云雷纹组成的晕圈，其线条细如发丝。这种技术完全可以铸造出类似花纹繁缛的商周青铜器。另外，当地发现的商周青铜礼器有一些细微的地方表现了一定的地域特色，如铜卣提梁两端作牛头形，和道地的中原青铜礼器有所区别。如果说它们与中原青铜器相似的话，也只能说它们是当地仿制品。

主张广西青铜礼器是从中原带入的人认为，岭南的砂石铸范反映的铸造技术相当原始，与中原铸造青铜器的泥质陶范不同，因为砂岩受石质的限制，既不能制造大型的范，又不能在它上面雕刻精致的纹饰，用砂岩制成铸范，只能铸造素面的，或是只有简单花纹的小件青铜器，不能铸造薄胎容器和装饰花纹复杂细致的大型器件。除了比较简单的斧、钺、镞、刀等兵器和生产、生活用具可用砂石双合范铸造之外，较大的青铜铸件无法铸造，得从先进地区输入。商周青铜器目前在广西只有零星的发现，而这些器物，从造型、纹饰来看，与当地春秋战国及其以后的青铜器不是同一风格，而与中原青铜器相同或相似，可以肯定是从中原内地传入的。而且从年代早晚来说，岭南青铜礼器有的已早到商末周初，而砂石铸范在岭南出现的时间到了西周至春秋时期，已经落后了一大步。广西的青铜文化是在中原文化的影响下发生的，一开始就伴随着中原青铜器的传入而来，在这个基础上，才产生本地的青铜文化。

岭南接受中原文化影响是多渠道的。从文献记载来看，岭南地区很早就受到中原文化的影响。《墨子·节用》提到"古者尧治天下，南抚交趾"，《尚书·尧典》说到"申命羲叔宅南交"，说明远在传说时代生活在岭南的先民已同中原地区发生了联系。《逸周书·王会解》载："正南瓯、邓、桂国、损子、产里、百濮、九菌，请以珠玑、玳瑁、象齿、文犀、翠羽、菌鹤、短狗为献"，谈到商初向商王朝进贡的少数民族中有瓯、桂国、产里。安阳殷墟出土的海贝、龟甲经鉴定，有不少产自南海，当是生活在南海边的越人所贡之物。到周代，岭南地区向王朝进贡的有"路人大竹"、"苍梧翡翠"、"越骆之菌"。可见，自传说时代到周代，岭南越人一直与中原华夏的商人、周人有往来。在这种频繁交往过程中就有可能将中原地区青铜器带到岭南来。

中原文化向南的传递是渐次推进的。沈汇在《商文化南下试探五题》中提出，商文化南传以湖北盘龙城为据点，从盘龙城古渡口西南向岳阳即进入湘江口。"湘水即商水"，是商人越过长江向南推进的重要通道。他根据高至喜《中国南方出土青铜铙概论》提供的资料统计：早期的兽面纹铙，最北是湖南岳阳，南至湘乡，西至宁乡，东至江西宜丰，呈面状分布；中期乳钉纹铙，有自北向南分布的趋势；晚期的有枚铙，出土地点有溯湘江而上的趋势，达湘水西源的灌江上的灌阳和南源耒水上的耒阳。在数学上一个有序的数列意味着运动，铜铙出土地并不是聚落遗址，而是，必是商人一路前进祭祀山川，祈福祷祝平安的地方。由铜铙派生出来的铜镈，也有类似情况[18]。

但是，由于地缘关系，岭南尤其是广西越人接受中原文化影响必以湖南为桥梁。商末周初，周人灭商后，曾大力开发汉水流域，当地部族和商人被迫南迁进入湘江流域，带来了青铜器及其铸造技术。经对湖南宁乡等地历年出土商末周初铜器合金成分来源考证，确定它们是本地铸造的，湘江流域有不同于中原内地的青铜文化，这种青铜文化直接影响到岭南地区，广西的商周青铜礼乐器与湖南的最为相似，说明它们极可能由湖南流入。尤其是铜铙和铜镈，溯湘江向南推进的迹象更为明显。湖南出土商代青铜器的地点最南到了常宁。常宁溯湘江而上，到广西境，只有几天的水程，如果从零陵到广西全州，再从全州到兴安和灌阳，更是朝发夕至。

2007 年 9 月 10 日

注 释

［ 1 ］　梁景津：《广西出土的青铜器》，《文物》1978 年 10 期。

［ 2 ］　湖南省博物馆：《湖南省工农兵群众热爱祖国文化遗产》，《文物》1972 年 1 期。清晰图像见于《湖南商周青铜器陈列》图册。

［ 3 ］　容庚、张维持：《商周彝器通论》，文物出版社，1984 年，图版捌玖，173。

［ 4 ］　广西壮族自治区文物工作队等：《广西武鸣马头元龙坡墓葬发掘简报》，《文物》1988 年 12 期。

［ 5 ］　容庚：《商周彝器通考》，哈佛燕京学社出版，1941 年，图 663。

［ 6 ］　容庚：《商周彝器通考》，哈佛燕京学社出版，1941 年，图 635。

［ 7 ］　梁星彭、冯孝堂：《陕西长安扶风出土西周铜器》，《考古》1963 年 8 期。

［ 8 ］　梁景津：《广西出土的青铜器》，《文物》1978 年 10 期。

［ 9 ］　中国社会科学院考古研究所：《殷墟青铜器》，文物出版社，1985 年，单色版二三九。

［10］　郭宝钧：《商周铜器群综合研究》，文物出版社，1981 年，图版贰陆，1。

［11］　广西壮族自治区文物工作队：《广西武鸣马头元龙坡墓葬发掘简报》，《文物》1988 年 12 期。

［12］　《保利藏金》编辑委员会：《保利藏金》，岭南美术出版社，1999 年，109～111 页。

［13］　梁景津：《广西出土的青铜器》，《文物》1978 年 10 期。

［14］　薛尧：《江西出土的几件青铜器》，《考古》1963 年 8 期。

［15］　高至喜：《商周青铜器与楚文化研究》，岳麓书社，1999 年，18 页。

［16］　覃光荣：《广西贺县发现青铜镈钟》，《考古与文物》1982 年 4 期。

［17］　高至喜：《商周青铜器与楚文化研究》，岳麓书社，1999 年，40 页。

［18］　沈汇：《商文化南下试探五题》，《铜鼓和青铜文化的新探索》，广西民族出版社，1993 年，193～197 页。

（ "湖南商代晚期至西周时期青铜器研讨会" 提交论文，2007 年 9 月）

试论岭南早期青铜器铸范

考古发现证实，生活在岭南地区的越人在公元前1000年左右，即相当于中原地区商末周初时期就有了青铜冶铸业的萌芽，到春秋战国时期已有自己独具特色的青铜铸造工艺，秦汉时期的青铜冶铸业十分发达，有许多新的成就，特别是铜鼓的铸造，开创了一代新风，绵延了2000多年。

商周时期，文献记载岭南地区的历史情况相当模糊。《逸周书·王会解》说："伊尹受命，于是为四方令，曰：臣请……正南瓯、邓、桂国、损子、产里、百濮、九菌，请令以珠玑、玳瑁、象齿、文犀、翠羽、菌鹤、短狗为献。"说明岭南已有一些古国或方国，但经济生活仍处在以采集和狩猎为主阶段，向中原大国贡献的方物只是向大自然索取的地方土产，是否有冶铜业，不得而知。据考古资料显示，相当于商代晚期的文化遗址出土过零星青铜器，如在粤北的石峡文化中，发现过青铜匕首、矛、镞、钺、锥；在广州市郊暹岗夔纹陶遗址出土过青铜戈、剑、刀；在广西武鸣县马头乡勉岭发现过商末周初的铜卣和铜戈，在桂北兴安县出土过周初铜卣；在广东曲江、佛岗发现过西周铜铙；信宜出土过西周铜盉。这些铜器大多具有中原文化色彩，很可能是直接从中原内地传入的。

一、岭南砂石铸范的发现

1985～1986年发掘武鸣县马头乡元龙坡西周—春秋时期墓葬，出土青铜器100多件，计有斧、凿、刀、钺、矛、匕首、镞、卣、盘、铃、钟、针、圆形器等种类。其中绝大部分器物地方特色浓厚，在别的地方未曾见过，应是当地自制的产品。特别是这处墓地出土了一批砂石铸范，计有完整、成套的双面范6副，单扇能辨清器形的6件，残碎不能辨别器形的30多件。这些铸范都是用红砂岩雕凿而成的。有"凤"字形钺（即双斜刃钺）、扇形钺、单斜刃钺、新月形刀、镂孔镞、斧、镦、圆形器、叉形器等器物范。有些石范内有烧焦痕迹，说明已经使用过。墓内随葬的一些铜钺、铜刀、铜镞和圆形器，放入相应的石范中恰好吻合，说明就是用该石范浇铸出来的，这些石范应是浇铸铜器的实用器（图一）[1]。类似砂石铸范，在广西那坡县感驮岩遗址、平南县石脚山遗址和灵川县新岩遗址也有发现。这些遗址都是新石器时代末期和青铜时代初期的洞穴遗址。

感驮岩遗址的砂石范出现在第二期。一件在洞口北部的A区第1探方的第3层，为扁平的粉砂岩，已残缺，略呈长方形，残长约3.5厘米，宽约2厘米，厚约0.8厘米，

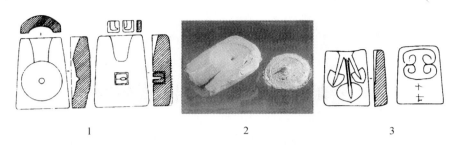

图一　元龙坡石范

1、2. 圆形器范　3. 镟范

正面平整，凿刻有器槽，背面凹凸不平。一件在洞内西北角靠近洞壁的 B 区第 5 探方的第 1 层，由灰白色砂岩制成，略呈长方形，一角残缺，残长 7 厘米，宽 3.5 厘米，厚 1.2 厘米，其中一面琢磨平整，另一面呈弧形，应是双面合范的一半。完好的一端磨

图二　感驮岩石范

平，有一个椭圆形的浇铸口，在范内面有黑色浇铸痕迹，所铸之器似为刀（图二）。另外，有一件完好的石范芯，出自洞口南部的 A 区第 36 探方的第 1 层。范芯由粉红砂岩制成，略呈长方体。两端呈椭圆形，一端大，一端小，芯体有多处长短不一的削痕。长 4.4 厘米，宽 3～4 厘米，厚 1.8～2.2 厘米。根据观察，可能是小型工具銎部的内芯[2]。

灵川县新岩遗址位于定江镇聚田村，1993 年发现，出土 5 件石范和一些冶炼青铜留下来的铜渣。其中 3 件石范是双面铸钺半范，1 件高 10.6 厘米，宽 8 厘米，厚 3.2 厘米，长方形，倭角，呈黄色，侧面微斜，两面凿成"凤"字形铜钺范槽，浇铸口呈椭圆形，正面朝上，背面朝下，从范面看，所铸之钺为扁圆首銎，銎面有凸棱一道，钺面两侧向内圆弧上卷，圆弧刃，刃角上卷（图三）；另 2 件残碎，从碎块上能辨认出范面的器形与一号完全相同，扁圆首銎，銎面有凸棱一道。1 件是单面弧形铸钺半范，单面范，正面长方形，横截面半圆形，高 8 厘米，宽 6.7 厘米，厚 3.5 厘米，范面凿成钺形浅槽，钺为平銎弧刃，銎口为扁形，范的背面隆起，打磨光洁，一角已残缺。1 件是单面弧形铸斧半范，呈不规则长方形，单面范，范面平，凿出椭圆形浇铸口及矩形斧范槽，高 8.9 厘米，宽 8.8 厘米，厚 36 厘米，从范面看，所铸之斧为扁圆首銎，范的背面隆起，打光洁，下端一角已残去[3]。

在广东，新中国成立前外籍人在粤东地区采集到铜斧、铜铃范。粤北文物普查时在乐昌市老虎头遗址采集到铜鱼钩、铜铃范。后来发现珠海淇澳岛亚婆湾遗址 4 件，南芒湾遗址 1 件，南屏白沙坑遗址 1 件，斗门县乾务镇缯船铺遗址 1 件，东澳岛南沙湾遗址

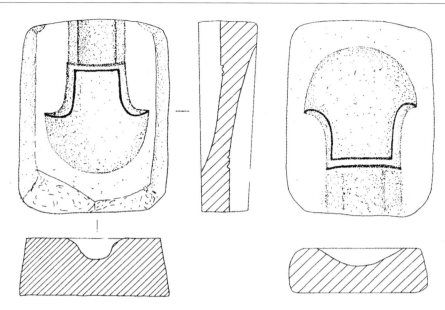

图三　灵川新岩铸钺石范

1 件，棠下环遗址 1 件，中山市南荫龙穴遗址斧、凿各 1 件。

老虎头鱼钩范，长 7.2 厘米，宽 3.3 厘米，刻大小鱼钩各一，鱼钩均有倒刺，范的一端有两浇铸口，大鱼钩尾部有一凹槽，似为专门出气孔。铃范石面长 9 厘米，宽 6.4 厘米，铃身范残长 7.4 厘米，宽 7.8 厘米，有钮一端完整，相对一端残，推测浇铸口由于残缺而不复存在，而其一侧刻有凹槽，疑是气孔之功用，铃钮左侧还刻有一鱼钩，两范都是一范两器。亚婆湾 4 件，只有 1 件完整，另 3 件残，范体呈半圆柱形，背面磨光，顶端有浇孔，范内面有黑色浇铸痕。南芒湾石范为斧的双合铸范一边的刃端半截。缯船铺石范是凿范。棠下环石范，通体长 14.2 厘米，最宽 5.6 厘米，厚 2.3 厘米，一面磨制平整，另一面呈弧形，两端磨平，顶端有浇铸口，为双面合范之一半，依观察，所铸之器似为长身斧，器长 11.2 厘米，刃宽 3.7 厘米，石范壁可能是由于使用所致，边缘部分呈灰黑色[4]。

据邹兴华报道，香港地区也多次发现铸造青铜器的石范，如沙埔村、过路湾、沙螺湾、东湾仔等遗址都出土过。过路湾有 3 对完整的斧范，都是用砂岩制成。沙螺湾斧范一对，东湾仔斧范半个，长 12 厘米，宽 8.6 厘米，厚 3.4 厘米，裂为数块，碳素测定同层贝壳，是距今 2320 年 ±40 年和 2430 年 ±40 年，说明香港汉代居民仍用石范铸造青铜器。1937 年施戈斐侣在大屿山石壁东湾遗址发现两对完整的铜斧范和两件铜斧半范；60～70 年代在大湾发现铜斧半范；1979 年发掘，出土铸造铜斧的泥范芯，长 4.5 厘米；1982～1985 年在南丫岛榕树湾发现铜斧半范[5]。

这些石范的共同特征：①都是砂岩制成；②都是小件实用工具范，以斧、钺为最多；③都采用双面合范技术，有些范，如铃可能双面有芯。范用砂岩可能是采集方便，加工容易。与中原地区商文化比较，石范带有一定的落后性和原始性。这些砂石范，年代最早的是公元前 1500 年前的商代中期，最晚的至汉代，前后达 1000 多年，但从范的形制来看，没有多大变化。

从石范本身看，采用双面合范技术，只能铸造小型工具。椭圆形浇铸孔，平面扁平，侧面圆滑无棱角。这种形体的石范在浇铸器物时利于散热，使金属液迅速冷却定型，促进生产效益提高。浇铸口开在所铸器物柄部，范面打磨光滑，有利于金属液体顺畅流注。同种器物的铸范高矮大小较统一，利于合范后的捆绑和加固。灵川3件铸钺石半范可以上下两面交替颠倒浇铸，反映了从两个石半范捆绑合范浇铸单件到数个、数十个石半范捆绑上下交替浇铸数件至数十件的先进铸造工艺。元龙坡的铜镞范刻凿出3件镞模，共用一个浇铸口，范面刻一对相向的云纹，并刻有类似数码的符号。这些器范都是呈抹角长方形的双合范，下面扁平，刻凿器物模型，做出椭圆形浇铸口，外表打磨光平，使用时，两范对合，用绳索捆紧，将熔化的铜液向浇铸口灌注，直到充填满为止。同时铸造3件铜镞，反映出石范利用率较高。一次操作便能浇铸数件甚至数十件，是铸造工艺一大进步。

众多石范的出土，一方面说明岭南地区在距今3000年前就有自己的青铜铸造技术，另一方面又说明这种铸造技术相当原始，而且1000多年没有明显的变化。

二、是否出现过陶范

整个岭南地区都只发现石范，从未发现过中原地区流行的陶范。可以想见，岭南地区的青铜铸造技术，始终带有一定的原始性，因为用砂岩制成的铸范，由于石质的限制，不能制造大型的石范，不宜雕刻纤细而繁缛的花纹，因此只能铸造小件和素面或只有简单花纹的青铜器。岭南地区出土的扇形斧、条形凿、靴形钺、竹叶形刮刀、扁茎短剑、弓形格剑、柱形器等小件器物，都是当地铸造的、富有本地特色的器物。至于墓葬出土的大型铜容器和装饰花纹复杂细致的铜器，如鉴、盘、卣、编钟、铙、双凸箍长剑等，可能都是从中原和楚地传入的。但是也不排斥一些工艺复杂而有明显地方色彩的青铜器如越式鼎、铜甬钟、羊角钮钟、铜鼓、铜桶，是当地铸造的。

具体说来，竹叶形刮刀，前端尖翘，两侧有刃，横断面呈"人"字形，背面隆起有纵脊，或呈弧形，背面圆滑无脊，后端直平，依刮刀的形状分析，应采用不平分型浇铸，铸成以后再加激冷处理，提高韧性，令其坚硬锐利（图四）。铸造扇形斧、条形凿和"凤"字形钺、双肩铲形钺也采用双面范，两扇铸范都开设型腔，同时刻出花纹，为保证铜液能顺利浇入和提高压头，浇铸时加设浇口范，浇铸后于合范处留下明显铸缝，拆范后，磨去铸缝，再加工硬化（图五）。岭南有一种柱形器，是首领人物棺架上的装饰，器身是方柱形或圆柱形，上大下小，下端侧面或正面有方形穿孔，穿孔中插入条形楔，柱身上端装饰兽首、禽首或人首。铸造柱形器也用双面范，两扇铸范开设型腔，加型芯形成销孔，铸成后侧面有铸缝并略有错位。铸造短剑也用双面范，由于人面弓形格剑，剑身上部铸有倒三角形的人面纹，剑格两端上翘，弯曲如弓，纹饰的过于纤细，单纯用石范已难以完成（图六）。至于岭南甬钟和越式铜鼎更难以想象用石范可以浇铸出。岭南甬钟虽然形状和中原地区的相似，但细

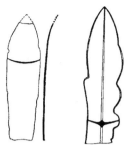
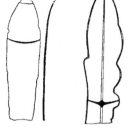

图四　平乐银山岭铜刮刀

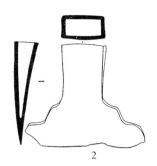

1　　　　　　　　2

图五　铜钺
1. "凤"字形钺　2. 铲形钺

看，仍有很多区别。钟身上枚的数目，除了一般每面18枚外，有的甬钟正面18枚，背面只有12枚，也有的正背两面都各12枚，明显是逐步减少；从装饰花纹来看，岭南甬钟喜用排列整齐的尖状乳钉为界格，除了极个别的正背两面装饰相同的花纹外，一般正背两面的纹饰有别，而大多数正面装饰花纹，大量采用栉齿纹、叶脉纹、圆圈纹、云纹、雷纹，与当地几何印纹陶器上的装饰花纹一脉相承。这些甬钟应是当地铸造的。从甬钟的甬端侧面中线处至两栾可以看到有连续的铸缝，表明铸型是由两片钟范和两件泥芯组成，枚和乳钉是在范面上加工而成的，这是中原地区铸造早期甬钟的通行做法；钟的鼓部和底缘颇多气孔和缩孔，铜水是由钟的底缘浇入的，也是中原地区铸造早期甬钟的通行做法。岭南铜鼎多是盘口鼎、折沿鼎，腹部较浅，底平或略圜，三足细长而外撇，器壁单薄，器表大都光素无纹，有的在立耳上饰绚纹，在长方形耳内侧饰几何纹，底部有烟炱，证明都是实用器。一般称为"越式鼎"。从越式鼎的铸痕观察，鼎的合范有四种形式：①是一块三角形底范，三块腹部范；②是一块三角形底范和两块腹部范；③是一块圆形底范和三块腹部范；④是一块圆形底范加两块腹部范。浇铸口的位置有三种：一种是在底范中心，另一种是在底范与腹部范的合缝线上，第三种是在一只足端。由此可见，铸造越式鼎是用三块至四块范，合起来后，倒转过来，从足端或底部浇铸。

至于岭南特有的羊角钮钟、铜鼓（图七）、铜桶（图八）等，更是当地铸造成无疑。

铸造这些青铜器，用砂石范显然是不行了，必须用泥范或者石范与泥范结合。观察这些青铜器，推测当时已采用单范、多范、复合范。铸造工艺有浑铸法、铸接法和铸后焊接法，并且掌握了热处理和退火工艺。从这方面来讲，到战国至汉代，岭南的青铜铸造水平得到了很快的发展。

泥范的基本组成物是黏土和砂子，外加一定数量的附加物。泥范可塑性强。使用泥范是铸造工艺的一大进步。泥范铸造工艺较为复杂，首先要用料泥制成所铸器物的形体

（即内模），如果要装饰花纹的话，还要在模体上刻划或拍印出所要装饰的花纹。然后再用料泥依内模翻出外范，而后把外范分割为二。外范制成后，内模上的花纹图案即印现于外范的内侧。按照器壁的厚度，在内模上做出标志，按此标志，用刀具均匀地把内模削去一层，然后把内模外范合为一体，中间以支钉相撑，以防泥范移位，留出浇铸孔。为了防止浇铸时泥范受热膨胀开裂，还须在外范外敷一层泥，泥中布网索线，以增强其拉力。至此，铸件模与范的制作工序才告完成。接着熔炼铜合金，注入浇铸孔内，直到注满为止。待铜溶液冷却后，折开外范，取出铸件，再捣碎内模。要铸的铜器出来了。如果铸件上有毛刺或孔眼，还须进行修整、填补和抛光。

但到目前为止，我们在岭南地区还没有发现过铸造青铜器的泥范和陶范。

图六　人面
弓形格剑

图七　铜鼓

图八　铜桶

三、研究者的困惑

石范到战国时期基本上退出历史舞台，代之而起的应是陶范。但是我们在岭南地区始终未找到陶范。

青铜的使用是从铸作工具开始的。青铜的冶铸技术有一个由低级到高级，由简单到复杂的发展过程。草创时期使用石质和泥质的单面范、双面范制作形制简单的小件器物。后来使用多块范、芯装配而成的复合范，发展成为具有中国特色的陶范熔铸技术。在没有采用砂型铸造以前，泥范铸造一直是中国最主要的铸造型范。

但是，在中国南方似乎没有朝这个方向发展。2005年10月在南昌召开的"《吴城》考古报告首发式暨长江中下游地区早期文明演进座谈会"上，不少学者谈到长江中下游早期青铜铸造工艺，提出南方为什么没有泥范发现的问题。

吴城遗址出土石范57件，主要是用江西本地出产的红色粉砂岩凿成，少数是灰白色或青色砂岩质。这类原料，质地疏松，便于挖凿制范。出土时大多破碎，能辨认型腔器形的不多。主要有刀、锛、凿、矛、斧、耜、戈、匕首、镞、车马饰件，基本上都是简单的生产工具、武器或车马饰件，以生产工具和兵器为主。绝大部分是两扇双合范，背面左右都磨制光滑平整，有的镂刻有简单的花纹或文字符号[6]。吴城遗址的高地岭东部是冶铸区，发掘了7个与青铜冶铸有关的灰坑，发现石范、陶铸件和大量炭渣、红烧土块。陶范2件，一件红色硬陶，范浇铸口残件；一件是凿范残块，夹细砂红陶。"铸造容器的石范至今尚未见到"[7]。

吴城铸铜石范，只有工具、武器，没有容器范。吴城、新干大量精美的青铜器肯定不是石范铸造的，是陶范铸造的吗？为什么没有发现陶范？南方有铜矿，会开采、冶炼，也能铸造，怎么没有留下铸范呢？这不能不是大家的困惑。

找不到铸范，也是铜鼓研究者的苦恼。我们知道，岭南和西南地区，从春秋战国时代起，铸造了大量的铜鼓流传于世，但至今为止还没有发现任何铸范。中国学者自20世纪80年代以来，研究铜鼓的铸造工艺，并且做了不少试验，但都不成功。1998年11月底，一位在越南从事古代城址考古的学者说他在带领京都大学东南亚研究院的学者到越南北宁省顺城县城姜乡的古莲楼城址参观时，在当地人挖取城墙和城内泥土做砖的现场采集到一些砖、瓦和陶片，其中有一块大约为8.5厘米×8厘米×6厘米的泥块，经火烧过，颜色为红黑色，质地松脆，上面黏有许多谷壳。它的另一面因为被火烧而较坚硬，且呈红色。在这一面上还保存着4圈花纹，包括谷粒纹、栉齿纹和带切线的圆圈纹。根据质料和花纹，他推测这块陶片是黑格尔Ⅰ型铜鼓的铸范，撰文在越南《考古学》杂志发表[8]。但是这一发现并没有引起人们的重视，有的学者明确表示怀疑，原因是他发现的陶片太小，虽然纹饰与铜鼓上常见的相同，但同样的纹样也见于与铜鼓同时代的陶器上，由于看不到铜鼓铸范应有的弧度，难以确定它就是铜鼓铸范。

为什么我们在出土大量古代铜鼓的地方找不到铸造铜鼓的范呢？我们以前的解释是说，铜鼓是合范铸成的，由于它特有的形状，要求只有将铸范打碎，才能把浇铸的铜鼓完整无损地取出，铸范被捣碎了，所以没有留存下来；并且说，铜鼓都是一鼓一范，铸不能重复使用，也是铸范被毁的旁证。但是这种解释是很勉强的，中原地区商周青铜器也是要捣碎铸范才能将器物完整取出的，总还有些铸范残片保存。那么多铜鼓，2000多年来一直铸造，就没有遗漏一点铸范？所以其中必然另有原因。

四、从民间铜鼓铸造工艺想到——砂石与沙

铜鼓流传已经2000多年，一些民族祖祖辈辈都在用它。进入20世纪后，由于工业文明强势文化的袭来，铜鼓文化受到挤压，在中国，自50年代以来，由于历次政治运动，不断收缴，铜鼓数量迅速减少，当我们意识到需要弘扬这种民族传统文化，重新焕

发铜鼓艺术时，发现所存铜鼓已很稀少了。铜鼓还在使用，但铜鼓铸造工艺已经失传。每损毁一件就少一件，眼看就有绝迹的危险。"皮之不存，毛将焉附？"如果铜鼓都绝迹了，还怎么能保住铜鼓文化？于是大家纷纷试验重新铸造铜鼓。但是，用新的工艺造不出令使用铜鼓民族满意的铜鼓。用泥范，陶瓷模，硅橡胶，都不行。不是浇铸不出来，而是铸出来的不像，不是太厚重，就是声音不好听，不受使用铜鼓人群的欢迎。

中国民间铸造铜鼓活动在清代中晚期以后已经停止，由于其技术在当时是高度保密的，只"传于子而不传于女"[9]，自铸造活动停止后，铸造技术便随之失传。为了揭开古代铜鼓铸造工艺的奥秘，近 20 多年来，一些科研机构、专家学者进行了艰苦的探索。20 世纪 80 年代初，广西壮族自治区博物馆、云南省博物馆与北京钢铁学院冶金史研究室（今北京科学技术大学冶金与材料史研究所前身）合作，对 100 面各类型铜鼓取样，分别采用原子吸收光谱分析和金相检验的方法，对这些铜鼓的合金成分及金属材质进行分析，同时对每面铜鼓的体形大小、器壁厚薄、鼓高、鼓身最大径的比值进行精确测量。他们分析、测量的数据公布之后，被在这一领域的许多学者所采用，同时一些学者根据古代铜鼓在铸造过程中在铜鼓表面遗留的痕迹，如表面光洁度、暴露出的芯垫、合范缝、浇口痕迹、镶嵌痕迹等展开研究，推测出古代铜鼓由 3 种方法铸造，即泥型合范法、蜡模合范法和失蜡法。进而又参考宋人赵希鹄《洞天清录集》、明人宋应星《天工开物》、清人屈大均《广东新语》等古籍中有关记载，及泰国国家图书馆一份缅文资料《铜鼓制作法》，推测出 3 种铸造方法各自的工艺流程。其中泥型合范法的工序大体是：①做模型，②翻外范，③做芯范，④合范，⑤浇铸，⑥拆范及整理，⑦调音[10]。

从 1990 年起，广西河池地区开始对现存民间铜鼓进行普查，发现很多铜鼓由于流传使用了几代人，已经破损得不能再用了。于是想铸造一批新鼓，投入民间，将这些旧鼓换回来作为历史文物保藏，找到北京科学技术大学冶金史研究所，请他们试验，做了一批铜鼓，拿到民族地区试用。他们发现，这些新鼓从外观上来看，与旧鼓无多大差别，但细加比较，发现鼓壁太厚，鼓身太沉重，纹饰太粗糙，声音太厚重，各项指标都达不到使用铜鼓的要求。

后来我们发现，有的村寨添置了新铜鼓。打听这些铜鼓的来源，当地人说是从贵州买来的。到贵州去访问，贵州那边的人又说是从广西卖过去的。这些铜鼓与旧有铜鼓相比，从鼓形、纹饰到音响，都可以乱真。这些铜鼓是从哪里来，采用什么工艺铸造的呢？经过艰苦调查，我们才发现在某县山区，确有人利用传统工艺铸造铜鼓。令人惊讶的是，他们铸造铜鼓用的模范，既不是石范，也不是泥模、陶范，而是沙范。他们的前辈曾是某铁锅厂的技术员，用沙模铸造铁锅是当地的传统工艺。

采用沙范铸造铜鼓，其工艺并不复杂。用水泥、薄铁板制作内模外范，在外范内充填沙子并将其夯实，使其形成所需要的沙模（图九）。抽去模板就是鼓壁的厚度，在外范上刻印或捺印花纹（图一〇），然后将内模与外范合拢，即可浇铸，待金属液火焰消

图九　鼓身沙范

图一〇　在鼓范上捺印纹饰

失，铸件尚未完全冷却前，打开模具，取走沙子，就得铜鼓（图一一）。这种铸造方法的最大好处在于，沙范透气性能远远优于泥范，即使内外范之间的缝隙很小，其气隔问题也易于解决。用这种方法制造出来的铜鼓，壁厚与现存铜鼓相当，成本又低，又方便快捷。夯实沙子、捺印纹饰、浇铸，3 个小时就可完成一个流程。而且沙子卸下来还可继续使用[11]。

图一一　拆开沙模后，新鼓全露

　　由此我们可以推想，假如古代铸造铜鼓也用沙范的话，铸出铜鼓以后，模具就成了一堆沙子，还到那里去找到模具呢？同样的道理，古代南方铸造其他青铜器也用此法，也就没有类似陶范那样的模具遗留下来了，后人到处寻觅，找不到铸范，也在情理之中。如果我们仔细观察南方刚出土的青铜器，会发现有的青铜器没有使用过，在它的缝隙中还可以看到细沙残存，千万不要以为那是从埋藏的地下带出来的，有的就是沙范没有打扫干净的遗留。

　　我们再回到早期的砂石范，这种石范都是比较疏松的，附着力很差，一不小心就成粉状。砂石一变成粉就是细沙。古人也可能由此想到，利用砂石之粉来补救雕凿石范产生的缺失，从而整个把范变成沙子。所以，沙范应是砂石范的延续，是砂石范发展的结果。中国南方有砂石范传统，因而很自然地过渡到沙范，而没有从自身发展到更高级、更复杂的陶范。

2006 年 4 月 26 日

注　　释

［１］　广西壮族自治区文物工作队等：《广西武鸣马头元龙坡墓葬发掘简报》，《文物》1988 年 12 期。

［２］　广西壮族自治区文物工作队等：《广西那坡感驮岩遗址发掘简报》，《考古》2003 年 10 期。

［３］　莫志东：《浅析灵川出土的铸铜石范》，《中国古代铜鼓研究通讯》第十七期，2001 年。

［４］　李岩：《广东青铜时代早期遗存诸问题》，《东南亚考古论文集》，香港大学美术博物馆，1995 年。

［５］　邹兴华：《论香港及邻近地区出土铸铜石范》，《民族艺术》1997 年增刊。

［６］　江西省文物考古研究所等：《吴城——1973～2002 年考古发掘》，科学出版社，2005 年。

［７］　彭适凡等：《江西地区早期铜器冶铸技术的几个问题》，《中国考古学会第四次年会论文集》，文物出版社，1985 年。

［８］　〔日〕西村昌也：《古莲楼城址里发现铜鼓铸范》，越南《考古学》1998 年 4 期，农学坚译。

［９］　（清）屈大均《广东新语》。

［１０］　北京钢铁学院冶金史研究所等：《广西、云南铜鼓铸造工艺初探》，《中国铜鼓研究会第二次学术讨论会论文集》，文物出版社，1986 年。

［１１］　据广西河池市文物站梁富林调查，见《河池铜鼓》，广西民族出版社，2009 年。

（"青铜工业与早期文明国际学术研讨会"提交论文，2006 年 9 月）

广西出土越式铜鼎铸作工艺考察

一、问题的提起

几年前有一位在读的硕士研究生来电、来信，多次向我询问有关广西出土越式铜鼎制作工艺问题，在回答他的提问时，我对广西出土战国至汉代的铜鼎资料做了一番搜集整理工作，并对部分铜鼎进行了反复观察，绘制了示意图。我想，这个问题对解决岭南地区青铜铸造工艺有一定的参考价值，现在重新整理成文，向诸位先生求教，请不吝批评指正。

所谓"越式鼎"这一名称，最先是由我的业师俞伟超先生在《关于楚文化发展的新探索》中提出来的，他说："大约从战国中期开始，特别在偏晚之时，由于楚灭越（公元前334年），与南方越人相互影响加强，部分铜器受到越器的影响，如出现了一种越式鼎。……它的特点是：深腹，盖薄，附耳，三足瘦细外撇，盖上往往饰双线云雷纹。"[1]这个定义虽然并不完善，但"越式鼎"一词为后来大家所沿用。向桃初《"越式鼎"研究初步》在搜集大量资料基础上，对各家对越式铜鼎的看法做了比较，提出了完整的定义，他认为"越式鼎"具有古代越族独特风格，主要在越族聚居区由越人铸造和使用的鼎类器。他在"越式鼎"的种类和区域分布论述中，以口部特征为第一标准，将越式鼎分为五大类：A. 侈口类、B. 窄平折沿类、C. 宽斜折沿类、D. 敛口类、E. 盘口类，再从耳、足的变化又分出一些亚类[2]。此文是到目前为止对越式铜鼎研究最全面的总结，但对越式铜鼎的铸造工艺没有论述。以前我和蓝日勇合写过《广西先秦青铜文化初论》，对广西先秦青铜器铸造工艺提出过粗浅的看法，认为"小件实心器采用双范合铸，大件中空薄胎器物则采用多块内外范合铸。"[3]铜鼎属空心薄胎青铜器，从春秋晚期到汉代，广西出现不少，除了一部分明显属于楚式鼎和中原式鼎以外，绝大多数是越式鼎，对它们铸造工艺的研究是一个新的课题。

二、越式鼎在广西的考古发现

广西出土的铜鼎除中原式鼎外，绝大多数与别的地区不同，多是直口鼎、折沿鼎和盘口鼎，腹部较浅，底平或略圜，三足细长而外撇，器壁单薄，器表大都光素无纹，有的底部有烟炱，证明都是实用器。

1970年在恭城秧家金堆桥出土33件青铜器，其中有铜鼎5件，分为三式。I式是蟠虺纹铜鼎，形体较大，通高55.5厘米，口径57厘米，圆口，附耳，深腹，圜底，马蹄足，口沿下微束，耳内外、口下、腹部饰蟠虺纹各一道，腹部间以绳纹二道，腹下饰三角纹一道，膝上饰饕餮纹，庄重深沉，是典型的楚式鼎；其他Ⅱ式（3件）、Ⅲ式（1件）都是越式鼎。Ⅱ式鼎，圆口，唇沿外侈，直耳，浅腹，圜底，三足细长，往外撇出，一件提梁鼎，通高15.5厘米，口径18.5厘米，有提梁；一件环耳鼎，通高13.7厘米，口径16.7厘米；一件"告"铭鼎，有提梁，腹内底铸一"告"字铭文，通高14.5厘米，口径17.3厘米（图一）。Ⅲ式直耳鼎，器身粗矮，圆口，唇微外侈，直耳，浅腹，圜底，三足上粗下尖，直立，中空，内开缝，通高12.5厘米，口径15.5厘米[4]。

　　1974年发掘平乐银山岭战国墓出土12件铜鼎，分为四式。Ⅰ式8件，高口沿，浅腹，平底或稍圜，口沿上一对方耳，扁高足稍外斜，足内侧平，外侧起棱。如M71:1号鼎，小盘口，口沿上横长方形耳，浅腹，底近平，扁平足，背面起棱，高19.5厘米，口径18.6厘米（图二，左）。M74:8、M81:1、M102:10、M108:5各鼎皆属此式。Ⅱ式2件，与Ⅰ式近似，口沿较窄，或近乎消失。如M119:17号鼎，浅腹，腹壁圆鼓，平底，横方耳，扁足，斜直外撇，高11厘米（图二，右）。M126:1号鼎也是。Ⅲ式一件（M110:12），口微敛，圆腹，圜底，附耳于肩部凸棱上，残高约10厘米。Ⅳ式一件（M22:14）敛口，圆腹，有盖，扁蹄足，圜底，方附耳高出盖顶，腹上有三道凸棱，盖顶有半圆钮，盖面和附耳均饰细蟠虺纹，通高13.2厘米，口径10.5厘米。此外还有一件铁足铜鼎（M55:16），子口，圆腹，圜底，附耳，耳孔为三角形，短柱状足，鼎身铜铸，鼎足心为铜质，外面包铸铁足，残高13厘米，口径14.4厘米[5]。同时在该墓地还采集到几件较完整的铜鼎，后入藏广西壮族自治区博物馆，如土02717号竖耳盘口小铜鼎，通高9.5厘米，口径8.4厘米；土02470号方耳铜鼎，通高10.5厘米，口径12厘米；土01640号方耳铜鼎，通高11.5厘米，口径12.5厘米。都是越式鼎[6]。

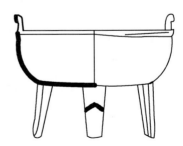

图一　恭城秧家　　　　　　　　　图二　平乐银山岭战国铜鼎
　　　"告"铭铜鼎　　　　　　　左：Ⅰ式鼎（M71:1）　右：Ⅱ式鼎（M119:17）

1977 年宾阳县甘棠公社上塘村韦坡屯战国墓出土铜鼎 1 件（M1∶14），已残碎，但可复原。三合范铸成，宽盘口，扁圆腹，近平底，盘口内边缘有一对焊接的绳索状半圆形环耳，圜底，扁足细长，下部外撇，截面呈半圆形。器身外壁布满黑色烟炱，是一件实用的越式鼎（图三）[7]。

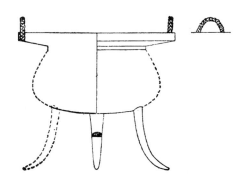

图三　宾阳韦坡铜鼎（M1∶14）

1996 年在贺州市八步区马东村龙婆岭东周墓出土铜鼎 1 件（M2∶7），立耳微外侈，侈口，束颈，鼓腹下垂，圜底近平，三瓦形足（略作蹄形），素面，高 19.2 厘米，口径 16.2 厘米，耳高 41 厘米[8]。

1991 年在贺县（今属贺州市八步区）龙中岩洞葬出土铜鼎 3 件，1 件小立耳铜鼎，口微敛，折沿，浅腹，圜底稍平，三足呈半圆柱形，细长外撇，高 17.8 厘米，口径 18.7 厘米；1 件弦纹附耳铜鼎，敞口，折沿，浅腹，圜底，三马蹄形足，附耳一对，腹饰凸弦纹二周，内底中央饰四卷云纹外绕三角齿纹，通高 18.5 厘米，口径 20.5 厘米；1 件盘口斜足鼎，盘口，束颈，鼓腹，圜底，三扁足细长外撇，盘内有绹纹环耳一对，通高 28.5 厘米，口径 28.9 厘米（图四）[9]。

1992 年岑溪花果山战国墓地收集到铜鼎 3 件，其中采∶25 号鼎，敛口，平沿，沿下有两方形扁耳，弧腹，圜底，三扁足外撇，外底部三足间有三道合范线，器内有污垢，器外布满烟炱，是实用器，通耳高 13 厘米，口径 17.5 厘米（图五）；采∶26 号鼎，敛口，宽沿，沿上有一对长方形扁耳，饰绳索纹，深腹微鼓，圜底，底有三道合范痕，扁足，外呈四棱形，内平直，器表外布满烟炱，内底有一处补疤痕迹，高 22.5 厘米，口径 23 厘米；采∶27 号鼎，直口，窄沿，沿上一对方形耳，耳三角勾连纹，浅腹，平底，底部有三道合范线，半圆形扁足，下端外撇，接地处有突点，器表外满布烟炱，高 27.5 厘米，口径 30 厘米[10]。

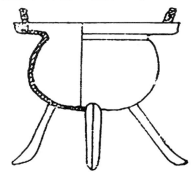

图四　贺州龙中岩盘口铜鼎

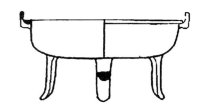

图五　岑溪花果山铜鼎（采∶25）

在一些汉墓中也出现过越式铜鼎。

1974 年在平乐银山岭汉墓出土越式铜鼎 3 件，与银山岭战国墓越式铜鼎近似，大盘口，口沿上立方耳，三扁足。其中 M5：6 号鼎腹较浅，胎极薄，圜底，短足，合模铸痕清晰，口径 14.8 厘米；M51：1 号鼎较大，腹较深，大平底，立耳上沿呈弧形，通高 16 厘米，口径 13 厘米（图六，1）；M112 一件残甚[11]。此墓地同时采集到一件汉代绳耳盘口鼎（土 02714），通高 16.6 厘米，口径 16.5 厘米。

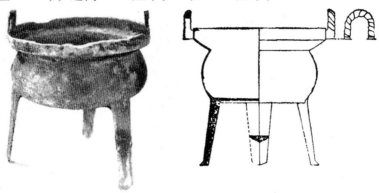

图六　汉代越式鼎
1. 平乐银山岭铜鼎（M51：1）　2. 贺州高寨铜鼎（M4：44）

1975 ~ 1976 年贺县（今属贺州市八步区）铺门河东高寨发掘 8 座西汉墓，西汉前期墓出土铜鼎 6 件，分三式。Ⅰ 式 3 件，大盘口，束颈，深腹，平底，下附三角形扁直足，盘口外附绞索形，其中 M4：44 号鼎口径 23 厘米，腹径 25 厘米，通高 28.3 厘米（图六，2）。Ⅱ 式 1 件（M8：9），敛口，浅腹，平底，腹上部附长方形耳，扁足，口径 12.5 厘米，腹径 15.4 厘米，高 13.5 厘米。Ⅲ 式 2 件，窄沿盘口，直腹，平底，口沿上直立横长方形耳，其中 M7：29 号鼎口径 9.5 厘米，高 8 厘米[12]。

1965 年梧州市龙新三窝塘出土一件西汉铜鼎。通高 21 厘米，口径 17 厘米。带盖，子母口，腹扁圆，附耳，扁蹄足。盖顶中心有活环钮，外圆有凸棱一周，凸棱上等距离布列三乳钉，可将盖翻过来平稳放置。

1973 年梧州市大塘鹤头山东汉墓出土 1 件，浅扁腹，平底，腹外有凸弦纹一圈，外附对称两个半环耳，三角扁足，盖顶一圈凸弦，中心有活环钮。通高 16 厘米，口径 13 厘米，足高 7.5 厘米[13]。

1976 年贵县（今属贵港市港北区）港城镇罗泊湾一号汉墓出土 3 件越式鼎，无盖，大盘口，束颈，扁腹，平底，三直足稍往外撇，口沿外附一对绞索形半圆形环耳，刻有容量铭文。其中 M1：28 号鼎，口沿外卧刻"二斗二升" 4 字，实测容量为 4200 毫升，通高 28 厘米，口径 23.8 厘米；M1：29 号鼎，无刻铭，附有绞索形活动提梁，通高 28 厘米，口径 24 厘米；M1：30 号鼎，口沿内侧卧刻"二斗少半" 4 字铭文，实测容量为 4060 毫升，通高 28.5 厘米，口径 23.5 厘米（图七）。同时出土 3 件中原式铜鼎[14]。

20 世纪 50 年代在贵县清理 129 座汉墓，其中西汉墓出土铜鼎 7 件，东汉墓出土铜鼎 10 件。西汉墓有一种圆腹，三足粗而短，一种腹作圆筒形，三足细而长；一种小圆腹，三个扁三角短足。东汉墓有一种铜鼎，圆腹，腹部施一条凸弦纹，子口合盖，蹄足[15]。

1986年合浦县环城乡风门岭10号墓出土环耳高足鼎1件（M10:14），敛口，扁圆腹，平底，足外撇，附双耳，盖顶平，有钮，钮有环，环周围有半圆环三只，通高27.5厘米，口径23.5厘米，底径20厘米（图八）[16]。

1996年12月在合浦县禁山七星岭东汉墓出土铜鼎1件（M3:2），带盖，盖顶有钮衔圆环，其外有凸棱一周，上附三个乳钉。鼎身敛口，子口合盖，口下有圆形带孔双耳，鼓腹圜底，三足外撇，足横断面呈扁三角形，盖面饰柿蒂纹。器内残存动物骨头，底部有火烧痕迹。通高26厘米，口径23厘米[17]。

2001年7月合浦县九只岭东汉墓出土铜鼎1件（M5:52），盖上有环钮，有环形附耳，敛口，圆腹，中有一周凸棱，圜底，三足外撇。高17.5厘米，口径15.6厘米，最大腹径16.3厘米[18]。

图七　贵港罗泊湾汉墓"二斗二升"铭越式鼎

图八　合浦风门岭汉墓越式鼎
（M10:14）

2003年在合浦风门岭26号墓出土铜鼎4件，大小形制相同，带盖，盖面隆起，以一周凸棱为界，内圈平圆，中央有圆钮扣环。子口敛，圆腹较浅，中有凸棱一周，凸棱处折出附耳，附耳上圆下方，平底，三足往内弯直，横断面如三角形。其中2件内盛有物，M26:112号鼎盛鱼二条，其中一条鱼骨完整排列；M26:103号鼎盛鸡肉21块。M26:104号鼎口径21.6厘米，腹径23.6厘米，通高22.6厘米。2004年在风门岭27号墓出土铜鼎2件，大小形制相同，带盖，盖面隆起，以一周凸棱为界，中部平圆，中央有环纽扣圆环。子口合盖，敛口，扁圆腹，腹壁较直，圜底，三足瘦长，外撇，上下略粗，中部敛束，横断面近三角形，上腹有一道凸棱，长方形附耳窄高，M27:17号鼎口径10.8厘米，通高13.9厘米。在风门岭23号墓出土铜鼎3件，其中M23A:11号鼎出土时挤压破碎，无法复原，三足斜直较高，向外撇出，一足横断面中三角形状，另两足截面略圆，从残片观察，该鼎无盖，子口内敛，圆腹较浅，腹壁直，近底处收成圜底，两长方形附耳，耳内有镂空竖槽，耳高85厘米，宽4厘米，足高125厘米；M23B，2件，大小形制相同，与M27:17号鼎相比，腹壁更直，其中M23B:5号鼎，带盖，盖面略平，以凸棱分两圈，外圈等布三乳钉，内圈作柿蒂纹，中有环纽扣圆环，足和耳与M23A:11号鼎有所不同，三蹄足较高，两附耳上圆下方，耳际有一周凸棱，口径 23.6 厘米，腹径 24 厘米，通高 24.4 厘米[19]。

广西这些从春秋时期到汉代墓葬出土的越式鼎大致可分为 5 个类型：

Ⅰ型：侈口鼎，如贺州龙婆岭 M2：7 号鼎。

Ⅱ型：直口鼎，如恭城秧家提梁鼎、恭城秧家"告"字铭文鼎、恭城秧家直足鼎、平乐银山岭 M119：17 号鼎、岑溪花果山采：25 号鼎、岑溪花果山采：26 号鼎、岑溪花果山采：27 号鼎。

Ⅲ型：折沿鼎，如贺州高寨 M7：29 号鼎、平乐银山岭 M71：1 号鼎、平乐银山岭 M74：8 号鼎。

Ⅳ型：盘口鼎，如宾阳韦坡 M1：14 号鼎，贺州高寨 M4：44 号鼎、贵港罗泊湾 M1：28 号鼎、贵港罗泊湾 M1：29 号鼎、贵港罗泊湾 M1：30 号鼎，平乐银山岭 M51：1 号鼎。

Ⅴ型：敛口鼎，如平乐银山岭 M110：12 号鼎、平乐银山岭 M22：14 号鼎、平乐银山岭 M55：16 号铁足铜鼎、贺州高寨 M8：9 号鼎、合浦风门岭 M10：14 号鼎、合浦风门岭 M26：104 号鼎、合浦风门岭 M27：17 号鼎、合浦九只岭 M5：52 号鼎、合浦七星岭 M3：2 号鼎。

三、对广西越式鼎铸范的观察

在广西博物馆文物保管部潘郁生、黄慧光的协助下，我对文物库存的 21 件战国至西汉时期铜鼎的合范痕进行了仔细观察，并画了示意草图。观察到的情况如下。

恭城秧家金堆桥出土的撇足鼎，圆口，浅腹，三足细长外撇，通高 13.7 厘米，口径 16.7 厘米。由三块范构成，合范线穿过三足脊，在底部中心相交，浇铸口在足端（图九，1）。

恭城秧家金堆桥直足鼎，圆口，唇沿外侈，唇上一对半环耳，浅腹，圜底，三直足，上粗下略细，通高 12.5 厘米，口径 15.7 厘米。由四块范构成，腹足三块范，底一块范，合范线穿过三足脊，在底部以三足为支点，构成等边三角形。在底部中心有一道浇铸痕（图九，2）。

平乐银山岭战国墓的越式鼎都是合范铸成，胎薄轻巧，底部有厚烟炱，有的有修补疤痕。Ⅰ式鼎三合范一次铸成，底的范痕成圆形，腹部范痕有一道从足上穿过。

银山岭 M81：1 号鼎，底范一块、腹范两块，底范呈三角形，已有弧弦转折意，是三角形范片向圆形范片过渡的形态。腹部合范线穿过一足，与底范接合（图一〇）。

银山岭 M71：1 号鼎，方耳。通高 19.3 厘米，口径 18.6 厘米，腹径 16 厘米，底范径 11.5 厘米。三块范构成，底范一块、腹范两块，底范圆形，但不正圆，腹部合范线穿过一足，与底范线接合。浇铸口在底范上没有发现，可能在足端（图一一）。

图九　恭城秧家金堆桥鼎底部合范痕

1. 撇足鼎　2. 直足鼎

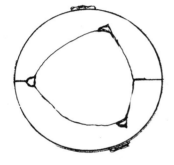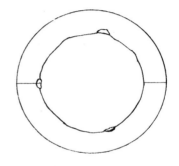

图一〇　平乐银山岭铜鼎（M81:1）　　　　图一一　平乐银山岭铜鼎（M71:1）

银山岭战国墓地采集 2 号鼎，平底方耳，通高 11.5 厘米，口径 12.5 厘米，底径 11.5 厘米。全身两块范，合范线越过一足，从底部中心穿过（图一二）。

银山岭战国晚期蟠虺鼎（M22:14），三块合范，底范圆形，底径 8.5 厘米，足距 6.5 厘米。腹范两块，合缝线穿过一足与底范线接合（图一三）。

银山岭战国晚期铁足铜鼎（M55:16），底范是三角形向圆形过渡形态，三足都在底部合范线上，底部中央有一条浇注痕。

银山岭采集 3 号鼎，西汉绳耳盘口鼎，高 16.6 厘米，口径 16.5 厘米，口沿宽 2 厘米，三范合成，底范一块，正圆，腹范二片，腹范合范线穿过一足与底范接合（图一四）。

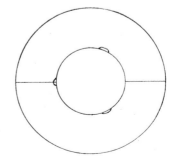

图一二　平乐银山岭铜鼎（采:2）　　　　图一三　平乐银山岭铜鼎（M22:14）

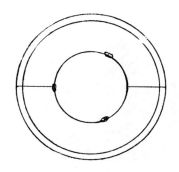

图一四　平乐银山岭铜鼎（采:3）

贵港罗泊湾 M1：30 号鼎（越式鼎），盘口，宽沿，底范圆形，直径 8.2 厘米，腹范二片，口径 13.5 厘米，三足都在底腹合范线上，合范线穿过其中一足与底范接合（图一五）。

贵港罗泊湾 M1：31 号鼎是中原式鼎。全身看不到合范痕，但在底中部有一条长 6.8 厘米浇铸痕。

1965 年梧州龙新三窝塘西汉墓出土一件铜鼎（02005 号），环耳蹄足，高 21 厘米，口径 17 厘米，底范圆形，腹分两块，合范线穿过一足，三足都在范线上（图一六）。

1972 年恭城县和平乡石塘村南齐墓出土一个铜鼎（0332 号），底范正圆，三足在圆范线外，腹从中部横切，上半部是一个圆圈范，下半部分三块范，分别与底范相接。

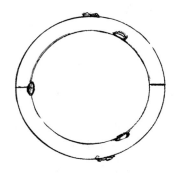

图一五　贵港罗泊湾铜鼎（M1：30）

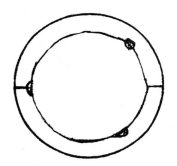

图一六　梧州三窝塘鼎

四、简 要 结 论

综合以上观察，知道广西春秋晚期至西汉时期铜鼎的分范工艺有六种：

（1）全身三块范，以底部中心为支点，向三个鼎足辐射出三条合范线，从而分成三块范，如恭城县秧家春秋晚期墓出的环耳小鼎。

（2）四块范，底范一块，呈三角形，腹范三块，合范线从三足穿过，在三足相交。

（3）三块范，底范一块，呈近似三角形，腹范两块，合范线从一足穿过。如平乐银山岭 M81：1 号鼎；又如恭城秧家直足鼎，浇铸口在底部中心。

（4）三块范，底范近圆形，三足在平底边沿，合范线通过一足横穿底部中央，如平乐县银山岭战国墓 M71：1 号方耳平底鼎。

（5）三块范，底范一块，圆形，腹范两块，合范线从一足穿过。如贵港罗泊湾

M1：30号越式鼎。

（6）四块范，底范一块，圆形，腹范三块，合范线从三足穿过。如贵港罗泊湾M1：31号中原式鼎，在底部看不到合范线，底部正中有一道长6.8厘米的浇铸痕。

这里的鼎，底范大部分是圆形或近似圆形的，腹范大都是两块，三块者很少。从发展趋势来看，的确受楚文化影响，圆底范的比重越来越大。

浇口位置，有三种：

（1）在底范中心。

（2）在底范和腹范接合处的范线上。

（3）在鼎足端。

早期的底范是三角形范，晚期的底范是圆形范，其间有的三角形向圆形转化的形态，如平乐银山岭M81：1号鼎。贵港罗泊湾M1：31号中原式鼎，全身找不到合范线，只在底部正中有一条浇铸痕，不知是否用了失蜡法。

湖南出土的越式鼎大部分是（1）、（2）两种，底部范圆形的很少。但是楚式鼎大部分是（4）、（5）两种。虽然器物全身形状不一样，但从制作角度看，应是当地制作传统工艺不同。广东南越王墓的越式铜鼎主要是二分范，器身均为两块范合铸，底部范大部分是圆形的，就是（5）、（6）两种[20]。如果楚式鼎的传统是底部圆形范，越式鼎底部是三角形范，这种早晚期的发展变化表明岭南越人地区，铸造铜鼎工艺早期接受楚文化较少，越到后来受楚文化的影响越大。

2008 年 9 月 23 日

注　　释

［1］　俞伟超：《关于楚文化发展的新探索》，原刊于《江汉考古》1980 年 1 期，后收入《先秦两汉考古学论集》，文物出版社，1985 年。

［2］　向桃初：《“越式鼎”研究初步》，《古代文明》第 4 卷，文物出版社，2005 年。

［3］　蒋廷瑜、蓝日勇：《广西先秦青铜文化初论》，《中国考古学会第四次年会论文集》，文物出版社，1985 年。

［4］　广西壮族自治区博物馆：《广西恭城县出土的青铜器》，《考古》1973 年 1 期。

［5］　广西壮族自治区文物工作队：《平乐银山岭战国墓》，《考古学报》1978 年 2 期。

［6］　广西壮族自治区文化厅文物处等：《广西壮族自治区馆藏文物珍品目录》，广西民族出版社，1998 年。

［7］　广西壮族自治区文物工作队：《广西宾阳县发现战国墓葬》，《考古》1983 年 2 期。

［8］　贺州市博物馆：《广西贺州市马东村周代墓葬》，《考古》2001 年 11 期。

［9］　贺县博物馆：《广西贺县龙中岩洞墓清理简报》，《考古》1993 年 4 期。

［10］　广西壮族自治区文物工作队、岑溪县文物管理所：《岑溪花果山战国墓清理简报》，《广西考古文集》，文物出版社，2004 年。

［11］　广西壮族自治区文物工作队：《平乐银山岭汉墓》，《考古学报》1978 年 4 期。

［12］ 广西壮族自治区文物工作队、贺县文化局：《广西贺县河东高寨西汉墓》，《文物资料丛刊》第 4 辑，1981 年。

［13］ 李乃贤：《广西梧州市鹤头山东汉墓》，《文物资料丛刊》第 4 辑，1981 年。

［14］ 广西壮族自治区博物馆：《广西贵县罗泊湾汉墓》，文物出版社，1988 年。

［15］ 广西省文物管理委员会：《广西贵县汉墓的清理》，《考古学报》1957 年 1 期。

［16］ 合浦县博物馆：《广西合浦县风门岭 10 号汉墓发掘简报》，《考古》1995 年 3 期。

［17］ 广西壮族自治区文物工作队：《广西合浦县禁山七星岭东汉墓葬》，《考古》2004 年 4 期。

［18］ 广西壮族自治区文物工作队、合浦县博物馆：《广西合浦县九只岭东汉墓》，《考古》2003 年 10 期。

［19］ 广西壮族自治区文物工作队、合浦县博物馆：《合浦风门岭汉墓——2003～2005 年发掘报告》，科学出版社，2006 年。

［20］ 广州市文物管理委员会等：《西汉南越王墓》，文物出版社，1991 年，411 页，附录六。

（“第三届青铜文明与科技考古国际学术研讨会”提交论文，2008 年 9 月）

右江流域青铜文化族属试探[*]

一、右江流域概况

右江是岭南西江的一条重要支流，主源驮娘江发源于云南省广南县龙山，流经广西西林县城八达镇，至田林县与西洋江汇合称剥隘河，往南流至云南省的剥隘圩，然后拐向东，流入广西百色市区，与澄碧河汇合称右江。右江流经田阳、田东、平果、隆安，至南宁市郊江西镇同江村附近与左江相会，以下称邕江。全长 724 公里，流域面积 40840 平方公里。主要支流，右岸有西洋江、龙须河、龙床河，左岸有乐里河、澄碧河、百东河、武鸣河。右江是桂西的一条水上运输干线。自田林、百色，至田阳、田东、平果，沿右江两岸的阶地，发现旧石器时代遗址 100 多处，出土打制石器 5000 余件，被确定是距今 80 万年的人类文化遗迹，是岭南人类活动最早的地区。河谷两岸开发较早，距今 5000 年前已出现聚落，沿江两岸散布着大量的新石器时代文化遗址。大约 3500 年前进入文明社会，江中经常打捞出商周青铜器斧、钺、矛、一字格剑、人面弓形格剑，并发现早期铜鼓，是滇、越文化交流最频繁的地区。汉代句町国以此为中心，西林驮娘江畔曾发现过句町首领的铜棺墓和铜鼓墓。

二、右江流域青铜器的发现

右江流域经常传出青铜器，而且有早期崖洞葬和西周、春秋、战国墓葬发现，很早就引起人们的注意。

1. 早期崖洞葬中的青铜器

右江支流武鸣河流域是早期崖洞葬的重要分布区，在武鸣县陆斡镇覃内村岜马山和两江镇英俊村岜旺屯都发现过新石器时代末期的崖洞葬，虽然没有见到青铜器，但其随葬的陶器和玉石器与青铜时代的崖洞葬相同，应是青铜时代的遗存。出土青铜器的崖洞葬在武鸣县两江镇三联村伏邦屯的独山已经发掘清理，发现人骨 1 具和一批随葬品，主

* 本文是国家社会科学基金项目"滇桂地区与越南北部上古青铜文化及其族群研究"（编号：06XMZ042）阶段成果之一。

要是青铜器，次为陶器和玉石器。铜器有剑、钺、矛、镞、斧、刮刀，陶器有圜底钵，玉石器有凸领环和砺石，时代属战国早期[1]。

2. 西周春秋墓群的青铜器

1985 年在武鸣马头乡元龙坡发现一群西周春秋墓，当年 10 月至 1986 年 3 月发掘 350 座，出土随葬器物 1000 多件，以夹砂陶器为主，还有铜器、玉石器。铜器 110 多件，有盘、卣、刀、矛、钺、匕首、镞、针、圆形器；除卣、盘、匕首等饰以夔纹、窃曲纹和云雷纹外，其余均无纹饰。玉器 200 多件，有环、玦、珏、管饰、穿孔玉片、坠子、扣形器、方形玉玦、镂空雕饰等，还有砂石铸范。铜器中的刀、匕首、镞、圆形器，富有地方特色。其中铜卣、铜盘、铜刀、铜匕首及铸造斧、钺、镞等青铜器的石范是广西地区首次出土。石范的发现，说明当时已有了青铜冶铸业。经 ${}^{14}C$ 测定，年代最早为距今 2960 年 ±85 年，最晚为距今 2530 年 ±100 年[2]。

3. 战国墓葬中的铜器

战国时期墓葬在武鸣、田东都有发现。

1985 年发掘了武鸣安等秧山战国墓 86 座。随葬品一般为实用的生产工具、生活用具和少量装饰品。青铜器 86 件，有剑、矛、钺、斧、镞、刮刀、镯、玦、带钩、铃；陶器有釜、罐、杯、钵、纺轮；玉石器有玦、璜；还有铁锸。个别陶器有刻划符号[3]。

1977 年 6 月田东县祥周乡联福村修福屯西的锅盖岭发现 2 座战国墓，其中一墓出土青铜器 6 件、玉饰器 4 件；另一墓出土青铜器 7 件、玉器 5 件。青铜器包括鼓、剑、矛、戈、钺、斧、镦、叉形器，玉石器有玦、环、珏、管。铜剑有一件是一字格扁身短剑。玉玦两面平滑，边缘雕饰四个卷云形花牙；玉环两面好的周围突起一圈唇，是"T"形环[4]。

1984 年 2 月在田东县祥周乡大索屯南面的虎头山发现 2 座战国墓。其中一座随葬品仅有陶罐 1 件。另一座墓则有铜剑 3 件、铜矛 1 件、铜斧 1 件、铜叉形器 2 件、玉镯 1 件[5]。

1993 年 4 月在田东县祥周乡联福村联合小学大门前南哈坡发现 1 座战国早期墓。出土铜鼓 2 件、铜罍 1 件和铜錾钉、玉管、玉玦、玉镯等，所出铜鼓是原始形态的早期铜鼓。这两面铜鼓都是面部小，胸部外突，腰部极度收束，足短矮，扁耳细小，花纹简单、粗糙，在铜鼓分类中属万家坝型，填补了广西铜鼓发展序列的空白[6]。

1994 年 6 月在田东县林逢乡和同村大岭坡出土铜鼓 1 件、铜钟 1 件，应是一座战国早期墓。铜鼓是典型的原始形态铜鼓，铜钟是岭南越式甬钟[7]。

4. 零星发现的青铜器

右江流域零星发现的青铜器年代可以追溯到商末周初。如武鸣县马头乡勉岭出土的商末兽面纹提梁铜卣。从《广西壮族自治区馆藏文物珍品目录》获悉，1974 年西林县土产废品收购站拣选人面纹三角形铜匕首 1 件，1988 年在西林县土黄村收购云纹三角形铜匕首 1 件，1988 年在田林县平塘乡达洞村出土"V"形銎铜钺 1 件，1991 年田阳县那满镇治瑭村征集到"凤"字形铜钺 1 件，这些都已被确定为馆藏二级文物。还有未能定级和在定级以后出土的青铜器，如 1982 年 6 月德保县那甲乡府所在地附近出土铜斧 1 件，1983 年 3 月田阳县百育镇七联村东邦下屯出土一字格铜剑 1 件。右江捞沙经常捞获青铜器，如 1989 年田阳县田州镇隆平村牌楼屯沙场在右江捞出两件青铜剑和 1 件玉戈，1997 年 10 月在百色七塘新码头沙场捞获 1 件人面弓形格剑，2002 年 11 月田阳县百育沙场在右江七联村与内江村之间的河道中捞沙挖出 1 件一字格剑，2003 年在田东县平马码头打捞出铜鼓 1 面，2004 年田东县平马镇升太村人在林逢镇右江河段捞沙打捞出一字格剑 1 件，2005 年在百色萝卜洲附近捞沙捞出铜矛 1 件、铜钺 4 件、铜斧 1 件、铜戈 2 件、铜刀 1 件等。这些零星发现，已遍布田东、田阳、百色、田林、西林、德保等县，其年代多在春秋战国时期。

三、右江流域青铜器的分类

右江流域出土青铜器种类众多，可分为工具、兵器、礼器、乐器等，现逐一介绍如下。

1. 工具

包括斧、凿、刀、刮刀。

（1）斧

元龙坡墓地出土 23 件。多呈"凤"字形，銎部与身无明显分界线，有的刃较宽，有的刃与銎宽平直（图一，1）。

安等秧墓地出土铜斧 31 件，其中器身狭长的 9 件，束腰，双面弧刃，刃角外侈；"凤"字形 22 件，扁体，刃部两角外翘呈弧形。

1   2   3

图一　铜斧

1. 元龙坡（M191:2）　2. 德保那甲　3. 萝卜洲

独山岩洞葬出土 3 件，有的似钺，銎呈鱼尾形，腰长斜，刃呈半月形，有的銎呈长方形，器身两侧有脊线。

锅盖岭出土 4 件，1 件扇面形，刃部侈出上翘；1 件弧刃，翘出两角；2 件狭长身，弧刃两角亦外侈。

百色萝卜洲 1 件，"凤"字形，方銎，弧刃，两角外翘（图一，3）。

田东县林逢打捞出 1 件铜斧，刃宽 5.3、銎长 3.7、銎宽 1.9、高 9.2 厘米。

德保那甲铜斧，銎呈椭圆形，圆弧刃呈扇面形，外部有两条凸棱。长 8.2、刃宽 6、銎长径 3.5、銎短径 1.5 厘米（图一，2）。

（2）凿

元龙坡出土 1 件（M345:2），长方条形，实心无銎，半圆弧刃。

（3）刀

元龙坡出土，多为长柄弧凸刃，直背脊或锋尖微翘，背脊棱突起如刃，柄扁平。其中 M77:1 长 14、宽 3.5、柄长 5、厚 0.15 厘米（图二，1）。另有 1 件（M222:8）呈新月形，凸刃，凹曲背，通长 13.7、宽 4、柄长约 3 厘米（图二，2）。

百色萝卜洲一件，条形。直背，斜直刃，后部有柄，柄、身一次铸成（图二，3）。

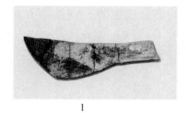  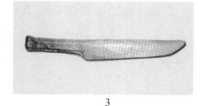

　　1　　　　　　　　　　　2　　　　　　　　　　　3

图二　铜刀

1. 元龙坡（M77:1）　2. 元龙坡（M222:8）　3. 萝卜洲

（4）刮刀

形状呈竹叶形，前端尖翘，两侧有刃，横断面呈"人"字形，背面隆起有纵脊；或呈弧形，背面圆滑无脊。后端直平，用竹片或木片上下夹持，再以绳索绑扎，编织竹器时使用。铸范依刀的形状，采用不平分型浇铸。铸成以后再加激冷处理，提高韧性，令其坚硬锐利。武鸣独山岩洞葬出土 1 件，后部有小柄；安等秧战国墓出土 8 件，后部束腰，后端平（图三）。

图三　铜刮刀（安等秧）

2. 兵器

包括戈、矛、钺、匕首、扁茎短剑、一字格剑、人面弓形格剑、镞、叉形器、镦等。

（1）戈

勉岭铜戈，与勉岭铜卣同出，长胡两穿，似较晚出，但援、内平直，仍是早期铜戈特征，阑侧饰云雷纹一道、栉纹两道。这种云雷纹与铜卣的地纹相同，常见于商代晚期和西周早期的铜器上（图四，1）。

敢猪岩铜戈，出自武鸣县马头乡那提村敢猪岩，器体扁薄，援前部残失，从残留部分观察，原似近三角形援，中脊起棱，上下阑突出，长方形内，内后部有斜向相邻的二穿。此戈与河南殷墟和灵宝等地商代铜戈相近，当为晚商之物（图四，2）。

独山岩洞葬戈，长援微昂，阑侧饰云雷纹，短直内一穿，长胡四穿，胡末有刺。通长 19.6、胡长 5.5 厘米（图四，3）。

锅盖岭铜戈，援长 10、胡长 11 厘米。两穿弧援，援部翘起，内平直，一穿；中胡，阑侧二穿，援基上端另有一圆形小孔（图四，4）。

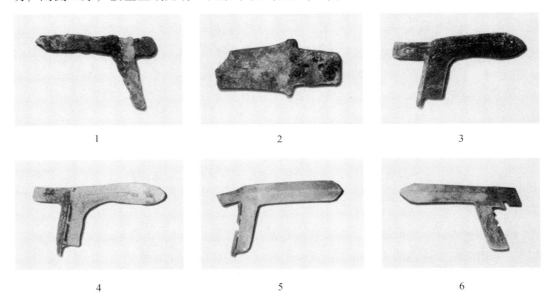

图四　铜戈

1. 勉岭　2. 敢猪岩　3. 独山岩洞葬　4. 锅盖岭　5. 萝卜洲　6. 百色民族博物馆

萝卜洲铜戈，2 件，其中 1 件中胡二穿，与锅盖岭出土的相似；另 1 件长胡三穿，直内，内、胡都有利刃，援锋呈圭形，中脊有棱（图四，5）。百色民族博物馆另藏 1 件与此类似，也是长胡三穿（图四，6）。这两件铜戈形制特殊，可能不是实用器。

（2）矛

元龙坡铜矛 21 件，主要是柳叶形，扁圆形短小骹，器身截面呈菱形，刃部微内曲。最大的长 24.5 厘米，小的长 14 厘米（图五，1、2）。

安等秧铜矛 6 件，短身圆骹，中脊突起，断面呈圆形或椭圆形，有的一侧单耳并有"王"字符号。

独山岩洞葬 2 件，1 件锋端呈三角形，短叶，长骹，有双钮，长 17.8、叶宽 3.9 厘米；1 件长叶，圆骹两面饰云雷纹"王"字符号，云雷纹下方有桥形钮，长 21.2、叶宽3.9厘米。

　　锅盖岭铜矛2件，桂叶形，两脊突起，圆筒箭，其中1件一侧有鼻钮，钮上方铸回形纹"王"字符号；另1件长箭，两侧附环耳，通长36.5、刃宽5.8厘米（图五，4）。

　　萝卜洲铜矛，直圆銎，柳叶形身，中脊起棱，棱饰叶脉纹，两侧各饰两道三角锯齿纹，齿中填饰斜线，与铜鼓太阳纹芒间的三角齿纹相似（图五，3）。

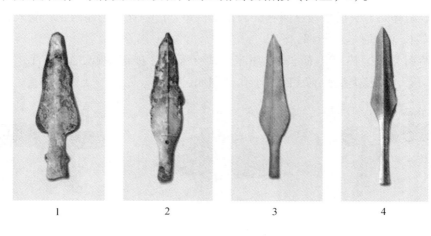

图五　铜矛

1. 元龙坡（M196）　　2. 元龙坡（M97）　　3. 萝卜洲　　4. 锅盖岭

（3）钺

　　钺是古越人最典型的器物。铜钺是由偏刃石钺演变而来的，由实用性兵器演变成了礼器，专用于庄严神圣的仪典场合，成为王权威势的象征。元龙坡出土10件、安等秧2件、独山1件、萝卜洲4件，此外，锅盖岭Ⅰ、Ⅱ式斧3件，安等秧Ⅱ式斧22件应归在钺内。右江流域的铜钺形式多样，可分为折扇形钺、"凤"字形钺、靴形钺、铲形钺等多种类型。

　　折扇形钺，直銎，长方形銎口，束腰，呈钝角折肩，刃外展，作展开的扇面形；没有什么装饰花纹，有的只在銎肩部铸出简单的几何图案。如元龙坡Ⅲ式钺。

　　"凤"字形钺，长方銎，刃外弧出向两侧弯翘，有如新月，平视左右对称，轮廓线条柔和圆润，很像汉字"凤"字的外形；大部分素面，有的在器身中部有近似梯形的框，框内装饰三角雷纹、菱形纹。田东祥锅盖岭出土棱形銎和方銎两种（图六，3）。萝卜洲2件，"U"形銎，宽弧刃，素面（图六，1、2）。另1件窄銎，銎口下铸有"V"形符号（图六，4）。

　　靴形钺，一般是椭圆形銎或六棱形銎，銎部较长，刃呈弧形，左右两侧不对称，前端高翘伸出很长，后根很短，因而又被称为不对称钺或斜刃钺。迄今最早见于武鸣马头元龙坡墓地（M147：3），伴出西周中晚期的提梁卣（M147：1）。由此可见本地区的不对称钺出现的年代至少可以追溯到西周中晚期和春秋早期。元龙坡M59：4钺，单斜弧刃，扁圆銎（图七，2）。安等秧M80：1号钺器身扁薄，銎呈椭圆形。萝

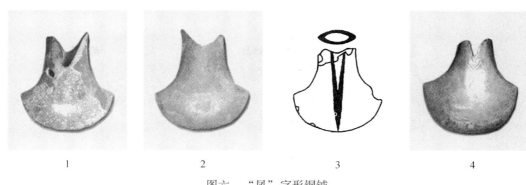

图六 "凤"字形铜钺
1、2、4. 萝卜洲 3. 锅盖岭

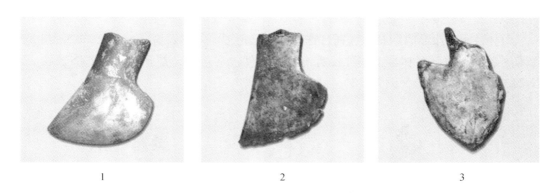

图七 靴形铜钺
1. 萝卜洲 2. 元龙坡（M59：4） 3. 元龙坡（M66：2）

卜洲铜钺，椭圆銎，一边有肩，斜弧刃（图七，1）。元龙坡 M66：2 钺，肩向上收（图七，3）。

铲形钺，长方銎，双肩外折，长方形身，平直刃，有的是单层肩，像一般生产用具铲；有的是双层肩，肩分二级外折，器身内侧微凹，外侧微隆起。安等秧 M61：4 就是铲形钺，刃部呈弧形腰微束。

圆刃钺，"V"形銎，銎顶饰双层人字阳纹，田林县平塘乡六池村达洞铜钺，銎首为椭圆形，弧刃，器身上饰有纹饰（图八，1）。田东县祥周乡联福村虎头山 1 件；百色萝卜洲 1 件稍残，宽弧刃，近刃处有断续条形凹坑纹饰，合模铸成，銎上有一道凸弦纹，銎顶饰"人"字纹。

荷包形钺，田阳县七联村 1 件，短銎，圆刃，极像烟荷包（图八，2）。萝卜洲 1 件，椭圆銎，溜肩，圆弧刃（图八，3）。

（4）匕首

元龙坡匕首无格，宽肩，扁叶，呈锐角三角形，截面呈菱形，茎部镂空并饰纤细线云雷纹和凿点纹（图九，1）。

图八　铜钺

1. 圆刃钺（平塘达洞）　　2. 荷包形钺（七联村）　　3. 荷包形钺（萝卜洲）

西林县土产废品收购站拣选铜匕首 1 件，三角形，首为人头形，通长 30.5、叶宽 7 厘米（图九，2）。西林县土黄村收购铜匕首 1 件，三角形，首开叉，上部饰云纹，通长 24.2、叶宽 7 厘米（图九，3）。

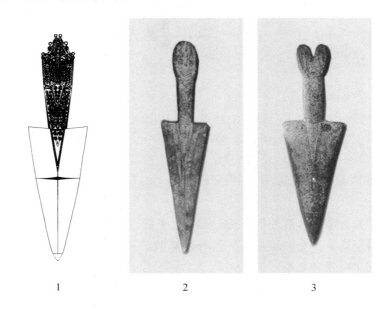

图九　铜匕首

1. 元龙坡（M311）　　2、3. 西林

（5）扁茎短剑

扁茎短剑，形体短小，扁茎，没有剑格，肩成死折；剑首和剑身分离，剑首柄上有一个穿孔或凹口，剑茎上也有一个穿孔，二者以木片相夹而衔接；剑身很短，中脊起棱，没有任何纹饰，锋刃砥砺得相当锐利。

元龙坡 3 件（原称匕首），扁茎，平折肩，无格无首。锅盖岭 2 件，也是无格无首，折肩，茎上有一穿孔。独山3件、安等秧9件，扁茎，无格，斜肩，茎部有小穿孔。安等秧有2件宽格，其中1件短茎上有孔，接椭圆形玉剑首；1件茎部有弦纹相间的回纹和网状方格纹。

（6）一字格剑

首、茎、身一次铸成，圆首，扁圆茎，"一"字形格，短扁身，呈梭形。

锅盖岭1件，通长29、刃宽6.5厘米。茎中空，两面均饰"回"形纹；身呈梭形，正背两面均饰两道卷云纹（图一〇，1）。

田阳七联村东邦1件，通长28、格宽11、厚2厘米。空首，椭圆茎，茎末端有格盖，盖宽于茎，盖面呈椭圆，饰菱形几何纹；茎中部收束，上下向外扩张；茎上下两端饰云纹，中间饰斜线纹；剑格宽于身，两头微翘；格面亦饰云纹；剑身扁，较薄，刃锋利，两面无纹饰；束腰，有胯（图一〇，2）。

田阳隆平村排楼屯1件，通长26.3、刃宽4.5厘米。茎椭圆空心，无首；茎身束腰，无纹饰；上端近格处的脊部有一"Y"形血槽，束腰，有胯；剑尖锋利。

田阳百育沙场1件，通长28、格宽11、宽7、厚2.3厘米。茎上饰云纹和斜线纹，盖面饰菱形纹，格面饰云纹，和锅盖岭出土的很相像（图一〇，3）。

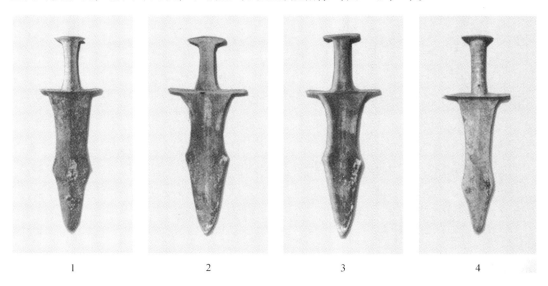

1　　　　　　　2　　　　　　　3　　　　　　　4

图一〇　一字格铜剑
1. 锅盖岭　2. 七联村　3. 百育　4. 林逢

田东林逢镇打捞1件，全长27厘米，其中茎长8、身长19厘米，格宽8.9、叶宽4.2厘米，厚0.5厘米。茎两端粗，中段细，首、茎、格上都有精细的几何花纹。剑首平面呈菱形抹角的椭圆形，正中饰菱形纹，外围以扁长方块，内饰"S"形云纹；剑茎上自首而下饰六道回纹箍，靠近剑格处有一个对穿小圆孔，圆孔外亦饰"S"形云纹；剑格面上也有纹饰，以剑首为中心，左右两边纹饰对称，饰"S"形云纹条带（图一〇，4）。

（7）人面弓形格剑

剑身上部铸有倒三角形的人面纹，剑格两端上翘，弯曲如弓，故名人面弓形格剑。这种短剑，形制独特，地域性强，目前只见于岭南地区，其中包括中国广西的百色、田阳、南宁、柳江、贵港、灵山，广东的广州，香港的大屿山、赤立角、南丫岛及越南的清化、海防等地。其铸作方法是用双面合范，将首、茎、身一次浇铸而成。茎、格、身均有纹饰。铸作工艺精良，纹饰精细，寒光逼人，有极高的工艺水平。这种剑已不是一般常人所能佩带，是代表一定身份的权力之器。

田阳隆平村剑，通长24.2、刃宽4厘米。剑首并列双环，环径1.7厘米。环体两面各饰四个长方回纹。剑茎扁体实心，上端中段两侧均有"山"形齿状棱脊，中部粗大，下端在栉纹边框内分三组填饰云纹。剑格两端上扬，中部呈弧形弯曲，表面饰栉纹。剑身宽厚，最宽处在基部。剑身上端饰"V"形图案，分三段向左右伸出羽状球纹，在顶端饰人面图案的地方只保留一个三角形框，没有出现人面纹。两面纹饰相同，唯有此处各异：一面的三角形是凸出的阳纹，另一面的三角形是凹下的阴纹（图一一，1）。

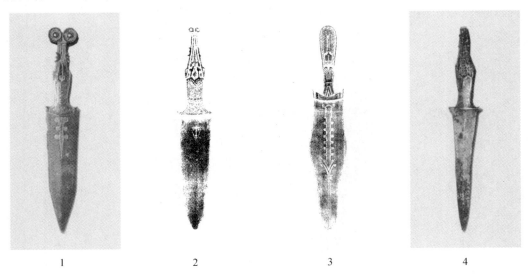

图一一　人面弓形格铜剑
1. 田阳隆平　2. 百色一号　3. 百色二号　4. 百色新码头

百色一号剑，右江百色段捞出，柳州博物馆藏，长24.5、茎长10.6厘米，格宽4.5、刃宽3.4厘米。形制与田阳隆平剑相同，剑首双环并列，环体有几何纹饰，茎之中部粗大，分三组饰卷云纹、栉纹等几何图案，前端两侧有"山"形歧爪，剑格两端上翘，饰栉纹，剑身光滑，刃锋利，脊不明显。近格处饰阴线人面纹。人面呈倒三角形，轮廓框饰栉纹，人面下巴尖削，头似戴羽冠，眼、鼻、口用阴纹，均清晰（图一一，2）。

百色二号剑，右江百色段捞出，柳州博物馆藏，长32、刃宽5.8、格宽4.8厘米。无首，茎上部为椭圆柱形，中部扁平束收，近格处又扩宽。纹饰分成几组，有卷云纹、曲线纹、虚线纹等多种几何图案，格的两端上扬。剑身起脊，最宽处在中部，平缓向前收束，前端骤收成锋。近格处饰人面纹，头戴宝冠，冠沿两端向上翻卷，面部瘦长，五官清晰，人面侧有锯齿纹，下接长栅栏状纹饰，向锋部收束成箭头形，向下穿透一只横卧的青蛙，青蛙四肢伸展，头部和躯干清晰（图一一，3）。

百色新码头剑，从百色七塘糖厂新码头打捞出，通长30.4、身长18.2、格宽5.1厘米。首已残失，剑茎上细、中粗、下稍扁窄；上端有"山"形棱脊，两面均有锥刺小方块纹；格较窄，几近"一"字形；剑身上宽下窄。由于在水中长期浸泡和淘沙时反复摩擦，器表纹饰已磨蚀，但剑身基部人面图案仍隐约可见（图一一，4）。

（8）镞

元龙坡墓地出土桃形镂孔铜镞，两端小，中间稍大，似桃形，两侧都有刃，中部有长条形透穿血槽，扁长条实铤，铤的左侧有一倒刺，是一种具有极强穿透力的远射程杀伤兵器（图一二，1）。

独山岩洞葬出镞1件，双翼形，翼长与铤齐，菱形脊，上端有倒钩，下有圆孔，椭圆形铤。

安等秧铜镞，双翼作倒须状，前较宽，有中脊，铤作六棱形，末端尖细。

（9）叉形器

田东锅盖岭战国墓出土3件，菱形座，上出二叉，状如牛角，极具地方特色（图一二，2），宾阳韦坡战国墓也曾出过。

1   2   3

图一二 铜兵器
1. 镞（元龙坡） 2. 叉形器（锅盖岭） 3. 镦（锅盖岭）

（10）镦

元龙坡镦，扁长方形，中空，扁圆鏊，合范铸成，两面皆有两道对称的凸弦纹。

锅盖岭镦，形如炸弹，上段呈圆筒形，口分成四瓣，两侧各有一小穿，下段如杬榄，光滑圆润，末端有一小孔。通长9.8厘米，形制十分特殊（图一二，3）。

3. 礼器

（1）卣

兽面纹铜卣，武鸣县马头乡全苏村勉岭山麓距地表 2.7 米深处出土，有提梁，有盖，器体呈椭圆形，下有圈足。通高 40、腹径横 24、纵 19.4 厘米，重 10 千克。器表呈灰黑色，是所谓"黑漆古"。盖和身上四面都有高耸的扉棱，通体以云雷纹为地，饰三重花纹。盖面和腹部是浮雕式的兽面纹，目、眉、耳突起，目似圆球，眉如卧蚕，眉尖突出器体外。盖的边缘、颈部、足部各装饰夔纹一圈，夔身上又饰以勾云纹。盖顶有钮，钮由 6 只蝉纹聚合成瓜棱形。提梁像一把弯弓，背面由两两相背的夔龙组成三角纹带，三角内又填饰蝉纹。提梁两端作成牛头形。全器构图严谨，刻镂精工。卣盖内有阴刻铭文"大"族徽。从造型、纹饰来看，与湖南宁乡出土的卣很相似，是商文化南传广西的物证（图一三，1）。

1　　　　　　　　　　　　　　2

图一三　铜卣

1. 勉岭　2. 元龙坡

夔纹铜卣，武鸣县马头元龙坡 147 号墓出土，通高 28.5、腹径 12 厘米。扁圆腹，圈足，有盖，有提梁。提梁作绳索状，提环饰牛头纹，盖顶有圈形抓手，圈足有直裾，盖上饰勾连云纹，上腹部饰夔龙纹带（图一三，2）。

（2）盘

武鸣县马头乡元龙坡 33 号墓出土。通高 12.5、口径 30.5、底径 22 厘米。平唇，折沿，浅腹，双附耳，高圈足，圈足内有一个半环钮，盘内中心饰六瓣花纹，外绕三道重环纹，腹外郭饰窃曲纹，圈足外饰云雷纹（图一四）。

（3）兽耳罍

田东祥周乡联福村联合小学前南哈坡出土，敞口，束颈，椭圆腹，兽耳带环，肩部饰涡纹和夔龙纹，腹部饰蝉形垂叶纹。形制和纹饰都有明显商周青铜器风格（图一五，1）。

图一四 铜盘（元龙坡 M33）

4. 乐器

包括甬钟、鼓、铃。

（1）甬钟

铜钟的形式是从铜铙演化而来的。右江流域有甬钟。元龙坡 264 号墓出土一件残片，正面留有 3 枚乳钉，另有 3 枚乳钉散落在墓中。田东大岭坡出土 1 件甬钟，高 56、宽 33.5 厘米，重 25 千克，直筒甬，甬上有旋，旋上有干，钟体有 36 个乳钉状的枚，枚长有景，正面钲间、篆间布满精细的勾连雷纹和云纹，舞部、于部也有精致的几何图案花纹，隧部饰夔龙纹，但是背面无纹饰（图一五，2）。这种形制的甬钟在中原地区流行于春秋时期，正面有纹饰，背面无纹饰是岭南越式甬钟的特点。

1   2

图一五 铜器
1. 兽耳罍（南哈坡） 2. 甬钟（大岭坡）

（2）鼓

5 面，包括万家坝型和石寨山型。万家坝型有田东南哈坡 2 面和大岭坡 1 面；石寨山型有田东锅盖岭 1 面和平马码头打捞的 1 面。

南哈坡 A 鼓，通高 32 厘米，面径 50、胸径 60.5、足径 66 厘米，鼓面太阳纹中心隆起，有不规则的十六道芒，腰部由正倒"V"形纹带纵向划分成格子，其他地方光素无纹，腰部近足处有一周三叉纹和一周雷纹（图一六，1）。

南哈坡 B 鼓，通高 37 厘米，面径 50、胸径 60.5、足径 66 厘米，鼓面向内凹陷，中心太阳纹隆起，有短小杂乱的二十二道芒，芒外又有杂乱的晕圈，外围以绳索纹。胸凸鼓，胸腰间有两对桥形耳，腰部有纵向曲折的界格，足部有半菱形格子纹和勾连回纹，近足处有一周勾连雷纹（图一六，2）。

　　大岭坡鼓，通高 29 厘米，面径 34、胸径 40、足径 50 厘米，重 18.5 千克，鼓面中心稍微隆起，太阳纹不规则的十一道芒，无晕圈，鼓胸素面无纹，胸腰之际有两对小扁耳，腰上半部用绳索纹夹对角三角纹纵向分格，下半部分别饰回纹、绳索纹各两道（图一六，3）。

　　锅盖岭鼓，形体较小，面径只有 23 厘米，鼓面中心太阳纹八道芒，芒间饰斜线纹，外围三晕，主晕是翔鹭 4 只，等距离逆时针飞翔，另两晕饰锯齿纹和乳钉纹；胸部突出，饰"回"形纹和弦纹，腰以下崩残。属石寨山型（图一六，4）。

1　　　　　　　　　2

3　　　　　　　　　4

图一六　铜鼓

1. 南哈坡 A 鼓　2. 南哈坡 B 鼓　3. 大岭坡鼓　4. 锅盖岭鼓

　　平马鼓，2003 年出水。鼓面完整，面径 43.5 厘米，鼓身已残，腰足高 21.2 厘米，胸部有羽人划船纹。

（3）铃

武鸣元龙坡出土 5 件，其中 3 件连在链环上。铃口呈鱼尾状，两角下尖，内有椭圆形舌。安等秧 14 号墓也出土 5 件，顶端有半环耳，圆肩或斜肩，断面呈橄榄形，平口，有舌（图一七）。

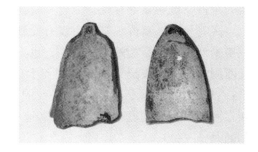

图一七　铜铃（安等秧 M14）

5. 其他

（1）针

元龙坡 101 号墓出土，2 件，形制大致相同，扁方柄，圆条尖锋，无针眼，推断为医疗用具（图一八，1）。

（2）镯

安等秧出土 10 件，都是圆筒形，扁薄缘，有的外表饰回纹间凸点纹，有的素面。

（3）钏

安等秧出土，扁平圆形，内缘两面起凸唇，断面呈"T"字形。外径 8.2、内缘唇高 1.4 厘米。

（4）伞状圆形器

武鸣县元龙坡墓群出土 5 件。圆形似镜，背面隆起成尖顶，正面伸出扁长的似鹰嘴的钩状舌。有的背面中心突出一个尖圆钮，圆面由弦纹、栉纹、云雷纹组成晕圈，正面舌末开一小孔；有的背面隆起，中心突出一条细长圆柄（图一八，2）。

1　　　　　　　　　　2

图一八　铜器
1. 针（元龙坡 M101）　2. 伞状圆形器（元龙坡 M311）

四、右江流域青铜器的族属

在分布地域明确的情况下，要确定这些遗存的属族，只要弄清它们的年代就行了。有的学者根据个别墓葬随葬晶的类比，将右江流域的青铜文化年代上限定在战国晚期，把原定于战国时期的一些墓葬往后推到西汉早中期，显然有失偏颇，事实上也与整个广西的考古发现明显不符[8]。

武鸣元龙坡墓群，基本上没有受到外来文化影响，是当地原始文化的延续。即使出现接受外来文化影响的个别器物，也不失为早期特征。如 147 号墓铜卣，形状与中原地区西周时期的扁腹提梁卣相似，盖上的夔纹主要流行于西周中期，断它为西周不会有错；33 号墓的铜盘，与中原地区西周附耳铜盘相似，西周以后很难再看到同类器形，断在西周也无大问题。更何况此墓地有多个[14]C 年代支持，定在西周至春秋是站得住脚的。

武鸣安等秧墓群，形制除了墓底不设腰坑之外，与岭南地区其他各地战国时期流行的墓葬基本相同，随葬品也基本是实用的青铜兵器、生产工具和陶制生活用具，其中铜剑、铜矛、铜斧、铜钺、刮刀，与广西平乐银山岭和广东四会鸟旦山、罗定背夫山、德庆落雁山战国墓基本相似。因此原定战国时期没有不当。

田东锅盖岭墓出土的铜鼓，《中国古代铜鼓》把它列为石寨山中期，绝对年代为战国晚期。一字格剑多见于右江流域，而且只在战国时期墓中出现，在广西汉墓中没有发现。邻近贵州的夜郎地区个别汉墓有发现，剑首和剑身纹饰已经不同，滇池地区的一字格剑花样翻新，年代略晚，大部分已接近汉代，不能与右江流域的相提并论。所以把锅盖岭墓定在战国时期也不会有大问题。

至于田东南哈坡墓和大岭坡墓，所出铜鼓都是万家坝型铜鼓。铜鼓是中国南方少数民族的传统乐器和礼器，是从实用的炊煮器铜釜演化而来的。万家坝型是铜鼓的最早类型。流行年代从春秋时期到战国时期，战国晚期是它的最下限。与这些铜鼓同出的其他青铜器分别是铜罍和铜甬钟，都不会晚于战国时期。

其他一些有地方特色的青铜器也明显地反映出先秦时期的特性。

人面弓形格剑，只见于岭南地区，而且主要流行于右江流域，在百色、田阳、田东都有发现。右江流域应是这类铜器的发源地。其年代只有战国时期，没有再往下发展[9]。

"王"字铜矛，岭南地区主要发现于粤西地区，出土墓葬及遗址的断代都比较清楚，从战国早期到晚期。少数属于战国早期，多数属于战国晚期，未见于跨进汉代者，时代特点明显[10]。

叉形器除在田东锅盖岭出土以外，还在邻近的宾阳县韦坡战国墓中发现。不见于其他地方和战国以后的遗址。

刮刀是典型的越式工具，流行于战国时期岭南地区，其西界只到右江流域，没有再往西传。更多的则见于平乐银山岭战国墓和广东、广西其他战国墓，极个别见于西汉早期墓中。

扁茎短剑，只流行于广西、广东西部和湖南南部，是这些地区先秦墓葬中常见的随葬品。

铜刮刀、扁茎短剑、一字格剑、人面弓形格剑可以说是岭南地区先秦与汉代分界的标志物。

把右江流域青铜时代遗址的年代往后拉，是因为走入了"断代唯晚"原则的误区。断代唯晚，在一般情况下是指在一组器物中，以年代最晚的器物为标志来确定它们构成的年代，而不能把这一组器物定成同一个年代，拿这群器物中本来年代较早的器物作为晚的年代标志，把另外一组本来年代较早的器物拉晚，这种做法是不可取的。比如岭南地区的个别汉墓中随葬有双肩石器，不能把新石器时代晚期或末期出土双肩石器的遗址定到汉代。在两广地区发掘大量汉代墓葬，文化面貌已十分清楚，基本上没见到"米"字纹硬陶器，为了突出文化传播滞后论，硬把出"米"字纹陶器的墓葬都拉到汉代也是没有根据的。基于以上原则，我们基本上维持右江流域青铜器遗存原来判定的年代，不主张把它们通通往后拉，这是我们讨论该地区青铜文化族属的基础。

有关右江流域古代历史情况的文献记载十分贫乏。我们只能模糊地知道"古属百越地"。秦始皇统一岭南，把它划在象郡。《旧唐书·地理志》在邕州宣化县条下载："骊水在县北，本牂牁河，俗呼郁林江，即骆越水也，亦名温水，古骆越地也。"宣化县即今南宁，骆越水应是今之邕江及其上游右江。右江流域在先秦时期应属百越族群中的骆越。骆越的活动范围很广，右江流域是其重要中心地区之一。

从旧石器时代到新石器时代，右江流域的原始文化完全是在自身环境中发展的，很少受到外界影响，是一种本土的土著文化。考古发现表明，由于农业的不断发展和手工业的专门化，社会分工促使社会分化，生活在右江流域的原始居民由部落社会向酋邦社会转化，大约在距今4000年前进入早期国家社会，并与周围族群交流与融合，吸收外来文化。商周时期，右江流域的骆越以接受中原青铜文化为主，春秋战国时期，接受楚、越、滇文化的影响，发展自己的青铜冶铸业。武鸣元龙坡墓群出土砂石铸范及其相应的铜钺、铜刀、铜圆形器，说明西周至春秋时期，骆越地区已有自己的青铜冶铸业。而同时或随后出现的铜新月形刀、伞状圆形器、桃形镂孔镞、无眼针、叉形器、弹形镦、三角形云纹匕首、一字格剑、人面弓形格剑等独具特色的青铜器，不见或少见于其他地区，应是右江流域骆越人独创。接受外来文化影响后，出现墩形铜鼓、靴形钺、扁茎短剑、竹叶形刮刀等与周边地域极富特色的青铜器，并且伴出铜罍、甬钟、玉玦等礼器，说明已感受到先进文化的冲击，呈现出多元文化色彩，但是这些外来文化还没有改变骆越土著文化传统。

注　释

[1]　广西壮族自治区文物工作队等：《广西武鸣岜马山岩洞葬清理简报》，《文物》1988年12期。

[2]　广西壮族自治区文物工作队等：《广西武鸣马头元龙坡墓葬发掘简报》，《文物》1988年12期。

[3]　广西壮族自治区文物工作队等：《广西武鸣马头安等秧山战国墓群发掘简报》，《文物》1988年12期。

[4]　广西壮族自治区文物工作队：《广西田东发现战国墓葬》，《考古》1979年9期。

[5]　蓝日勇：《田东县大索屯战国墓》，《中国考古学年鉴·1985》，文物出版社，1985年。

[6]　陈其复、黄振良：《田东县出土两面"万家坝型"铜鼓，填补了广西铜鼓发展序列的空白》，

《中国古代铜鼓研究通讯》第 9 期，1993 年。

[7]　　陈其复、黄振良：《广西田东县再次出土万家坝型铜鼓》，《中国古代铜鼓研究通讯》第 10 期，1994 年。

[8]　　李龙章：《广西右江流域战国秦汉墓研究》，《考古学报》2004 年 3 期。

[9]　　邓聪：《人面弓形格铜剑雏议》，《文物》1993 年 11 期。

[10]　　徐恒彬：《论岭南出土的"王"字形符青铜器》，《广东省文物考古研究所建所十周年文集》，岭南美术出版社，2001 年。

（原载于《广西考古文集》第三辑，文物出版社，2007 年）

西瓯骆越青铜文化比较研究[*]

西瓯和骆越是战国至汉代百越族群中活跃在岭南的两大部族。从历史文献记载的情况来看，西瓯人主要生活在灵渠以南的桂江流域及西江中游，骆越人主要聚居在左江、右江流域和贵州西南部及越南北部红河三角洲一带。西瓯和骆越因其所处的自然环境和特定的生产方式，创造了独特的物质文化和精神文化，具有浓厚的地域特色。由于地处中原与华南、西南往来的交汇处，长期的多民族杂居、交流与融合，其文化亦具有多元色彩。其中最能体现瓯骆文化自身发展特点的是这一地区的青铜文化。

一、西瓯活动的时间和地域

西瓯又作西呕，最早见于汉代文献。刘安《淮南子·人间训》记述秦始皇平定岭南时，提到"与越人战，杀西呕君译吁宋"。司马迁《史记·南越列传》说到，南越王赵佗"以兵威边，财物赂遗闽越、西瓯、骆，役属焉"。将西瓯与闽越和骆并提。又记南越王赵佗上汉文帝书说：南方卑湿，"其东闽越千人众号称王，其西瓯骆裸国亦称王"。班固《汉书·南粤传》说："且南方卑湿，蛮夷中，西有西瓯，其众半羸，南面称王。"明确西瓯在南越之西，并且南面称王。这些历史文献说明，西瓯在秦和西汉前期相当活跃。

西瓯在什么地方呢？《汉书·南粤传》说到，南越"西有西瓯"，已经给出了一个明确的方位。西汉南越国是以番禺为都城的，秦汉时期的番禺即今之广州；南越国以秦之南海郡为基地，并囊括了桂林郡和象郡，占有今广东、广西和越南北部，所谓南越之西，应该是在今广西境。晋人郭璞在注《山海经》时说："郁林郡有西瓯。"郁林郡是汉武帝平定南越后从原桂林郡析出的，治所在今贵港市南江区。郁林郡领布山、安广、阿林、广郁、中留、桂林、潭中、临尘、定周、增食、领方、雍鸡十二县，辖地相当于今广西桂中、桂西南至桂北，即整个广西东部地区。西瓯就在这个范围之内。《旧唐书，地理志》党州条说："党州下，古西瓯所居，秦置桂林郡，汉为郁林郡。唐置党州。"唐代党州治所在今玉林市治西北的小平山乡小平山圩西，领善劳、抚安、善文、宁仁、安仁五县，位于今广西桂东南。《旧唐书·地理志》潘州条说："潘州下，茂名，州所治，古西瓯、骆越地，秦属桂林郡，汉为合浦郡地。"唐代潘州治所在今玉林市的西南新桥乡境内南流江东岸。潘州领南昌、定州、陆川、温水、宕川五县，也位于广西

* 本文是 2006 年度国家社科项目（编号：06XMZ042）阶段性成果。

的桂东南。《旧唐书·地理志》贵州条说："贵州下，郁平，汉广郁县地，属郁林郡，古西瓯、骆越所居，后汉谷永为郁林太守降乌浒人十万，开七县即此地也。"唐人李吉甫《元和郡县图志》也说："贵州，本西瓯、骆越之地，秦并天下置桂林郡。"南宋王象之《舆地纪胜》卷一〇一广南西路贵州条引《通典》也说：贵州"古西瓯、骆越之地"。唐宋时期的贵州治所在今贵港市贵城镇，领郁林、潮水、郁平、马度四县，辖境也在今广西桂东南。北宋欧阳忞《舆地广记》说："郁林州，古蛮夷之地；春秋战国为西瓯，秦立桂林郡，后为南越尉佗所并。"郁林州宋代又名郁林郡，治所在今玉林市兴业县石南镇，后徙玉林市玉林镇，辖境也在桂东南。《太平寰宇记》贵州郁平县条引《舆地志》云："故西瓯、骆越之地，秦虽立郡，仍有瓯骆之名。"宋代郁平县治所在今贵港市东津乡郁江南岸[1]。从上述记载来看，西瓯作为百越的一支存在于岭南西部地区，大致分布在汉代苍梧郡和郁林郡大部分地区，相当于今桂江流域、西江中游等地。直至清代，郁林（今玉林）还有西瓯地名，如西瓯池，在城内西城下，旧志云，宋至道二年（公元 996 年）襟地筑城而厚，屡圮，因立万寿宫以镇之。又南门外有西瓯驿，并因《唐书·地理志》谓郁林为古西瓯和骆越所居，取以名之。"瓯池春暖"为明清郁林八景之一，明代嘉靖三十二年（公元 1553 年）知州邝元乐《瓯池春暖》诗："西瓯池上蛟龙窟，龙气成云水自波。"清代乾隆二十六年（公元 1761 年）知州福保《瓯池春暖》诗："西瓯开古定，凤岭映蛟池。"[2]

罗香林认为西瓯"其居地似在今广西柳江以东，湖南衡阳西南，下至今苍梧封川，北达今黔桂界上。西瓯与骆越境地相接，曾杂错而居，似以今之柳江西岸区域为界，柳江东南则称西瓯，柳江西岸区域以西则称骆越，而此西岸区域之连接地带则称西瓯、骆越"[3]。

二、骆越活动的时间和地域

骆越名称的由来，众说不一。带有倾向性的说法是因垦食"雒田"而得名。郦道元《水经注》卷三七叶榆河条引《交州外域记》说："交趾昔未有郡县之时，土地有雒田，其田从潮水上下，民垦食其田，因名为雒民。""雒"与"骆"通。骆民，即骆越之民。

《逸周书》说"路人大竹"，有人认为贡大竹的"路人"就是骆人，也就是骆越。《吕氏春秋·本味篇》和之美味者有"越骆之菌"。高诱注曰："越骆，国名。"越骆是骆越族称词序的颠倒。旧本《水经注》里将"骆越"写作"越骆"，如"温水"下说："盖借度铜鼓即越骆也。"又同书"叶榆河"下说："击益州臣所将越骆万余人。"由此可见，越骆就是骆越，本为越的别名。《史记·南越列传》载赵佗上汉文帝书曰："且南方卑湿，蛮夷中间，其东闽越千人众号称王，其西瓯骆裸国亦称王。"武帝平南越时，"越桂林监居翁谕告瓯骆"属汉，得封侯。其中的"骆"就是骆越。

《后汉书·马援列传》载："援好骑，善别名马，于交趾得骆越铜鼓，乃铸为马式，还上之。"骆越之名才正式出现中国文献。关于《后汉书·马援列传》中的"骆越"，李贤注曰："骆者，越别名。"

骆越活动在哪些地方呢？

《旧唐书·地理志》说：邕州宣化县（今南宁）"骦水在县北，本牂牁河，俗呼郁林江，即骆越水也，亦名温水，古骆越地也"。唐代邕州治所在今南宁，领宣化、武缘、晋兴、朗宁、横山五县，相当于今广西桂西南和桂西北；首县宣化就是今南宁，"骦水在县北"，就是指在宣化县即南宁北，当是今之右江。也就是说骦水就是右江，即骆越水。骆越水当以居住骆越人而得名。

明人欧大任《百越先贤志》自序中说："牂牁西下，邕雍绥建，故骆越地也。"对照《旧唐书·地理志》邕州条，骦水即牂牁河，也叫郁林江，亦即骆越水，又名温水。而顺这条河下的邕雍绥建各地都是骆越地。邕即邕州，已如前述，即南宁一带；绥即绥宁县，治所在今宾阳县黎塘镇安城村。两地都在郁江上游地区。

清人顾炎武《天下郡国利病书》说："今邕州与思明府凭祥县接界入交趾海，皆骆越也。"

海南也有骆越之族。《汉书·贾捐之传》记载，在汉元帝初元元年（公元前48年）讨论是否出兵珠崖郡时，贾捐之说"骆越之人，父子同川而浴，相习以鼻饮，与禽兽无异，本不足郡县置之"。珠崖是汉元鼎六年（公元前111年）设的郡，治所在今海南省琼山东南，辖境相当于海南东北部地。

《后汉书·马援列传》说，马援"于交趾得骆越铜鼓"，交趾古代泛指五岭以南，东汉交趾郡治所在龙编，即今越南河内东天德江北岸，辖境相当于今越南北部红河三角洲一带。《后汉书·任延传》说到，东汉建武初年，任延做九真郡太守时，境内"骆越之民无婚嫁礼法"。东汉九真郡，辖境相当于今越南清化、河静两省及义安省东部地区。

从上述文献来看，骆越人活动的时代大致是从战国至东汉时期，活动地域包括汉代的郁林、珠崖、交趾、九真等郡。汉代郁林郡在今广西南部，珠崖郡在今海南，交趾郡在今越南北部红河流域，九真郡在今越南清化、义安地区。因此，骆越活动中心在中国广西左江—邕江流域至越南北部的红河三角洲一带。由此可见，骆越活动地域在西瓯之西，大体相当于左江流域、右江流域、邕江—郁江流域、海南以及越南北部红河流域。

西瓯、骆越在历史上又常并称为瓯骆。如《史记·南越列传》载南越王赵佗上汉文帝书，述"其西瓯骆裸国亦称王"，汉武帝平南越时，"越桂林监居翁谕告瓯骆"属汉；桓谭《盐铁论·地广》也有"荆楚罢于瓯骆"的话。《旧唐书·地理志》有些地方称"古西瓯所居"，有些地方称"古骆越所居"，有些地方又称"古西瓯骆越所居"，把西瓯、骆越各自的居地和混杂居地分别说得比较明白。

《旧唐书·地理志》载潘州"古西瓯、骆越地"，贵州"古西瓯、骆越所居"。如前对潘州、贵州所释，今广东的茂名，广西的陆川、博白、玉林、贵港、灵山、合浦一带应是西瓯、骆越的交错杂居地区。

三、西瓯骆越地区青铜文化的发现

这一地区最早的青铜器见于商末周初，属于礼器的仅可以举出 2 件铜卣。一件出自广西武鸣县马头乡勉岭窖藏，器、盖都全，器壁厚重，器表呈灰黑色，是所谓"黑漆古"，盖和器身四面都有高耸的扉棱，提梁安在正背脊上，两端是牛头，通体以云雷纹为地，再饰夔龙、兽面、蝉等纹样。器盖内，有一个"天"字族徽。一件出自桂北兴安县，盖已遗失，有绞索形提梁，安在左右脊上，器身两面装饰浮雕式兽面纹，器底内有"天父乙"三字铭文。这两件铜卣都有明显中原文化色彩，可能是经过千山万水，长途跋涉才来到岭南。由于它们单个出土，没有共存物可参考，何时流落到岭南，尚是一个谜。

西周至春秋时期，岭南地区有了自己的青铜冶铸业，已能铸造青铜兵器、生产工具和其他小件器物。

1986 年，在广西武鸣县马头乡元龙坡发掘了一群墓葬，出土了不少极富地域特色的青铜器，像镂刻细纹的三角形匕首、喇叭形内衔鹰嘴钩舌的圆形器、斜刃钺、新月形刀、桃形镂空血槽镞等，是在其他地方没有见过的。同墓地出土了一批铸造这类铜器的砂石铸范，有的圆形器、斜刃钺、新月形刀、镂孔镞放入石范正好吻合，证明这些铜器就是利用这种石范浇铸出来的，是本地铸造铜器的铁证。这批墓葬经过 [14]C 年代测定，是距今 2960 年 ±85 年 ~2530 年 ±100 年，时代上限是西周，下限是春秋时期[4]。

1987 年 4 月武鸣县两江乡三联村伏邦屯独山发现商周时期崖洞葬，出土剑、钺、矛、戈、镞、刮刀等青铜兵器 12 件[5]。

1971 年曾在广西恭城县嘉会乡秧家村金堆桥发现一座春秋晚期墓，出土的青铜器 33 件，包括烹饪器、酒器、乐器、兵器和生产工具，其中靴形钺、柱形器、浅腹鼎很具地域特色[6]。

1996 年广西贺州沙田镇马东村龙婆岭发现两座春秋墓，出土包括罍、鼎、甬钟、矛、钺、剑、镞和锛的青铜器 8 件[7]。

西周至春秋时期的青铜器零星出土已逐渐多起来。在广西宾阳武陵镇廖寨木荣村、荔浦栗木镇马蹄塘、陆川乌石镇塘城村出土过西周铜罍，广东信宜松香厂出土过西周铜盉，广西灌阳新街乡仁江出土过铜铙、贺州桂岭镇出土过铜镈、柳州出土过铜角形杯，桂平市桂平镇铜鼓滩、忻城县大塘中学后背山、横县镇龙乡那桑村妹儿山出土过西周铜甬钟。在广西武鸣马头勉岭、武鸣那堤敢猪岩、灌阳新街出土过西周铜戈[8]。

战国时期已进入铁器时代，对岭南西瓯骆越地区而言，铜器才真正广泛使用，是青铜文化发展的重要阶段。这时墓葬揭示出的青铜文化面貌也最具有代表性。

1972 年初，广东德庆县马墟凤村落雁山发现一座战国墓，出土铜器 15 件，包括鼎、斧、锛、凿、刮刀、靴形钺、剑、矛、镦、镞、铃[9]。

1972 年底，在广东肇庆市北岭松山发现一座战国墓，出土铜器 108 件，包括锅、鼎、罍、三足盘、提梁壶、桶、甬钟[10]。

1973 年 7 月，在广东四会县鸟旦山发现一座战国墓，出土铜器 59 件，包括鼎、盂、铎、戈、剑、人首柱形器[11]。

1974 年，在广东四会县龙江高地园发掘 2 座战国墓，出土铜器 18 件，包括鼎、半球形器、人首柱形器[12]。

1974 年秋冬，发掘广西平乐县银山岭战国墓 110 座，大部分有腰坑，随葬实用兵器、生产工具、生活用具，其中铜器 377 件，包括鼎、盆、剑、刮刀、靴形钺、柱形器[13]。

1975 年，在广东怀集县冷坑拦马山发现一座春秋晚期墓，出土铜器 7 件，包括鼎、斧、人首柱形器[14]。

1977 年 6 月，广西在田东县祥周甘莲锅盖岭发现 2 座战国墓，出土青铜器 14 件，包括鼓、剑、矛、叉形器[15]。

1977 年 7 月，在广东广宁县新楼乡首约铜鼓岗清理发掘 22 座战国墓，出土青铜器 295 件，包括鼎、盘、圆球形器、剑、矛、钺[16]。

1977 年冬，在广东罗定县太平南门垌发现 3 座战国墓，出土青铜器 141 件，包括鼎、缶、鉴、盂、钟、钲、剑、人首柱形器[17]。

1977 年秋和 1978 年冬，在广西宾阳县甘棠韦坡村发现 2 座战国墓，出土青铜器 21 件，包括鼎、剑、矛、甬钟[18]。

1980 年 3 月，在广西象州县罗秀军田下那曹出土青铜矛、钺、人首柱形器，应是一座战国墓[19]。

1980 年冬，在广西贺县铺门陆合发现一批青铜器，计有斧、钺、镞，也应出自一座战国墓[20]。

1983 年 11 月，在广东罗定县罗平横垌村背夫山发现一座战国墓，出土青铜器 89 件，包括鼎、鉴、铎、人首柱形器[21]。

1984 年 2 月，在广西田东县虎头山发现 2 座战国墓，出土剑、矛、叉形器。

1988 年 9 月，在广东封开县南丰镇利羊墩发掘战国墓 31 座，大多数有腰坑，出青铜器包括鼎、斧、钺[22]。

1991 年 7 月，在广西贺县沙田镇龙中村一个溶洞内发现一批青铜器，包括铜鼎、牺尊、铜盂、铜罍、铜鼓、铜钺[23]。

1991 年 5 月至 1992 年 1 月，广西岑溪糯垌镇花果山发掘清理战国墓 14 座，出土青铜器 30 件，包括兵器剑、矛、钺、镞，工具斧、锛、刮刀、削[24]。

1993 年 3 月，广西田东县祥周乡联福村联合小学大门前南哈坡发现一处墓葬。出土铜鼓 2 件、铜罍 1 件，还有铜錾钉、玉管、玉玦、玉钏等。所出铜鼓是原始形态的早期铜鼓，属万家坝型。

1994 年 6 月，广西田东县林逢乡和同村大岭坡挖到一面铜鼓。确定是一座春秋晚期或战国早期的墓葬。同出一件精美的铜甬钟。

1996 年，在广东广宁龙岗嘴发掘战国墓 9 座，出土青铜器有鼎、盘、铎[25]。

2001 年 2 月，广西灵川县大圩镇上力脚村马山七星坡发掘战国至西汉墓 7 座，出土剑、镞等铜兵器[26]。

2001 年 11 月，广西贺州沙田镇田厂村高屋背岭发掘 2 座战国墓，出土铜器 48 件[27]。

越南北部主要的青铜文化是东山文化，分布于永富、河山平、河北等省，年代为公元前 5 世纪至公元前 1 世纪。东山文化以前是冯原文化、同豆文化和门丘文化。冯原文化年代是公元前 3000～前 1500 年，同豆文化年代是公元前 1500～前 1000 年，门丘文化年代是公元前 1000～前 500 年。冯原早期还是新石器时代，晚期出现少量铜器。同豆时期有青铜斧、矛、鱼钩、手镯。门丘时期增楔形斧和镰刀。东山时期铜器种类明显增多，武器有剑、戈、矛、靴形钺、镞；工具有犁、斧、锄、锹；容器有瓮形桶、圈足盖盅；乐器有鼓、铃，进入铁器时代[28]。

属于战国时期青铜器的零星发现，在西瓯骆越地区更是不胜枚举。

四、西瓯骆越青铜文化的主要特征

通过以上的考古发现，我们已有条件来探讨西瓯骆越青铜文化。

（一）西瓯文化

我们在总结银山岭古墓发掘成果时，议论得最多的是这批战国墓的族属问题。这批墓葬的形制和随葬品有比较浓厚的地域特色。通过银山岭战国墓与同时期广东德庆落雁山、肇庆北岭松山、四会鸟旦山、四会高地园、怀集拦马山、广宁铜鼓岗、广宁南门峒等战国墓进行比较，认为它们有许多共同特点，属于同一种文化类型，再对照历史文献记载，我曾推断它们同属于历史上的西瓯[29]。加上 20 世纪 80 年代以后发表的罗定背夫山、岑溪花果山、高州仙坑村、广宁龙岗嘴等战国墓群和零星发现的材料，可以进一步归纳西瓯的主要文化特征如下。

1. 盛行长方土坑墓，墓室底部普遍设置腰坑

墓底设腰坑是中原地区商和西周时期十分普遍的现象，腰坑内一般埋一只狗，个别奴隶主贵族也有埋殉人的，进入春秋时期，腰坑的数量已大为减少，到春秋中期几乎全部消失。但在岭南西瓯地区，在时隔几个世纪之后，仍然盛行腰坑，而且这种腰坑与中原商周时期的腰坑不同，腰坑内只埋一件陶器，未见埋狗痕迹。西瓯墓设腰坑的比例很大，以平乐银山岭为例，在 110 座战国墓中就有 87 座设有腰坑，占总墓数的 79% 以上。类似的腰坑墓在广东德庆、四会鸟旦山、肇庆松山、广宁铜鼓岗、封开利羊墩等地也存在。岑溪花果山 14 座战国墓，有 13 座挖有腰坑，约占总墓数的 93%。灵川马山七星坡 7 座墓有 5 座设腰坑，占 71%。封开利羊墩战国至西汉早期墓有腰坑的约占 80%。

2. 随葬品组合比较规范

西瓯人墓的随葬品以实用器为主,基本上没有礼器。其基本组合是铜兵器(或陶纺轮)+生产工具+生活用具。而铜兵器又是剑、矛、镞配套,生产工具是锄、刮刀配套,生活用具是鼎、盒、杯配套,此外还伴出砥砺兵器和工具的砺石。相当整齐划一。有铜兵器的墓,都不见陶纺轮,有陶纺轮的墓都不出铜兵器,可以窥见其男女性别的差异。在一些大墓中还随葬代表其不同寻常身份地位的甬钟或柱形器。

3. 青铜制品地域色彩浓厚

西瓯人墓中随葬的青铜器,以铜扁茎短剑、双肩铲形钺、竹叶形刮刀、柱形器和盘口鼎最为突出。此外还流行甬钟。

(1)扁茎短剑

扁茎,无格,折肩,短身,中脊起棱,多数无首,有首的则首茎分铸,首多覆钵形,少数为空圆首或圆首饰同心圆纹,有柄,柄端有长凹口,两侧对开有孔;全是扁茎,茎上有孔,一般一孔,极个别有二孔。形体短小,一般长 15~21 厘米(图一)。

(2)双肩铲形钺

长方形銎,双肩外折,长方形身,平直刃,或稍外弧。一种是单层肩,像岭南新石器时代的双肩石锛,1976 年在容县六王出土 1 件,双肩平直,器身较宽,直刃;一种是双层肩,肩部分二级外折,形成双重肩,刃面向一侧起弧形铲状。1974 年平乐银山岭战国墓出土 2 件,横长平刃或弧刃,器身内侧微凹,外侧微隆起;1981 年柳州市五里卡废旧三仓拣选出 1 件,梯形身,斜弧刃,通高 8.7 厘米,刃宽 7 厘米;2001 年贺州高屋背岭出土 1 件,通高 6.9 厘米,刃宽 7.4 厘米(图二)。

(3)靴形钺

平面形状像长筒靴,一般是椭圆形銎或六棱形銎,銎部较长,刃呈弧形,左右两侧不对称,前端高翘伸出很长,后跟很短,因而又被称为不对称钺。恭城县秧家街金堆桥春秋墓、象州县罗秀乡军田村下那曹战国墓、平乐县银山岭战国墓、贺州市铺门乡六合战国墓都有发现。金堆桥靴形钺两刃角上翘;平乐县银山岭的一件后侧附有一个半环状系钮,銎

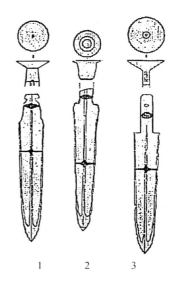

图一　扁茎短剑
1. 银山岭(M74:10)　2. 银山岭
(M13:3)　3. 银山岭(M155:6)

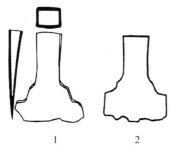

图二　双肩铲形钺
1. 银山岭(M55:15)　2. 高屋背岭
(M123:20)

0 ____ 3厘米

图三　靴形钺（银山岭）

上方饰斜向栉纹，中段饰垂直栉纹，下段饰网纹，再下饰垂叶锯齿纹[30]（图三）。

（4）竹叶形刮刀

形状呈竹叶形，前端尖翘，两侧有刃，横断面呈"人"字形，背面隆起有纵脊，或呈弧形，背面圆滑无脊，后端直平，用竹片或木片上下夹持，再以绳索绑扎，编织竹器时使用。平乐银山岭、广东罗定、四会鸟旦山、德庆落雁山、广宁铜鼓岗、封开利羊墩战国墓都有出土[31]（图四）。

（5）柱形器

器身是方柱形或圆柱形，上大下小，下端侧面或正面有方形穿孔，穿孔中插入条形楔。柱身上端装饰兽首、禽首或人首。经常4件为一组，出土时分前后两对立在墓室内。兽首柱形器见于恭城县嘉会乡秋家街金堆桥春秋墓，顶端作两面坡房屋模型，屋顶上立一独角兽。禽首柱形器见于平乐县银山岭战国墓，顶端立一飞禽。人首柱形器见于象州县下那曹、岑溪市南渡镇凤根村、北流市白马乡隆安村上村坪战国墓。下那曹柱形器人头颅顶弧圆，脑后垂一条小辫，两只小耳，面部深凹，呈椭圆形，眼眶深陷，眼中无珠，鼻扁而无孔；凤根村柱形器与下那曹的相似，人首头扁圆，长颈，有简单的眼、鼻、嘴，脑后铸有凸起的发髻。铸造柱形器用双面范，两扇铸范开设型腔，加型芯形成销孔，铸成后侧面有铸缝并略有错位[32]（图五）。

图四　竹叶形刮刀

1　　　　2

图五　柱形器

1. 兽首柱形器　2. 人首柱形器

（6）盘口鼎

口沿外折上耸，口沿上有方形或弧形耳，浅腹，平底或略圜，三扁足外侧起棱，胎壁甚薄，底部有较厚的烟炱。恭城县秋家街金堆桥浅腹鼎有提梁，内底有"告"字铭文。四会鸟旦山 M1:3 号鼎，横方耳，深腹，腹壁圆鼓，圜底，三足外撇。广宁龙岗嘴

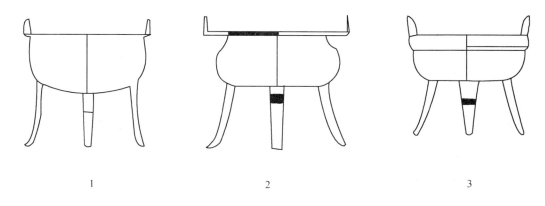

图六　盘口鼎

1. 鸟旦山（M1∶3）　　2. 背夫山（M1∶16）　　3. 银山岭（M71∶1）

M5∶37 号鼎，横方耳，浅腹，腹壁也圆鼓，但是平底，三足斜直外撇。罗定背夫山 M1∶16 号鼎，耳为半圆形，立于盘内，颈腹分界不明显，大平底，三扁足外撇。平乐银山岭 M71∶1 号鼎，属盘口鼎，盘口较窄，台面较平，横长方立耳，浅直腹，底近平，三足扁平，背面起棱（图六）。

（7）甬钟

是商周以来盛行的打击乐器，一般大小成编，配套使用，和铜鼎一样代表着一定的身份地位。西瓯地区流行甬钟，虽然在平乐银山岭墓地没有发现，但在恭城秧家街金堆桥、贺州沙田龙婆岭、罗定南门垌、肇庆松山一些大墓中仍有随葬。这些甬钟多圆筒形直甬，甬上有旋，但显得很细，枚一般细而尖，枚的数目，有的正背面各只有 12 枚，装饰花纹喜用排列整齐的尖状乳钉为界格，大多数正面有花纹，背面光素，即使背面有花纹也与正背面不同，装饰纹样大量采用栉齿纹、叶脉纹、圆圈纹、云纹、雷纹等几何纹。罗定南门垌 M1 随葬 6 件，身修长，铣较尖，有 3 件钟各有 36 枚，而另 3 件钟则各只有 24 枚。肇庆松山墓也随葬 6 件，形制相同，大小有别，正面鼓部由两组勾连雷纹组成图案，背面无纹[33]（图七）。

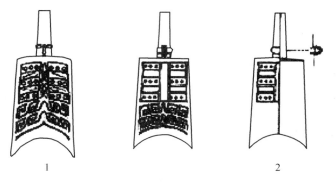

图七　甬钟

1. 南门垌　2. 松山

此外，陶器也很有特色，如硬陶三足盒、"米"字纹大陶瓮等。三足盒，作子口浅腹，小平底，三短足，腹上部常饰刻划弦纹和水波纹，下腹部或底部常有一个刻划符号；有的器盖面或肩部常饰斜刺篦纹；陶鼎作罐形腹，羊角形锥足，器身饰方格印纹；大陶瓮多印"米"字纹，陶瓮常见于西瓯人墓葬的腰坑内。泥质灰陶，用泥条盘筑法制作成形，再用带纹饰的拍子整形，底部另接，有的在肩部再黏附四只手捏的双条状耳。器形是翻唇，短颈，圆肩，平底，最大径在腹上部。肩腹部拍印"米"字网状纹，有的肩部有刻划符号。

（二）骆越文化

1986 年发掘广西武鸣马头元龙坡西周至春秋墓群和安等秧战国墓群，广西西部地区的青铜文化逐渐显露出来。韦仁义在总结武鸣马头这两群先秦墓时，已把它们定为骆越人的墓地。他认为，马头先秦墓葬具有鲜明的地域特色，概括起来主要有以下几点：①墓穴排列整齐、集中而有序，说明是一处受着一种观念制约的公共墓地；②墓室方向绝大多数为东西向，在 436 座墓中有 322 座为东西向，占总墓数的 74%，而且绝大多数头向东，南北向的墓很少，即使是南北向的墓也偏向东，表现了强烈的方向意识；③墓葬形制都是狭长小型竖穴土坑，墓坑宽度极少超过 90 厘米的，一般在 60~70 厘米，长、宽之比往往都在 4:1 以上，有的达 7:1，墓圹显得特别狭窄；④元龙坡西周、春秋墓有用火烧烤墓坑之俗，烧烤部位，有的在墓底，有的在墓壁，有的是填土，有的仅烧烤其中的局部；⑤随葬品先经打碎或拆散，然后散放在填土中及墓底；⑥随葬品少，但富有地域特色。随葬品的组合一般是实用青铜兵器、生产工具、生活日用陶器或玉石器。陶器盛行圜底器，少见圈足器和平底器，没有三足器，器表打磨光洁，无纹饰或仅饰绳纹[34]。

再结合马头附近同时代的崖洞葬和右江流域几处战国墓，我们可以进一步推断骆越青铜文化的主要特征如下。

1. 流行土葬和岩洞葬

马头先秦墓群是土坑墓，与之并存的是附近的崖洞葬。土坑墓墓室狭长，有将随葬品打碎和拆散埋葬的习俗。没有像西瓯墓那样的腰坑。

2. 随葬品主要是实用器

基本上没有礼器。其组合也是青铜兵器、生产工具、生活用具。铜兵器是剑、矛和镞，生产工具是斧和刮刀，生活用具是釜、钵、杯等，此外还伴出一些玉石饰品。大墓中随葬铜鼓。

3. 青铜器有浓厚的地域特色

最具代表性的青铜器是镂空细纹匕首、圆尖顶长舌圆形器、圆銎长骹矛、"凤"字形钺、斜刃钺、新月形刀、桃形镂孔铜镞。除武鸣马头先秦墓群之外，还有人面弓形格剑、曲刃一字格剑和铜鼓。

（1）镂刻细纹匕首

武鸣元龙坡出土2件，身呈锐角形，扁茎，无格，阔肩，宽扁叶，呈锐角三角形，截面呈菱形。茎部镂刻细线云纹和凿点纹，叶面浅刻极纤细的栉纹地三角形细线纹及眼状纹。1992年南宁市邕江捞获1件，金黄色，与此十分相似。元龙坡有这种匕首的石范，代表了骆越青铜工艺的最高水平（图八）。

（2）圆尖顶长舌圆形器

圆面隆起聚成尖顶，另一面正中伸出扁长鹰嘴钩状长舌。有的背面圆弧，中心突起一个尖圆钮，圆面由弦纹、栉纹、云雷纹组成晕圈，舌末开一孔眼；有的背面隆起，聚成一条细长圆柄。这些都出在武鸣元龙坡墓地，同墓地出土这类器物的石范（图九）。

（3）圆銎长骸矛

早期的宽薄长叶，短骸，扁圆銎，骸与叶相比，显得特别短小，武鸣元龙坡铜矛在骸与叶分界处有清晰的段线；晚期的变得厚重，多为圆銎，骸部加长，加粗。武鸣安等秧矛短身圆銎，銎口凹弧，骸的正面有钮，并铸有“王”字符号；武鸣独山崖洞葬铜矛，宽叶长骸，骸两面都铸双钩“王”字符号；田东锅盖岭铜矛一件骸的正面有钮，钮上方也铸“王”字符（图一〇）。

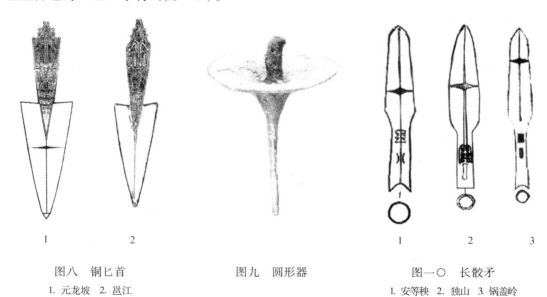

图八　铜匕首　　　　　　图九　圆形器　　　　　图一〇　长骸矛
1.元龙坡　2.邕江　　　　　　　　　　　　　　　1.安等秧　2.独山　3.锅盖岭

（4）“凤”字形钺

扁圆銎，整体如同张开的一把折扇，有的身显瘦长，被称为束腰斧，除在武鸣安等秧、田东锅盖岭战国墓出土外，在百色、德保、大新也有出土；有的对称刃角微翘，形态极为柔和，元龙坡出土的多破碎；锅盖岭1件器身扁平，弧刃翘出两角；在百色至田东的右江常打捞出此类铜钺，右江流径百色市区萝卜洲附近一次打捞出4件（图一一）。

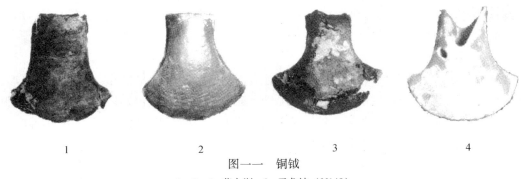

1　　　　　2　　　　　3　　　　　4

图一一　铜钺

1、2、4. 萝卜洲　3. 元龙坡（M148）

（5）斜刃钺

武鸣马头元龙坡墓地出土。斜刃，双肩向内收成倒钩状双翼，两面自肩部至锋尖各有一道弯弧形棱脊，近銎部有数道弦纹。有双斜刃和单斜刃两种。双斜刃钺的刃呈斜弧形，武鸣马头元龙坡 130 号墓一件长 15.5 厘米，刃宽 12.5 厘米，尖锋，宽肩略呈翼状，扁圆銎。来宾古旺山崖洞葬出土 1 件，与此十分相似，通体光素，脊根部有一细小的穿，通长 13.7 厘米。单斜弧刃，背脊斜直，武鸣马头元龙坡 147 号墓一件通长 10.5 厘米，刃宽 9.6 厘米，单肩，背脊微弯曲，扁圆銎。南宁邕江水下出土 1 件，通长 8.9 厘米。在田东右江和百色萝卜洲也出水同样的斜刃钺。马头元龙坡有石范伴出，说明这种斜刃钺是当地铸造的。越南北部富寿的富厚、安沛的安合、老街的铺卢和海防的越溪也有类似钺，如富寿富厚出土 1 件，宽圆跟銎部也有一条横凸线与南宁、百色的极相似（图一二、图一三）。

1　　　　　2

图一二　双斜刃钺

1. 元龙坡　2. 古旺山

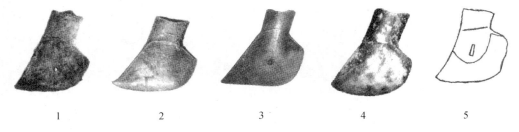

1　　　2　　　3　　　4　　　5

图一三　单斜刃钺

1. 元龙坡　2. 邕江　3. 右江　4. 萝卜洲　5. 富厚

（6）靴形钺

形状像一只长筒靴，本是西瓯文化的一个重要因子，但在骆越文化区也经常发现，越

南山西风格的 1 件六棱形銎，器表光素无纹；越南山西国威县发现 1 件，装饰有套于
"回"形纹带中狗鹿对峙的纹饰；越南越池出土的 1 件銎和身间装饰有一变体弓形船，船
上立有 3 人，下边有 2 只鹿，被 1 只狗拦截，外包一个菱形纹带框（图一四）。

（7）桃形镂孔铜镞

两端小，中间稍大，似桃形，两侧都有刃，中部有长条形透穿血槽，扁长条实铤，
铤的左侧有一倒刺，是一种具有极强穿透力的远射程杀伤性兵器（图一五）。

（8）叉形器

见于田东锅盖岭战国墓和宾阳韦坡战国墓。锅盖岭叉形器是菱形座，上出二叉，状
如牛角；韦坡叉形器是圆柱形座，上出二长叉，叉两侧起脊（图一六）。

（9）新月形刀

背微弯曲，刃突出于中部，形如新月，目前只见于武鸣马头元龙坡墓地，其他地方
尚未发现类似铜刀，具有强烈地域特色。其中一件通长 13.7 厘米，宽 4 厘米，柄长 3
厘米，宽 2.3 厘米（图一七）。

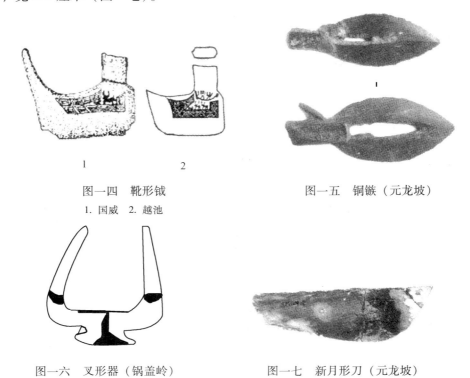

图一四　靴形钺
1. 国威　2. 越池

图一五　铜镞（元龙坡）

图一六　叉形器（锅盖岭）

图一七　新月形刀（元龙坡）

（10）人面弓形格剑

是一种剑身有人面纹图案的青铜短剑，剑身上部铸有倒三角形的人面纹，剑格两端
上翘，弯曲如弓，故名人面弓形格剑。这类短剑形制独特，地域性强，仅见于岭南和越
北，以广西右江—郁江水系的百色、田阳、南宁、贵港一线发现最多，还见于柳江、灵
山，广东的广州，香港的大屿山、赤立角、南丫岛，在越北见于清化、海防等地。广西

贵港剑、南宁邕江剑与越北东山剑、海防象山剑属一个类型。邕江剑，2002年于南宁邕江打捞出水，无剑首，扁状茎，中部收束，近格处加宽，剑格两端微翘，剑身起脊，最宽处在中部，平缓向前收束，前端骤收成锋，近格处饰人面纹。东山剑也无首，茎的上部较粗，中部较细，下端又扩宽，茎的表面饰曲折的阴线纹，在阴线纹框内填五道纵横极细的阳线纹，

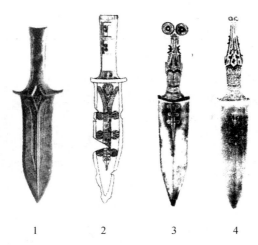

图一八　人面弓形格剑
1. 邕江　2. 东山　3. 隆平　4. 柳州

线纹上再饰"S"形卷云纹，茎的基部有阴线构成的梯形框，框内填"S"形卷云纹，剑格宽5.2厘米，两端上扬，中部弯曲如弓，剑身长17.4厘米，宽4.6厘米，最大宽位于剑身中部，上、中部的空间饰人面图案，呈倒三角形，用联珠纹作外框，脸形轮廓、眉、眼、鼻梁为阳纹。人面下为丫形宽带纹，歧出三组扇形光芒纹。田阳县隆平村剑，剑首有两个如同车轮一样并列的圆环，剑茎扁体实心，两侧有"山"形齿状扉棱，但在剑身人面纹的地方只保留了一个三角形框，并未铸出人面图像[35]。1999年5月柳州博物馆征集到2件从百色某河中打捞出的人面弓形格剑，1件较大，长32厘米，刃宽5.8厘米，无首，茎上部为椭圆柱形，茎上有卷云纹、曲线纹、虚线纹等多种几何纹饰，剑身近格处饰人面纹，面部瘦长，五官清晰，人面两侧有锯齿纹，下接长叉纹，直刺一只横卧的青蛙纹；另一件长245厘米，双环首，茎中部粗大，分三组饰卷云纹、栉纹、鸟纹，剑身近格处饰阴铸人面纹[36]（图一八）。

（11）曲刃一字格剑

首、茎、身一次铸成，圆首，扁圆茎，一字形格，短扁身，呈梭形。锅盖岭1件，通长29厘米，刃宽6.5厘米，茎中空，两面均饰"回"形纹；正背两面均饰二道卷云纹。田阳七联村东邦1件，通长28厘米，格宽11厘米，厚2厘米，空首，椭圆茎，茎末端有格盖，盖宽于茎，盖面呈椭圆，饰菱形几何纹；茎中部收束，上下向外扩张；茎上下两端饰云纹；剑格宽于身，两头微翘；格面亦饰云纹；剑身扁，较薄，刃锋利，两面无纹饰。田阳隆平村排楼屯1件，通长26.3厘米，刃宽4.5厘米，茎椭圆空心，无首，茎身束腰，上端近格处的脊部有一"Y"形血槽。田阳百育沙场1件，通长28厘米，刃宽7厘米，茎上饰云纹和斜线纹，盖面饰菱形纹，格面饰云纹，和锅盖岭出土的很相像。田东林逢镇打捞1件，全长27厘米，刃宽4.2厘米，首、茎、格上都有精细的几何花纹，剑首平面呈菱形抹角的椭圆形，正中饰菱形纹，外围以扁长方块，内饰"S"形云纹；剑茎上自首而下饰六道回纹箍，靠近剑格处有一个对穿小圆孔，圆孔外

亦饰"S"形云纹；剑格面上也有纹饰，以剑首为中心，左右两边纹饰对称，饰"S"形云纹条带。同类短剑在越南北部多次发现，安沛陶盛1件茎上装饰交织的直线纹；河江1件，剑首分成四格，每格都有一个"S"形云纹，剑茎上也有精细花纹；1961年在太原钢铁工地出土1件，剑首饰"S"形云纹，剑茎上有四条"S"形云纹带，剑格上也布满"S"形云纹，剑身上半部有一组两边匀称的狭长三角形纹饰（图一九）。

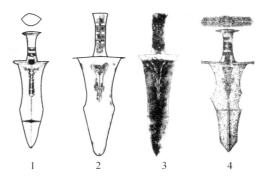

图一九　曲刃一字格剑
1. 锅盖岭　2. 林逢　3. 东邦　4. 太原

（12）铜鼓

春秋时期从云南中部偏西濮人地区发源，称为万家坝型铜鼓，战国时期已为右江流域和红河中下游的越人接受，1994年在田东县南哈坡战国墓发现2面，1994年在田东县林逢乡大岭坡战国墓又发现1面。在越南北方早在1932年5月在河山平省章美县美良社淞林寺附近的田野就出土过1面，称淞林鼓；1973年在同一地点又发现1面，称为淞林2号鼓；1981年在永富省三清县上农乡出土1面；1993年在老街发现2面。这些都是形制粗糙，胸部鼓突，装饰简单或没有装饰的铜鼓。大岭坡鼓，鼓面小，胸部突出，腰内缩，下部外撇，足极短，鼓面太阳纹中心隆起，有不规则的11道芒。胸、腰间有两对小扁耳，腰上半部用绳索纹夹对角三角纹纵向分格，下半部分别饰回纹、绳索纹各2道。南哈坡鼓有2面，A鼓鼓面太阳纹中心隆起，周围有不规则的16道光芒，腰部由正倒"V"形纹带纵分成空格，近足处有一周三叉纹和一周雷纹；B鼓鼓面向内凹陷，中心太阳纹隆起，有短小杂乱的22道光芒，芒外又有杂乱的晕圈，外围以绳索纹，胸部凸鼓，胸、腰间有两对桥形耳，腰部为纵向曲折纹分割的界格，近足处有一周勾连雷纹。越南淞林鼓，鼓面太阳纹16芒，芒角长短不一，周围有两道小绳索纹，其间有些回纹线条组成的4个平行曲线纹，外围一个带圆点的短线纹晕。胸部光素，腰部和足部上方有平行回形纹及似梳齿的平行短线条纹。上农鼓面径32厘米，高26厘米，全身光素无纹饰（图二〇）。稍晚的石寨山型铜鼓在骆越地区也有发现，如田东锅盖岭铜鼓。锅盖岭鼓，鼓面中心太阳纹8芒，芒间饰斜线纹，外围有花纹3晕，主晕是翔鹭4只，等距离逆时针旋转飞翔，另2晕饰锯齿纹和圆点圆圈纹；胸部突出，饰"回"形纹和弦纹（图二一）。

（三）西瓯骆越青铜文化的异同

以平乐银山岭战同墓为主体的遗存属西瓯文化，它主要分布于广西东半部；以武鸣马头先秦墓为代表的青铜文化遗存，当属骆越文化，主要分布于广西西半部。事实上，这两半部地区的文化遗存除了一定差异外，也存在不少共性。

1　　　　　　　　　　2　　　　　　　　　　3

图二〇　铜鼓

1. 大岭坡　2. 南哈坡　3. 淞林

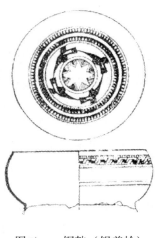

图二一　铜鼓（锅盖岭）

西瓯骆越青铜文化是在当地原始文化的基础上发展起来的，萌生于商末周初，开始以接受中原青铜文化为主，到西周春秋时期掌握了青铜冶铸技术，开始铸造青铜器，产生了自己的青铜文化，这种青铜文化都具有浓厚的土著色彩。到战国时期发展到鼎盛阶段，产生盘口鼎、柱形器、扁茎短剑、竹叶形刮刀、靴形钺、斜刃钺、弓形格剑、一字格剑和墩形铜鼓等极富地域特色的青铜器。同时也就进入了铁器时代。西瓯骆越的青铜器种类繁多，绝不只我们前面讲到的那些，但从总的面貌来看，它们都重视兵器而忽视礼器。春秋时期出现过一些礼器，但多是接受中原文化影响的仿制品。越到后来，这种仿制品就越少。

西瓯用甬钟、柱形器、扁茎短剑、双肩铲形钺、竹叶形刮刀，骆越用铜鼓、斜刃钺、弓形格剑和一字格剑。铜甬钟广泛流传于西瓯或西瓯骆越错居地区，在右江中游田东偶有一见，没有再向西传；柱形器只见于西瓯地区，在骆越地区至今尚未发现；扁茎短剑普遍流行于西瓯地区，在骆越地区也不少见，但与一字格剑和弓形格剑相比，数量少得多；流行于西瓯的竹叶形刮刀，在骆越地区也偶有发现，如武鸣安等秧战国墓、宾阳韦坡战国墓、越北东山文化墓和越溪船棺墓等骆越墓中有随葬。双肩铲形钺只流行于西瓯但在越南象山遗址出土1件；骆越地区流行的斜刃钺，在西瓯地区一般不见，西瓯用的靴形钺在骆越地区变得棱角分明；流行于骆越地区的弓形格剑和一字格剑，除在骆越西瓯交错区偶有发现外，一般不见于西瓯地区。铜鼓只流行于骆越地区，但在越过西瓯中心地区，在偏东的贺州龙中又偶有一见。这样，我们就可以从青铜文化上将西瓯、骆越区别开来。

它们在自身发展的过程中，也不断接受外来文化的影响，但由于地理不同，所受文化影响也不同。西瓯更多的是接受楚文化影响，骆越则受滇文化影响较大。

瓯骆故地既是中国南疆东西部地区的结合部，又是内陆与沿海地区的过渡地带，自古以来就是少数民族聚居的地区，古代文化有其自身特殊的历史渊源。在吸纳周边地区先进文化的基础上，不断创新，形成独具特色的青铜文化。

从历史文献记载来看，西瓯和骆越是在岭南毗邻而居的两个部族。由于壤地相接，习俗相近，有的人把它们视为一个部族，称之为瓯骆。它们究竟是一个部族还是两个部族？通过以上分析，可以得到比较明确的答案。

注　释

［1］　雷坚：《广西建置沿革考录》，广西人民出版社，1996 年。

［2］　［清］光绪《郁林州志》，玉林市政协文史资料委员会重印本。

［3］　罗香林：《古代百越分布考》，见《中夏系统之百越》，独立出版社，1969 年。

［4］　广西壮族自治区文物工作队等：《广西武鸣马头元龙坡墓葬发掘简报》，《文物》1988 年 12 期。

［5］　武鸣县文物管理所：《武鸣独山岩洞葬调查简报》，《文物》1988 年 12 期。

［6］　广西壮族自治区博物馆：《广西恭城出土的青铜器》，《考古》1973 年 1 期。

［7］　贺州市博物馆：《广西贺州市马东村周代墓葬》，《考古》2001 年 11 期。

［8］　广西壮族自治区博物馆：《近年来广西出土的先秦青铜器》，《考古》1984 年 9 期。

［9］　广东省博物馆等：《广东德庆发现战国墓》，《文物》1973 年 9 期。

［10］　广东省博物馆等：《广东肇庆市北岭松山古墓发掘简报》，《文物》1974 年 11 期。

［11］　广东省博物馆：《广东四会鸟旦山战国墓》，《考古》1975 年 2 期。

［12］　何纪生：《广东发现的几座东周墓葬》，《考古》1985 年 4 期。

［13］　广西壮族自治区文物工作队：《平乐银山岭战国墓》，《考古学报》1978 年 2 期。

［14］　同 ［12］。

［15］　广西壮族自治区文物工作队：《广西田东发现战国墓葬》，《考古》1979 年 6 期。

［16］　广东省博物馆：《广东广宁县铜鼓岗战国墓》，见《考古学集刊》第 1 集，中国社会科学出版社，1981 年。

［17］　广东省博物馆：《广东罗定出土一批战国青铜器》，《考古》1983 年 1 期。

［18］　广西壮族自治区文物工作队：《广西宾阳县发现战国墓葬》，《考古》1983 年 2 期。

［19］　广西壮族自治区文物工作队：《广西象州县发现一批战国文物》，《文物》1989 年 6 期。

［20］　广西壮族自治区贺县文物工作队：《广西壮族自治区贺县出土一批战国铜器》，《考古》1984 年 9 期。

［21］　广东省博物馆等：《广东罗定背夫山战国墓》，《考古》1986 年 3 期。

［22］　杨式挺等：《广东封开利羊墩墓葬群发掘简报》，《南方文物》1995 年 3 期。

［23］　贺县博物馆：《广西贺县龙中岩洞墓清理简报》，《考古》1993 年 4 期。

［24］　广西壮族自治区文物工作队、岑溪县文物管理所：《岑溪花果山战国墓清理简报》，见《广西考古文集》，文物出版社，2004 年。

［25］　广东省文物考古研究所等：《广东广宁县龙岗嘴战国墓》，《考古》1998 年 7 期。

［26］　广西壮族自治区文物工作队等：《灵川马山古墓群清理简报》，见《广西考古文集》，文物出版社，2004 年。

［27］　广西壮族自治区文物工作队等：《贺州市高屋背岭古墓群勘探与试掘》，见《广西考古文集》，文物出版社，2004 年。

［28］　黎文兰等著，梁志明译：《越南青铜时代的第一批遗迹》，河内科学出版社，1963 年。

［29］　蒋廷瑜：《从银山岭战国墓看西瓯》，《考古》1980 年 2 期。

［30］　蒋廷瑜：《先秦越人的青铜钺》，《广西民族研究》1985 年 1 期。

［31］　黄展岳：《说刮刀》，见《先秦两汉考古与文化》，（台北）允晨文化实业股份有限公司，1999 年。

［32］　蒋廷瑜：《铜柱形器用途推考》，《考古》1987 年 8 期。

［33］　蒋廷瑜：《略论岭南青铜甬钟》，《江西文物》1989 年 1 期。

［34］　韦仁义：《武鸣马头墓葬与古代骆越》，见《广西博物馆建馆 60 周年论文选集》，广西民族出版社，1993 年。

［35］　蒋廷瑜：《广西所见人面弓形格铜剑》，见《广州文物考古集》，文物出版社，1998 年。

［36］　黄利捷：《柳博收藏的人面纹铜剑》，《中国古代铜鼓研究通讯》第 15 期，1999 年。

（原载于《百越研究》第一辑，广西科学技术出版社，2007 年）

先秦越人的青铜钺

越人是我国长江以南广大地区的古老民族群。它的种系繁多，到春秋战国时期已很活跃，创造了很高的文化。越人有许多不同于中原华夏的地方，他们铸造和使用的青铜器很有地方特色，其中较突出的有铜鼓、铜桶、铜羊角钮钟、铜剑、铜刮刀，等等，铜钺也是很有代表性的器物。

钺，古文作"戉"。《说文解字》解释说："戉，斧也，从戈 l 声。司马法曰：夏执玄戉，殷执白戚，周左仗黄戉，右秉白髦。"在商周之世，钺是兵权的象征。帝王出征时手执大钺，威令三军。商汤兴师率诸侯，"自把钺以伐昆吾"[1]就是其例。诸侯、王妃代王出征，则由国君赐予大钺，假以兵权，史称之为"假黄钺"。从甲骨文和金文来看，戉字属象形，甲骨文作ʕ、ʔ、ʗ，金文作ʕ、ʗ，是带长柄的利器。作为兵权重器的铜钺，一般形制硕大，体态端庄，装饰华丽，是不易经见之物。考古发掘所见，都出自生前握有大量兵权的王侯、方伯或王妃的墓中，如山东益都苏埠屯大墓和河南安阳殷墟小屯商王武丁之妻妇好墓。

先秦越人的青铜钺与此不同，除了是特定意义的兵权重器之外，多是一般兵器和工具，因此，除了在大的奴隶主墓中发现以外，在中小型墓葬中也有发现。只因它们的形态不同于一般斧、锛，学术界约定俗成，把它们称之为"钺"。又因这些铜钺都出在古代文献所载越人活动的地域之内，因而称它们为越人铜钺。

一、越人铜钺的发现

研究百越民族史的学者，早在 20 世纪 30 年代就提出，越人是历史上使用一种名为"钺"的武器的民族。如 1937 年吴越史地研究会在浙江杭县良渚镇发掘新石器时代遗址，发现不少扁平的有段石碎，因为这些石碎与古代铜器中的钺相似，有的人就将之名为"钺（戉）"，认为古"戉"字就是代表这种石器的产地[2]。同时，有人又说："越即钺字，为斧钺之钺。钺在黄河流域新石器遗址中尚未发现，在浙江境内杭县的古荡、良渚、湖州的钱山漾，均有石钺出现，是钺为浙江古民族所发明。"[3]有的学者则认为，无孔石斧就是钺，如罗香林在《古代百越考》一文中说："故凡古代越族所分布地，亦往往有旧遗无孔石斧之发现，此盖为中国斧戉文化之一大系统，亦即戉族或越族之戉或钺所由称也。"他在 1940 年所著的《古代越族文化考》中更明确提出："古代越族以擅于用戉为重要特征。"

新中国成立以后，由于考古事业的发展，与百越民族有关的历史文物大量出土。通过对东南沿海各地新石器时代文化遗物的研究，比较一致的意见认为，双肩石斧和有段石锛是先越文化的重要组成部分。但是，真正越文化的形成和成熟，还是在进入青铜时代以后，主要表现在青铜文化方面。有段石锛和双肩石斧在青铜时代还在流行，仿照它们的形制铸作的青铜利器，遂被研究者名之为钺。

自 20 世纪 60 年代以来，在岭南珠江流域先后发现一些随葬青铜器的墓葬。最早的是 1962 年春在广东清远马头岗发现的一座，出土各类铜器二十多件[4]。第二年在同地相距仅六米的地方又发现一座墓，出土铜器三十九件[5]。1972 年分别在广东德庆马墟落雁山、肇庆北岭松山、广西恭城秧家发现三座墓；德庆墓随葬铜器十五件[6]，肇庆墓出土各种铜器一百多件[7]、恭城墓出土铜器三十三件[8]。在这些青铜器墓葬中，都有一些形制特殊的青铜利器，分别名之为“钺”。当时的考古报告已经指出，这些铜钺同当地的双肩石器和有段石器有相似之处，从其造型、花纹上都可以看到浓厚的地方色彩。

1974 年广西平乐银山岭发掘一批战国墓，出土青铜钺十一件，计有靴形的、铲形的、“凤”字形的等多种，在报道这批墓葬时作了详细描述，并与广东、云南等地的考古发现作对比，指出这些铜钺是当地土著文化的重要组成部分[9]。

随后，在广东四会[10]、广宁[11]、罗定[12]，广西田东[13]、宾阳[14]等地的战国墓中也陆续发现这类青铜钺，这些青铜利器的分布地域就日益明显了。

在 1978 年在江西庐山举行的“江南地区几何印纹陶学术讨论会”和 1980 年在福建厦门举行的“百越民族史学术讨论会”上，都有不少学者在论述百越民族历史时提到了岭南地区特有的青铜钺，而且也承认“越人是用钺的民族”这个传统论点[15]。

在国外，越南在其红河流域的所谓东山文化的遗址中也发现过大量的青铜钺。越南学者黎文兰、范文耿、阮灵在 1963 年合编的《越南青铜时代的第一批遗迹》一书中已有综合报道，但他们把这些铜钺分别放在生产工具和兵器两个部类中记述，没有做统一的考察[16]。

到目前为止，我国南方各省、区发现青铜钺的总数已达三百余件，其中大部分出土地点明确，有众多的伴出物，对于它们的分布和时代容易判明，这就为进一步的综合考察创造了有利的条件。

二、越人铜钺的类型

越人铜钺从器形和纹饰来观察，大致可以分为以下七个类型：

A 型　扇形钺

这种铜钺的形态是：直銎，长方形銎口，束腰，呈钝角折肩，刃外展，作展开的扇面弧状。有的考古报告称之为“折肩斧”或“扇形斧”。一般素面无纹，有的在銎肩部位铸有几何图案花纹。广东广宁铜鼓岗战国墓出土四件，其中二件在銎部两面饰双线勾连雷纹，在肩下饰三角形垂叶纹（图一，1）。广东罗定一号墓出土四十三件，其中三十九件素面，仅有四件有纹饰，都在銎部饰双线勾连雷纹，折肩处饰三角形垂叶纹，与广宁铜鼓岗的极为相似（图一，2）。广东清远马头岗二号墓的9号钺正面銎部饰勾连雷纹，外围饰一圈细绳索纹，下边向下形成"凸"字，饰锯齿纹，器身中部饰一行锯齿纹，背面銎部花纹与正面相同，但器身无纹饰（图一，3）。广西宾阳韦坡一号墓出土的一件素面无纹饰，贺县铺门六合出土的一件有纹饰，也是变体雷纹和三角形垂叶纹。

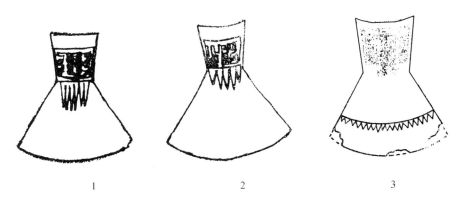

图一　A型铜钺

1. 广宁（M22:3）　2. 罗定（M1:37）　3. 清远（M2:9）

B型　"凤"字形钺

这类型铜钺数量较多，其形态是：长方銎，刃作弧形向两侧弯翘，使刃部外凸有如新月。平视左右对称，线条柔和圆润，很像汉字"凤"字的外框。有的在銎的一侧附有小环钮。大部分素面，有的在钺身中部近似梯形的框内饰三角雷纹、人物、草木、菱形、刀、削等图案。这类钺与A型（扇形）钺的区别仅在于肩部，A型钺是钝角折肩，B型钺是外转弧肩。广东清远马头岗二号墓8号铜钺就是方銎，双面圆刃，銎部正面饰勾连雷纹，外围饰一圈细绳索纹，再下饰一道锯齿纹，背面銎部仅有一弧形线纹（图二，1）。湖南省博物馆收藏这类铜钺十一件，都有各种纹饰。其中道县出土的一件（63采124·2），在由栉纹围成的梯形框内，上饰三角雷纹，中有草木纹，下方正中有一人物形象，面向左方，两手侧平举，手指分开，腰间佩剑，双腿岔开（图二，2）[17]。广西平乐银山岭82号墓出土一件銎的一侧有半环系钮，器身两面都模印图案：上部是垂直的线条，下部是变形的米字（图二，3）。浙江鄞县甲村邬家埠出土的一件装饰更为华丽，在与钺形相似的边框线内，上方有两条相向的夔龙，龙的前肢屈曲，尾向内弯卷，头昂起向天，下部以边框底线表示狭长的轻舟，上坐头戴高耸羽冠的四人，面向前方，双手划桨（图二，4）[18]。

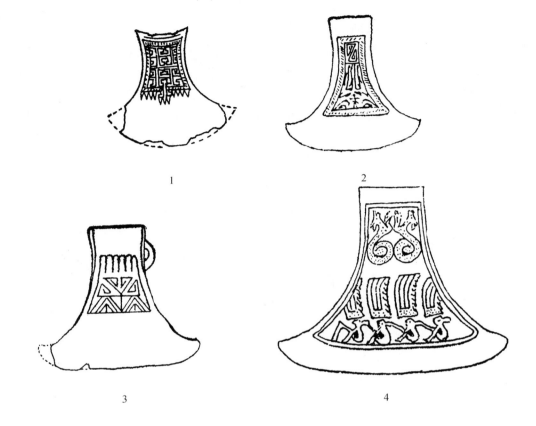

图二　B 型铜钺

1. 广东清远（M2∶8）　　2. 湖南道县　　3. 广西平乐银山岭（M82∶1）　　4. 浙江鄞县

C 型　靴形钺

　　形状像一只长筒靴。一般是椭圆形銎或六棱形銎，也有长方形銎口的。銎部较长，刃呈弧形，左右两侧不对称。有的在銎的一侧（刃较短的一侧）有半环系钮。按刃部的变化，又可分为五式。

　　Ⅰ式：长方銎，圆弧刃，两侧长度不对称，但差别并不太悬殊。如广西恭城秧家春秋墓出土的二件，皆长方銎，圆刃，刃部较肥大，两侧端上翘，銎部饰双勾雷纹（图三，1）。广西象州县罗秀下那槽出土二件也是长方銎，弧刃，但刃部弯曲度很小，器表光素无纹[19]。湖南省博物馆收藏二件皆六棱首銎，后跟呈尖角，一件侧边有半环系钮，上部饰雷纹，下部饰三角雷纹。

　　Ⅱ式：刃的前端特长，后端圆钝，外形像皮革工人使用的割皮刀。此式后侧多有半环系钮，表面多光素。广西平乐银山岭战国墓地采集二件，一件（采∶14）六棱形銎，后侧附一半环系钮，銎部上方饰斜向栉纹，中饰垂直栉纹，下饰网纹，再下饰垂叶齿纹

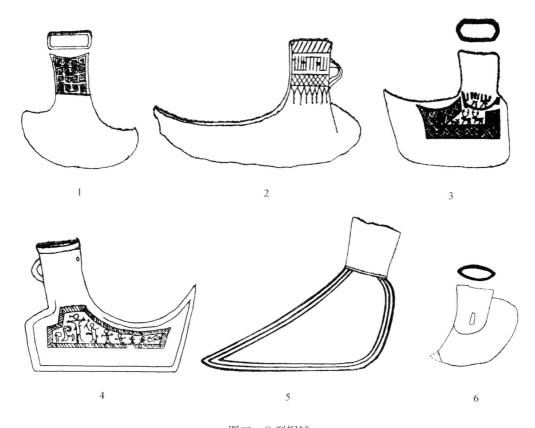

图三　C型铜钺

1. Ⅰ式（恭城）　2. Ⅱ式（平乐）　3. Ⅲ式（越池）　4. Ⅲ式（衡山）

5. Ⅳ式（越溪）　6. Ⅴ式（弘里）

（图三，2）；另一件（采:15）扁圆首銎，素面。广西贺县铺门六合出土一件、广东肇庆落雁山战国墓出土一件、湖南省博物馆收藏的一件，都是素面的，与此全同。云南晋宁石寨山汉墓中出土的靴形钺显得较粗笨[20]。

　　Ⅲ式：下部刃平直，前端方折上翘，后跟折角，有如古代朝靴。越南山西凤格的一件，六棱形銎，器表光素无纹。在越南越池和河戌乡也有出土。越池出土的另一种靴形钺，銎也是六棱形，但器身稍阔，各部位均匀，近似方形或"日"字形，刃尖十分弯曲。器身上部装饰一只图案化的弓形船，船上立二人，下边侧立二鹿，鹿前有一只狗，这些图案全被套在一个双层雷纹组成的纹带中（图三，3）。这式铜钺在两广地区目前还没有发现，但在湖南有出土。湖南出土二件，其中一件出自衡山县霞流市[21]，屈刃，椭圆形銎，銎后侧有一只半环系钮，正反两面各有一靴形栉纹圈，内铸图案，正面主题是一武士，两手左右屈上举，两腿张开，腰间斜佩一剑。武士两侧有一些不知名的图案。反面六人，从左至右逐渐缩小，第一人佩剑，与正面武士相同，第二人腰间佩环首刀，右手上举持钺，左手伸展，第三人、第四人皆两手左右伸展，第五人两手屈上举，坐地，两腿张开呈一字形，第六人两手屈上举，作奔跑状。左端有一只卷尾鸟，右边还有一处图案（图三，4）。

　　Ⅳ式：方跟斜刃钺。器身呈三角形，方跟、直刃，刃锋平伸，折成曲尺形。此式钺均见于越南（图三，5）。

　　Ⅴ式：圆跟斜刃钺。像将Ⅱ式靴形钺的前端刃部磨掉所至，仅有后圆跟。此式铜钺也仅见于越南北部。东山出土的一件銎部两面都有二夔龙相向。龙口向天，尾部向内卷曲，器身一面饰三个羽人舞蹈，一面饰二鹿一犬（图四，1）；拿山出土的一件装饰更加华美，每面都饰有四个变形羽人在卷云图案之中（图四，2）。

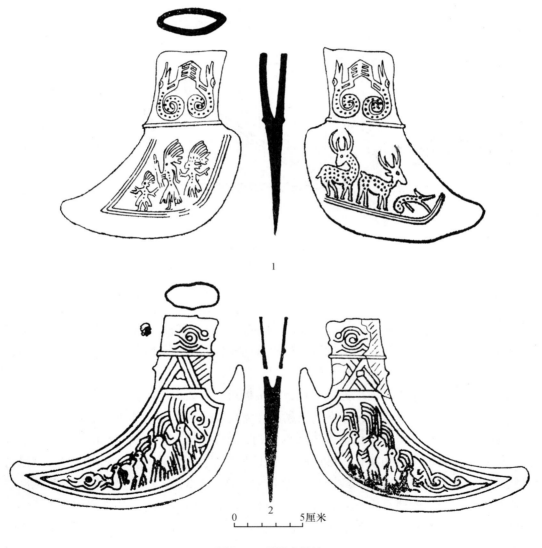

图四　C型Ⅴ式铜钺

1. 越南东山　2. 越南拿山

D 型 船形钺

钺身和刃部结构像一只船。銎与器身相连，銎像竖起的桅杆，銎的前后各有一条铜铸的缝合线与前后刃端相连，形似船帆索。钺身铸有船形图案，船上坐有划桨的人二人（图五，1）。这类铜钺见于越南清化、河东、绍阳、东山等地。

E 型 新月形钺

扁圆銎，长柄，器身回弯如新月，两端内曲的弧度很大。銎部饰各种几何图案，有的銎的一侧有半环系钮，有的铸以立体动物形象。如云南江川李家山第21号墓出土的一件[22]，銎部饰绚索纹、"人"字形纹和弦纹组成的图案（图五，4）。云南晋宁石寨山第6号墓出土的一件，銎上饰绚索纹、云纹、S纹和弦纹，銎的一侧铸斜躺着的一人塑像（图五，5）。

F 型 圆头形钺

圆銎，椭圆形刃，有的被名为"戚"。广东清远一号墓出土一件，扁长，正面饰兽面纹，造型精致（图五，2）。广西柳江三都白露村出土一件，扁圆銎，銎口下有一道凸棱，素面[23]，广西平乐银山岭战国墓出土二件，也是扁圆銎，肩部不显著，刃部圆滑，与磨制石斧很相似（图五，3）。

G 型 铲形钺

长方銎，双肩外折，长方形身，平直刃，或稍外弧刃。根据肩部的不同又可分为二式。

Ⅰ式：单层肩，器形有如岭南地区的双肩石器。广西容县六王陈村出土一件，双肩平直，器身横宽，直刃，素面（图五，6）。广东清远一号墓出土的一件稍残，形制相同。

Ⅱ式：双层肩。长方形或六棱形銎，肩部分二级外折，横长平刃或弧刃，器身内侧微凹，外侧微隆起。广西平乐银山岭战国墓出土二件，皆长方銎，宽弧刃（图五，7）。广东德庆战国墓出土一件，形制完全相同，出土时銎内还残存朽木一节。

三、越人铜钺的起源和时代

对越人铜钺的起源，一般都认为与有肩石器有关，这种看法有如前述。但是，其间情况复杂多样，不能一概而论。因为一，青铜工具和石制工具因为各自质料不同，制作工艺不同，造成形态上的差异和使用范围的区别是确定无疑的；二，铜钺本身形制多样，无须每一类型都要从石器中去找祖型。

大体说来，A型（扇形钺）、B型（"凤"字形钺）和G型（双肩铲形钺）都可从石器中找到祖型。如岭南地区双肩石器就同G型Ⅰ式（单层双肩）钺相似（图六，1），

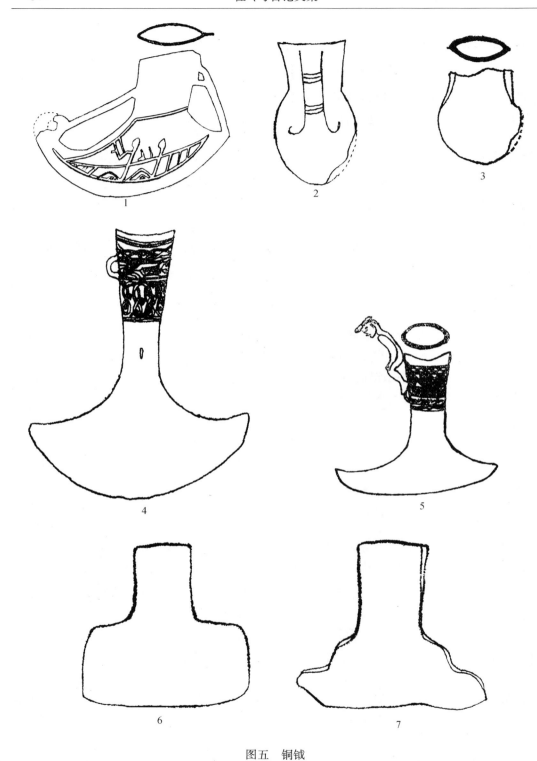

图五　铜钺

1. D 型（越南绍阳）　2. F 型（清远）　3. F 型（平乐）　4. E 型（江川）　5. E 型（晋宁）

6. G 型 I 式（容县）　7. G 型 II 式（平乐）

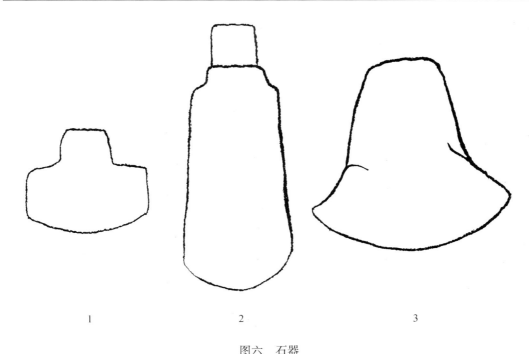

1   2   3

图六　石器

1. 双肩石斧（广东番禺火园葬）　2. 双层折肩石铲（广西玉林石南）

3. "凤"字形石斧（广西来宾寺背山大岩）

G 型 I 式钺可能就从这类双肩石器演化而来，但铜钺显得扁薄，而石器则较厚重，是不能相提并论的。又如 G 型 II 式（双层肩铲形）钺也可以从石器中找到源流，广西玉林石南曾发现过双层折肩石铲（图六，2）。铜钺做出二层肩可能受到这种石铲的启发。但玉林石南的双层折肩石铲显得硕长、厚重，双层折肩铜钺则扁薄，且向一侧微凹，又不尽相像。G 型 I 式铜钺在春秋时代就已有了，广东清远一号墓就是春秋时代晚期的。G 型 II 式只有到战国时代才有，如平乐银山岭和广东德庆的双层折肩铲形钺都出在战国时代墓中。但进入秦汉时代这类铜钺即已消失。

B 型铜钺也是从磨制石器发展而来的，两广地区新石器时代晚期有一种直身圆刃的磨光石器，刃部圆角上卷，如广西柳江拉堡长蛇岭出土的石斧[24]，广西来宾寺背山大岩出土的石斧（图六，3）。这种石斧使用时接触面宽，后部用力集中，铸造 B 型铜钺当以此类石斧为蓝本。B 型铜钺在春秋时代晚期已有了雏形，如湖南祁东小米山的弧刃上卷的铜钺，就出自春秋时代晚期有腰坑的土坑墓中[25]，广东清远出土 B 型钺的墓葬也是春秋晚期的。但成熟的、典型的 B 型钺大都属战国时期的，如广西平乐银山岭的出自战国墓，广东广宁铜鼓岗的也出自战国中晚期墓葬。浙江鄞县的一件原报道定为春秋时物，但从它的形制与上述战国时代同类铜钺相同，纹饰与战国至汉代铜鼓上的船纹相同等情况来看，应是战国时代的；与之伴出的铜剑也是战国时代楚墓中的常见之物，亦可作为断代旁证。

C 型（靴形）铜钺可能是从 B 型（"凤"字形）铜钺发展来的。从外形看，C 型 I 式与 B 型铜钺有许多相同之处，如銎部上窄下宽，肩部圆弧，无明显折线分界，刃角圆翘；而且二者之中都有一些在銎部的一侧附有半环系钮。所不同的仅在于刃部，B 型钺的刃部左右两端对称，C 型钺刃部左右两端不对称。

C 型钺出现的时代偏晚，目前所知时代最早的是广西恭城嘉会秧家春秋晚期墓出土的，它的銎口是长方形的，銎部饰雷纹，与 B 型钺都相同，刃部两端翘起，左右不对称，但相差还不太大。到广西平乐银山岭战国墓、贺县铺门、广东广宁铜鼓岗、广东肇庆等战国墓出土的 C 型 II 式钺，銎口就呈六角菱形，后跟圆钝，前刃狭长，已相当定型和规范化了。这种铜钺一直到汉代还存在，在云南晋宁石寨山汉墓和贵州清镇汉墓中都还有随葬[26]。它的形象也一直保留在西汉时期的石寨山型铜鼓的纹饰中。

D 型（船形）铜钺应是 C 型（靴形）与 E 型（新月形）钺发展的产物，只是装饰更为华丽罢了。它存在的时间比较短，地域也比较狭窄。

E 型（新月形）铜钺在云南楚雄万家坝春秋战国墓中已见雏形[27]，它与 C 型钺同样具有较长的鉴和横展的刃部等特点。但它有独立的发展系统，其存在时期下延也到达西汉时代。

F 型（圆头形）铜钺也定由石器发展而来，其时代仅限于战国时期，总的数量也较少。

四、从其分布看族属

越人铜钺分布地域相当辽阔，大致北自长江下游，南到中印半岛，西自云贵高原，东穷于海，都有越人铜钺发现。这个分布区域和颜师古注《汉书·地理志》引臣瓒说的"自交趾至会稽七八千里，百粤（越）杂处，各有种姓"的情况大体相当，但具体说来，各个类型的铜钺又有它自身的分布范围，体现了当时"各有种姓"的不同特点。

A 型（扇形）铜钺主要分布于广东、广西。广东罗定一号墓出土四十三件，广宁铜鼓岗出土四件。清远马头岗一号墓出土二件，二号墓出土一件，曲江石峡遗址上层出土一件[28]，湛江硇洲岛出土五件[29]，廉江新华圩出土一件[30]，广西贺县铺门六合出土一件，宾阳韦坡出土一件；湖南也有出土[31]。从这些出土地点可以看到，它集中在五岭以南，罗浮山以西，大明山以东，南至雷州半岛，而以珠江下游两岸为中心。

B 型（"凤"字形）铜钺也主要分布于岭南地区，如广东的清远、广宁，广西的平乐、田东、德保，越南的安沛、山西、河东，此外，在与两广北部地区紧邻的湖南南部湘水流域也出土了一批。可见它比扇形（A 型）钺分布范围要广，北部已越过了五岭山脉，南部伸入到红河平原，西部深入右江流域。应该指出的是，在浙江鄞县也出土一件，是很特殊的例外。从该件铜钺的形制看，与两广和越南的 B 型钺完全相同，从装饰图案来看，同类图案也多见于滇、桂的石寨山型铜鼓和越南东山时期其他铜器上，具有浓厚的南岭风格。这件铜钺应是随着越人内部的文化交流从岭南地区流传过去的。

C 型（靴形）铜钺主要见于广西、广东、云南和越南北部。如 C 型 I 式只在广西恭城、象州和湖南南部发现，范围很狭小。C 型 II 式则见于广西平乐、贺县，广东德庆、广宁，云南晋宁、江川，越南红河平原，湖南也收藏一件。大致范围仍不出岭南。C 型 III、IV、V 式都只见于越南北部，应是那里特有的青铜钺。但在湖南出土二件 C 型 III 式钺，也属例外。从湖南衡山霞流市出土的一件来看，形制与越南北部同类铜钺酷似，而装饰图案却同广西左江崖画上所绘人物图案相似，也应是从越南北部流传入湖南的。

以上三种铜钺主要集中于珠江流域和红河下游地区，这是历史上岭南越人活动的大本营。在先秦时间，聚居在岭南地区的越人主要是西瓯和骆越。西瓯人的主要活动地区在珠江的支流桂江流域和珠江中游浔江两岸[32]。根据秦末汉初统领西瓯、骆越之族而为南越的情况来看，珠江下游地区也应是先秦西瓯人的地域。骆越则在西瓯的西南，主要是我国广西境内左江、右江及西江流域，至越南的红河平原。可见，A 型（扇形）钺和 B 型（"凤"字形）钺的主要分布中心都在西江中游，集中在桂江、贺江、罗定江、北江一带，应是西瓯人特有的利器。但这中间，A 型（扇形）钺又稍偏东，与后来的南越人活动地区相重叠，B 型（"凤"字形）钺中心稍偏南，正是西瓯人活动的中心。湖南南部湘水流域与西瓯毗邻，那里出土的 B 型钺很大可能是从岭南流传过去的。C 型（靴形）钺主要产生于两广地区和越南北部，应是骆越人的遗物，但往北它已传入桂江和浔江流域的西瓯地区，往西传入云贵高原的滇越地区，而其主要发生地是红河三角洲，是骆越人的活动中心区。

D 型（船形）铜钺仅见于越南北部地区，我国境内尚未发现，也应是骆越人的遗物。

E 型（新月形）铜钺仅见于云南晋宁、江川和越南北部地区，应是滇越特有的利器。

G 型（双肩铲形）铜钺情况较复杂，I 式（单层肩）见于广东清远、新丰[33]，广西容县[34]，湖南资兴[35]，浙江绍兴[36]、上海[37]，也见于越南北部，分布面很广，但这种铜钺与中原内地铜铲、铜锛有许多类似，还没有形成自己特有的风格，不能算典型的越人器物。II 式（双层肩）则有自己的独特之处，见于广西平乐、贺县，广东广宁、德庆，分布仅限于西江南北，与 A 型（扇形）铜钺的分布地域近似。但远在长江岸边的贵池也出土一件[38]，则是例外。除此之外，其他地区尚未发现。此式铜钺也应是属西瓯人的。

与此情况相反，在福建、江西还没有发现明显属于越人的青铜钺，在浙江、安徽只有零星的发现。这表明，所谓越人的青铜钺实际上只是西瓯、骆越和滇越人的青铜钺。百越族群中的其他越人则不一定使用铜钺，这也反映了越人内部因活动地域不同所形成的文化差异。但这种异差并不妨碍当时的文化交流，在浙江鄞县出现典型的 B 型铜钺，在安徽贵池出现 G 型 II 式钺，在湖南衡山出现 C 型 III 式钺，就是岭南越人文化向北传播的例证。

五、用途推考

以上叙述越人不同类型的铜钺，只是那个时代完整的钺的一部分。完整的钺除了金属部分之外，还有便于手握持的木质（或竹质）的长柄，只是因为年代久远，木竹部分已经腐朽，无法窥知其全形了。但从一些铜钺的銎口内还残存有朽木，可以推知当时纳入木柄的情形。有些铜器上留下一些图案，也为我们提供了研究铜钺装柄的形式和使用的场合的形象资料。如在云南广南铜鼓的腰部有椎牛图案，椎牛者手执靴形钺[39]（图七），在云南晋宁石寨山 M14:1 号铜鼓的腰部有羽人舞蹈图案，舞者一手执盾，一手执靴形钺[40]，在越南玉缕铜鼓、黄下铜鼓、版吞铜鼓、庙门铜鼓等铜鼓腰部也有执盾执钺起舞的武士形象[41]（图八）。从这些图像中可以看到，铜钺是在銎内垂直楔入短木柄之后，还要横向楔入长木柄，使钺柄形成曲尺形；或者木柄本身就是带叉的树枝，将树杈短的一头楔入铜钺銎内，细长的一枝成为手握部分。有的钺柄制成磨钩形（⌐形），铜钺装在勾端（图九）。这些装柄方法，使铜钺握在手中便于挥舞。

图七　广南铜鼓上的椎牛图

图八　铜鼓上的盾牌舞
1. 晋宁石寨山（M14:1）　2. 黄下铜鼓　3. 庙门铜鼓

铜钺的用途是多种多样的，柄有长有短，有粗有细，装柄方式也应有所区别。

从铜钺的大小，和铜钺出土时刃部都有砥磨使用的痕迹来看，大都是实用器。铜钺握在手中，便于横向着力，是重要的砍劈工具，也是强有力的进攻型兵器。从铜钺在墓中出土的情况看，大都与其他生产工具或兵器混杂在一起，也可证明它们原是工具或兵器。但具体说来，双肩铲形钺（G型Ⅱ式）刃向一侧卷曲，不利于横劈，但便于斜削、直刨，很可能是木工用的一种刨铲工具。靴形钺，尤其是圆跟尖头的C型Ⅱ式，便于切割和横劈，可作杀伐兵器和砍劈工具；有的靴形钺装饰华丽，可能作为仪仗用，或用于舞蹈，前揭铜鼓上的盾牌舞图案中舞人手执的铜钺可能即是此类。船形钺（D型）从其特殊形式和装饰花纹看，是难以用

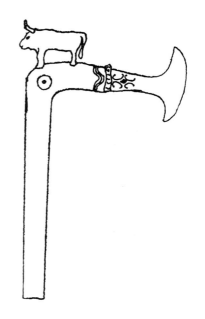

图九　带铜柄的铜钺（江川李家山）

于劳动和战斗的，很可能是祭祀物品或仪仗用品。至于扇形钺（A型）和"凤"字形钺（B型），其形状与功能同一般铜斧差别不大，应是劈削工具。但有的铜钺过于小巧，可能是专为陪葬而制作的明器。

在这些铜钺中是否有用于农业的工具，现在还没有材料可以说明。也许在南方草木繁盛的情况下，要征服自然，利于垦辟，使用部分铜钺斩劈棘榛，为农业种植开垦荒地，也是可能的。南方多竹木，部分铜钺用于加工竹木器更是毋庸置疑的事。

总之，越人铜钺不但种类繁多，而且使用相当广泛，渗入越人生活的许多方面，以致使外族人认为，铜钺就成了岭南越人文化的重要标志之一。

1985 年 1 月 30 日

注　释

［1］　《史记·殷本纪》。

［2］　何天行：《杭县良渚镇之石器与黑陶》。

［3］　卫聚贤：《吴越释名》，载《吴越文化论丛》，江苏研究社，1937 年。

［4］　广东省文物管理委员会：《广东清远发现周代青铜器》，《考古》1963 年 2 期。

［5］　广东省文物管理委员会：《广东清远的东周墓葬》，《考古》1964 年 3 期。

［6］　徐恒彬等：《广东德庆发现战国墓》，《文物》1973 年 9 期。

［7］　广东省博物馆等：《广东肇庆市北岭松山古墓发掘简报》，《文物》1974 年 11 期。

［8］　广西壮族自治区博物馆：《广西恭城出土的青铜器》，《考古》1973 年 1 期。

［9］　广西壮族自治区文物工作队：《平乐银山岭战国墓》，《考古学报》1978 年 2 期。

桂岭考古论文集

[10]　广东省博物馆：《广东四会鸟旦山战国墓》，《考古》1975 年 2 期。

[11]　广东省博物馆：《广东广宁县铜鼓岗战国墓》，《考古学集刊》第 1 集，中国社会科学出版社，1981 年。

[12]　广东省博物馆：《广东罗定出土一批战国青铜器》，《考古》1983 年 1 期。

[13]　广东壮族自治区文物工作队：《广西田东发现战国墓葬》，《考古》1976 年 6 期。

[14]　广西壮族自治区文物工作队：《广西宾阳县发现战国墓葬》，《考古》1983 年 2 期。

[15]　参见《百越民族史论集》，中国社会科学出版社，1982 年。

[16]　〔越南〕黎文兰、范文耿、阮灵：《越南青铜时代的第一批遗迹》，河内科学出版社，1963 年。国内有梁志明译本，中国古代铜鼓研究会编印，1982 年。下引越南材料皆见此书，不另注。

[17]　高至喜：《湖南发现的几件越族风格的文物》，《文物》1980 年 12 期。

[18]　曹锦炎、周生望：《浙江鄞县出土春秋时代铜器》，《考古》1984 年 8 期。

[19]　广西壮族自治区文物工作队：《近年来广西出土的先秦青铜器》，《考古》1984 年 9 期。图三，1、2。

[20]　云南省博物馆：《云南晋宁石寨山发掘报告》，文物出版社，1959 年，图版三一，4。

[21]　周世荣：《蚕桑纹尊与武士靴形钺》，《考古》1979 年 6 期。

[22]　云南省博物馆：《云南江川李家山古墓群发掘报告》，《考古学报》1975 年 2 期。

[23]　同〔19〕图三，3。

[24]　覃骏、卢成英：《广西柳江发现新石器》，《考古》1965 年 6 期，图一，3。

[25]　衡阳地区文物工作队：《祁东小米山发现春秋铜器》，《湖南考古辑刊·2》，岳麓书社，1984 年。

[26]　贵州省博物馆：《贵州清镇、平坝汉墓发掘报告》，《考古学报》1959 年 1 期。

[27]　云南博物馆等：《云南楚雄万家坝古墓群发掘简报》，《文物》1978 年 10 期。

[28]　广东省博物馆等：《广东曲江石峡葬墓发掘简报》，《文物》1978 年 7 期。

[29]　见《南方日报》1980 年 5 月 16 日报道。

[30]　阮应祺：《广东廉江省出土新石器和青铜器》，《文物》1984 年 6 期。

[31]　周世荣：《湖南古代文化初探》，《中国考古学会第一次年会论文集》，文物出版社，1980 年，图一三，4。

[32]　蒋廷瑜：《从考古发现探讨历史上的西瓯》，《百越民族史论集》，中国社会科学出版社，1982 年。

[33]　广州市博物馆陈列，1979 年 6 月参观时所见。

[34]　1976 年出土，现存广西容县文物管理所。

[35]　湖南省博物馆：《资兴旧市春秋墓》，《湖南考古辑刊·1》，岳麓书社，1982 年。

[36]　沈作霖：《绍兴出土的春秋战国文物》，《考古》1979 年 5 期，图二，10。

[37]　《上海市金山县戚家墩遗址发掘简报》，《考古》1973 年 1 期。

[38]　安徽省博物馆：《安徽贵池发现东周青铜器》，《文物》1980 年 8 期，图三，5。

[39]　云南省博物馆：《云南省博物馆铜鼓图录》，云南人民出版社，1959 年，第十三图。

[40]　同上，第九图。

[41]　〔越南〕阮文煊、黄荣：《越南发现的东山铜鼓》，越南历史博物馆，1975 年。

（原载于《广西民族研究》1985 年 1 期）

铜柱形器用途推考

在岭南地区的春秋战国时代墓中，常有人首、兽首或禽首的铜柱形器出土。这种柱形器，器身是长柱形，上大下小，下端侧面或正面有方形穿孔，穿孔中插以条形楔。柱身上部饰以人首、兽首或禽首。形制奇特，为其他地区所未见。对于它的名称，目前尚未统一。有的称之为"车饰"；有的称之为"仗头饰"、"仗头器"；有的称之为"铜柱"、"柱形器"、"柱形栓"，等等。这些不同的称呼，也反映了人们对它的用途有着不同的看法。1982 年冬，我到广西南丹县白裤瑶地区做文物调查，发现当地崖洞葬中放置棺材的棺架上有类似的装饰，从而领悟到这种奇特的"柱形器"应与古时棺架立柱有关。在整理广西出土的一批先秦青铜器时，把这个想法提了出来[1]。但因行文关系，没有就这个问题展开讨论，现在加以补充。

一、发现概况及用途诸说

铜柱形器最早是 1962 年春在广东清远县马头岗发现的。共出土青铜器 25 件，其中柱形器 4 件，分前后两对放置。资料发表时被称为"车饰"，认为是车舆上的立柱，把前后两对分别称为"前立柱"和"后立柱"[2]（图一，2）。

1972 年冬，广东肇庆北岭松山脚清理一座战国墓，出土青铜器 108 件，其中铜柱形器 4 件。资料发表时称为"铜柱"，并说，出土时有的还按原状立着，把四个柱出土时的位置连成线，构成一个长方形，"宛如车舆部分，似为车柱之类器物"[3]。

1973 年夏，广东四会鸟旦山出土一批青铜器，经清理，认为是出自一座战国早期的墓葬，其中有柱形器 4 件。资料发表时称为"人首柱形器"（图一，10）。这四件柱形器在墓中呈菱形分立于后室四角，人首面面相对[4]。

此后，1974 年在广东四会龙江高地园战国中期墓中出土 2 件[5]（图一，4）；1975 年在怀集冷坑拦马山春秋墓中出土 4 件[6]（图一，5）；1977 年冬在广东罗定南门垌的战国墓中出土 4 件[7]（图一，7）；1983 年冬又在罗定背夫山战国墓中出土 4 件[8]（图一，3）；它们被分别称为"人首仗头器"、"人首柱形栓"等。

广西也有这类柱形器发现。1981 年在象州县罗秀乡军田村下那槽出土 1 件。这件柱形器分人首和器体两段，上段如人的颈以上部分，器体是四方长条柱形，下端两侧有不少对称的圆形小榫眼（图一，6），形制与广东各地春秋战国墓出土的柱形器相似。它与二件铜钺、一件铜矛、一件雷纹陶罍、一件水波纹陶罐伴出，应是一座战国墓葬的遗物[9]。

广西恭城县秧家在 1972 年出土了一批春秋时代晚期的青铜器，其中有 2 件"车饰"，也应是这种柱形器。器体为不等边六角柱形，正面有一个长方形孔，侧面上下各有一个方形孔。都附有楔形栓。楔形栓呈长条形，一端平，一端尖，出土时插在柱形器体下端正面的长方形孔内。但这对柱形器顶端不是人首，而是一只独角巨兽[10]（图一，1）。

此外，1974 年在平乐银山岭战国墓有六座墓各出土一件"杖头饰"，这种杖头饰器体中空，顶端饰独角巨兽或巨禽，也应与柱形器类同[11]（图一，8、9）。

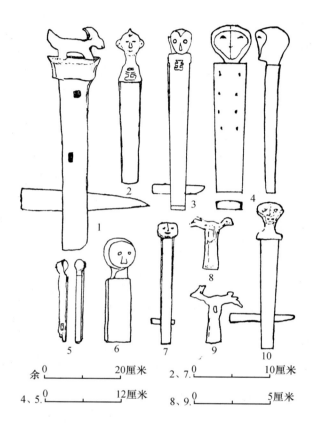

图一

1. 恭城秧家　2. 清远 M1　3. 罗定背夫山　4. 四会高地园
5. 怀集拦马山　6. 象州下那槽　7. 罗定 M1
8、9. 平乐银山岭　10. 四会鸟旦山

由于这些柱形器出在墓中，出土时往往立着，分成前后两对，或者迳如肇庆北岭松山战国墓那样"宛如车舆部分"，因而被认为是车饰，甚至直呼为车舆上的四条立柱。但是，已有学者指出，在全国各地所发现的众多先秦车饰中都没有类似器形，很难确指它们位于车上的具体部位；而且，在出土柱形器的墓中还没有见过其他车器。如果有车随葬，当不至于仅有车舆上的这一种饰件。其二，出土柱形器的地方几乎都是山区，道路崎岖，难以供车辆驱驰。岭南地区是越人的聚居地，越人交通长于水运而短于陆行，正所谓"胡人便于马，越人便于舟"（《淮南子·人间训》），越人"习于水斗，便于用舟"，越人地区"限以高山，人迹所绝，车道不通"（《汉书·严助传》）。先秦时期岭南地区还不是车辆的通衢，墓中随葬车饰的机会极少。因此，这种柱形器作为车饰的可能性很少[12]。

有的学者根据柱形器多出于较大的贵族墓中，这些墓葬随葬成套的青铜礼器，认为柱形器夹杂其间，必有礼仪性质，因而认定是"仪仗"用器。把它们撑于竹竿或木柱顶端，用楔子拴牢，执之出巡、作战，以显示权威，是象征着奴隶主的权力和身份的仪仗[13]。但是，这种推断无法解释柱形器上所铸人形何以深目高鼻、黥首贯耳、长颈细胸，有的仅具眼、耳、口、鼻，面目模糊不清，甚至丑陋之态；也无法解释何以每组以四件为限，而且分成前后两对在墓中排列。

由此可见，铜柱形器既不是车饰，也不是出巡仪仗，必然另有用途。其间寓意何在？令人百思不得其解。

二、南丹崖洞葬的启示

南丹在广西北部，是靠近贵州的一个山区县。那里聚居着我国瑶族的一支。这支瑶族的服装有一个显著特点：男子常年穿着用白色土布缝制的、长仅掩膝的扎头裤，因而被称为"白裤瑶"。在白裤瑶聚居的山区里，有不少岩洞瘗放着棺材，是重要的崖洞葬区，其棺材放置形式有两种：洞内低矮，地面较干燥者多用枕棺，棺材直接搁在两条垫木上或几块石头上；洞内高旷，地面潮湿者多用架棺，将棺材搁在特制的棺架上。放在棺架上的棺材一般由盖板、底板、左右侧板和前后挡板等六块整板组成。盖板和底板在内壁的四周开浅槽，侧板在内壁前后两端开浅槽，并作出雀尾，雀尾上凿出榫眼。组装的方法是：先将挡板插入两侧板的浅槽内，与侧板形成一个长方框；将此长方框放入底板四周的浅槽，形成长方盒式的棺身；在棺身之上盖以盖板，盖板内槽正好扣住侧板和挡板上沿；再在两侧板的雀尾榫眼插入拴钉，使六块方板牢固镶合，成为一具盒式棺材。棺架由四根立柱和四条横木构成。根据棺材的高度，在四根立柱的上下方各开一个横向的榫眼，先用两条横木穿过立柱下榫眼，托住棺材底部，再用两条横木穿过立柱上榫眼，夹紧棺材盖板，整个棺架构成前后两个平行的"井"字方框（图二）。

南丹崖洞葬为多次使用的葬具，棺材随时可以打开再放尸体。因此，棺架是活动的。棺架的四条立柱顶部多有装饰，最常见的是牛角形，其次是人头形（图三）。这种装饰，有的直接在棺架立柱的上端用刀斧砍削而成，有的则单独制作好后再装于木柱之上。

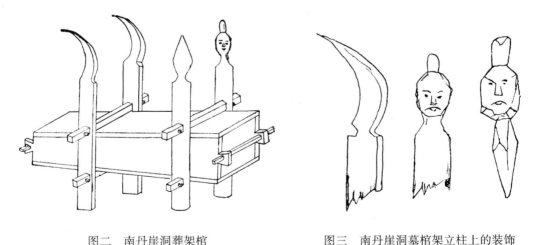

图二　南丹崖洞葬架棺　　　　　图三　南丹崖洞墓棺架立柱上的装饰

一副棺架的四根立柱，一般只有一根或二根有柱头装饰，个别的三根有柱头装饰，也有四根柱头都有装饰的。同一副棺架所做的柱头装饰有的是同一种，有的则是两种，情况也各有不同。在怀里村花桥屯西南白台山洞里的一副棺架，有三根立柱饰牛角，另一根立柱则饰人头像。这些装饰都是直接从立柱上端砍削出来的，牛角削成水牛角形，弯如弦月，比较壮实；人头像凿出眼、鼻、口等器官，头顶上削出高髻，颈部细长，制作比较粗疏。南丹县志办公室收藏一件从里湖采集回来的棺架人头像，全长 40 厘米，面部凿出眼、鼻、口等器官，头顶也削有发髻，髻高 10 厘米，面部和发髻根部都涂朱色，长颈，颈下部修削成锥形，可以插入立柱之上（图三，左3）。

南丹崖洞葬的棺架立柱上为什么设有这种装饰呢？询之当地老者，已经不甚明了。由于该地区在近代实行土葬，崖洞葬的习俗已经失传，对棺架上的装饰无法作出正确的解释。我们估计，棺架上饰牛角可能同当地民族盛行为死者砍牛祭丧的习俗有关。白裤瑶族现在实行土葬，对正常死亡的人要为之砍牛送葬。一般一次砍一头牛或二头牛，最多的砍七八头牛，所砍的牛都是健壮的水牛。安葬死者以后，要在坟前竖立木柱，将所砍的牛的角成对地嵌在木柱上，砍多少头牛，就嵌多少对牛角，用牛角的多少，表示死者生前的贵贱和富贫（图四）。在古代社会，牛是许多民族的财富象征。不少民族在杀牛祭祀之后，把牛头、牛角保存下来，作为财富的标志。坟前立柱嵌牛角之俗可能源于崖洞葬时棺架立柱上饰牛角之制。

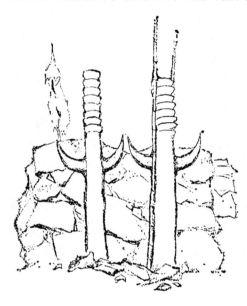

图四　南丹白裤瑶现代坟

有人根据现代南丹白裤瑶族土葬时，独子或无嗣的人在坟前竖立一块像人头的石块作为标志，认为崖洞葬棺架立柱上饰人头也是独子或无嗣之人的标志[14]。我认为这是一种误解。因为，同样的道理很难解释有的棺架立柱上何以饰牛角？我的意见，同棺架立柱上的牛角与砍牛祭丧有关相类似，棺架立柱上饰人头，应与猎头祭丧的习俗有关。我国古代许多民族都曾流行过猎头的习俗，他们出于血缘复仇，或祈求人畜兴旺、五谷丰登的祭祀需要，到邻近村寨去猎取人头是常有的事。猎头以祭丧是比杀牛祭丧更为隆重的丧礼。棺架立柱上的人头不是死者自己的化身，而是为祭丧而猎取人头的纪念物。我们看到的人头像大都有高高的发髻，应是"椎髻"民族的形象。《汉书·西南夷传》说：西南夷中，"自滇以北，君长以十数，邛都最大，皆椎髻，耕田，有邑聚"；宋代周去非《岭外代答》说，在今广西临桂县西北的义宁"桑江寨徭人，椎髻临额"；清代陆次云《峒谿纤志》说："苗则椎髻当前。"从这些文献来看，我国西南在历史上有不少民族梳高髻，近代彝族的所谓"天菩萨"发髻更加类似这种人头饰上的高髻。为死者祭丧猎取人头的对象应是这种"椎髻"民族。

三、柱形器是棺架柱头饰

一种器物的用途，大都可以从它放在墓中的位置，它与其他器物之间的相对关系，以及它本身的形制来判断。铜柱形器的用途，也应从这几个方面去考察。

在岭南地区出土铜柱形器的墓葬都是比较大型的，墓室规模大，随葬器物也比较丰富。如肇庆松山战国墓是一座大型竖穴木椁墓，墓坑长8米，宽4.7米，墓内有木棺木椁，随葬品多达139件，青铜器占28%，铜柱形器出土时是立着的，把四件的位置连成一片，正好成一个长方形，其他随葬品都在这个长方框之内。四会鸟旦山战国墓原报告认为前室没有随葬品，在西壁有木椁痕迹，其实并非如此，据后来清理的罗定背夫山战国墓的情况看，鸟旦山的"前室"不是墓室范围，原来误判，只有"后室"才是真正的墓室[15]。这座墓的四件铜柱形器分立于墓室四角，将四角连接则呈菱形，人首面面相对，其他器物大部分都在这四条边线范围之内（图五）。罗定一号墓长4米，宽2米，随葬器物138件，除一件陶瓿之外，其余全是青铜器；罗定背夫山战国墓也长4米，宽2米，随葬器物116件，其中青铜器98件，随葬器物在墓坑内呈纵向排列，柱形器分两对竖立于墓坑前后两端。清远马头岗一号墓形制虽已不明，但四件柱形器分前后二对出土还是清楚的。由此可见，铜柱形器应同棺椁结构有关，它们出土的位置在棺的两侧，同南丹崖洞葬的棺架相比，正好与棺架的前后立柱的位置相合。

从器物形制来看，铜柱形器除了上端人首、兽首或禽首之外，器身呈柱形，有空心和实心两种。清远一号墓、肇庆松山墓、四会高地园一号墓的柱形器柱体都是空心的，可供别的构件插入。肇庆松山墓铜柱形器柱身内积满灰白色朽木，罗定背夫山墓一件铜柱形器身内也有朽木，更证实原是套在木柱上的。四会鸟旦山战国墓出土的一套铜柱形器器体是实心的，上大下小；罗定一号墓的一套铜柱形器也是实心的，上大下小，可以直接插到别的构件上。无论空心的还是实心的，在其下端的侧面都有正方形或长方形穿孔，中间插以长条形楔子。四会鸟旦山战国墓的铜柱形器出土时有两件楔子还插在穿孔中，罗定一号墓的铜柱形器出土时也有插销插在穿孔内。这种立柱加拴销的做法，同南丹崖洞葬活动棺架的做法相似，其实心柱上大下小，可直接插进木柱内，同南丹县志办公室采集的人头像柱头饰更相类似。

从这两方面分析，可以想见，出铜柱形器的墓葬原来是有木棺棺架的，只是木棺及

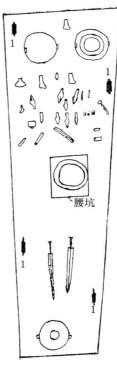

图五　四会鸟旦山
战国墓平面图
1. 柱形器

其棺架已经朽没，只剩下立柱顶上的铜质装饰，无法窥其原貌罢了。

有人会问：崖洞葬用棺架，是因为棺材不入土，把棺材架空起来以防潮。在土坑墓中，棺材放下墓坑以后立即就要填土，放在棺架上和直接放在墓坑底部又有什么区别呢？何必多此一举？关于这个问题，我们不可忽视古代葬俗的某些细节。在先秦两汉墓中，经常发现棺底下有枕木承垫，或在棺底铺石子，这些做法，都是为了散水，当时的人并不以为在墓坑填入泥土以后，已无多少实际意义，而把它们取消。而且，出土铜柱形器的墓葬可能都有木椁，椁室是一个封闭的空间，墓坑填土并不影响椁室内的陈设，放在椁室内的木棺要是搁在棺架上，自然也就一直保持悬空。这种例子，我们从楚墓中可以看到。湖北江陵楚墓的木棺有三种形式：一是悬底弧棺，二是悬底方棺，三是长方形盒式棺，其中前两种木棺的棺底都是嵌在左右侧板和前后挡板上悬空的，侧板和挡板同时起着支撑木棺脱离地面的棺架作用（图六）。在江陵雨台山，这种悬底棺占已知木棺总数的 99% [16]。由此可见，土坑墓设棺架也不是不可能的。只是各地、各民族的文化传统不同，棺架的形式也就有所差异。墓中的设施是仿人间居室的，棺材就是生人卧息之处的缩影，南方多雨，地面潮湿，居室多干栏建筑，入睡之处或可悬空，以致棺有此设。

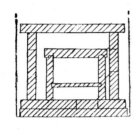

图六　江陵楚墓棺椁横剖面图
（转载自《江汉考古》1980：2，陈耀钧：《试论江陵楚墓的特点》）
上：雨台山 M89　下：雨台山 M159

铜柱形器既是棺架上的柱头饰，它们的用意又是什么呢？关于这个问题，我们先看人头的形象。前面已经讲过，铜柱形器上端的人头铸作都很简陋，眼、耳、口、鼻仅具其形，并不是艺术品。我们认为，棺架立柱上装饰人头，不是出于欣赏的目的，而有更深的含义，那就是猎头之俗的记录。岭南地区是越人的故地。越人是有猎头食人的风气的。《墨子·鲁问》曰："楚之南，有啖人之国。"啖者，吃也。《楚辞·招魂》也说："魂兮归来，南方不可止些，雕题黑齿，得人肉以祀，以其骨为醢些。"从地望观之，楚国之南，即是岭南百越之地。可见，春秋战国时期，岭南地区是盛行猎头食人之风的。根据《南州异物志》等书的记载，到汉晋时期，生活在岭南的乌浒人还有猎头食人之习。《太平寰宇记》卷一六七钦州风俗条也说："僚子专欲吃人，得一人头，即得多妇。"乌浒和僚都是百越后裔，这种习俗是一脉相承的。"越人俗信鬼"（《史记·孝武本纪》），对死者进行祭祀要用猎获的人头。而用人头祭祀的永久化，就是用铜铸成祭祀人首插在棺架的立柱上。清远马头岗一号墓所饰人头为圆脸，深目，闭口，宽鼻，大耳有贯孔，额上刻有符号，颅顶起脊如发髻；象州下那槽柱形器所饰人头，颅顶圆弧，脑后也垂有小辫，两边有小耳，面部呈椭圆，眼眶下陷，有鼻有口；罗定一号墓的人头是方头方脸，突鼻，眼、口凹陷，无耳；罗定背夫山的人头为圆眼高鼻，眼用小圆圈凸出，中间凹陷；四会鸟旦山、四会高地园所出柱形器的人头都是颅顶宽，眼深凹，吻突出。《淮南子·原道训》说："九疑之南，陆事寡而水事众，于是民人被发纹身，以象鳞虫。"高诱注曰："被，翦也；纹身，刻划其体，内默其中，……"以上人头像头顶仅有小髻或无发饰，正是"被发"之状。清远一号墓的人头像额上刻有符号，正是"雕题"之作。以上柱形器所塑造的人物形象都是越人的形象，而且是越人中那些发育不正常者的形象，其地位之低下是可以想见的[17]。先秦时期的越人内部经常发生战争，直到汉代，"好相攻击"之俗仍未终止（《汉书·高帝纪》）。他们攻击的目的就是互相掠夺对方的财富和生口，猎头应是其中的重要内容。

铜柱形器除了饰人首的以外，也有饰巨兽和巨禽的。恭城秧家春秋墓的二件柱形器，顶端所饰并非人首，而是一座小屋，屋顶站立一只独角巨兽；平乐银山岭战国墓出土的柱形器顶端所饰有的是巨兽，有的是巨禽。这种巨兽、巨禽，也是祭祀死者的牺牲。棺架立柱顶上饰巨兽、巨禽，如同南丹白裤瑶族为死者砍牛祭丧之后在坟前立木柱嵌置牛角一样，也是族人在以巨兽、巨禽作牺牲为死者送葬祭祀之后留在棺架立柱上的象征物。

注　　释

［1］　广西壮族自治区博物馆：《近年来广西出土的先秦青铜器》，《考古》1984 年 9 期。

［2］　广东省文物管理委员会：《广东清远发现周代青铜器》，《考古》1963 年 2 期。

［3］　广东省博物馆等：《广东肇庆市北岭松山古墓发掘简报》，《文物》1974 年 11 期。

［4］　广东省博物馆：《广东四会鸟旦山战国墓》，《考古》1975 年 2 期。

［5］　何纪生：《广东发现的几座东周墓葬》，《考古》1985 年 4 期。

［6］　同［5］。

［7］　广东省博物馆：《广东罗定出土一批战国青铜器》，《考古》1983 年 1 期。

［8］　广东省博物馆等：《广东罗定背夫山战国墓》，《考古》1986 年 3 期。

［9］　同［1］。

［10］　广西壮族自治区博物馆：《广西恭城县出土的青铜器》，《考古》1973 年 1 期。

［11］　广西壮族自治区文物工作队：《平乐银山岭战国墓》，《考古学报》1978 年 2 期。

［12］　何纪生：《略论广东东周时期的青铜文化及其与几何印纹陶的关系》，《文物集刊·3》，文物出版社，1981 年。

［13］　同［12］。

［14］　张一民、何英德、玉时阶：《南丹县里湖瑶族公社岩洞葬调查及初步探讨》，《广西师范大学学报》1983 年 3 期。

［15］　邱立诚：《广东东周时期青铜器墓葬制刍议》，《广东出土先秦文物》，香港中文大学文物馆，1984 年，87 页。

［16］　陈耀钧：《试论江陵楚墓的特点》，《江汉考古》1980 年 2 期

［17］　徐恒彬：《广东青铜时代概论》，《广东出土先秦文物》，香港中文大学文物馆，1984 年 55 页。

（原载于《考古》1987 年 8 期）

羊角钮铜钟初论

羊角钮铜钟是一种古老而极富地方特色的民族乐器。就目前所知，这种铜钟只发现于我国的云南、广西、广东和越南的北部，是岭南青铜文化中一种有代表性的器物。全身用青铜铸造，两侧留有合范痕迹；形状像半截橄榄或半个椭圆体，上小下大，中空，内壁光洁，底边平直，横截面也呈橄榄形；顶部有竖长方形透穿孔，顶端歧出两片羊角形錾钮。这种外形，同中原地区流行的各类铜钟的区别一望可知。原名叫什么，文献失考，我国历代金石图录都未见著录。在现代一些论著中，有人称之为铜铎，有人称之为铜铃，也有人称之为编钟。根据钟钮的奇特，我们姑从俗称，把它叫作羊角钮钟。

现就各地零星发现的羊角钮钟做一简略介绍，并就此探讨其年代、分布地域和族属等问题，提供南方民族史研究者参考。不当之处，请批评指正。

一、发 现 概 况

羊角钮钟因未见于金石著录，历史上的发现情况尚不清楚。但它既然在考古遗址中多次出土，估计以往也是有流传和发现的，只是因为仅见于我国南方地区，很少为中原士人所知，才没有被记录下来。

20 世纪 20 年代以来，零星发现并被记录下来的有十处二十七件。按发现（或报道）的时间先后，列表如下：

发现时间	发现地点	件数	资料来源
1927 年	越南河北北江	2	见注 [1]
1932 年	越南北部	2	见注 [1]
1933 年以前	广东广州	1	见注 [2]
1941 年	越南兴安	4	见注 [1]
1956 年	云南晋宁石寨山	1	见注 [5]
1972 年	广西西林普驮屯	2	见注 [7]
1974 年 8 月	广西浦北大岭脚	4	见注 [8]
1975 年 5 月	云南楚雄万家坝	6	见注 [3]
1976 年	广西容县龙井批	4	见注 [9]
1976 年 9 月	广西贵县罗泊湾	1	见注 [6]

据黎文兰等《越南青铜文化的第一批遗址》一书所载，1927 年在越南河北省的北江发现两件，高 22.5 厘米，收藏于河内历史博物馆。1932 年在越南北部又发现两件，具体地点已失考。其中一件高 22.8 厘米，已下落不明；另一件高 23 厘米，底径横长

14、纵宽9厘米，孔高4、宽1.8厘米，钟身两面各饰两只长喙长尾的翔鹭纹，内壁光滑，无铃铛（图一，1），也藏河内历史博物馆。1941年在越南兴安省发现四件，当时套在一起，外表均无纹饰，高22厘米和24厘米。越南学者把这种铜钟称为象铃，推测是挂在象颈上的[1]。

图一 羊角钮钟

1. 越南北部钟（采自《越南青铜器时代的第一批遗址》） 2. 广州钟（采自《古代越族考》） 3. 楚雄万家坝钟（1/9）（采自《文物》1978年第10期） 4. 晋宁石寨山钟（1/9）（采自《云南晋宁石寨山古墓群发掘报告》）

在我国，最早见于报道的是1933年以前在广州出土的一件。罗香林在《古代越族考》一文中称它为铜铎，附了一份插图，记述其高为六寸许（即19.2厘米左右），其形状扁如木铎。但从插图来看，就是一件羊角钮钟（图一，2）。此件以后下落不明[2]。

云南楚雄万家坝六件出于一号墓西端的腰坑内，与一件铜鼓、一件铜釜放在一起，伴出的还有大量青铜生产工具、生活用具和兵器[3]。这六件羊角钮钟素面无纹，大小依次递减，最大的一件高21.6厘米，底径横长13.5、纵宽11.3厘米，最小的一件（M1:13-F）高15厘米，底径横长9.5、纵宽8.2厘米（图一，3）[4]。现藏云南省博物馆。

1956年在云南晋宁石寨山发掘的六号墓中也出土羊角钮钟一件。原报告称为大铜铃。从图版叁和插图四可以看出，它与六件半环钮直筒形的铜编钟放置在一起，其尺寸大小不明（图一，4）[5]。

广西贵县罗泊湾一件出于一号墓木椁底下的器物坑内，与两件铜鼓、两件半环钮直筒形编钟和其他青铜器放在一起[6]。这件羊角钮钟（M1:37）高19厘米，底径横长14、纵宽8.1厘米，正面铸有人面纹，人面的眼、鼻、口都隐约可见（图二，1）。现藏广西壮族自治区博物馆。

1972年在广西西林县八达公社普合大队普驮屯一座用铜鼓做葬具的汉墓中也出土两件羊角钮钟[7]。两件形状相同，大小相若，通高28厘米，底径横长17.6、纵宽12.7厘米，素面无纹，在绿锈之上可以看到多处黏贴鸟羽的痕迹（图二，2）。现藏广西壮族自治区博物馆。

1974年在广西浦北县官垌公社平石大队大岭脚村后背岭，农民挖出四件羊角钮钟，是否有其他器物伴出，情况不明。四件大小相似，通高25厘米，底径横长15.2、纵宽9.7厘米，下部有一周菱形雷纹图案（图二，3）。现藏浦北县文化馆[8]。

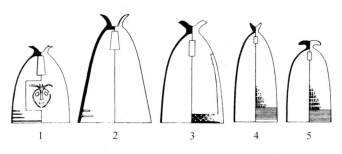

图二　羊角钮钟

1. 贵县罗泊湾钟　2. 西林普驮屯钟　3. 浦北大岭脚钟　4、5. 容县龙井坭钟（均 1/9）

1976 年在广西容县六王公社龙井坭也出土四件，出土情况也不明。这四件羊角钮钟的形状和大小略有差异，钟身显得修长，上端起圆弧。其中一件（容·龙 1 号）钟顶端钮饰为倒八字形，通高 22.8 厘米；其余三件顶端的两片錾钮横拉成一字形，通高 20.4～20.5 厘米。四件钟的面部皆饰 S 形云纹，下端饰密集的弦纹（图二，4、5）。现藏容县文物管理所[9]。

以上二十七件，形体最大的是西林普驮屯钟，最小的是楚雄万家坝 M1：13-F 钟，一般通高在 20～24 厘米之间。这样大小似适于手持。

二、年 代 推 断

这些铜钟，从质料、形制、纹饰来看，都有比较明显的时代特色。其中有四组十一件出于墓葬，有大量的共存物可作年代推断的参考。因此，判定它们的相对年代并不困难。

云南楚雄万家坝六件，都出在一号墓的腰坑内。该墓经 ^{14}C 测定，入葬的年代是距今 2350 年±85 年，即公元前 400 年±85 年，相当于战国初期。

广西西林普驮屯两件形制与万家坝的近似，除了地域上接近的因素以外，时代也不会相距太远。西林铜鼓葬根据铜鼓形制和其他随葬品的特征，时代定为西汉前期，铜钟的年代可能还要早一些。

贵县罗泊湾铜钟稍矮胖，似有较晚的特征，但该墓的下葬年代推断为西汉初期，铜钟的年代也应相当。

晋宁石寨山一件出在一座大墓中，这座墓随葬器物极为丰富，其中有一枚"滇王之印"金印。按《史记·西南夷传》记载，汉武帝元封二年（公元前 109 年）滇王尝羌降于汉，汉"赐滇王印，复长其民"。"滇王之印"出土，印证了《史记》、《汉书》、《后汉书》关于滇国史事的记载，墓主人可能是西汉时的一代滇王。自汉武帝以后，滇王的事不再见于文献。由此可以推断这座墓下葬的年代当在西汉中期。这是目前所知时代最晚的一件羊角钮钟。可惜未见图像发表，形制尚不十分清楚。

至于越南北部、广西浦北大岭脚及容县龙井坭的几件钟，虽不知是否也出自墓葬，但它们有纹饰，可从这类纹饰在当地流行的时代去推知它们的相对年代。

越南北部钟的形制与楚雄万家坝、西林普驮屯的钟相似，不同的是，越南北部钟的钟身两面都饰两只翔鹭。这种翔鹭纹是石寨山型铜鼓面上最常见的主体纹饰之一。据研究铜鼓的学者比较一致的意见，饰翔鹭纹的铜鼓的时代也正是战国晚期至西汉中期[10]。

浦北大岭脚铜钟面部所饰菱形雷纹则常见于北流型铜鼓上，时代当是汉代[11]。容县龙井坉铜钟面部所饰云纹，也常见于北流型铜鼓上，而且特别同岑溪五铢钱纹铜鼓上的云纹相近，估计时代也是西汉。

由此可见，羊角钮钟流行的时代当在战国至西汉，即公元前五世纪至公元前一世纪。

三、分布地域及族属

羊角钮钟的分布地域东到广州，南到越南的兴安，西到云南楚雄，主要是在西江流域和红河流域。西江以北、红河下游平原以南都尚未发现（图三）。

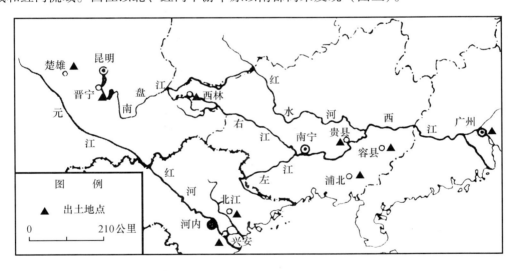

图三 羊角钮铜钟分布示意图

这个分布地域跨石寨山型铜鼓和北流型铜鼓的分布区，正是古代铜鼓分布的中心地带。从羊角钮钟多与铜鼓伴出、有的纹饰又与铜鼓上的纹饰相同的情况来看，羊角钮钟与铜鼓的关系无疑是至为密切的。还应该看到，在两个不同类型铜鼓分布区域之内，羊角钮钟的纹饰也各有其不同之处，如在石寨山型（东山型）铜鼓分布区域内发现的越南北部钟的纹饰是石寨山型铜鼓上常见的翔鹭纹，在北流型铜鼓分布区域内出土的浦北大岭脚钟和容县龙井坉钟的纹饰则是北流型铜鼓上最常见的雷纹和云纹。这种现象，除了说明它们与当地铜鼓纹饰的一致性，证明铜鼓和铜钟都是当地铸造的以外，同时也说明羊角钮钟之间还有一定的地区性差别。

我国学者就古代铜鼓的发祥地已取得了比较一致的看法，大都倾向于我国云南中部偏西地区，指出楚雄万家坝出土的铜鼓是目前所知最原始的铜鼓。嗣后，铜鼓东传到滇池地区，在滇池地区得到发展并趋于成熟，然后再沿着巨川大河向南、东、北呈扇形方向传播开来[12]。看来，羊角钮钟的发展情况也有些类似。就目前所知，年代最早的也发现于楚雄万家坝，并且同原始形态的铜鼓伴出；然后才见于越南北部和两广地区，而且也有同发展成熟了的石寨山型铜鼓伴出的现象，如晋宁石寨山、西林普驮屯、贵县罗泊湾所见。因此，羊角钮钟也可能是伴随着铜鼓沿红河南下到红河三角洲，沿南盘江东下到西江流域的。但由于目前发现羊角钮钟的实物尚少，对它的原始形态、它的变化规律，尚无法推知，滇西也许还不是它的原生地，但它和铜鼓一起从滇西往红河和西江流域传开则是可以肯定的。由此可见，铜鼓和羊角钮钟可以说是一对孪生子。可惜羊角钮钟远没有铜鼓那么强的生命力，自西汉以后，可能被其他乐器所代替而趋于消失，不复再见了；铜鼓却不然，恰恰在这期间被某些民族视为权力重器，获得了空前的发展，并在此基础上向更为广阔的地域传播，以致延续了两千多年。所以，羊角钮钟的分布地域只相当于铜鼓至西汉为止的分布地域；在西汉以后出现铜鼓的地区，如除越南以外的东南亚其他国家和地区，就没有羊角钮钟的发现。

关于铸造和使用羊角钮钟的民族成分，应当与早期铜鼓相同。战国时代生活在楚雄附近的居民是百濮群中的靡莫族，而晋宁石寨山六号墓的主人是一代滇王，西林普驮屯铜鼓葬的主人是句町族首领。滇和句町也都是百濮族群中的一支，他们彼此间的关系当然是很密切的。这个时候，生活在广西南部和越南北部的则是百越族群中的骆越人。按照某些学者的论断，濮就是越[13]。滇、句町与骆越毗邻，习俗相通，他们除了共同使用铜鼓之外，也共同使用羊角钮钟，当是很自然的。所以，羊角钮钟可以视为岭南越族的一种特殊乐器。

绘　图：罗坤馨

注　释

[1]　黎文兰、范文陆、阮灵：《越南青铜时代的第一批遗址》，越南科学出版社，1963 年，186 ~ 187 页。原称"象铃"，梁志明译。

[2]　罗香林：《古代越族考》，《文史学研究所月刊》第 1 卷第 3 期，国立中山大学，1933 年，98 页。原称"铜铎"。

[3]　云南省博物馆、四川大学历史系考古专业七四级学员：《云南楚雄万家坝古墓群发掘简报》，《文物》1978 年 10 期。

[4]　数据承云南省博物馆李昆声、黄德荣同志见告。

[5]　云南省博物馆：《云南晋宁石寨山古墓群发掘报告》，文物出版社，1959 年，图版叁、图四。原称"大铜铃"。

[6]　广西壮族自治区文物工作队：《广西贵县罗泊湾一号墓发掘简报》，《文物》1978 年 9 期。

[7]　广西壮族自治区文物工作队：《广西西林县普驮铜鼓墓葬》，《文物》1978 年 9 期。

［8］ 广西浦北县文化馆资料。

［9］ 广西容县文物管理所资料，封绍柱同志提供。

［10］ 广西壮族自治区博物馆：《古代铜鼓学术讨论会纪要》，《文物》1980 年 9 期。

［11］ 关于北流型铜鼓年代详见拙稿《粤式铜鼓的初步研究》，载《古代铜鼓学术讨论会论文集》，文物出版社，1982 年。

［12］ 同 ［10］。

［13］ 江应梁：《百越族属研究》，《西南民族历史研究集刊》第一集，云南大学边疆民族历史研究所，1980 年。

（原载于《文物》1984 年 5 期）

羊角钮铜钟补述

羊角钮铜钟是战国至西汉时期流行于我国南方和越南北部一些民族地区的一种特殊的打击乐器。1981 年我曾写过《羊角钮铜钟初论》一文（以下简称《初论》），就它的发现情况，流行年代，分布地域及使用民族等问题，做了初步探讨[1]。当时因受资料限制，论述尚欠深入。近年来，各地又有一些羊角钮钟发现，一些研究声学和音乐的学者，也开始注意羊角钮钟的研究，提出了不少新的见解。这些给我很多启发，觉得有必要做一补述，借此机会对羊角钮钟的分布地域和使用民族做些订正，并补充讨论它的音乐性能和使用方法等问题，作为《初论》未尽之意的"续篇"。

原知羊角钮钟只有 27 件，《初论》列有简表。近年来新发现羊角钮钟 13 件，它们是，广西浦北县 5 件、柳州 1 件、恭城县 1 件；贵州安龙县 1 件；湖南衡阳、长沙 5 件。

广西浦北县是目前所知发现羊角钮钟最多的地方，除 1974 年出土的 4 件之外，1984 年从该县印刷厂仓库拣选出 2 件，1986 年在该县福旺乡六寨利竹菹村后背岭出土 3 件，前后相加共 9 件。从县印刷厂仓库拣选的 2 件虽然并未查实具体出土地点，但出自该县境内是不成问题的，其中 1 件通高 26.6、底宽 16.4 厘米，正背两面均阴刻人物巨兽图像，其图像与左江流域崖壁画上的图像相似（图一）；另 1 件已残。六寨出土的 3 件已有 2 件散失，另 1 件现藏浦北县博物馆，通高 19.2、底宽 12.2 厘米[2]。广西柳州市博物馆 1982 年 2 月从柳州地区土产公司五里卡仓库拣选出 1 件，通高 21、底宽 14 厘米（图二）[3]。广西恭城县莲花瑶族乡东寨村农民刘厚藏在自己的菜园中挖出羊角钮钟 1 件，通高 24.5、底宽 13.7 厘米[4]。贵州省原来没有发现过羊角钮钟，1984 年在其西南的安龙布依族苗族自治县化力区停西乡木科出土 1 件，通高 37、底宽 21 厘米，是迄今为止已知羊角钮钟中最大的一件[5]（图三）。据熊传新、吴铭生《湖南古代越族青铜器概论》一文所载，在湖南衡阳、长沙也曾出土过 5 件羊角钮钟，通高 19.1～21.2 厘米[6]。

我在《初论》中提到广州的那件羊角钮钟，原以为"下落不明"。1985 年冬，中国艺术研究院音乐研究所吴钊到广州测试南越文王墓青铜乐器时查到了它的下落，知其现藏广州市博物馆，通高 24.5 厘米，形制与广西浦北大岭脚羊角钮钟和贵县罗泊湾汉墓羊角钮钟相似（图四），铜质甚好，可发出 G_4、B_4 二音[7]。

《初论》把羊角钮钟的分布地域推定为："东到广州，南到越南的兴安，西到云南楚雄，主要是在西江流域和红河流域。"当时西江以北、红河下游平原以南尚未发现羊角钮钟。现在看来，这个推论应当修正。由于上述新的发现，羊角钮钟的分布范围已明

图一　浦北印刷厂钟（前）

图二　柳州钟

图三　安龙钟

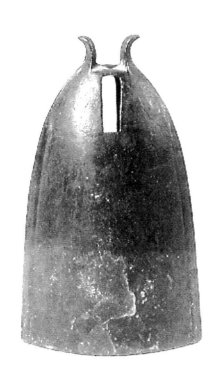

图四　广州钟

显向北伸展了。贵州安龙在西江主源南盘江以北。柳州拣选的羊角钮钟虽不明具体出土地点，但从柳州地区土产公司废旧杂铜的来源绝大多数是本地区各县的情况看，也应是西江主流以北地区，在这个地区的来宾、武宣、象州、柳江、鹿寨等县是出土过战国至汉代青铜器的。恭城在桂江的上源，离西江干流北去 150 公里。虽然这些地点还在西江流域，但已比《初论》时掌握的分布地域大大向北伸展了。至于湖南衡阳、长沙，则已越过五岭山脉，进入长江水系的湘江流域，向北伸展的范围更大了。因此，说西江以北尚未发现羊角钮钟已经不是事实。

另外，应该说明，广州那件羊角钮钟具体来源不明，不一定出土于广州。至今为止，整个广东省范围都未发现羊角钮钟。西汉南越文王墓出土乐器甚多，包括成编的青铜甬钟、钮钟、铙、句镶和石磬，就是不见羊角钮钟。这大概不是偶然的。作为一种文化现象，羊角钮钟也许和石寨山型铜鼓一样，被阻于云开大山以西，没有再往东传。

尽管如此，羊角钮钟的出土地区在地理上还是连成一片的，它包括越南北部、云南、贵州、广西、湖南南部。总的趋势并未改变原来的论断。正确的结论应该是：羊角钮钟的分布地域，除了红河流域、西江流域之外，还应加上湘江流域。

这种分布地域的扩展也不影响原来对其族属的推断。其西部地区主要是百濮系统的靡莫、滇和句町，南部地区是百越系统的骆越。贵州安龙隔南盘江与广西隆林相望，离西林很近，属石寨山型铜鼓分布区，战国至汉代生活在当地居民应属句町或与句町紧邻的夜郎。西江干流以北的广大地区（包括柳州、恭城），战国时期属百越系统的西瓯[8]。湖南湘江流域也属百越范围，《史记·货殖列传》所谓"九疑、苍梧……而扬越多焉"，指的就是这一带。该地区至战国时期为楚人所控制，保留越文化的东西仍较多，羊角钮钟就是其中之一。羊角钮钟和铜鼓一起，由云南楚雄地区的濮人最早铸造和使用，然后传至滇池地区发展成熟，再传至百越地区，为岭南越人所接受。因此，羊角钮钟应是濮越文化交流融合的产物。

羊角钮钟的演奏方式，《初论》中没有谈。羊角钮钟是在汉代就消失了的，没有流传下来，它的演奏方式不可能从现代民族学中去寻找；但由于一些考古资料的积累，可以做出科学的推测。从目前所掌握的这 16 批羊角钮钟出土情况看，其数量多少不一，最少的 1 件，最多的 6 件，一般是 2～4 件。但其中有一半以上不是考古发掘品，它们在出土后，经过多次辗转，才到达考古工作者手中，有的在进入科学记录之前已有所散失，记录下来的不是原来的组合。如广西浦北县六寨利竹㙟村出土的羊角钮钟，是该村农民郭润光在开沟种木薯时发现的，考古工作者在事后一个月才知道，到赶赴现场考察时，已有 2 件被其孙子作废杂铜卖掉了，剩下的 1 件当然不能反映原来的组合[9]。从墓中出土的羊角钮钟来看，单件的羊角钮钟还常与铜鼓或半环钮直筒形铜钟等乐器伴出。

同一组羊角钮钟往往形体大小有差，音频高低有别，可推知它们是成编演奏的，应归在编钟之列。

《初论》根据钟体的大小，认为羊角钮钟"似适于手持"，这个推论也是不对的。从羊角钮钟的形体结构来看，顶端有两只羊角形銎钮，应是供悬挂的。羊角钮钟应是悬而击之的乐器。但至今尚未发现悬挂的实物。其悬挂方式，可从左江崖壁画的图像中得到一些说明。

左江崖壁画是分布于广西西南部沿左江及其支流两岸悬崖峭壁上的巨幅画像群，它是战国至汉代活跃在左江流域的骆越人祭祀活动的遗迹。在花山第一处第五组的崖壁画中有两件并排的羊角钮钟图像，在花山第一处第六组崖壁画中有1件单独的羊角钟图像。这两处都没见到羊角钮钟的悬挂形象。宁明高山第一地点第五处，则有羊角钮钟悬挂的形象：4件羊角钮钟分两层悬挂于一个呈"卡"形的钟架上（图五）；花山第一处第八组也有一钟架，在上下两层横杠的两端也各垂直悬挂一件羊角钮钟[10]。

图五 左江崖壁画上的钟架图

从这些图像可以看到，羊角钮钟在演奏时是每4件为一编的，分上下两层垂直悬挂在固定的钟架上。广西浦北大岭脚、容县六王龙井土化和越南兴安，其羊角钮钟都是4件成组出土的，与左江崖壁画中钟架悬挂的羊角钮钟数目相合。

1988年春，广西民族学院庞缵武、李世红对浦北县博物馆收藏的6件羊角钮钟进行了录音和声谱测定[11]，测得的数据如下（表一）：

其中1~4号钟是在浦北大岭脚同一地点出土的，应是一编。如按各钟发声基频从低到高进行排列，其顺序应是4、2、1、3。这时，它们之间的音程关系如下（表二）：

表一　浦北羊角钮钟声谱参数表（音分起点为C）

编　号	音　位	频率 Hz	基频音名	音分值 Cent	声级分贝
1	正鼓音	387	$g^1 - 5$	5477	86
	侧鼓音	505	$b^1 + 11$	5938	
2	正鼓音	340	$f^1 - 9$	5253	72
	侧鼓音	409	$g^1 + 17$	5573	
3	正鼓音	457	$a^1 + 17$	5765	72
	侧鼓音	480	$b^1 - 19$	5850	
4	正鼓音	218	$a - 2$	4484	74
	侧鼓音	531	$C^{11} + 8$	6025	
5	正鼓音	313	$e^1 - 16$	5110	74
	侧鼓音	385	$g^1 - 7$	5468	
6	正鼓音	385	$g^1 - 7$	5468	70
	侧鼓音	431	$a^1 - 9$	5664	

表二　浦北大岭脚羊角钮钟（正鼓音）音程关系表

钟号	基频 Hz	频率比	音分值	音分差
4	218	1. 56	4484	769
2	340		5253	
1	387	1. 14	5447	224
3	457	1. 18	5765	288

　　根据演奏乐器的一般习惯和左江崖壁画揭示的悬挂图像，浦北大岭脚的 4 件羊角钮钟悬挂排列的次序应为：1 号、3 号挂上层，4 号、2 号挂下层。由于 4 号、3 号二钟发声的基频相差大于一个倍频，2 号、1 号、3 号三钟发声基频分别接近纯律的 f^1（348. 85Hz）、g^1（331. 50Hz）、a^1（435. 95 Hz）组成的音阶，而且敲击各钟不同的位置，发声还有变化，因此，这套羊角钮钟可以演奏不少曲调。

　　羊角钮钟除了自身成编之外，还与其他打击乐器杂凑成编或合奏。最常见的青铜乐器是铜鼓和半环钮铜钟，这从它们出土时与羊角钮钟的共存关系和音乐性能上的和谐可以得到说明。

　　羊角钮钟与铜鼓原是一对孪生子，常常伴出。如云南楚雄万家坝一号墓。这座墓随葬 6 件羊角钮钟和 1 面铜鼓，铜鼓放在墓底腰坑正中，羊角钮钟散置于铜鼓一侧。这些钟、鼓显然是墓主人生前使用的一套礼乐器。经测音，第一钟的隧音为 $bB_4 + 23$，右鼓音为 $B_4 + 32$；第四钟的隧音为 $bE_5 + 15$；第五钟的隧音为 $E_5 - 39$；铜鼓的鼓心音为 $E_3 - 9$，鼓边音为 $bE_3 - 18$。从合奏角度观察，它们可以构成如下关系：

	$bB_4 + 23$	$B_4 + 32$	$bE_5 + 15$	$E_5 - 39$
	5823 音分	5932 音分	6315 音分	6361 音分
羊角钮钟	0	109 音分	492 音分	538 音分
		$^{\#}$do	清角	变徵
			$bB_3 - 18$	$E_3 - 9$
			3882 音分	3991 音分
铜　　鼓			459 音分	568 音分
			清角	变徵

铜鼓的两音正好与羊角钮钟首律 bB_4－主音宫在低两个八度的音域内构成纯四度与增四度的音程关系，即鼓边音为清角、鼓心音为变徵。从音程值来说，羊角钮钟的纯四度与纯四度理论值 498 音分相比较，仅差 6 音分，不到一个大微音差（8 音分）。铜鼓的纯四度与羊角钮钟实际上仅低 33 音分，略多于一个最大音差（24 音分）。其增四度则大

致与纯律增四度 590 音分相当（约低一个最大音差）。如果铜鼓以清角（bE）为宫，则其 bO 与 #bO 之间与羊角钮钟 bB 为宫的 do 与 #dO 之间，不仅均相差一个纯律大半音，而且音程值 109 音分也完全相同[12]。

广西西林普驮西汉铜鼓墓葬，2 件羊角钮钟与 4 面铜鼓伴出，也应是羊角钮钟与铜鼓配合演奏的实证。

在广西左江崖壁画中，也可见到羊角钮钟与铜鼓共存的现象。如宁明高山第一地点第六组绘有 1 件羊角钮钟与 1 面侧悬的铜鼓排在一起，高山第一地点第五处在羊角钮钟架下方绘有 2 面铜鼓。

铜鼓发音浑厚、低沉，羊角钮钟发音圆润、清朗，两种青铜打击乐器组合在一起，可以奏出完美和谐的二声部乐曲。

羊角钮钟除了与铜鼓伴出之外，还与半环钮直筒形铜钟伴出。如云南晋宁石寨山六号汉墓，广西贵县罗泊湾一号汉墓。

晋宁石寨山六号汉墓出土有"滇王之印"金印，是西汉时期的滇王墓葬。该墓出土羊角钮钟 1 件、半环钮钟 6 件、铜鼓 1 面。经对羊角钮钟和 2 件半环钮钟测音，结果如下（表三）[13]：

表三　晋宁石寨山 M6 铜钟测音表

钟号	相当平均律音名	频率 Hz	音分值 Cent	音程	两者间音分值差
石甲 M6：125（羊角钮钟）	B_4 +43（隧） D_5 +32（鼓）	506.30 598.29	5943 6232	小三度	259
石甲 M6：116（半环钮钟）	$^\#C_5$ +20（隧） $^\#D_5$ +25（鼓）	560.81 631.30	6120 6325	大二度	205
石甲 M6：118（半环钮钟）	G_4 +12（隧） B_4 +33（鼓）	394.72 503.39	5512 5933	大三度	421

若进行合奏，它们之间的关系大致是：

半环钮钟	G_4 +12	B_4 +33	$^\#C_5$ +20	$^\#D_5$ +25
	5512	5933	6120	6325
	0	421	608	813
	0	421	187	205
	宫	角	变徵	清徵

		B$_4$ +43	D$_5$ +32
羊角钮钟		5943	6232
	0	431	720
	0	431	289
		角	徵

贵县罗泊湾一号汉墓出土羊角钮钟 1 件、半环钮钟 2 件、铜鼓 2 件，还有铜锣 1 件，在殉葬人棺内另有竹笛 1 件。据初步分析，这是以铜编钟和铜鼓为主要乐器的一套钟鼓乐器。这些青铜乐器全部经过测音，结果如下（表四）[14]。

表四　贵县罗泊湾 M1 青铜乐器测音表

器物号	相当平均律音名	频率 Hz	音分值 Cent	音程	两者间音分值差
M1:10 铜鼓（大）	E$_4$ +33（心）	335.97	5233	狭五度	644
	B$_4$ −23（边）	487.37	5877		
M1:11 铜鼓（小）	$^\#$G$_4$ +50（心）	427.47	5650		
M1:35 半环钮钟（大）	$^\#$C$_4$ +10（隧）	278.79	4910	小三度	315
M1:36 半环钮钟（小）	E$_4$ +25（隧）	334.42	5225		
M1:37 羊角钮钟	$^\#$C$_5$ −27（隧）	545.79	6073	小三度	323
	E$_5$ −4（鼓）	657.73	6396		
M1:33 铜锣	B$_3$ +45（心）	253.44			

从测音结果来看，两件半环钮钟每钟各发一音，构成纯律小三度音程关系。羊角钮钟能发二音，音程关系、生律法倾向与 2 件半环钮钟相同，但音域比半环钮钟高一个八度。大铜鼓的声音浑厚洪亮，小铜鼓的声音清脆甜美，羊角钮钟的声音圆润清彻。

若从实际演奏的角度观察，这些钟鼓的关系大致是：

		$^\#$C$_5$ −27	E$_5$ −4
		6073	6396
羊角钮钟			
	0	848	

	$^{\#}C_4 +10$	$E_4 +25$			
半环钮钟	4910	5225			
	−315	0			
		$E_4 +33$	$^{\#}G_4 +50$		
铜　　鼓		5233	5650		
		0	417		
	−316	0	408（三分损益律）	884（纯律）	1200
	6	1	3	6	1

半环钮钟（M1∶36）的隧音 $E_4 +25$ 当为主音——宫，铜鼓（M1∶10）的鼓心音与它相当，相差 8 音分，等于一个大微音差，可视为同律之音。由此构成一个以 E 为宫的羽调式音阶。其中小三度（$^{\#}C_4$—E_4）、大六度（E_4—$^{\#}C_5$）大致倾向纯律，大三度（E_4—$^{\#}G_4$）则倾向三分损益律，主音的高八度 E_5 明显偏低。

由此可见，这些乐器均以 E 为宫，可在同一调高（E 调）上进行合奏。它们既适合演奏以 Sol、do、mi 为骨干音的乐曲，也适于演奏 la、do、mi 为骨干音的乐曲。其中旋律乐器羊角钮钟和半环钮钟以其演奏出的羽、宫两音推测，有可能作为这两类乐曲的骨干音或调式主音而较常用。

从上述钟鼓的发音情况分析，这套乐器可能以竹笛为主奏乐器，奏出主旋律。用羊角钮钟、半环钮钟和铜鼓，奏出音阶骨干音或由不同音程组成的和音进行伴奏。其演奏情形大致是：2 件半环钮钟与铜鼓同时在同一个八度上演奏，半环钮钟分别奏 E 调的 6、1（羽、宫）二音，铜鼓奏同调的 1、3（宫、角）二音，羊角钮钟则在其高八度上奏出 6、1（羽、宫）二音。由此形成和弦，在主旋律之间穿插伴奏，进行烘托。

广西贵县罗泊湾一号汉墓的半环钮钟和铜锣上都刻有"布"字。这"布"字应是"布山"二字的省文。布山是秦和西汉桂林郡的郡治，即今贵县（1989 年改名贵港市）[15]。有"布"字铭文的铜钟和铜锣应是布山本地的乐器，其所发的宫音 E 应代表布山地区的音高标准。同墓所出的羊角钮钟，虽然没有铭文，但所发音高与这些有"布"字铭文的钟、锣的律制完全相合，且相当准确，因而也应属布山本地的乐器。而以"布"字铭文的钟、锣为代表的布山地区律制有可能是春秋战国时期广西越式青铜甬钟律制的继承和发展[16]。

云南楚雄万家坝羊角钮钟则采用一种比较奇特的生律法，其首律$^{\#}A_3 +23$ 恰当楚国律制中的"穆钟"之位。在布山地区以 $A_3 +31$ 为首律的律制中，它实际上就是由基音列上的$^{\#}F$，按三度生律法产生的低一音差列上的$^{\#}A_4$。万家坝羊角钮钟首律的实测值与理论值$^\#A_4 + 23$ 相比，完全相同。可见，即使是比较原始的万家坝羊角钮钟，其音高标准也与楚越文化密切相关[17]。

羊角钮钟与铜鼓所代表的青铜文化的发源地是在云南的楚雄万家坝一带；它的兴起并臻于成熟，显然受楚越青铜文化，特别是越文化的直接影响。万家坝羊角钮钟采用越文化范畴的布山地区律制中的$^\#A_4 + 23$ 作为首律的事实就是证明。

大约至迟在西汉中叶以前，以羊角钮钟和铜鼓为代表的青铜文化，已从楚雄地区传到滇池地区，并以滇池地区为中心向外传播。其中往东的一支，经广西西林、贵州安龙，沿驮娘江——右江而下，分南北两路，一路沿郁江水系进入柳江、桂江，传至贵县、柳州、恭城，北达于湘江流域；一路沿左江传至宁明、浦北。另一支往南，沿红河而下，达于越南北部。它们所到之处，都同当地原有的文化相结合，并在后来消失于这些文化之中。

在羊角钮钟传入岭南之前，岭南地区（主要是广东、广西）是越式甬钟流行的地区[18]，越式甬钟是从湖南湘江流域向岭南地区发展的，其分布地域，西南界只到广西南宁附近，东南界止于广东罗定，向南并未越出两广南境，在雷州半岛、海南岛和中印半岛，都没有出现过甬钟。在地域上，广西桂东南（容县、浦北）、桂中（柳州地区）、桂北（恭城）、湖南湘江流域（衡阳、长沙），羊角钮钟和越式甬钟交错并存；在流行时间上，羊角钮钟比越式甬钟略晚，但在战国时期有段短暂的并世共存。二者在广西境内的传播是相互对流的，越式甬钟由北而南，羊角钮钟由南而北。但是，在已发掘的战国至汉代的墓葬中，尚未发现越式甬钟与羊角钮钟伴出的现象。广东罗定南门峒战国墓、广东肇庆北岭松山战国墓、甚至包括广州象岗西汉南越文王墓，都出越式甬钟而不见羊角钮钟。相反，广西贵县罗泊湾一号汉墓、广西西林普驮西汉铜鼓墓、云南晋宁石寨山西汉滇王墓等，都出羊角钮钟而不见越式甬钟。这种现象绝非偶然，它反映了二者之间的关系是前后交错和替代关系，这同羊角钮钟继承和发展越式甬钟的律制正相吻合。

注　释

［1］　《文物》1984 年 5 期。

［2］　广西浦北县博物馆黄宗业馆长提供。

［3］　此钟现藏柳州市博物馆。

［4］　俸艳：《恭城县东寨出土羊角钮铜钟》，《广西文物》1988 年 1 期。

［5］　宋世坤：《安龙木科出土羊角钟》，《中国考古学年鉴·1985》，文物出版社，1986 年。

［6］　见《中国考古学会第四次年会论文集》，文物出版社，1985 年，157 页。

［7］　吴钊 1985 年 12 月信示。

［8］　蒋廷瑜：《从银山岭战国墓看西瓯》，《考古》1980 年 2 期。

［9］　同［2］。

［10］　覃圣敏、覃彩銮等：《广西左江流域崖壁画考察与研究》，广西民族出版社，1987 年，127 页。

［11］　庞缵武、李世红、龚德纯：《浦北羊角钮钟声学特性》，全国第一次实验室考古学术讨论会论

文，1988 年 5 月打印稿。

[12] 吴钊等：《万家坝、石寨山铜鼓生律法倾向的初步研究》，《中国铜鼓研究会第二次学术讨论会论文集》，文物出版社，1986 年，56～57 页。

[13] 同［12］，63～66 页。

[14] 吴钊：《贵县罗泊湾一号墓青铜乐器音高测定及相关问题》，《广西贵县罗泊湾汉墓》附录二，文物出版社，1988 年。

[15] 蒋廷瑜：《"布山"考》，《广西日报》1980 年 3 月 10 日。

[16] 同［14］。

[17] 同［14］。

[18] 蒋廷瑜：《试论岭南青铜甬钟》，中国考古学会第七次年会论文，1989 年 4 月打印稿。

（原载于《广西民族研究》1989 年 4 期）

补充资料：

云南广南有羊角钮钟，见《中国古代铜鼓研究通讯》第 5 期，1987 年 8 月。

云南新平县漠沙乡版纳坟出土 4 件、西尼沙出土 1 件；1989 年 6 月云南元江县牛街出土 4 件；1990 年 3 月云南西田寿县芦材村出土 1 件，见蒋廷瑜《羊角钮铜钟》，（台北）《故宫文物月刊》2001 年 3 期。

略论岭南青铜甬钟

青铜甬钟是我国商周以来流行的一种打击乐器。它们大小成编，配套使用，和青铜鼎一样，代表着一定的身份等级标准，几乎贯穿了整个奴隶制社会。作为一种物质文化现象，岭南地区也曾流行过青铜甬钟。研究岭南甬钟的特征和其兴衰过程，对探讨岭南古文化是有意义的。

一、岭南甬钟的发现与研究

新中国成立以来，岭南地区不断有青铜甬钟出土，这在有关的考古报告中都有不同程度的描述，有的还发表了照片、线图或纹饰拓本，提供了十分完整的原始资料；有的则仅报道了发现地点，其他资料欠缺（表一）。

表一　岭南甬钟登记表

序号	出土地点	出土时间	类型	时代	资料出处
1~5	清远三坑乡马头岗 M1	1962.2	Ⅱ、Ⅲ	春秋晚期	注 [1]
6~12	清远三坑乡马头岗 M2	1963.10	Ⅱ、Ⅲ	春秋晚期	注 [2]
13~18	肇庆北岭松山 M1	1972.11	Ⅱ	战国晚期	注 [19]
19~24	罗定太平乡南门垌 M1	1977. 冬	Ⅱ	战国早期	注 [18]
25	连平忠信乡彭山		Ⅱ	春秋	注 [5]
26	惠来华湖乡池畔	1979.7		春秋	注 [5]
27~31	广州象岗南越王墓	1983.10		西汉初期	注 [22]
32~37	兴宁新圩大村鬼树窝	1984.3	Ⅱ	战国	注 [24]
38~44	博罗公庄陂头神乡大沥散屋	1984.5	Ⅱ	春秋	注 [23]
45~47	博罗铁场梅村			春秋	注 [5]
48	南宁那洪苏盘村通蒙屯	1949 年前		春秋	注 [8]
49	横县镇龙那旭乡那桑村	1958.4		西周	注 [8]
50	北流	1965		西阁晚期	汽 [13]
51	宾阳芦圩	1970.3	Ⅰ	春秋	注 [8]
52~53	恭城嘉会秧家	1971.11	Ⅱ	春秋晚期	注 [12]
54	贺县里松乡青风村	1972	Ⅰ	战国早期	注 [11]
55	宾阳新宾下河凉水坪	1973.7	Ⅰ	春秋	注 [8]
56	忻城大塘中学后背山	1976.5		西周中期	注 [8]
57	宾阳甘棠韦坡 M1	1977. 秋	Ⅱ	战国	注 [14]

序号	出土地点	出土时间	类型	时代	资料出处
58	宾阳古辣刘村大北庙	1978.8		西周晚期	注 [13]
59~60	宾阳甘棠韦坡 M2	1979. 冬	Ⅱ、Ⅲ	战国	注 [14]
61	横县南乡	1980	Ⅱ	春秋	注 [13]
62	武宣	1981.1	Ⅱ	春秋	注 [40]
63	柳州				注 [40]
64	柳州横山	1985.10		春秋	注 [40]
65	武鸣马头乡元龙坡 M264	1986.2		春秋	注 [39]
66	岑溪	1987.4		西周（？）	注 [40]

岭南甬钟最初并未引起人们注意，且往往将它们作为中原文化传入品加以类比，后来人们逐渐发觉，这些青铜甬钟与中原地区的青铜甬钟有许多不同的地方，它不但不是外来文化因素，而且还是本地文化因素的一个重要组成部分。

1962 年广东清远马头岗出土第一批青铜器时，报告执笔者已注意到其中的五件青铜甬钟"修饰较粗，背面的做法不一致，除枚外，多没有任何装饰，这和常见的钟正背面多有繁缛装饰或者全素的情况是不尽相同的。"同时引用商承祚和容庚的看法，说"这批青铜器多具有南方青铜器的特点，和中原地区所出者有一定区别，但到底在哪里所制，为什么与广东省特有的夔纹、方格印纹硬陶器在同一地点和地层中共出；则有待于进一步的探讨和研究。"[1]

1963 年在上述地点再次发现青铜器后，考古学者仍然感到这里出土的铜钟"正背面修饰不一，枚的数量少，每面仅有十二个而不是十八个，并以大小相近的二件为一套，与各地所见的以三个、四个、七个以上为一套的甬钟和编钟有一定差别"[2]。

1978 年何纪生在《略论广东东周时期的青铜文化及其与几何印纹陶的关系》一文中[3]，已明确指出，广东出土的甬钟是当地铸造的，而从时代序列来看，铸造工艺由粗到精，纹饰逐步统一，可以看出它的发展演变过程。后来，他与何介均合写《古代越族的青铜文化》[4]迳将岭南甬钟称为"越族甬钟"，进行了简单的分类研究。

1984 年，广东省博物馆与香港中文大学文物馆联合举办《广东出土先秦文物展览》，徐恒彬撰《广东青铜器时代概述》逐一论述了广东境内出土的青铜甬钟，并把它们放在各自的铜器群中作了明确的分期研究，把惠来华湖云雷纹甬钟、博罗铁场甬钟、连平忠信甬钟列为广东先秦青铜器第一期的前段，即西周至春秋中期；把清远马头岗一号墓、二号墓和罗定南门洞一号墓出土的甬钟列为第一期后段，即春秋晚期与战国早期；把肇庆松山大墓甬钟列为第三期，即战国中晚期[5]。

近年来，黄展岳先后发表《两广先秦文化》[6]和《论两广出土的先秦青铜器》[7]等论文，对岭南甬钟做了概括性的论述。

以上这些，尽管都把甬钟作为众多青铜器中的一项来论述，并未作专题探讨，但都从不同角度涉及岭南甬钟问题的许多侧面，为我们进一步研究奠定了基础。

二、岭南甬钟的特征

岭南地区已发现青铜甬钟66件。这些甬钟来源复杂，形式多样，一时还难以找到它们的变化规律，无法用简洁的语言表述出来。但大致说来可以分成两类：一是形制和纹饰完全同于中原，二是形制和纹饰部分类似或完全不同于中原。

图一　忻城大塘中学甬钟

属于第一类的极少，有代表性的是广西忻城大塘钟、横县镇龙钟等。忻城大塘钟，直甬，有旋无干，钟体较矮胖，舞饰兽面纹，隧饰窃曲纹，钲间光素，篆间以细乳钉为界，枚长中等，形制和纹饰与陕西长安普渡村西周长由墓出土的编钟相似，应是从中原内地传入的，时代当在西周中期[8]（图一）。横县镇龙钟，直甬，细旋有干，器体厚重，正面观呈矩形，舞、钲、篆间饰雷纹和斜角雷纹，篆周以二层乳钉纹为界，枚短而尖，栾边和篆间饰水波纹三道，引人注目的是，在正面鼓部左右两侧的窃曲纹地上附以浮雕式似螭的装饰物（图二）。从整个形态来看，这件甬钟也可能是西周时期的[9]。

以上甬钟时代较早，形态与南方大铙近似，但不是岭南甬钟的正品。何纪生、何介均在写《古代越族的青铜文化》时，没有把它们列入"越族甬钟"范围，我想是有道理的。该文将广东、广西、湖南出土的春秋战国时期的"越族甬钟"分为四型，除去各型均见于湖南收集的以外，属岭南地区的是三型六式。我们重新整理了岭南地区的甬钟，仍按三个类型分述如次。

Ⅰ型　钟体两面均有纹饰。如广西宾阳凉水坪钟、贺县里松钟（图三）。

宾阳凉水坪钟，正背面均有纹饰，但两面花纹不同。正面钲部上饰栉齿纹一道，下饰圈点纹一道，钲间、篆间均饰栉齿纹，背面钲部上、下各饰栉齿纹一道，钲间饰雷纹，篆间饰叶脉纹[10]。

贺县里松钟，正背两面纹饰相同，篆间均饰三角云纹[11]。

Ⅱ型　钟体正面有纹饰，背面无纹饰。如恭城嘉会钟（图四，1）、横县南乡钟（图四，2）、连平忠信钟、肇庆松山钟，等等。

恭城嘉会两甬钟，正面钲间饰三角蝉纹，篆间饰斜角云纹，隧饰窃曲纹[12]。

横县南乡钟，正面钲间饰三角雷纹，篆间饰斜角雷纹，隧饰窃曲纹[13]。

宾阳韦坡M1:1号钟，正面钲间饰勾连雷纹，篆间饰三角雷纹，背面仅设带为界无纹[14]（图四，3）。

连平忠信钟，正面钲、篆间以突起的双线纹和排列整齐的尖状乳钉为界，鼓部正中饰三个平突的乳钉[15]。

图二 横县镇龙那桑妹儿山甬钟　　　　　　图三 宾阳新宾凉水坪钟

1　　　　　　　　　　2　　　　　　　　　　3

图四 甬钟

1. 恭城嘉会金堆桥钟　2. 横县南乡钟（正）　3. 宾阳韦坡 M1：1 号钟

清远马头岗 M1：009 号钟，正面钲部设带为界，篆间饰雷纹，钲间饰夔纹，鼓部正中饰云纹，两侧饰雷纹[16]。

清远马头岗 M2：2 号钟，正面钲间饰三角纹，隧饰云纹，M 2：3-1 号钟，正面钲间饰三角纹，隧饰 C 形云纹，M2：3-2 号钟，正面隧饰回形雷纹，M2：4-1 号钟，正面钲间，篆间均饰三角形云纹，隧饰 T 形云纹；M2：4-2 号钟，正面隧饰云纹；M2：5-1 号钟，正面钲间饰斜线纹，隧饰云纹[17]。

罗定南门垌 M1：2、5、6 号三件甬钟正面隧饰勾连雷纹[18]。

肇庆松山钟，正面鼓部饰两组勾连雷纹[19]。

Ⅲ型 除枚之外，正背两面均无纹饰。

宾阳韦坡 M2：2 号钟，钲部正背两面均设带为界，舞、钲间、篆间、鼓均素面（图五）。

图五 宾阳韦坡 M2：2 号钟

清远马头岗 M1：007-1、2 号、M1：008-1、2 号和 M2：005-2 号等五件甬钟，正面均设带为界，舞、钲间、篆间、鼓均无花纹，背面光素。

从铸造工艺来看，岭南甬钟都是用两合范法一次铸成的，合范痕迹从甬的顶端正中穿过，直达舞面和栾脊，清晰可见。钟体比较轻薄。

从外形看，岭南甬钟多圆筒形直甬，甬中空，与体腔相通。甬上的旋，有的显得很细，甚至不明显，个别的无旋，干直接固定在甬体上。如恭城嘉会钟，旋只是一小圈，干的下端直接固定在舞上。宾阳韦坡 M1：1 号钟、M2：2 号钟，甬上无旋，方干的上端直接固定在甬上，下端固定在舞面。钟体较瘦长，铣角较尖。

枚一般细而尖，也有呈双叠式的。枚的数目，除了一般海面各十八枚，合计三十六枚外，还有正面十八枚，背面十二枚，和正背两面各十二枚的。如清远马头岗 M1：00：7-2 号钟，正面十八枚，背面十二枚；合计三十枚，清远 M2 的七件甬钟，全部正背面都只有十二枚，合计二十四枚；罗定南门垌 M1：3、5、6 号三件甬钟和宾阳韦坡 M2：2 号甬钟，也都是正背两面各十二枚，合计二十四枚。

从装饰花纹看，岭南甬钟喜用排列整齐的尖状乳钉为界格，除了极个别正背两面饰相同花纹外，一般正背两面纹饰有别，而大多数正面装饰花纹，背面光素；装饰花纹大量采用栉齿纹、叶脉纹、圆圈纹、云纹、雷纹，这些纹样与当地几何印纹陶器的装饰纹样一脉相承；个别甬钟还有一些特殊的装饰，如连平忠信钟，鼓面附三枚扁平乳钉排成品字形，清远马头岗 M1：008-1 号钟，两栾的钲段间有长 8.5 厘米，宽 1.1 厘米，舞面两端有宽 3.1 厘米，高 1.2 厘米的羽翼形装饰等，都是比较罕见的。

此外，岭南甬钟至今尚未发现铭文。

三、岭南甬钟的年代

岭南地区先秦青铜文化的分期目前仅能依靠极有限的墓葬作为坐标来进行分析。

1. 恭城嘉会墓

原报告根据出土的鼎、尊、罍、钟、剑、戈、钺、镞、斧、凿等同安徽等地出土的东周时期器物比较，将年代定为春秋晚期或战国早期。我们曾在《广西先秦青铜文化初论》中，对其尊、罍、钟、戈、鼎重作分析，主张将这座墓定为春秋晚期[20]。该墓出土的两件甬钟，形制与楚公钟近似，只是旋较粗，隧道较窄，整个形体较粗短，同两棱窃曲纹钟也近似，尤其甬、旋酷似。前者被定为西周后期，后者被定为春秋战国。所以，定这座墓出土的两件甬钟为春秋晚期是适宜的。

横县南乡钟与恭城嘉会钟相似，时代也当属春秋晚期。

2. 清远马头岗墓

这两座墓都是群众挖出来以后才清理的。一号墓的器物出土后，认为大体是属于西周末至春秋时期的，年代应较战国时期为早。二号墓的器物出土后，认为较一号墓略晚，但伺属于东周前期，即春秋时期。

3. 罗定南门垌一号墓

随葬的鼎、鉴、钟与湖南楚墓、安徽寿县蔡侯墓和湖北随州擂鼓墩一号墓所出形制相似，铜盉与广东四会战国墓所出形制花纹相同，铜缶与传世"栾书缶"相同，具有春秋中晚期和战国早期的铜器特点；陶缶的形制和纹饰为广东夔纹陶阶段文化遗址中所常见，流行于战国早期以前。因此，这座墓的年代与清远马头岗二号墓相同，为春秋晚期至战国早期。

4. 肇庆松山墓

这座墓的随葬器物比较复杂，铜甬钟的形制花纹与清远马头岗 M2：002 号钟相同，铜鼎、提梁壶、三足盘、错银铜罍、剑等，其形制，纹饰接近河南、湖南的楚器，具有明显的战国特点。铜提桶、陶瓿、陶罐、陶盒等同广州秦与西汉早期墓出土的相近。报告的作者把它的年代断在战国晚期。黄展岳则认为，由于此墓所出的铜提桶和陶器与广州秦墓和西汉早期墓出土的相同，把它改定为南越王国时期[21]。我认为，这座墓以随葬青铜器为主，与广州秦和西汉早期墓不同，还是以划到战国晚期为宜。

5. 广州南越文王墓

根据墓主身着玉衣，身上有"文帝行玺"金印等，确定墓主为第二代南越王，下葬时间为西汉前期是毫无疑问的[22]。

由此可见，岭南出土的甬钟，上限是西周中期，下限到西汉前期。西周中期的甬钟有明显的外来色彩，当不是本地铸造的。有本地特色的甬钟应始于春秋时期。岭南甬钟以春秋战国时期的数量最多，也最有代表性。秦统一以后，岭南甬钟就不再流行了。岭南地区发掘过大量的汉代墓葬，仅在西汉前期的南越文王墓中见到甬钟，其他汉墓都不见，说明岭南甬钟到西汉前期已最后消失了。

四、岭南甬钟的组合形式

从岭南甬钟出土情况看，最多的一处是七件，如清远马头岗二号墓、博罗大沥散屋；次为六件，如罗定南门垌一号墓、肇庆松山墓、兴宁新圩鬼树窝；又次为五件，如清远马头岗一号墓、广州南越文王墓；又次为三件，如博罗铁场；最少的是二件，如恭城嘉会墓、宾阳韦坡二号墓；其余都是单件出土。

清远马头岗二号墓出土的七件甬钟全部排列在墓室的一端，显然原是成编使用的。调查者认为，这七件甬钟应是四套，因为每两件交接在一起，而且相邻的两件，其大小、纹饰都比较接近。只有最小的一件是单个的。

博罗大沥散屋出土的七件甬钟，大小递减，层叠式堆放，最小的在下层，最大的在上层，其中三件小的套在三件大的内面，似乎可以说是三件为编，然后再组合的[23]。

肇庆松山墓出土六件甬钟，形制相同，大小有别。最大的排在最前，次大的排在第二，第三大的排在最后。

罗定南门垌一号墓出土六件，从大小和形制来看，可能每三件为一编，共二编。如M1：1、2、4 三钟，正背面各十八枚；而 M1：3、5、6 三钟正背面各十二枚。但整个排列起来，大小递减，仍可凑成一大编。

兴宁新圩鬼树窝六件甬钟是在崩岗泥土里发现的，不知是否还有其他器物伴出，从报道的情况来看，有与罗定南门垌一号墓类似的地方，也可能出自一座墓葬[24]。

清远马头岗一号墓共出五件，每两件为一组，唯 009 号仅一件。此墓的随葬品是事后收集的，也可能有遗漏。

广州南越文王墓出土五件，组合情况尚无详细报道。

博罗铁场梅村一次出土三件甬钟，出土情况不详[25]。

恭城嘉会墓二件甬钟形制相同，纹饰相似，应是一编。宾阳韦坡二号墓二件甬钟，一件（M2：1）正面隧部有勾连雷纹、背面光素，正背两面各十八枚，另一件（M2：2）正背两面均设带为界。光素无纹，各十二枚，可能是杂凑的。宾阳韦坡一号墓只存一件，原物可能有散失，或可能也是二件一编。

根据中原乐钟多三、五成编的定例，岭南甬钟也可能是成编使用的。乐钟在使用时，需要有若干不同频率的乐音相配才能成曲。每件甬钟只能敲出两个音，一个是正鼓音，一个是侧鼓音。如二件为一编，一编只能有四个乐音；三件为一编就会有六个乐音。从以上情况看，岭南甬钟多以二件或三件为一编，是比较低级的组合形式，在演奏较复杂的乐曲时就会感到音阶不全。那种每墓随葬六件或七件者，应是二编或三编的组合。多编组合，乐音就可成几何数值增加，使音阶齐备，趋向完善。同时，在甬钟之外，我们不能排除还有其他打击乐器加入。其他打击乐器的加入，可以补充甬钟所缺的乐音。比如，在清远马头岗一号墓中，除了五件甬钟之外，还有一件句鑃（钲），在罗定南门垌一号墓中，除了六件甬钟之外，也还有一件句鑃（钲）。尤其是像广州南越文王墓，除了五件甬钟之外，还有八件句鑃、十四件钮钟和十八件石磬，这些句鑃、钮钟、石磬本身自己成编，和成编甬钟配在一起，就会组成一个阵营强大的打击乐队。

要想证实以上问题，需要对这些乐器进行逐个测音。这一工作目前还仅仅开始。南越文王墓的乐器进行了全面测试，每件编钟、句鑃都能发两个音，七个音阶齐全，可演奏古典乐曲[26]。恭城秧家钟和南宁那洪钟也经过测试，据吴钊说：恭城秧家钟与南宁那洪钟的音高与贵县罗泊湾一号汉墓出土的直筒形钮钟以 E4 +33 为主音构成的音阶序列大致相合，尤其是南宁那洪钟的 #C4 +28 与恭城秧家钟的 #C4 +29，显然是由首律 A3 +41 用三度生律法产生的低一音差列上的 #C4，而不是基音列上用三分损益法产生的 #C4。三者首律的律高仅差 10 音分，其误差还在当时历史条件所允许范围内，因此完全可以忽略；由此可见，在岭南地区当时有自己的律制[27]。假如将岭南地区已出土的青铜甬钟都作测音试验，对这个问题将会获得更全面的认识。

零星发现的甬钟，绝大多数是单个埋藏的，出土时，口朝上，甬朝下，与南方大铙和铜鼓的埋藏情况类似。这些单个埋藏的甬钟，可能与大铙和铜鼓分别是先秦越人和濮人的重器一样，不是作为演奏乐器使用的，而是在举行集会、号召军旅、祭祀山川等庄重、神秘的场合使用的。这些甬钟在用毕以后就秘埋土中，所以大都单个出土[28]。

五、岭南甬钟与其他青铜乐器的关系

流传于古代岭南的青铜乐器除了甬钟之外，还有铜铙，铜镈、句鑃，钮钟、羊角钮钟、铜鼓等。它们出现的时间，有的比甬钟早，有的比甬钟晚，有的则与甬钟同时。弄清它们之间的关系，对了解岭南地区先秦礼乐的发展会有帮助。

1. 铜铙

高至喜在《中国南方出土商周铜铙概论》一文中详细地论述了铜铙的用途，年代和产地等问题，指出南方大铙大多数产自湖南，有的可能产自长江下游地区[29]。

岭南也有铜铙发现，见于报道的有广西灌阳钟山、广东曲江马鞍山二件。灌阳钟山铜铙甬残，现存高 36 厘米，铣间宽 28 厘米，重 10.5 公斤，干上饰乳钉纹、窃曲纹，篆间饰细线雷纹，并以圆点纹框边，枚作尖锥状。原报告称为钟，经高至喜考证，名应为铙。曲江马鞍山铜铙通高 37.5 厘米，重 10 公斤，篆间饰云雷纹，隧上有两个对称的兽面纹，平头柱状枚[30]。这两件铜铙形制和纹饰与湖南出土的有枚大铙十分相似，属南方铜铙发展序列中的晚期，时代约当西周早期。此外，1934 年修的《贺县志》记载：（1933 年）秋在广西贺县里松出土一件重 21 斤的“周朝钟”。其描述曰：“上小下大，扁圆成两楞而尖长，口径纵九寸半，横七寸，顶柄已缺，全身‘万’字纹，中间隆起如钉苔共三十六枚，曰钟乳。”从临绘的图像看，很像灌阳钟山铜铙，甬上有干无旋，也应是铙。

这三处铜铙的出土地点都在五岭南麓。铜铙显然是在湖南从北向南传播的，到南岭地区的北境就中止了。从时间上来讲，岭南甬钟的上限充其量是在西周中期，正是大铙消失的时候；从分布地域看，早期的甬钟也都接近南岭地区；从甬钟形制看，甬、舞、钲，篆、隧各个部位都与铜铙相似。因此说"南方的甬钟是从南方的大铙直接发展演变而来的"[31]，结论是能成立的。

2. 铜镈

铜镈是大型的单个打击乐器，在贵族宴飨或祭祀时，与编钟、编磬相和使用。镈与钟的区别，可用郭沫若的意见概括："钟有甬而镈用钮，钟枚长而镈枚短，钟铣侈而镈铣弇，钟于弯而镈于平[32]。"据高至喜研究，镈的主要产地在湘江流域及其邻近地区，其流行时代是商代晚期至西周晚期[33]。岭南地区只在贺县桂岭发现一件铜镈。这件铜镈通高38.5厘米，栾侧有钩形棱脊，钲部上下饰乳钉，原定西周晚期或春秋时期[34]，高至喜认为是西周晚期。此处是目前铜镈出土的最南地点。

3. 句鑃

是一种手持的打击乐器，盛行于春秋晚期至战国时期，主要流行于长江下游吴越地区。清远马头岗一号墓、罗定南门垌一号墓各出一件，发掘报告原称为"钲"。广州南越文王墓出土八件。这三座随葬句鑃的墓同时也随葬甬钟，可见它们是可与甬钟合乐的。南越文王墓的句鑃刻有"文帝九年乐府工造"铭文，说明它们是汉初南越国掌管朝廷宴享、出行乐队并负责采集民歌民曲的官署乐府监制的[35]。这八件句鑃自己成编，可以演奏；与十四件钮钟、五件甬钟、十八件石磬和漆瑟、漆琴等一起出土，也可能参与这些乐器的合奏。

4. 钮钟

钮钟是从甬钟发展而来的，钮钟出现的时间是西周中期。岭南地区很少见到钮钟，目前仅在广州南越文王墓中出土一套十四件。因此可以推测，岭南的甬钟并没有发展成钮钟。

在广西贵县罗泊湾西汉前期墓中出土过两件直筒形的钮钟，与一般所说的钮钟大不相同。这种钮钟形制特异，牛环形钮，钟体似筒，钟口方中带圆，鼓部下端合范线处开有长方形缺口，钟面无纹饰，但分别刻有"布，七斤"和"布，八斤四两"铭文。经实测，敲击钟的鼓部正中节线位置可发一音。两钟共发两个频率的基音[36]。"布"是布山的省称。布山是秦桂林郡的所在地。这两件直筒形钮钟都有"布"字铭文，说明它们是本地乐器。但这种乐器还没有在别的地方发现，它的来龙去脉尚不清楚。

5. 羊角钮钟

是岭南和西南比较特殊的一种铜钟。我曾在《羊角钮铜钟初论》一文中对其分布、年代、族属作过初步探讨；认为它主要分布在西江流域和红河流域，流行于战国至西汉，铸造和使用的民族有百濮族群中的靡莫族和百越族群的骆越族[37]。从目前掌握的情况来看，羊角钮钟和甬钟尚未发现共存现象，在广西贵县罗泊湾一号汉墓和西林普驮西汉铜鼓墓中有羊角钮钟而无甬钟。上述谈到的恭城、清远、罗定、肇庆等处墓葬，甚至包括广州南越文王墓等则有甬钟而无羊角钮钟。但从分布地域看，在广西桂东南，桂中和桂北，羊角钮钟和甬钟是交错并存的，在流行时间上，羊角钮钟比甬钟略晚，但在战国时期也有一段是并存的。它们之间看来是前后交错的关系。

6. 铜鼓

铜鼓是春秋时期由滇西地区濮人创造的一种大型打击乐器，到战国至西汉时期在滇池地区发展成熟，并传到岭南越人地区。岭南地区之有铜鼓应是战国末至西汉初的事，盛行铜鼓则是东汉至唐。铜鼓在岭南流行的时代正是甬钟在岭南消失的时代。甬钟是从湖南湘江流域向岭南发展的，其分布地域，西南界只到广西南宁附近，东南界只到广东罗定，向南并未越出两广南境，在雷州半岛、海南岛和越南红河流域都没有甬钟发现。相反，铜鼓是由西南向东北方向发展的，进入两广地区，向北并未越出南岭。这两种铜器在岭南地区的关系可能是互相替代的关系。黄展岳说："大约在秦汉之际，铜鼓由滇中东传，进入今广西西南部，原先使用甬钟的越人转而改用铜鼓，甬钟遂趋衰落。大约到西汉末，两广甬钟就完全被铜鼓所取代。"[38]这种推断很有道理。

六、余　　论

岭南出土的青铜器，时代最早的可以追溯到商代晚期。以前论者，多认为岭南的早期青铜器都是外地传入的，到了春秋时期，由于楚的势力向南发展将青铜器带到岭南来。从近年来的考古发现看，岭南青铜文化的产生并不晚，至迟在西周时期就有当地的青铜冶铸业了。1985年冬，在广西武鸣马头发现一批青铜时代墓葬，随葬品中有西周铜盘和铜卣，据墓中的木炭^{14}C测定结果，其年代最早是距今2960年±85年（树轮校正为3110年±80年），最晚是距今2530年±100年（树轮校正为2580年±102年），正好相当于西周至春秋时期。墓中随葬的青铜刀、钺、镞、圆形器等，有浓厚的地方色彩，无疑为本地铸造。特别引入注目的是，其中不少墓随葬砂岩铸范。这些铸范能浇铸单斜刃钺、双斜刃钺、扇形钺，斧、镞、圆形器等。同一墓地出土的斜刃铜钺，铜斧和圆状器等，放回相应的铸范，互相吻合，说明该件铜器就是用该件石范浇铸出来的[39]。

岭南地区既有自己的青铜冶铸工艺，能铸造青铜工具和兵器，也就有可能铸造青铜乐器。岭南出土的甬钟，除部分有可能是通过正常交往从内地输入外，其他那些有明显地方色彩的甬钟应是岭南当地工匠铸造的。

西周、春秋、战国时期生活在岭南地区的民族主要是百越族群中的越人，他们同江、浙、赣、湘地区的越人有着千丝万缕的联系，这种联系，在青铜甬钟上也得到反映。甬钟乐应是百越的音乐。岭南西部受百濮的影响，雕一些百濮系统的人。濮人是使用羊角钮钟和铜鼓的民族，他们的音乐应该是铜鼓乐。甬钟在岭南地区没有再往西传，受阻于广西中部地区，大概同越、濮两种文化在这一带接触有关。

从甬钟出土的情况还可以看到，凡是随葬甬钟的墓葬，一般规模都比较大，随葬品比较丰富，而且大部分都有铜鼎伴出。如恭城秧家春秋墓，出土青铜器 33 件，其中有铜鼎 5 件，清远马头岗一号墓，出土青铜器 25 件，有铜鼎 2 件，马头岗二号墓出土青铜器 39 件，罗定南门垌一号墓，出土青铜器 136 件，有铜鼎 3 件；肇庆松山墓，出土青铜器 108 件，有铜鼎 5 件，等等。钟鼎之相伴存，说明这些墓主人生前是过着"钟鸣鼎食"生活的。在我国奴隶制社会里，钟鼎是代表一定等级身份的标志，随葬钟鼎墓葬的发现，说明岭南地区在春秋战国时期已是地道的阶级社会。甬钟乐是越人的音乐，但不是普通越人的民间音乐，而是越人贵族的庙堂音乐，它只施用于奴隶主贵族的祭祀和庆典。因此，从这方面来说，岭南甬钟应是越族奴隶制兴盛时期的产物。

注　释

［1］　广东省文物管理委员会：《广东清远发现周代青铜器》，《考古》1963 年 12 期。

［2］　广东省文物管理委员会：《广东清远的东周墓葬》，《考古》1964 年 3 期。

［3］　何纪生：《略论广东东周时期的青铜文化及其与几何印纹陶的关系》，《文物集刊·3》，文物出版社，1981 年。

［4］　何纪生、何介均：《古代越族的青铜文化》，《湖南考古辑刊·3》，岳麓出版社，1986 年。

［5］　徐恒彬：《广东青铜时代概述》，广东省博物馆、香港中文大学文物馆合办《广东出土先秦文物》，香港，1984 年。

［6］　见《文物与考古论集》，文物出版社，1986 年，167～176 页。

［7］　黄展岳：《论两广出土的先秦青铜器》，《考古学报》1986 年 4 期。

［8］　梁景津：《广西出土的青铜器》，《文物》1978 年第 10 期。

［9］　同［8］。

［10］　同［8］。

［11］　张春云：《贺县又发现青铜甬钟》，《广西文物》1986 年 4 期。

［12］　广西壮族自治区博物馆：《广西恭城县出土的青铜器》，《考古》1973 年 1 期。

［13］　广西壮族自治区博物馆：《近年来广西出土的先秦青铜器》，《考古》1984 年 9 期。

［14］　广西壮族自治区文物工作队：《广西宾阳县发现战国墓葬》，《考古》1983 年 2 期。

［15］　同［5］。

［16］　同［1］。

［17］　同［2］。

［18］　广东省博物馆：《广东罗定出土一批战国青铜器》，《考古》1983 年 1 期。

［19］　广东省博物馆等：《广东肇庆市北岭松山古墓发掘简报》，《文物》1974 年 11 期。

［20］　蒋廷瑜、蓝日勇：《广西先秦青铜文化初论》，《中国考古学会第四次年会论文集》，文物出版社，1985 年。

［21］　同［7］。

[22] 广州象岗汉墓发掘队：《西汉南越王墓发掘初步报告》，《考古》1984 年 3 期。

[23] 邱立诚、黄观礼：《博罗县出土春秋青铜甬钟》，《中国考古学年鉴·1985》，文物出版社，1986 年。

[24] 杨少祥：《兴宁县出土战国铜编钟》，《中国考古学年鉴·1985》，文物出版社，1986 年。

[25] 同〔5〕。

[26] 甘叔：《岭南汉代文化宝库》，《岭南文史》第 10 期。

[27] 广西壮族自治区博物馆：《广西贵县罗泊湾汉墓》，文物出版社，1988 年，附录二。

[28] 同〔7〕。

[29] 高至喜：《中国南方出土商周铜铙概论》，《湖南考古辑刊·2》，岳麓出版社，1984 年。

[30] 彭绍结、李良中：《马坝发现西周晚期铜铙》，《广东文博》1985 年 1 期。

[31] 同〔29〕。

[32] 郭沫若：《两周金文辞大系图录考释》，科学出版社，1957 年。

[33] 高至喜：《论商周铜镈》，《湖南考古辑刊·3》，岳麓出版社，1986 年。

[34] 覃光荣：《广西贺县发现青铜镈钟》，《考古与文物》1982 年 4 期。

[35] 同〔22〕。

[36] 同〔27〕。

[37] 蒋廷瑜：《羊角钮铜钟初论》，《文物》1984 年 5 期。

[38] 同〔7〕。

[39] 广西壮族自治区文物工作队等：《广西武鸣马头元龙坡墓葬发掘简报》，《文物》1988 年 12 期。

[40] 武宣钟、柳州钟见藏于广西柳州市博物馆；柳州横山钟，见刘文：《我市出土一件古代编钟》，《柳州日报》1985 年 11 月 23 日第 2 版。岑溪钟见刘统载：《岑溪县文管所从废铜中拣选一批文物》，《广西文物》1987 年 2 期。

（原载于《江西文物》1989 年 1 期）

补充资料：

德庆永丰乡宿岸村 1983 年 9 月铜钟 1 件，甬部中空，干旋齐备，见《中国文物地图集·广东分册》，493 页。

增城镇龙镇汤村 1985 年冬出土战国铜钟，增城石滩镇岗贝村天麻山 1976 年出土战国铜钟 2 件，见《中国文物地图集·广东分册》231 页。

柳江县进德乡木罗村，1986 年 4 月，见《文物》1990 年 1 期。

南宁安吉乡永宁峙村那板岭 1997 年 11 月出土 1 件角钟，见《中国古代铜鼓研究通讯》第 14 期，1998 年 12 月。

广西所见人面弓形格铜剑

　　人面弓形格铜剑是香港中文大学中国考古艺术研究中心邓聪博士首先提出，并加以论证的一种青铜短剑。邓聪在 1993 年第 11 期《文物》杂志上发表《人面弓形格铜剑雏议》，首先揭示了岭南以至印支那半岛相继发现的一种人面纹弓形格青铜短剑，对其分布、渊源等问题提出了自己的看法，其中已提到广西柳江县木罗村出土的 1 件。随后他为岭南古越族文化研讨会撰写《香港石壁出土人面弓形格铜剑试释》，就石壁出土的人面弓形格铜剑的制作、使用痕提出见解。当他得知广西灵山县石塘乡也出土 1 件人面弓形格铜剑之后，又撰《再论人面弓形格铜剑》，进一步探讨了人面弓形格铜剑的渊源。

　　邓聪这三篇论文对人面弓形格铜剑的分布、特征、来源等问题作了分析，但新的材料不断发现，研究还可以深入。据邓聪先生 1997 年 7 月面示，在越南清化省东山，除了何文瑨先生以前揭示的 1 件人面弓形格铜剑以外，还有 1 件人面弓形格铜剑尚未发表；香港出土的人面弓形格铜剑，除了石壁的 1 件和南丫岛大湾的 1 件外，还有赤立角的 1 件尚未公布。对广西而言，除了已知的柳江县木罗村铜剑和灵山县石塘乡铜剑之外，1997 年又在贵港和田阳各发现 1 件，使广西的人面弓形格铜剑已达 4 件之多。据说广西横县也曾从邕江打捞出 1 件人面弓形格铜剑，但至今尚未寓目，暂且勿论。这些新的发现对研究这类铜剑的地理分布、发展序列和族属，不能不是很好的补充。

　　为了更好地弄清这类铜剑的来龙去脉，有必要对广西发现的人面弓形格铜剑做一番比较研究。

一、木罗村剑是特殊的人面弓形格铜剑

　　木罗村剑是 1986 年 4 月柳江县进德乡木罗村农民挖鱼塘时发现的，同时出土的还有铜甬钟 1 件和铜喇叭形器 1 件，随后送交柳州市博物馆收藏，刘文等撰文在《文物》1990 年第 1 期上首次发表，推断其时代为春秋战国时期。我于 1997 年 11 月在柳州博物馆看到实物（图一）。此剑通长 23.2 厘米。无剑首。扁茎，上端开叉，呈钳形，纹饰锈蚀不清，隐约可见阴刻弦纹。格呈"**ハ**"形，两端微翘，有横线栏格，隐约可见阴线云纹。剑身宽扁，直通锋尖。剑格上的"**ハ**"形，与剑身上部的"V"形构成菱形框，框内铸一人面图案，人面的眉、目、鼻、口为阴刻，鼻梁为阳线。框外下方两侧是羽枝纹，羽毛向外弯垂，又似凤首。羽枝纹下是并排对称的两道"S"形云纹带。说它特殊，一是因为剑茎上端开叉，是否另有剑首，不明；二是因为剑格不明显，说它是弓形格剑比较勉强。但剑身上的人面图案很清晰，剑格部位的"**ハ**"形框则与广东苏元山剑格中部上突形成"∧"形三角相似。

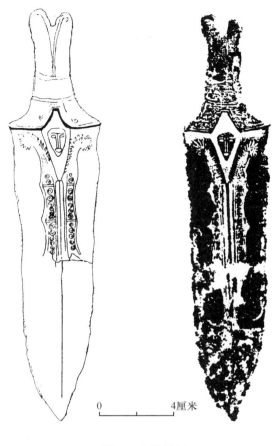

图一　木罗村剑

二、贵港剑与石壁剑、东山剑同类

贵港人面弓形格铜剑的出土时间和地点尚未查清。据贵港市文物管理所提供的材料说，此剑是 80 年代从贵县供销社收集来的，在一般情况下，贵县收购的废杂铜大都出自当地，因此很可能就是在贵县（今贵港市）范围内出土的。1997 年 3 月，我陪香港古物古迹办事处邹兴华馆长到贵港考察，在贵港市文物管理所看到此剑。同年 10 月，贵港市文物管理所叶恩俊所长惠赐了此剑的 A、B 两面拓本，并提供了有关尺寸（图二）。此剑通长 26.25、宽 4.45、脊厚 0.4 厘米，形制与已发表的香港大屿山石壁出土的人面弓形格铜剑和越南东山出土的一件人面弓形格铜剑十分相似，也与香港南丫岛大湾出土的人面弓形格铜剑相似，属同一类型。

此剑无剑首。剑茎为椭圆柱形，上端较粗，中部较细，下端又变粗。剑格两端微翘，弓形弧度小。剑身最大宽位于中部，平缓前收成锋，显得较宽大。纹饰方面，三剑

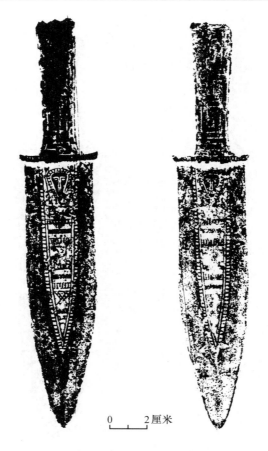

0 _____ 2厘米

图二　贵港人面弓形格铜剑

也有相似之处，如剑茎表面饰以阴线曲折纹，但因贵港剑锈蚀过重，看不到是否有像石壁剑那样的卷云纹。剑格的纹饰不同，石壁剑两面有数条横向凹线，凹线上下间填充有锥刺的联珠纹，贵港剑则看不到这种装饰，而是饰以纵向的短线纹，即栉纹。剑身纹饰、人面图案相似，都是三角脸，眉、眼、口都是凹纹，以细凸线作鼻宽，两边凹线作鼻梁。人面图案的外轮廓，贵港剑和东山剑都由栉纹带构成，石壁剑则由两道凸线构成。人面图案之外，石壁剑饰羽枝纹、卷云纹、圆圈、三角形的平凸图案，而且 A、B 面的纹饰不相同，贵港剑由栉纹围成近似长三角的外框，内分三段填饰图案，上段是人面图案，中段图案锈蚀不清，下段图案有由栉纹构成的"×"形图案，A、B 面纹饰相同。

三、石塘乡剑、隆平村剑与苏元山剑同类

石塘乡剑是 1980 年 4 月于灵山县石塘公社石塘大队罗碰塘石滩出土的，灵山县博物馆藏。黄启善已撰文在 1993 年第 9 期《考古》杂志上发表，认为是战国时期的。同

年作为文物珍品送到上海博物馆参加第三届中国文物精华展览，照片和拓本收入《中国文物精华》1993 年本，定名为人首纹铜剑。此剑首、茎、身三体一次铸成，剑首原有两个如同车轮的并列圆环，发现时已残去一个，《考古》发表的拓本只有一个环，在上海展出时，将另一个环修复，《中国文物精华》发表的拓本是两个环。圆环中穿孔，有七根如同车轮的辐条，《考古》发表的拓本可以清晰看到这七根辐条，但《中国文物精华》发表的拓本没有将辐条拓出（图三）。剑茎为扁体实心，上端小，中段大，下端又稍小。上端正中两侧饰齿状扉棱，前后两面饰三组双体云纹，中段以下也起凸棱，下端前后两面正中由六道阴线隔开，各施一道卷云纹。剑格两端上扬，两侧有段阶装饰，剑身呈宽叶形，最大宽位于剑身中部，中段以下收束，剑身基部无脊，下部起棱脊。剑身上饰人面图案，人面全体以平凸宽体构成，眉、目、鼻、口为凹线构成。人面顶有阴线双体簪饰，人面两侧是阴线羽状纹，下垂阳纹双轮，再下是凹体"丰"形，最下是"丫"形凹体宽带，左右歧出卷云纹。在已发现的人面弓形格剑中，此为纹饰最复杂的一件。通长 39 厘米，也是已发现的人面弓形格剑中最长的一件。

0　　2厘米

图三　石塘乡剑

　　隆平村剑是 1989 年田阳县田州镇隆平村农民在该村附近右江捞河沙时打捞出来的。同时捞出的还有 1 件一字格铜剑和 1 件残玉戈等物。田阳县博物馆获悉后，将其收回馆藏。1997 年 5 月，该馆馆长黄明标将它携来南宁，让我鉴定，得以反复观摩，并得本馆保管部覃枝全女士精心墨拓（图四）。此剑通长 24.2、格宽 4.12、身宽 3.95、脊厚 0.62 厘米。形制与石塘乡剑十分相似。首、茎、身一次铸成。剑首并列双环，保存完好，环径 1.76 厘米，环体两面各饰四个长方回纹。剑茎扁体实心，上端中段两侧均有"山"形爪状棱脊，中部粗大，下端先内收束腰而后外扩。上端饰长弧阴纹，下端在栉纹边框内分三组填饰云纹。剑格两端上扬，中部呈弧形弯曲，表面饰栉纹。剑身宽厚，最宽处在基部。剑身上端饰 V 形图案，分三段向左右伸出羽状球纹，在顶端饰人面图案的地方只保留一个三角形框，没有出现人面纹。A、B 两面纹饰相同。

　　以上石塘乡剑和隆平村剑相同之处甚多，剑首都是双环，剑茎都是扁体实心，都饰云纹，都在剑茎两侧出棱。所不同的是，隆平村剑剑茎和剑格上的栉纹带，在石塘乡剑上不见；石塘乡剑剑身最大宽度在中部，隆平村剑剑身最大宽度在基部；剑身纹饰，石塘乡剑内容丰富，人面图案清晰，隆平村剑内容简略，不见人面图案。

　　邓聪在《再论人面弓形格铜剑》中已谈到，石塘乡与苏元山两者出土人面弓形格铜剑剑茎均上窄下宽，茎首为双环式，估计两者铜剑关系较为密切。隆平村剑的发现，更证实了这种推断。苏元山剑的剑茎、剑格和剑身都与石塘乡剑、隆平村剑相似，剑身纹饰除人面图案外，更与隆平村剑接近。

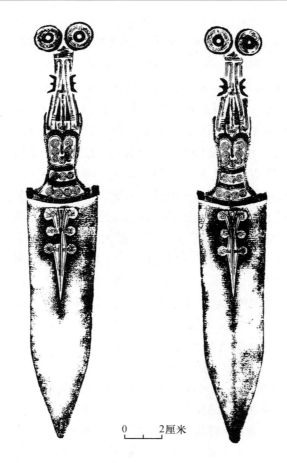

图四　隆平村剑

四、余　　论

　　邓聪在《再论人面弓形格铜剑》一文中把已发现的人面弓形格铜剑分成三式，即木罗村剑为Ⅰ式，石塘乡剑、苏元山剑为Ⅱ式，石壁剑、东山剑为Ⅲ式。这种划分是正确的。广西新发现的二剑并没超出这个划分范围，很自然地可以把隆平村剑归入Ⅱ式，把贵港剑归入Ⅲ式。

　　诚如邓聪所言，这三式铜剑有许多共同之处，可以同别的类型铜剑分离出来，构成一个体系。但三式之间，区别也是明显的，如木罗村剑，无剑首，剑茎顶端开叉，剑格不发达，说它是弓形格铜剑很勉强。Ⅲ式剑也没有剑首，剑茎顶端圆平，没有外延的迹象，不可能发展出任何剑首。只有Ⅱ式剑有剑首，剑首为双环，特点突出。但在隆平村剑该出现人面图案的地方没有人面图案，说它是人面纹剑也欠确切。这三者之间是何种关系，目前尚难说得清楚，一是因为发现数量太少，难以排出自身序列；二是目前所知道的人面弓形格铜剑多半没有确切的文化层位和具有明确断代标志的共存物，无法断定确切年代。因此要说这三式剑之间的早晚关系还为时过早。从分布地域来看，这三式剑也有交叉现象，Ⅰ式剑只有木罗村一件，姑且不谈；Ⅲ式剑，从香港石壁，到广西贵港，再到越南东山；Ⅱ式剑，从广州苏元山，到广西灵山，再到广西田阳。东西横跨近千公里。Ⅲ式靠南，Ⅱ式靠北，但Ⅲ式的贵港剑又在Ⅱ式剑东西横贯线以北。贸然划出它们各自的分布范围也不太合适。因此，诸多问题还有待新的材料发现和进一步研究才能解决。

注　释

［1］　刘文、汪燧先、熊启校：《广西柳江县出土春秋战国青铜器》，《文物》1990 年 1 期。

［2］　黄启善：《广西灵山出土青铜短剑》，《考古》1993 年 9 期。

［3］　邓聪：《人面弓形格铜剑雏议》，《文物》1993 年 11 期。

［4］　邓聪：《石壁出土人面弓形格铜剑试释》，香港博物馆编：《岭南古越族文化论文集》，香港市政局出版，1993 年。

［5］　邓聪：《再论人面弓形格铜剑》，《东南亚考古论文集》，香港大学美术博物馆出版，1995 年。

［6］　何文瑨主编：《越南东山文化》（越文），河内社会科学出版社，1994 年。

（原载于《广州文物考古集》，文物出版社，1998 年）

从银山岭战国墓看西瓯

在广西平乐银山岭发掘的一批战国时代墓葬，材料集中，内容丰富，为研究我国岭南地区的古代文化提供了一些十分珍贵的线索[1]。本文试图透过这批材料探讨历史上的西瓯的问题。

一、银山岭战国墓的特点

从墓葬形制和随葬品各方面来看，平乐银山岭战国墓有比较浓厚的地方特色。我们试从以下几个方面加以说明：

（一）墓底设腰坑

墓底设腰坑是中原地区商和西周时代十分普遍的现象。进入春秋时代，腰坑的数量已大为减少，到春秋中期几乎全部消失[2]。腰坑内一般埋狗一只，个别奴隶主贵族也有埋殉人的。银山岭战国墓设腰坑的比例很大，一百一十座墓中设腰坑的达八十七座，占总数79% 强。但在时间上与中原地区有很大的距离，在内容上也有些不同。它的腰坑内一般只置一件陶器，未见埋狗的痕迹。坑的大小深浅，随所埋陶器的形体大小而异。最大的如第 26 号墓，直径 70、深 50 厘米，埋一只高 48、腹径 44.5 厘米的大陶瓮；第 37 号墓的腰坑长 90、宽 58、深 46 厘米，埋一只高 45、腰径 40 厘米的大陶瓮。小的腰坑如第 153 号墓，长宽仅 18、深仅 10 厘米，埋一只腹径仅 12、通高仅 5.6 厘米的小陶盒。其他腰坑一般都在宽 20 ~ 30 厘米，深 12 ~ 15 厘米之间，置一只小陶盒或小陶杯。陶器内原盛何物，已无法观察到，但从埋盒、杯的腰坑小而浅的迹象推测，埋狗是不大可能的。放置陶器的腰坑在中原地区只有极个别的例子，如河北邢台一座战国墓，其全部随葬陶器都置于腰坑之中[3]。这个专门放置随葬品的腰坑，大概与地窖相似，与商周时代殉狗的腰坑不同，与银山岭战国墓只放一件陶器的腰坑也有别。与银山岭战国墓相近似的现象，只有在邻近的湖南和广东可以见到。湖南长沙个别春秋时代墓有腰坑，内埋一件陶罐[4]，湘乡春秋时代墓也有两座（65SXM1 和新塘冲 M2）设圆形腰坑，各置一件大陶罐[5]，与银山岭战国墓同。广东德庆战国墓，前室内"有近圆形的坑一个，直径 65、深 50 厘米"，埋一件大陶匏壶[6]；四会鸟旦山战国墓，在坑底挖一个长方形小坑，埋一件陶罐[7]；肇庆松山战国晚期墓，在椁底下有一个深 26、直径 38 厘米的"底坑"[8]；广宁铜鼓冈战国墓在死者腰部下面挖一个深坑，埋一件"米"字纹大陶瓮[9]；都是这种腰坑。

（二）随葬品组合甚有规律

银山岭战国墓随葬品的组合以实用器为主，基本上没有礼器。其基本组合是铜兵器（或陶纺轮）＋铁工具＋生活用具。而铜兵器又是剑、矛、镞相结合；生产工具是锄、刮刀相结合；生活用具是鼎、盒、杯相结合，此外普遍伴出砥砺兵器和工具的砺石。有铜兵器的墓，都不见陶纺轮，有陶纺轮的墓都不出铜兵器。组合相当整齐划一。这样的组合规律在中原内地是不多见的。有成套兵器组合的墓也只有在湖南楚墓[10]可找到相似之处。但湖南楚墓随葬兵器和铁工具尚不如银山岭战国墓这样齐全和普遍。上述广东几处战国墓葬的器物组合与银山岭战国墓更为接近，尤其是广宁铜鼓冈战国墓群和罗定引太运河工地的战国墓[11]，则完全与银山岭战国墓的组合一致。

（三）随葬器物地方色彩浓厚

这以铜扁茎短剑、双肩钺、刮刀和盘口鼎最为突出。

银山岭战国墓中常见的铜剑是扁茎短剑，这种剑形体短小，一般长只有 15～21 厘米；形制较特殊，扁茎，无格，折肩，短身；茎上有穿孔，除一件（M1：3）有二孔外，其他都是一孔；大部分无剑首，有剑首的，也与剑身分离；剑首柄上也有穿孔或凹口，与剑茎以木片衔接；剑身无纹饰，中脊起棱，锋刃砥砺得相当锐利，有的因长期使用，已磨蚀缩短（图一，1～3）。这种短剑在中原内地很少见。内地所见扁茎短剑都是中脊不起棱的[12]。与西南地区巴蜀式短剑也不同。巴蜀短剑茎上都是二穿，斜肩，巴式剑肩以上还常铸有或刻有手心纹或虎形纹[13]。银山岭式短剑在湖南湘乡战国中、晚期墓中出土过[14]，广东清远出土两件残匕首[15]，看来也是这种扁茎短剑。据说广东广宁、罗定的战国墓和曲江马坝石峡遗址上层也出土这种扁茎短剑。银山岭则是这种剑集中出土最多的一地。

银山岭战国墓出土刮刀七十四件，其中铜的十五件、铁的五十九件，分别出在五十九座墓中，占总墓数一半以上。刮刀的放置位置一般在死者腰与脚之间，常同铁锄、陶纺轮、砺石放在一起。形制都呈竹叶形，前端尖翘，两侧有刃，后端平，有绳索捆绑痕迹。铜质的绝大部分横断面呈"人"字形；背面隆起，有纵脊；小部分横断面呈弧形，背面无脊。铁质的一般锈蚀较重，横断面都呈弧形，背面圆滑无脊（图一，4～6）。类似这类刮刀，目前也多见于长江以南。如湖南宁乡[16]、长沙[17]、湘乡[18]、江西清江[19]、广东德庆[20]、肇庆[21]、四会[22]、广宁[23]和香港[24]等地战国墓。但各地命名不同，有的称之为"刻刀"（肇庆）、"削"（湘乡、宁乡），有的叫"匕首"（清江）、"锐"（香港），也有的叫"穿刀"（德庆）、"篾刀"（四会、广宁）。其实都是这种东西。观其形状和在墓中放置位置，推测应是一种劈麻或编织竹器用的手工工具。

银山岭战国墓出土铜双肩钺，长方首銎，折肩，宽弧刃或直刃，和两广地区新石器时代晚期流行的双肩石斧很相近；有的肩二折，成为双重肩，刃面向一侧起弧成铲状，更为特殊（图一，9、15、）。这种钺目前仅见于广东德庆[25]、四会[26]、清远[27]，湖南

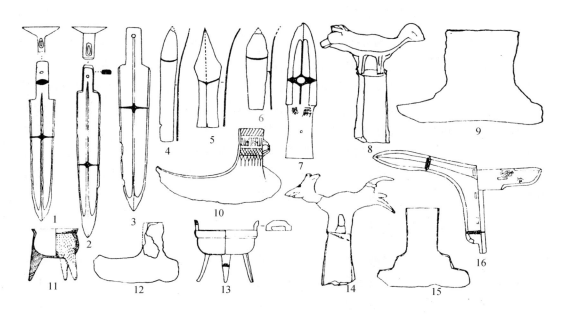

图一　银山岭战国墓出土器物

1～3. 铜扁茎短剑（M155:6、M78:9、M108:16）　　4. 铁刮刀（M155:9）　　5、6. 铜刮刀（M26:6、M70:4）
7. "屠陵"矛（采:7）　　8、14. 铜杖头饰（M22:7、M74:13）　　9. 铁钺（采:25）　　10、12. 铜靴形钺（采
14、15）　　11. 陶鼎（M115:6）　　13. 铜鼎（M71:1）　　15. 双肩铜钺（M55:15）　　16. "江鱼"戈（M14:4）

湘西地区也偶有出土[28]。此外还有一种靴形钺，六棱首銎或椭圆首銎，刃端圆翘，很
像一种短筒靴（图一，10、12）。这种钺目前仅见于广东德庆[29]、云南晋宁[30]。

　　银山岭战国墓出土铜鼎有两种型式：一种是圆腹、圜底、扁蹄足，与中原内地出土
的无差别，但很少见；另一种是盘口鼎，较多见。盘口鼎口沿外折上銎，口沿上方有方
形或弧形耳，浅腹，底平或略圜，三扁足外侧起棱，胎壁甚薄，底部都有较厚的烟炱，
大都有粘补修复的痕迹，无疑原是实用器（图一，13）。盘口形铜鼎也见于广东德
庆[31]、肇庆[32]、四会[33]的战国墓。

　　合模而铸，顶端饰一立禽或立兽的杖头饰，在外地也很少见（图一，8、14）。

　　此外，银山岭战国墓所出的陶器也是很有特色的，如硬陶三足盒，作子口，浅腹，
小平底，三短足，腹上部常饰刻划弦纹和水波纹，下腹部或底部常有一刻划符号；有的
器物盖面或肩部常饰斜刺篦纹；陶鼎作罐形腹，羊角形锥足，器身方格印纹（图一，
11）；大陶瓮多印"米"字纹。这些特点同广东地区战国至西汉初期墓葬所出同类陶器
很相近[34]。

　　由此可见，银山岭战国墓所反映的文化面貌，有一定的地域性，它同湖南楚墓比较
接近，与广东西江流域的战国墓完全一致。这样的分布地域，应该说是同生活在我国岭
南的百越民族有关的。

二、银山岭墓地应属西瓯

据文献记载，秦以前岭南主要是我国古代越族聚居的地区。我国古代越族分布范围很广，概言之，如《汉书・地理志》注引臣瓒所说：粤（越）地"自交趾至会稽七八千里，百粤（越）杂处，各有种姓"。春秋时代，越族的一支，以今江浙为中心，建立了一个强盛的奴隶制大国，曾伐灭吴国，并占有其地，北伐齐，西伐楚，争霸中原。迨至战国时代被楚所灭，据《史记・越王句践世家》："楚威王兴兵而伐之，大败越，杀王无疆，……而越以此散，诸族子争立，或为王，或为君，滨于江南海上，服朝于楚。"活跃在岭南的越族主要是西瓯和骆越。百越民族在和内地、特别是和楚民族的长期交往中，发展了自己的经济和文化，先后进入了阶级社会。

银山岭是南岭山脉中都庞岭南麓丘陵地区的一个小土岭。其西离桂江仅十余公里，山下有燕水，北流入恭城河。沿恭城河上溯，可深入都庞岭腹地，过龙虎关，进入南岭北侧的潇水流域。沿恭城河南下则入桂江，溯桂江北上，可深入越城岭腹地，过越城峤，进入湘水流域，这就是著名的湘桂走廊。顺桂江南下，直达西江流域，西通郁江、黔江，东达于海。交通十分便利，历来是岭南出入中原内地的交通要道。平乐及其邻近各县不但是几何印纹硬陶的主要分布地区，又常有商周青铜器出土，如兴安发现过商代铜卣，灌阳发现过西周铜钟和铜戈[35]，恭城发现过春秋战国之际的青铜器墓葬[36]，说明中原文化早在战国以前就从这一带传入岭南。

《史记・吴起列传》载，在周安王时，楚悼王用吴起为相，变法富强，曾一度"南平百粤（越）"。但其势力往南深入何处，不可确指。《战国策・楚策》载，楚怀王时，苏秦曾说：楚国"南有洞庭苍梧"。范环说到楚国曾因越之乱，"南察濑湖而野江东"。关于苍梧的地望，清人张琦在《战国策释地》中说是"汉零陵郡也，今永州府至广西全州地"。关于濑湖，《史记・樗里子甘茂列传》作"厉门"，上引一句话则为"南塞厉门而郡江东"。《史记正义》引刘伯庄云："厉门，度岭南之要路。"又《水经注・漓水》说："濑水出荔浦县西北鲁山而与濡水合，又注于漓水，漓水上有关。"应该说就是"厉门"塞。其地当在今荔浦平乐之间，离银山岭不会很远。一九五七年安徽寿县出土楚怀王时代的鄂君启金节，记述了楚国当时水陆交通的主要路线，其南路沿湘江上溯，已达于"郴阳"[37]。按"郴阳"就是《汉书・地理志》零陵郡下的"洮阳"。长沙汉墓曾出土过"洮阳长印"、"逃阳令印"和"洮阳丞印"[38]，长沙马王堆汉墓出土帛书地图标为"桃阳"县[39]。桃、逃、郴、洮，一字之别体。其地在今全州县北。既然楚之驿传关卡已到洮阳，其实际控制范围当在此以南。综上所述，楚国南界实际已越过南岭山脉，很可能沿湘江而上进入漓水流域，即桂江上游。

唐代杜佑《通典》卷一八四载：桂林"战国时楚国及越之交，秦为桂林郡"。宋代乐史《太平寰宇记》也说：桂州（今桂林专区）"春秋时越地，七国时服于楚，战国时为楚越之交境"。元代马端临在《文献通考・舆地考》中说得更具体，他说：静江府

（今桂林专区）"战国时楚国及越之交，……自荔浦以北为楚，以南为越"。都说明楚越之界在今荔浦平乐一带。银山岭正处在战国时期楚越之交境。

从银山岭墓地反映的文化面貌来看，应属于越而不是楚。楚国地广人稀，境内民族成分复杂，各地区的文化面貌不尽相同，但有几个基本特点，在楚墓中表现得很强烈：①在墓坑结构上，小墓普遍设壁龛；②随葬一套或数套仿铜礼器的陶器，其组合规律是鬲、盆（或钵）、罐（春秋战国之交）；鼎、敦（或簠）、壶（战国中、晚期）；鼎、盒、壶（战国晚期）；③普遍随葬铜镜，铜兵器中常见戈。银山岭战国墓并不具备这些特点，除一墓（M130）有很不像样的壁龛以外，其他都不设壁龛；随葬陶器未见敦、簠、豆，其组合虽是鼎、盒、杯，但所出鼎、盒与楚墓之鼎、盒仅是同名而已，形制完全两样。银山岭墓地没有发现铜镜，也没有发现楚国流通的货币，在大量的铜兵器中，铜戈仅二件。故不能把它们归之为楚墓。相反，如前述，它们有自身的特点，与广东西江流域的战国墓自成一体系，自然应是属百越文化的一部分。

再看刘安《淮南子》，就可以知道秦始皇统一岭南战争时期聚居在这里的居民应是百越的一支西瓯人。《淮南子·人间训》：秦始皇"使尉屠睢发卒五十万为五军：一军塞镡城之岭，一军守九嶷之塞，一军处番禺之都，一军守南野之界，一军结余干之水。三年不解甲弛弩，使监禄无以转饷。又以卒凿渠而通粮道，以与越人战，杀西呕君译吁宋。而越人皆入丛薄中，与禽兽处，莫肯为秦虏。相置桀骏以为将，而夜攻秦人，大破之，杀尉屠睢，伏尸流血数十万，乃发适戍以备之"。

按镡城之岭应是今之越城岭，九嶷之塞即今之萌渚岭[40]。所以秦始皇所发的五军中的一、二军都必然越过南岭山脉西段进入桂江流域，从水陆两路都有可能经过平乐。秦监禄凿渠即灵渠，亦即兴安运河，旧址尚存，在今兴安县城。秦军越过南岭山脉西段进入桂江流域即与越人的武装力量接触，杀西呕（瓯）君译吁宋。可见所谓"与越人战"，实际上是与越人中的西瓯人战。从汉初西瓯人活动的地域来看，这种说法也是成立的。《汉书·南粤传》记赵佗上汉文帝书说，南越"西有西瓯"，明指西瓯在南越之西。赵佗的南越国是以番禺（今广州）为政治中心的，其西当沿西江往上游去找。汉武帝元鼎六年平定南越时，在桂林郡内尚有大批瓯人，所以有桂林监居翁"谕告瓯骆四十余万口降"的事（《汉书·南粤传》）。秦时的桂林郡是包括整个桂江流域的。唐宋以来不少著作指出过西瓯人活动的地域。《旧唐书·地理志》贵州条说，党州（今玉林县境）"古西瓯所居"。而贵州郁平县（今玉林县境西北）"古西瓯骆越所居"。潘州茂名县（在今广东茂名县境）"古西瓯骆越地"。《太平寰宇记》也说：茂名"古西瓯骆越地"，贵州"故西瓯骆越地"。可见西江以南，今茂名、贵县一带已是西瓯骆越的杂居地区，可能为西瓯人活动地域的南界了。综上所述，西瓯活动的中心只能在南越之西，骆越之北，楚之南，恰当今桂江流域和西江中游一带。银山岭战国墓群与西江中游德庆、肇庆、四会、广宁、罗定等地战国墓相互类同，正好与此吻合。

三、西瓯社会面貌初探

据《淮南子·人间训》所载，西瓯已有君。西瓯在其君被秦军所杀之后，又"相置桀骏以为将"，可见西瓯已进入了阶级社会，产生了国家形态所特有的"君"。君之下还有"将"。但这种国家形态还不十分牢固，仍保持着原始社会末期军事民主阶段推举军事首领的传统。从银山岭墓地情况来看，墓坑有大小，随葬品有多寡，也反映了种族内部的阶级差别，这种差别反映的现实生活必然是阶级的对立。墓底设腰坑是中原地区商周奴隶制社会的特有现象，银山岭战国墓所设腰坑虽有所不同，但同样应该是奴隶制葬制的反映。所以，其社会性质应该是奴隶制的。银山岭没有发现像罗定、肇庆、清远那样的大墓，显然不是西瓯的政治中心。银山岭大多是中小型墓，其随葬品的组合、质地、数量，都比较接近，这又反映了这个氏族内部的血缘纽带仍然明显存在。

"越人之俗，好相攻击"（《汉书·高帝纪》）。百越内部，战争是很频繁的。银山岭战国墓普遍随葬铜兵器，正是这种战争频繁的反映。从随葬兵器的组合上可以看出，西瓯用于战争的主要武装是徒兵步卒，一般的装备是剑一、矛一、弓矢若干。剑是防身和肉搏的武器，矛是进攻型武器，弓矢是远射程的进攻型武器。除极个别例外，不见有戈，大概同当时常在丛林中作战有关。戈是车战中常用的勾杀兵器，百越之地"处溪谷之间，篁竹之中"（《汉书·严助传》），战车是无法施展的。剑、矛、镞各种兵器成套的搭配，既反映了当时战争的频繁，也反映了这个民族对战争的重视。《汉书·地理志》说，"吴越之君皆好勇，故其民至今好剑，轻死易发"，这是由其社会性质决定的。银山岭战国墓地各墓还配有成套的铁锄和刮刀等生产工具，说明当时对发展生产也是很重视的。这些兵器和工具旁边都放有砺石。可以想见，这些墓主人生前既是披坚持锐的战士，又是耕田织绩的农夫。

银山岭战国墓出土生产工具比较普遍，很能反映西瓯的生产水平。铜器有斧、斤、刮刀，铁器有锄、斧、刮刀，陶器有纺轮。铁器的大批出现尤其值得我们注意。以前有人认为长沙楚墓中出土的铁器是筑墓时偶尔遗弃的，而不是有意随葬的，后来有人曾予以纠正[41]。银山岭战国墓的铁器从其出土位置和严格的组合规律来看，毫无疑问是有意随葬的。银山岭战国墓随葬铁器的普遍程度比之楚墓还甚，这说明西瓯实际生活中使用铁器已相当普遍。恩格斯指出："铁使更大面积的农田耕作，开垦广阔的森林地区，成为可能；它给手工业工人提供了一种其坚固和锐利非石头或当时所知道的其他金属所能抵挡的工具。"（《家庭、私有制和国家的起源》）处在南岭山地的西瓯人，凭借着这种锐利的铁工具，开山垦地，开发了祖国这片土地。

其次的冶铸业。吴越铸铜剑是很有名的。《庄子·刻意》说，干越之剑"宝之至也"。欧冶子就是铸剑最著名的能工巧匠（《韩非子》）。西瓯既是越的一支，想必也掌握这种传统工艺。岭南铜锡蕴藏量都很丰富，平乐邻近的钟山、贺县，现在仍是著名的锡矿产地。丰富的地下资源，为青铜冶铸业提供了充足的原料。南岭山地古木参天，冶炼所需燃料木炭也是极为易得的。银山岭墓地出土的大量扁茎短剑、双肩钺、靴形钺、刮刀、杖头饰、盘口鼎等铜器，有明显的地方特点，当系本地铸造。剑、刮刀应是双范合铸的，初出有棱，经过打磨才能使用，质坚硬，至今有的锋芒犹在。钺、斧、杖头饰，都有銎，应有内范，器外仍是二范合铸，初出亦有棱。鼎的铸造工序稍复杂一些，从其铸痕观察，应是内范一块，外范三块，耳、足与器身同出。其中器身的接缝线必有一道通过一足，在底面和腹侧留有铸痕。器壁薄而匀，说明当时铸铜技艺水平已很高。铜镞是消耗性武器，大量的生产和使用，说明本地铜的来源是不缺乏的，产铜的数量一定可观。

另外，本地已能铸造铁器。铁锄大部分都与中原内地出土的形制相似，是否全系内地传入，尚无确切根据。银山岭战国墓都是中小型墓，一百一十座有七十二座墓出土铁锄，总数达八十九件。就是同时代出土铁器较多的湖南楚墓也是无法与之相比的。如系内地传入，何至如此之多？随葬如此之普遍呢？至于铁刮刀、铁双肩钺等，在中原内地少见或不见，更应是本地铸造。《汉书·南粤传》说吕后禁止向南越输入"金铁田器"，恐怕是指南越王国更大范围说的，银山岭一带似不乏"金铁田器"。楚国是当时冶铁技术最先进的国家，西瓯与楚接壤，在自己高度发达的冶铜技术的基础上，从楚国引进冶铁技术是完全可能的。本地出产铁矿，又为发展这种工业提供了物质条件。

再次是制陶业。银山岭墓地出土的陶器属印纹硬陶系统，这同本地区相当于商周时代的陶系是一脉相承的。陶质分两类。一类是夹砂粗陶，羼石英细砂，这类器物主要是经常受到烧烤的炊煮器，在银山岭具体来说就是方格印纹鼎。一类是泥质陶，坯胎制作已广泛采用轮制，在盒、杯、钵的腹、底都可以看到清晰的轮转痕迹。大件的陶瓮先采用泥条盘筑，然后慢轮定型，外壁用带纹饰的拍子拍平。纹饰有印纹、划纹和锥刺纹，但大量的杯、盒是素面。印纹主要是方格纹和"米"字纹，刻划纹主要是弦纹和水波纹。锥刺纹又称篦纹，是用尖状物锥刺成羽状形的图案。另外，在陶器底部或腹部刻划文字符号的现象也很普遍。这些纹饰和符号都是在器坯未干之前施加的。饰篦纹和划符号是西瓯地区陶器很重要的一个特色。烧造方法是入窑叠烧的，这从不少器表残留有叠烧黏疤可以推定。由于器物在窑内放置的位置和接触火源的角度不同，器物颜色有深浅，个别器物表面有滴状青釉。有的敲之声音清脆，已达到原始瓷的水平。

最后说到纺织业。出土材料仅见到陶纺轮一种。值得注意的是每个墓仅出一件，显然是象征性的。有陶纺轮的墓不出铜兵器，有铜兵器的墓不出陶纺轮，即纺轮与兵器不共存，这可能同当时性别分工有关。纺织似已成为妇女的专业。这种情形，同汉代居住在海南岛的民族差不多，"男子耕农种禾稻纻麻，女子桑蚕织绩"（《汉书·地理志》）。可惜只在个别陶器、铜器上隐约可见麻布印痕和残绢片，没有保存纺织品实物。刮刀的普遍，亦可能同编织和纺织有关。就纺织而言，它可以用来劈麻、刮麻。就编织而言，它可以用来修削竹篾和编织竹篾器。《淮南子·齐俗训》说到越蓆是一种贵重的席子。但这种竹编物和纺织品一样，难以在墓中保存。除74号墓发现方形竹席盒残骸以外，其他实物都没发现。

四、西瓯的归宿

我国统一的多民族的大家庭是在漫长的历史中逐步形成的。西瓯与内地的长期交往，是岭南汉越民族互相融合的基础。其间既有和平的经济文化交流，也有政治和战争的纠葛，这许多错综复杂的矛盾斗争，推动了社会的进步和国家的统一。国家的统一，国内各族人民的团结，是我国历史发展的主流。

前面已经说到，商周以来，中原地区青铜文化通过湘桂走廊传入岭南的事实。到战国时代，这样的文化交流就更加频繁。从银山岭战国墓地一部分出土器物也可得到说明。如Ⅳ式铜鼎，敛口，圆腹，圜底，蹄足，方附耳，盖面和附耳均饰细蟠虺纹，与前面说的盘口鼎大不相同，而与湖南长沙战国墓Ⅰ式鼎[42]和江西上高战国时代Ⅰ式鼎[43]很相似。又如Ⅰ式铜剑，长宽身，圆首茎，茎上有二道凸箍，格上有刻镂纹饰，与前说扁茎短剑风格完全两样，是在中原地区春秋晚期至战国时代普遍流行的铜剑[44]，江淮地区楚墓中尤多[45]。其他如铜盘、勺、削、Ⅰ、Ⅱ式矛和带钩等，都与中原内地出土的相同或相似，有的明显就是从内地传入的。相反，如前所说，银山岭特有的扁茎短剑和刮刀等铜器，也见于湖南、江西等地。这就雄辩地说明，西瓯与中原内地，尤其是与楚地的交往是十分密切的。这种密切的经济文化交流，对促进西瓯社会的进步起了很大的作用。

西瓯社会发生根本变化是在秦统一岭南之后，特别是在汉武帝平定南越，在岭南重新划分郡县以后。

秦军奋统一中原六国之余威，五十万大军压境，对西瓯来说，无疑是一个空前的打击。由于西瓯已有较发达的农业和手工业，有较高的文化，在同秦军的较量中又充分利用了熟悉的地理条件，因而非但没有被强大的秦军击溃，反而给秦军以很大的杀伤。前引《淮南子》已说到他们"夜攻秦人，大破之，杀尉屠睢，伏尸流血数十万"。《淮南子》的作者刘安是西汉前期人，距这场战争大约只有四五十年时间，他所受封的淮南国接近越地，对这场战争应该是比较了解的。尽管他所说的难免有所夸大，但使秦军损兵折将是可以肯定的。我们从银山岭出土的两件带铭文的铜兵器也可看到这场战争的痕迹。

一件是"江鱼"铜戈。此戈出于4号墓。内平直，援向上扬起，援、胡、内均具利刃，器身晶莹润绿，其形制与河南新郑郑韩故城Ⅲ式戈[46]和广州罗冈秦墓出土的戈[47]十分相似，是典型的战国晚期铜戈（图一，16）。前面说到，银山岭墓地铜戈仅二件，它不是西瓯自制的武器，而应是外地带入的。戈的内部两面都有刻铭，背面的刻铭细如毫发，加上使用过程中已经多次磨花，很难辨认，但其笔划形态与安徽寿县朱家集出土的楚器铭文很相类似[48]。正面刻二字，亦很纤细，一为"江"，一为"鱼"，一小一大，似不连读，可能刻有先后。江、鱼应是戈的置用地名。江见于《史记·楚世家》，楚穆王"三年（公元前623年）灭江"，《集解》引杜预曰："江国在汝南安阳县"，这时就应该属楚了。鱼见于《左传·文公十六年》（公元前611年）："唯裨、儵、鱼人实逐之。"杜预注曰："裨、儵、鱼，庸三邑。"鱼，鱼腹县，今巴东永安县。可见鱼在春秋时为庸国地名，战国时在巴楚之间。《华阳国志·巴志》载：巴国"其地东至鱼腹"。《战国策·燕策》有"楚得枳而亡"一语，枳是巴的国都，在今涪陵附近。可见楚在公元前三世纪初曾一度占领其地，故《史记·秦本纪》说：孝公元年（公元前316年）"楚自汉中，南有巴、黔中"。鱼地应归楚。又说，秦昭襄王三十年（公元前277年），秦"蜀守若伐楚，取巫郡及江南为黔中郡"，可知鱼地到这时又归秦。戈铭大概就是秦占领鱼以后刻的。

一件是"孱陵"铜矛。墓地采集物。通身宽而扁平，脊两侧各有一道血槽，扁圆銎，箭上有一小圆孔，形制与银山岭墓地出土的其他铜矛大不相同，而与秦都咸阳[49]、临潼[50]和江西遂川[51]出土的秦矛十分相似。箭上近叶处刻镂"孱陵"二篆字，是典型的秦刻作风（图一，7）。此件铜矛显系秦器。孱陵，地名，见于《汉书·地理志》：武陵郡下有孱陵县。《汉书》自注言武陵郡是汉高帝置，《后汉书·郡国志》则说是"秦昭王置"，原名黔中郡，汉高帝五年改名为武陵郡。《史记·秦本纪》说秦昭襄王二十七年（公元前280年）派司马错袭取了楚的黔中，因而置黔中郡，则孱陵属秦。此器铭亦在此时以后刻为宜。

此一戈一矛应是秦军从楚地带到岭南战场来的，可能是西瓯人的战利品，也是秦对百越战争的物证。

尽管如此，统一的潮流仍然势不可挡。经过多年的战争，西瓯内部的矛盾更多地暴露出来，大批奴隶会借此获得更多解脱的机会，促使西瓯社会也跟着中原内地向封建制转化。秦始皇三十三年（公元前214年），终于统一岭南，迫使"百越之君俛首系颈，委命下吏"[52]，岭南地区从此正式纳入秦的版图，成为我国统一国家不可分割的一部分。

秦统一岭南后，在岭南设立桂林、南海、象三郡，不但将原有五军留戍岭南，还徙中县之民，与越杂处。关于杂处，李奇解释说："欲以介其间，使不相攻击也。"（《汉书·高帝纪》）这是一项进步的政策，它加速了岭南地区的封建化和百越民族与中原华夏的融合进程。但是秦王朝很快灭亡，秦在岭南的郡县亦随之失去效力。汉初，由于中原不安定，中央政权对岭南鞭长莫及，无力经营。因而有一段时间又出现西瓯族统治者自称王的现象。赵佗上汉文帝书说："南方卑湿，蛮夷中间，……其西瓯、骆，裸国亦称王。"讲的就是此事。本来汉高祖遣陆贾立赵佗为南越王，就是叫赵佗"和辑百越，毋为南边患害"的。高后时，赵佗"以兵威财物赂遗闽越、西瓯、骆，役属焉"（《史记·南越列传》）。逐渐把西瓯地区纳入南越王国治下，后来封自己的同姓赵光为苍梧王。这种半独立状态，从银山岭汉初墓[53]和贺县、梧州、贵县等地西汉初期墓还保持浓厚的地方色彩中也反映出来。但兵器已大为减少，已有明显汉文化特征：如开始出现汉代货币、铜镜等汉式器物。秦代开始的封建化和有意识的各族杂处，经过三四代人的努力，到汉武帝平南越时，收到了显著效果。越桂林监居翁能"谕瓯骆属汉"，戈船、下厉将军出零陵，下漓水，抵苍梧，大军通过西瓯地区，比之秦统一岭南时顺利得多，就是此期间民族融合的结果。汉武帝元鼎六年（公元前 111 年）在岭南重划郡县，原西瓯地区分属苍梧、零陵、郁林郡。平乐属苍梧郡荔浦县。西瓯一名，自此以后不复再现。说明他们绝大部分已与汉人融合为一体了。从桂江流域和西江流域各县发掘西汉中叶以后的墓葬大体与中原内地无殊，就看得特别真切。毛主席说："汉族人口多，也是长时期内许多民族混血形成的。"[54] 西瓯应是岭南越族中最早与华夏融合的一支。

注　释

[1]　广西壮族自治区文物工作队：《平乐银山岭战国墓》，《考古学报》1978 年 2 期。

[2]　马得志等：《一九五三年安阳大司空村发掘报告》，《考古学报》第九册，1955 年；中国科学院考古研究所：《沣西发掘报告》，文物出版社，1962 年；中国科学院考古研究所：《洛阳中州路（西工段）》，科学出版社，1959 年；河南省文化局文物工作队第一队：《郑州碧沙岗发掘简报》，《文物参考资料》1956 年 3 期。

[3]　河北省文化局文物工作队发掘资料。

[4]　高至喜：《湖南古代墓葬概况》，《文物》1960 年 3 期。

[5]　湖南省博物馆：《湖南韶山灌区湘乡东周墓清理简报》，《文物》1977 年 3 期。

[6]　广东省博物馆：《广东德庆发现战国墓》，《文物》1973 年 9 期。

[7]　广东省博物馆：《广东四会鸟旦山战国墓》，《考古》1975 年 2 期。

[8]　广东省博物馆、肇庆市文化局：《广东肇庆市北岭松山古墓发掘简报》，《文物》1974 年 11 期。

[9]　见《南方日报》1977 年 12 月 14 日第二版报道。

[10]　湖南省博物馆：《长沙楚墓》，《考古学报》1959 年 1 期。

[11]　见《南方日报》1977 年 12 月 25 日第二版报道。

[12]　林寿晋：《东周式铜剑初论》，《考古学报》1962 年 2 期。

[13]　冯汉骥：《关于"楚公豪"戈的真伪并略论四川"巴蜀"时期的兵器》，《文物》1961 年 11 期。

[14]　同 [5]，图版 1、3。

[15]　广东省文物管理委员会：《广东清远发现周代青铜器》，《考古》1963 年 2 期，图九，7。

[16]　湖南省博物馆：《湖南省博物馆新发现的几件铜器》，《文物》1966 年 4 期，图一七，铜削。

[17]　同 [10]，图版玖，8，铁削形器。

[18]　同 [5]，图二六、二七、四八，4，铜削。

[19]　程应麟、秦光杰：《江西清江出土一批铜兵器》，《考古》1962 年 7 期，图一，3。

[20]　同 [6]，称穿刀。

[21]　同 [8]，称刻刀。

[22]　同 [7]，图版伍，15、16，篾刀。

[23]　同 [9]。

[24]　陈公哲：《香港考古发掘》，《考古学报》1957 年 4 期，图版陆，10。

[25]　同 [6]，图八，2，锛。

[26]　同 [7]，图六，8，铲形器。

［27］ 同［15］，图九，6，钺。

［28］ 见中国历史博物馆中国通史陈列。

［29］ 同［6］，图八，1，靴形刀。

［30］ 云南省博物馆：《云南晋宁石寨山古墓群发掘报告》，文物出版社，1959年，图版叁壹，4。

［31］ 同［6］。

［32］ 同［8］。

［33］ 同［7］，图四，3，Ⅱ式鼎。

［34］ 广州市文物管理处：《广州淘金坑的西汉墓》，《考古学报》1974年1期。

［35］ 广西壮族自治区文物工作队：《广西出土的青铜器》，《文物》1978年10期，93页。

［36］ 广西壮族自治区博物馆：《广西恭城县出土的青铜器》，《考古》1973年1期。

［37］ 殷涤非、罗长铭：《寿县出土的"鄂君启金节"》，《文物参考资料》1958年4期。

［38］ 周世荣：《长沙出土西汉印章及其有关问题研究》，《考古》1978年4期。

［39］ 马王堆汉墓帛书整理小组：《长沙马王堆三号墓出土地图的整理》，《文物》1975年2期。

［40］ 岑仲勉：《评〈秦代初平南越考〉》，见《中外史地考证》，1962年。

［41］ 高至喜：《评〈长沙发掘报告〉》，《考古》1962年1期。

［42］ 中国科学院考古研究所：《长沙发掘报告》，科学出版社，1957年，38页，图三〇。

［43］ 薛尧：《江西出土的几件青铜器》，《考古》1963年8期，图四。

［44］ 同［12］。

［45］ 安徽省文化局文物工作队：《安徽淮南市蔡家岗赵家孤堆战国墓》，《考古》1963年4期，图版叁；湖北省文物管理委员会：《湖北松滋县大岩嘴东周土坑墓的清理》，《考古》1966年3期，125页，图六。

［46］ 郝本性：《新郑"郑韩故城"发现一批铜兵器》，《文物》1972年10期，图六。

［47］ 广州市文物管理委员会：《广州东郊罗冈秦墓发掘简报》，《考古》1962年8期，图版柒，8。

［48］ 楚文物展览会：《楚文物展览图录》，1954年。

［49］ 陕西省博物馆文管会勘查小组：《秦都咸阳故城遗址发现的窑址和铜器》，《考古》1974年1期，图二，8。

［50］ 始皇陵秦俑坑考古发掘队：《临潼县秦俑坑试掘第一号简报》，《文物》1975年11期，图二五，6、7。

［51］ 江西省博物馆、遂川县文化馆：《江西遂川出土的几件秦代铜兵器》，《考古》1978年1期，图四，1。

［52］ 贾谊《过秦论》。

［53］ 广西壮族自治区文物工作队：《平乐银山岭汉墓》，《考古学报》1978年4期。

［54］ 《毛泽东选集》第五卷，人民出版社，1977年，278页。

（原载于《考古》1980年2期）

楚国的南界和楚文化对岭南的影响

一

楚国是春秋战国时代的南方大国。楚成王元年（公元前 671 年）使人献天子，"天子赐胙曰：'镇尔南方夷越之乱，无侵中国'，于是楚地千里"[1]。楚国由此受命于周天子而拱卫南服，不断并吞周围其他小国，与中原大国争雄。后经楚穆王、楚庄王和楚悼王的经营，到楚威王时，就成了"地方五千里，带甲百万，车千乘，骑万匹，粟支十年"的泱泱大国[2]。楚国最强盛时的疆域究竟有多大？《淮南子·兵略训》追忆说："昔者楚人之地，南卷沅湘，北绕颍泗，西包巴蜀，东裹郯邳，颍汝以为洫，江汉以为池，垣之以邓林，绵之以方城。"尚不包括庄蹻王滇所占领的地域。楚国的北、东、西三面与其他诸侯国的疆土相衔接，有的犬牙相错，随着双方军事力量的消长，屡有变更，文献记载较多，并且已有不少人做过研究[3]。其西南，因庄蹻王滇的事，近年来引起诸多争论[4]，迄今无统一看法。对此，本文均存而不论。唯其正南，究竟到达何处，文献语焉不详，后人也很少言及，本文拟略加探讨。

"南卷沅湘"作何解释呢？《淮南子》高诱注曰："沅湘二水名"，指的是沅江和湘江。王夫之《楚辞通释·序例》说："楚，泽国也。其南，沅湘之交。"也主沅湘为二水。沅江发源于贵州东部云雾山，东流入洞庭湖，整个湖南西部地区都在沅江流域。湘江发源于广西东北部的海洋山，自南而北，流贯湖南的东半部。"南卷沅湘"，一个"卷"字表明楚国南境已囊括了整个沅、湘二水流域，即包罗了今湖南全境。

战国初期，楚悼王用吴起为令尹，变法图强，曾一度"南平百越"[5]。这个"百越"之说也相当笼统。依《汉书·地理志》注引臣瓒的话说："自交趾至会稽七八千里"，都是百越杂处地区，显然包括今岭南的两广地区在内，较之"南卷沅湘"似更往南推进许多。《战国策·秦策》说到楚国"富擅越隶"，清人张琦在《战国策释地》一书中释"越隶"说，"楚威王灭越，今浙闽之地尽属楚，两广亦隶焉"，与上说同。因此，吴起"南平百越"可以看作是楚国越过南岭山脉进入岭南地区的军事行动，但是吴起得势的时间甚短，楚悼王一死，吴起自身受戮，变法失败，楚国势力就日渐衰落，原来占领的地区可能有所收缩，楚国是否仍能长期保有岭南之地尚属疑问。说楚威王时"富擅越隶"也并不能说它直接管辖整个岭南地区。

楚国南界究竟稳定在何处呢？《战国策·楚策》记载了苏秦对楚威王说的一席话，说楚"西有黔中巫郡，东有夏州海阳，南有洞庭苍梧，北有郇阳之塞郇阳，地方五千里"。虽然较之《淮南子》所说四境略有变化，但说到南境仍是相近的。主要是看对"苍梧"怎么理解。《逸周书》记述向商周王朝进献贡品的古代部落有"仓吾"。此仓吾即是苍梧，是进献翡翠的部族名，不是地名。宋代罗泌著《路史》，把苍梧与骆越、西瓯等同起来，视为百越部族的一支，也是这个意思。该部族生活的地方后来也名为苍梧，由部族名转化为地名。《礼记》及《山海经》都载有"舜葬于苍梧之野"的传说。《史记·五帝本纪》也载：舜"践帝位三十九年，南巡狩，崩于苍梧之野，葬于江南九疑，是为零陵"。作为地名，历史上的苍梧有二说。一说是指湖南与广东、广西交界的九嶷山。《史记·苏秦列传》张守节《正义》说："苍梧山在道州南"；在长沙马王堆三号汉墓中出土的帛书地图上画有九嶷山，其下书有"帝舜"二字[6]。与《山海经·海内南经》说"苍梧之山，帝舜葬于阳，丹朱葬于阴"相合。可能正指这一带。张琦《战国策·释地》说："古苍梧，汉零陵郡也，今永州府至广西全州也"；与此说同。如按此说，楚国南境也包括了湖南全境，甚至远到广西全州。一说是指广西的苍梧，包括现在的梧州一带。《史记》司马贞《索隐》说，苍梧就是《汉书·地理志》上的"苍梧郡"。汉初，赵佗割据岭南，曾封其同姓赵光为"苍梧王"，汉武帝元鼎六年（公元前111年）平定南越后，在此基础上设立苍梧郡。其地就在今广西东北部的梧州地区，即桂江流域至浔江中游两岸，郡治广信在今梧州。如按此说来解的话，楚国当年的南境应包括整个桂江流域在内。

《战国策·楚策》还记载了楚威王时范环的一段话，说楚国因越之乱，曾"南察濑胡而野江东"。《史记·甘茂列传》也有同样的记载，不过"范坏"作"范娟"，楚威王作楚怀王，"濑胡"作"厉门"，"南察濑胡而野江东"就成了"南塞厉门而郡江东"。汉代濑与厉是相通的，《史记·南越列传》"戈船下厉将军"，《汉书·两粤朝鲜传》就作"戈船下濑将军"。《史记集解》引徐广曰："'厉门'一作'濑胡'"，就是明证。"南察濑胡"也好，"南塞厉门"也好，显然是指同一件事。"濑胡"或"厉门"在什么地方呢？《史记正义》引刘伯庄曰："厉门，度岭南之要路"。北魏郦道元《水经注》在漓水"南过苍梧荔浦县"条说："濑水出荔浦县西北鲁山，而与濡水合，……又注于漓水，漓水上有关。"此关应该就是"厉门塞"，地当今广西荔浦、平乐之间，可以看作是楚国到岭南的重要关隘。唐代杜佑《通典》卷184载：桂林"战国时楚国及越之交，秦为桂林郡"；宋代乐史《太平寰宇记》卷162也说：桂州（今桂林地区）"春秋时越地，七国时服於楚，战国时为楚越之交境"。元代马端临在《文献通考·舆地考》中说得更详：静江府（今桂林地区）"战国时楚国及越之交，……自荔浦以北为楚，以南为越"。看来，唐宋以来地理诸书大都把战国时楚与百越之界划在今荔浦平乐之间，与上分析合，是颇有见地的。

考古发现为这种说法提供了更坚实的依据。1957年安徽寿县出土楚怀王时代的鄂君启金节（图一），记述了楚国当时的水陆交通的主要路线[7]。其中有"自鄂往，……上江，内湘，庚蹂，庚郴阳"句。据考证，这是自楚都郢城出发，往西南行的水路[8]。蒋骥《山带阁注楚辞》释《哀郢》"上洞庭而下江"句说，"上下谓左右，礼，东向西向之席，俱以南方为上"[9]。所谓"上江"，并非溯长江西上，而是沿长江南行的意思。"内湘"就是由长江入湘江，"庚"表示经过某地。蹂、郴阳都是城邑关戍所在地的地名。这个郴阳地点的确定，就可知道鄂君启的舟船溯湘江而上可到何处。《汉书·地理

图一 鄂君启金节

志》零陵郡下有"洮阳"县，郦道元《水经注》曰：湘水"又东北过洮阳县东。洮水出县西南大山，东北迳其县南，……东流注入湘水"。顾祖禹《读史方舆纪要》说，"洮阳废县，（全）州北三十五里，汉置县，以洮水经其南而名"。在长沙一座西汉前期墓中出土过"洮阳长印"和"逃阳令印"（图二），另一座墓中又出土过"洮阳丞印"[10]。逃、洮同音通假，证明汉初已有洮阳县。《汉书·百官公卿表》说："万户以上为令，秩千石至六百石；减万户为长，秩五百石至三百石。"官印有"长"有"令"，证明洮阳在文景之际由不足万户的县发展成为超过万户的大县。长沙马王堆三号汉墓帛书地图标出当时的县级地名也有"桃阳"，按其方位在今全州西北，湘江西岸[11]，与《水经注》和《读史方舆纪要》所载汉代洮阳县的位置相合。桃、洮也通假，显然这个桃阳就是《汉书》上的"洮阳"，也即是鄂君启金节上的"郴阳"。可见，洮阳不但至迟在西汉初年已经设县，而且已发展成为大县。推而上之，在战国时代设有城邑关戍也是完全可能的。既然楚怀王时代楚国鄂君的舟船可以通过洮阳，说明洮阳已是楚国的城邑关戍所在，附近至少已是楚国的直接管辖范围，楚国版图无疑已向南，越过洮阳进入湘江的上游，其实际控制的地盘扩及更南。在广西灌阳和兴安曾发现过几处战国墓葬，都是竖穴土坑木椁墓，随葬陶深腹圜底蹄足鼎、细颈圆腹圜底绳纹罐（图三）和圆首茎上有二道凸箍的长铜剑等，各方面和湘南的楚墓基本相同，也可作为楚的势力深入该地的佐证。

1　　　　　　　　　　2

图二　长沙西汉墓出土印章

1. 逃阳令印　2. 洮阳长印

图三　古城岗绳纹圜底壶

再从秦和汉初的形势来看。公元前223年，秦灭楚，继而挥军南下，越过五岭，进入百越地区。秦军在未越五岭之前，似乎并未受到任何军事抵挡，也可间接说明，当时的湘江流域原在楚国版图之内，楚政权覆灭，其地随之转入秦手，无须再用武力解决。但进入到桂江流域，情况就大不相同，越人奋起抵抗，迫使秦兵"三年不解甲弛弩"，主将尉屠睢被杀，"伏尸流血数十万"[12]，显然是进入了另一个政治领地。五岭南北这种明显区别，也无形中告诉我们，原来是有一条分界线在其间的。

秦统一岭南后，在岭南地区设立桂林、南海、象三郡。尽管桂林郡的精确范围无文献可征引，但其北部与当时的长沙郡接壤是明确的。《汉书·高帝纪》载：汉高祖五年，诏"以长沙、豫章、象郡、桂林、南海立番君芮为长沙王"。实际上，南海尉赵佗自立为南越王，已击并桂林、象郡，控制了岭南三郡。长沙国只有长沙、豫章二郡。大概正是为了阻止吴芮的势力南来，赵佗才特意在桂林郡北部另置一苍梧王。《汉书·诸侯王表》在叙述汉高祖末年十个诸侯国的疆土时，说"波汉之阳，亘九疑，为长沙"。可见长沙国南界只到九嶷山。《史记·南越列传》、《汉书·南粤王传》都讲到汉初南越国"与长沙接境"，吕后时，赵佗"发兵攻长沙边邑，败数县而去"，汉文帝赐赵佗书还说到南越国与长沙国是"犬牙相入"的，都说明当时南越，长沙两个诸侯王国是境地相接的。所以，汉初南越国与长沙国的界限，实际上是秦代桂林郡和长沙郡的界限。长沙马王堆三号汉墓出土的《西汉初期长沙国南部地图》，把都庞岭以西在今广西境内的桃阳、观阳二县，湘粤分水岭以南今广东境内的桂阳县，都标出了县治和道路，表明是在长沙国封域之内[13]。这种分界也是在湘漓二水之间，显然是继承了战国晚期楚国和岭南百越的分界传统。

综上所述，楚国的南界，实际上已越过南岭山脉，溯湘江而上，进入了漓水流域，大抵在今广西北部桂林附近。湘漓二水的分水岭可能是比较稳定的楚越交界处。

<h1 style="text-align:center">二</h1>

春秋战国时期生活在岭南的民族主要是越族。《史记·货殖列传》把"衡山，九江、江南、豫章、长沙"都视为"南楚"，又说："九疑，苍梧以南至儋耳者，与江南大同俗，而杨越多焉。"所以，楚与岭南的关系实际上就是楚越关系的一部分。但文献记载的楚越关系多偏重于楚与立国于浙闽一带的越人的关系，而对岭南百越多所忽视。其实楚之向南发展，对岭南的影响也是由来已久的，《左传·襄公十三年》（公元前559年）载，楚共王卒，子襄谋谥曰："君命以共，若之何毁之？赫赫楚国，而君临之，抚有蛮夷，奄征南海，以属诸夏，一而知其过，不可谓共乎……"《国语·楚语上》记载与此大同小异："赫赫楚国，而君临之，抚征南海，训及诸夏，其庞大矣。"这是春秋时代中叶的事。"奄征南海"或"抚征南海"无疑都是指征讨岭南而言，可见这时楚国与岭南发生了政治关系。战国时代人的著作还把这种关系追溯到传说时代。如《墨子·节用中》说："古者尧治天下，南抚交趾，北降幽都，东西及日所出入，莫不宾服"。《尚书·尧典》也曾说到"申命羲叔宅南交"。这"交趾"、"南交"，正是岭南蛮夷之区。《礼记·王制》说："南方曰蛮，雕题交趾"，就是指此。可见当时中原士人对岭南已有所认识。战国晚期出现的《楚辞·招魂》说："魂兮归来，南方不可止些，雕题黑齿，得人肉以祀，以其骨为醢些。"把楚国南面的雕题黑齿之民说得十分可怖。前面已经说过，楚国的极南已到湘漓二水之源，这以人肉为醢的雕题黑齿之区当然应是岭南地区。《墨子·鲁问》说到："楚国之南，有啖人之国者，传其国之生长子，则解而食之，谓之宜弟；美则以遗其君，君喜则尝其父。"这啖人之国显然就是《楚辞》所说的以人肉为醢的蛮夷。"啖人"《太平御览》所引《后汉书》、《广州记》、《南州异物志》作"噉人"。《说文解字》："啖，……一曰噉。"这种"啖人"的习俗在岭南一直保留到东汉时代。保留这种习俗的民族当时叫乌浒，主要活动在两广南部交界地区。楚人既然向着这么遥远的地方招魂，证明他们是常往返于这些地方的。

由此可见，战国时代的楚人对岭南地区并不陌生。这种不陌生是由于两地之间各族人民有经常的经济文化交往的缘故。

由于楚国在战国后期国势衰微，在强秦威逼之下，仅能防御和自保，无力再向岭南作更大规模的经营，所以岭南一大片土地一直孤悬在域外，没有正式列入楚国的版图。但是楚国"大地计众"，经济发达，文化先进，对周围地区无时不在发生影响，对落后的岭南百越之地，当然更不会例外。

从考古发现来看，岭南受楚文化的影响是随着时间的推移，逐渐深入的。以新中国成立以来岭南地区出土的青铜器为例，时代最早的当是商末周初的铜卣，这在广西的兴安和武鸣各出土一件[14]。兴安铜卣盖已失，提梁作绚索形，置左右脊上，器身两面饰浮雕式兽面纹，器底内阴刻"天父乙"三字，造型、纹饰、铭文都与黄河流域出土的

图四 兴安铜卣

晚商铜卣相似（图四）。武鸣铜卣身盖四面有扉棱，提梁置于正背面脊上，下端有牛头，通体以云雷纹为地，上饰夔龙、兽面和蝉纹，盖内有阴刻铭文"𢎥"字，造型、纹饰与湖南宁乡出土的戈卣相近[15]。次为西周时代，有广东信宜出土的铜盉[16]，广西荔浦、陆川出土的铜尊[17]，灌阳、忻城、横县出土的铜钟[18]等，也和中原内地的同类器物相似。有的可能就是从黄河流域传入的。这些青铜器从中原地区传入岭南，势必以楚地为媒介。

春秋时代的青铜器在岭南发现得更多一些，已可看出两种不同的风格。一种同中原地区和江淮流域的青铜器相同，另一部分则具有浓厚的地方色彩。如广西恭城一座春秋晚期墓[19]出土青铜器三十三件，其中编钟、鼎、罄、尊、戈等与湖南、安徽、河南等地楚器相同，可能直接来自江淮流域楚地。尤其是那件大铜鼎，深腹、圜底、蹄足、双附耳，腹部饰蟠虺纹、三角纹和三道绚索纹，膝上饰兽面纹（图五）。还有一件铜罄，饰蟠虺纹、蟠螭纹、缀涡纹。这两件铜器花纹浅细繁缛，完全是楚器作风。相反，提梁鼎、靴形钺、扁茎剑、兽首柱形器等，则完全是另一种风格，应是土著文化的产物。广东清远春秋晚期墓也有类似情况[20]，一号墓出土的Ⅱ式铜鼎是长沙楚墓常见的形制；铜罄平口外翻、高颈圆腹 圈足，器身及足饰双绳索纹，成三行二十四格，每格内饰以二行四组浮凸的羽状云纹。二号墓出土的铜鼎颈较短，腹上有四个圆形凸起和两圈绚纹，上部遍饰蟠虺纹，下部饰蟠虺纹和三角形垂叶纹。这两件铜鼎都有明显的楚器特征。这两座墓出土铜编钟十二件，也是中原器物风格。而同出的人首柱状器等，除岭南地区之外，别处不见。特别有意思的是，往往在同一件器物上同时反映出两种风格的融合，如恭城出土的蛇斗蛙纹尊，造型和中原地区铜尊无别，而装饰花纹有浓厚的岭南生活气息（图六）。岭南出土

图五 恭城铜鼎

春秋时代的铜钟不少，形制和中原地区的相同，装饰花纹则有别；大部分只是正面有纹饰，背面除界格和枚以外，光素无纹；有的钲边、篆间以两行小乳钉为界，有的饰枨纹，这在内地是没有的。这些不同的作风，暗示着岭南的青铜文化是在楚文化影响下产生和发展起来的，本身从一开始就包含着楚文化的因素。

战国时代更是如此。广西平乐银山岭[21]、广东广宁铜鼓岗[22]、罗定南门洞[23]等，都发现过战国墓群，广东四会鸟旦山[24]、德庆凤村[25]、肇庆松山[26]等地也发现过战国墓葬。这些战国墓有它们自身的特点，应是岭南百越族群中的西瓯人的墓葬[27]，但同楚墓相比，又有许多相同和相近的地方。如都是长方竖穴土

图六　恭城蛇戏蛙纹铜尊

坑，用木棺椁，随葬品中多青铜器，尤其是其中许多精美的青铜器具有明显的楚风。肇庆松山战国墓出土的错银铜罍，花纹由相勾连的飞鸟和云气组成，生动流畅，工艺精致，是楚国典型的作品；同墓的铜提梁壶、三足盘，四会鸟旦山、罗定南门洞的铜盉、鉴、缶，罗定、梧州的铜鼎[28]和以上地点出土的盘、勺、削、凿、斧、矛、带钩等小型铜器，都与湖南、安徽等地楚墓中出土的相同或相近。特别是平乐、肇庆、四会等地出土的长宽身、圆首茎、茎上有二道凸箍、格呈"凹"字形的铜剑，更是江淮流域楚墓中的常见之物。

以上的青铜器大部分发现于西江流域，正是岭南与楚国交往最便利的水路交通干线地区，从其地理分布情况，也可看出自楚国传入岭南的趋势。这说明，岭南地区的青铜文化是同楚文化密切相关的。

楚文化对岭南的影响不但存在于当时，而且还绵延于后世。西汉初年岭南的许多大墓，仍明显地保持着楚墓风格。如贵县罗泊湾汉墓[29]，垒高大的封土堆，修斜坡墓道，墓室填青膏泥，用大型木椁，棺内用竹席裹尸，用大量漆器陪葬，等等，无不是楚墓做法。随葬的漆器、木俑、皮鼓、铜镜、铁锸等许多器物，都与楚墓无异。

楚文化对岭南的影响不仅限于两广地区，而且通过两广地区继续向南远播，在印度支那半岛发现不少战国时代的青铜器，其中有不少楚器[30]，就是楚文化远播留下的足迹。

楚是融合南方许多兄弟民族形成的，楚文化中也包含有岭南百越文化的因素。事实上，在楚国范围内也发现过不少属于百越民族的遗物，如青铜扁茎短剑、刮刀、双肩钺等。湖南衡山霞流市出土的武士靴形钺，双面铸有佩刀剑或持斧钺的武士[31]，其形象

与广西左江崖壁画上的人物相似[32]。这类器物显然是从岭南传入的。岭南地区受楚文化的熏陶，科学文化也有很大的发展，到战国时代还出现过一些显赫域中的政治家。传说南海人高固曾做过楚威王相，参与楚国最高层的政治活动，公师隅往返于越魏之间，受到魏国重用[33]。

楚文化对岭南的影响，意义是十分深远的。首先，它是秦统一岭南的精神基础。没有楚文化长期而又深入的影响，秦统一岭南就不可能那么顺利。其次，秦统一后，大量中原汉人南迁，与当地民族杂居，能够相安无事，并且很快互相融合，促使岭南的经济文化迅速发展；也与楚文化的长期影响不无关系。秦末汉初，在中原地区群雄角逐的情况下，岭南僻处边地，仍能同内地保持密切关系，没有脱离祖国大家庭，也是有这种历史渊源的。因此，楚文化就像一条无形的纽带，紧紧地把南部疆土和各民族同中原地区维系在一起。

<h1 style="text-align:center">注　释</h1>

[1]　《史记·楚世家》（标点本），卷四〇，中华书局，1697 页。

[2]　《战国策·楚策》。

[3]　参看舒之梅、吴永章：《从楚的历史发展看楚与中原地区的关系》，《江汉论坛》1980 年 1 期；丁永芳：《楚疆述略》，《江汉考古》1980 年 1 期。

[4]　参看《思想战线》1975 年 5、6 期。

[5]　《史记·吴起列传》（标点本），卷六五，中华书局，2118 页。《后汉书·南蛮列传》记载这件事则说"吴起相悼王，南并蛮越，遂有洞庭苍梧"。

[6]　马王堆汉墓帛书整理小组：《长沙马王堆汉墓出土地图的整理》，《文物》1975 年 2 期。

[7]　殷涤非、罗长铭：《寿县出土的"鄂君启金节"》，《文物参考资料》1958 年 4 期。

[8]　谭其骧：《鄂君启节铭文释地》，《中华文史论丛》第二辑。

[9]　蒋骥：《山带阁注楚辞》，中华书局，1958 年，119 页。

[10]　周世荣：《有关马王堆古地图的一些资料和几方汉印》，《文物》1977 年 1 期。

[11]　同［6］。

[12]　《淮南子·人间训》。

[13]　谭其骧：《二千一百年前的一幅地图》，《文物》1975 年 2 期。

[14]　梁景津：《广西出土的青铜器》，《文物》1978 年 10 期。

[15]　《中国青铜器选》，文物出版社，1976 年，图 21。

[16]　徐恒彬：《广东信宜出土西周铜盉》，《文物》1975 年 11 期。

[17]　广西壮族自治区文物工作队：《三十年来广西文物考古工作的主要收获》，载《文物考古工作三十年》，文物出版社，1979 年。

[18]　同［14］。

[19]　广西壮族自治区博物馆：《广西恭城出土的青铜器》，《考古》1973 年 1 期。

[20]　广东省文管会：《广东清远发现周代青铜器》，《考古》1963 年 2 期；又《广东清远的东周墓葬》，《考古》1964 年 3 期。

[21]　广西壮族自治区文物工作队：《平乐银山岭战国墓》，《考古学报》1978 年 2 期。

[22]　见《南方日报》1977 年 11 月 23 日第二版报道。

[23]　见《南方日报》1977 年 12 月 25 日第二版报道。

[24]　广东省博物馆:《广东四会鸟旦山战国墓》,《考古》1975 年 2 期。

[25]　徐恒彬等:《广东德庆发现战国墓》,《文物》1973 年 9 期。

[26]　广东省博物馆等:《广东肇庆市壮岭松山古墓发掘简报》,《文物》1974 年 11 期。

[27]　蒋廷瑜:《从银山岭战国墓看西瓯》,《考古》1980 年 2 期。

[28]　广西壮族自治区文物管理委员会:《广西出土文物》,文物出版社,1978 年,图版 50。

[29]　广西壮族自治区文物工作队:《广西贵县罗泊湾一号墓发掘简报》,《文物》1978 年 9 期。

[30]　黎文兰、阮文陉、阮灵:《越南青铜时代第一批遗迹》(越文),河内科学出版社,1963 年。

[31]　周世荣:《蚕桑纹尊与武士靴形钺》,《考古》1979 年 6 期。

[32]　广西少数民族社会历史调查组:《花山崖壁画资料集》,广西民族出版社,1963 年。

[33]　《广东通志》卷二六八。

(原载于《中国考古学会第二次年会论文集》,文物出版社,1982 年)

二、汉晋考古

贵县罗泊湾汉墓墓主族属的再分析

从历史文献记载可知，贵县一带是先秦时期百越族群中的西瓯部族的聚居地。秦统一岭南后，设桂林、南海、象三郡，桂林郡郡治就在这里。汉武帝平南越后，把桂林郡改为郁林郡，郡首布山仍在这里（《汉书·地理志》）。自此后，以至于隋代大业初年，布山一直都是郡治的所在地，前后历七八百年之久。自 1954 年考古工作者在贵县县城及其近郊清理发掘的汉晋时代墓葬已不下五百座，出土各类文化遗物数以万件计，为研究广西汉代的物质文化提供了极为丰富的实物资料。1976 年秋，在贵县县城东北郊发掘了罗泊湾一号墓，1979 年夏，在离一号墓仅五百余米的地方又发掘了罗泊湾二号墓。这两座墓都是西汉前期的大墓，规模巨大，结构复杂，遗物丰富，资料公开发表后，常被研究岭南地区秦汉时代历史的学者所征引。但是，对墓主人的身份还存在着不同的看法。在发表简报时，我们认为一号墓的墓主原是随军南下的将领，后来成为南越国桂林郡的郡守或郡尉[1]；二号墓的墓主是南越国派驻桂林郡相当于王侯一级的官吏的配偶[2]。但是，都没有作深入的论述。后来，有的学者认为贵县罗泊湾一号墓是"西瓯"墓[3]，并把罗泊湾一、二号墓视为西瓯君夫妇墓[4]。对此也没有做深入论述。主持罗泊湾二号墓发掘的蓝日勇同志最近发表专论，《试论罗泊湾一号墓墓主身份及族属》（以下简称"蓝文"）[5]，论证罗泊湾一号墓墓主是受南越国册封为王侯的骆越族首领。

罗泊湾一、二号墓的族属问题，牵涉到秦统一岭南、汉初南越国的政权结构和汉越民族关系等问题，很值得继续讨论。我仍然认为墓主不是土著民族首领，而是从中原南下来的将领，不是王侯，而是桂林郡的郡守或郡尉。

一、从墓葬形制分析

罗泊湾一号墓是一座大型的土坑木椁墓。墓坑的上半部积土版筑，下半部掘土为穴，从墓顶到墓底，深达 11 米。墓坑内壁用火烘烧，填土经层层夯打坚实，夹充防腐的青灰色膏泥。墓坑平面呈"凸"字形，南北长 12.5 米，东西宽，南部（前部）是 5.1 米，北部（后部）是 8 米。坑内构筑木椁，全用大条杉木靠榫卯扣合、纵横堆砌而成。椁室内分隔成前、中、后三室十二个椁箱。前室中部似为享堂，中室、后室置三具长方形的漆棺，其中主棺是双层漆套棺。各个椁箱内填充随葬品。在椁室底板下还有七个殉葬坑和两个器物坑。每个殉葬坑内都有一具木棺。棺内各殓殉葬者一人。器物坑内堆放着重重叠叠的青铜器。墓室正前方有斜坡墓道，墓道东侧有车马坑（图一）。

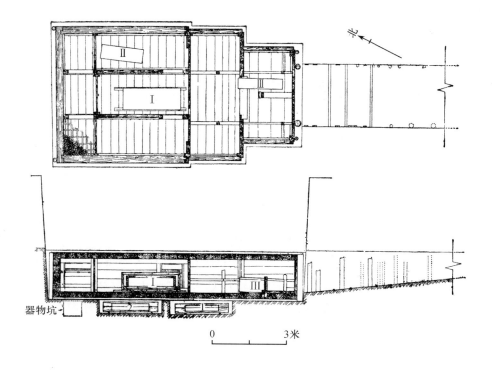

图一　贵港罗泊湾一号墓平面、剖面图

从墓葬规模之大，随葬物品之多，和有人殉葬等情况来看，墓主人生前必能征调大量人力、物力，占有大批奴婢。这在汉初只有南越国相当于郡国一级的高级官吏或贵族才能做到。

《礼记·檀弓篇》说："天子之棺四重"，郑玄注曰："诸公三重，诸侯再重，大夫一重，士不重。"这里说的虽是先秦的葬制，但这种葬制对后代有深远影响。罗泊湾一号墓有十二个椁箱，加上双重漆套棺，相当于先秦诸侯一级的葬礼。这种规格，在秦和汉初也只有郡国一级的官吏才能享有。

随葬品的组合，除因椁室早年被盗、所葬器物无法做出精确推断之外，从器物坑所出铜器和《从器志》所载，多少可以看到一些端倪。从出土铜器来看，至少中原地区贵族墓习用的铜器，如鼎、壶，钫、盘，匜，勺等都有。鼎是祭祀所用盛牲之器，在我国先秦时期的礼乐制度中，用鼎的规格是各级贵族身份的一个重要标志，墓中随葬鼎的多少，同墓主身份的高低有关[6]。罗泊湾一号墓随葬的铜鼎，《从器志》记载是"鼎二"，可能是指那两件有盖的蹄足鼎，即所谓"汉式鼎"，但与实物对照，除了这两件铜鼎之外，还有三件盘口鼎，即"越式鼎"。这两项相加，实际是五鼎，按照先秦文献的说法，"五鼎"应是大夫一级用的（《孟子·梁惠王》），也相当于郡国一级。如就二鼎而言，汉武帝时期的中山靖王刘胜墓[7]和汉宣帝时的鲁孝王刘庆忌墓[8]也只有二鼎。仅用二鼎，其地位也同诸侯王相当了。《从器志》中记载随葬品的第一项是"衣袍五十领二笥”。五十领就是五十件。《礼记·王制》曰：“大夫有大棺三重，衣衾五十称，士有大棺二重，衣衾三十称。”又《礼记·丧大记》曰：“小敛之衣皆十九称，大敛之衣，君百称，大夫五十称，士三十称，天子盖百三十称。”此墓用衣袍五十领随葬，也是大夫的葬制。同时随葬的还有成套的钟鼓乐器，殉葬了乐舞伎，均显示墓主生前是相当显赫的钟鸣鼎食之家。

　　蓝文在正确地分析了罗泊湾一号墓的形制之后指出，“一号墓的椁制是汉初诸侯之制”。汉初郡、国兼半，郡守尉的地位与诸侯王相近，墓主除了是诸侯王的可能之外，也有是郡守、尉的可能。

　　秦始皇统一中国后，在全国范围内推行郡县制。每郡都置有郡守、郡尉，由中央直接委派，在地方上的权力很大。在新开辟的边远地区，郡守、郡尉多从善战的将领中选拔。为了使政权易于统一，有时由郡守兼任郡尉职，一人独揽大权，权力更重。西汉初年，刘邦“惩戒亡秦孤立之败，于是剖裂疆土”，在实行郡县制的同时，又分封了一些诸侯王（《汉书·诸侯王表》）。赵佗割据岭南，建立半独立状态的南越国，也仿汉室，除了沿袭秦朝建制，保留原来的郡县之外，也册封过侯王。按《汉书·地理志》所载，贵县在秦代当属桂林郡，是郡治的所在地。南越国时期仍有桂林郡，只是在它的北部册封了赵光为苍梧王。此外，在桂林郡范围之内，似未再封其他诸侯王之理。桂林郡除了设有掌监察的郡监（如居翁）之外，还应有郡守、郡尉，或者至少像南海郡那样有一个郡尉（如任嚣）。贵县既是南越国郡治的所在地，桂林郡守、尉必然长驻，死后葬在这里的可能性也最大。应该补充指出的是：一号墓除了随葬大量的乐器之外，还有为数甚多的兵器，如铜镞、铁镞、铜剑、铁剑，长柄武器。特别是在五号殉葬棺，在少年侍者身边佩带着两件长达一米三的铁剑，这是贴身侍者为主人捧执的护身兵器。这些情况表明，墓主生前应是一员武将。由武将升为郡守、郡尉是符合秦和汉初的政治体制的。

　　南越国册封苍梧王主要是为了对付北边的长沙国。苍梧王的驻地应在汉武帝平定南越后所设的苍梧郡范围之内，苍梧郡治广信，即今梧州市。如果不是因为某种特殊原因，苍梧王死所就不大可能葬到贵县来。

　　那么，罗泊湾一号墓墓主是否是西瓯君呢？从历史文献记载来看，贵县在战国至汉初，确是西瓯族的聚居地区，但并不是西瓯的活动中心[9]。西瓯族首领在秦统一前也确有过“君”的称号，而且在同秦军的较量中喧赫过一时。直到汉文帝时，西瓯族的首领还在南越国之西“南面称王”（《汉书·南粤王传》）。但是后来如何，不见下文。

　　广西平乐银山岭发掘过一批西瓯墓，它们的主要特征是：在墓葬形制上，墓底普遍设腰坑，腰坑内放置一件陶器；在随葬品的组合上，基本上是铜兵器＋铁工具＋陶生活用具，而且所随葬的铜、铁、陶器的地方色彩很浓，如铜扁茎短剑、铜刮刀、铜扇形斧、铜双肩铲形钺、铜靴形钺、铜盘口鼎、铜柱头饰、硬陶三足盒、硬陶“米”字纹瓮等等，都是别的地区少见或未见的。尽管罗泊湾一号墓墓室分上下两层，下层设器物坑和殉葬坑，用多人殉葬，这些在全国的汉墓中相当特殊，但不具备西瓯墓的主要特征。从整个墓葬结构来看，墓圹前设斜坡形墓道，墓圹内构筑多层木椁，椁板上铺竹席、草帘，木椁周围填充防腐的膏泥，椁室内置双层漆套棺等，都是晚期楚墓的作风[10]；罗泊湾一号墓有高大的封土堆，墓圹上半部在地面上夯筑，平面呈椭圆形，下半部掘土为穴，在接近椁室高度时才起方角，这种做法，又同长沙马王堆一、二号汉墓极为相似[11]。总之，从墓葬形制上，罗泊湾一号墓无法同典型的西瓯墓相联系。罗泊湾二号墓有腰坑，似与西瓯墓相近，但腰坑内并不随葬陶器，而随葬了一位殉葬人，显然同真正的西瓯墓有所区别。

骆越与西瓯相邻而杂处，历史上与西瓯合称为"瓯骆"。骆越的活动中心在西瓯之南，当在我国的左江流域至越南的红河三角洲一带。蓝文也指出，贵县一带是"瓯骆杂居地"，不是骆越的中心地区。骆越人除了确知使用铜鼓、铜羊角钮钟等乐器之外，整个文化面貌还不很清楚。目前还没有发现过典型的骆越人墓地，所以无法拿罗泊湾汉墓做比较。历史文献也无法证实南越国曾册封骆越首领为诸侯王。

二、从随葬器物分析

蓝文拿广州南越文王墓同贵县罗泊湾一号墓做比较，认为南越文王墓随葬的乐器"都是汉族的乐器"，罗泊湾一号墓随葬的乐器"全是岭南少数民族的乐器"，从而为区分两墓的墓主族别找到了一条根据。同时指出，罗泊湾一号墓的七个殉葬人，经颅骨测定，确定为当地的土著民族，更增加了认为该墓墓主为当地土著民族的依据。

其实，问题并不这么简单。这两座墓随葬的器物除了乐器之外，还有大量的饮食器，盛贮器、盥洗器、佩饰品等等；按质料分，包括陶器、铜器、铁器、玉石器、漆木器等，纷纭复杂，我们应该从更大范围内去考察这一问题。罗泊湾一号墓除了随葬当地生产的青铜器、陶器和漆木器之外，还有大批属于五岭以北的典型产品，如汉式铜鼎、铜壶、铜钫、铜盘、铜盆、铜匜、铜勺、铜镳壶、铜扁壶、铜镜、铜带钩、铜车饰、玉印、玉璧、木尺、梳篦、六博棋盘、漆耳杯，漆盘、漆奁、漆豆、木牍、木简，等等（图二至图五）。从整个随葬器物的组合来看，中原文化色彩的器物同当地土著文化色彩的器物相比，还是占压倒的多数。应该指出的是，有的铜器上刻有中原内地的地名，证实这批铜器分别来自陕西武功（"𫔶*"字铜钫）、河南西峡县（"析"字铜鼎）等地。其中的鼎、盆、盘、匜等铜器还经过多次修补，疤痕累累，原是墓主生前祖传的实用器物，在他们手上恐怕已不止一代人的时间了。如果墓主是岭南土著民族首领，除了深入中原内地的战争掳掠之外，很难想象他会获得这么多用旧了的实用器皿。

此外，在该墓记录随葬器物的《从器志》中，一再提到"中土瓴"，"中土食物"。一个离开人世进入幽冥世界的人对于"中土"如此一往情深，如果不是远离中原故土的人，恐怕也很难理解。另外有一块记载随葬农具的木牍，自名为《东阳田器志》。东阳是秦代置县，汉代属临淮郡，协助项羽起义的陈婴便是东阳人（《史记·项羽本纪》）。东阳县故址在江苏盱眙县东阳乡[12]。贵县与东阳相距三千多公里，墓主随葬的农具尚要东阳农具，与墓主的出生地恐怕也不无关系。

图二　"布析蕃"铭汉式鼎

图三　彩绘勾连云纹壶

图四　"羘"铭铜钫

图五　贵港罗泊湾四"山"纹铜镜

　　我们知道，秦始皇统一岭南时，派了五十万大军进入岭南地区，统一岭南后，又将"诸尝亡人，赘婿，贾人"和"治狱吏不直者"谪发到岭南来《（史记·秦始皇本纪》)，秦末汉初，在岭南的中原人士已经很多。秦二世时，陈胜、吴广领导农民起义，秦王朝土崩瓦解，中原大乱。南海郡尉任器病在垂危，把龙川令赵佗召到番禺（今广州），委以南海尉的重任，并对他面授割据岭南的机宜。任嚣说："番禺负山险，阻南海，东西数千里，颇有中国人相辅，此亦一州之主也，可以立国。"（《史记·南越列传》）任嚣说的"中国人"，就是指从中原地区来的人，赵佗后来割据岭南，主要就是依靠这部分人。罗泊湾一号墓墓主应该就是这类辅佐赵佗统治南越的"中国人"。

中原士人到岭南地区做官以后，仍然同中原内地保持着密切的联系。一方面，他们中有的人可能在老家时已有不少积蓄，南下后将一些珍贵物品携带来，墓中那些陈旧了的青铜礼器就是他们祖传的家珍。另一方面，他们通过桂江、灵渠和五岭其他峤道，还不断从内地输入生产、生活用品，如青铜器、丝织品（缯帛）、佩饰品，甚至连陶制酒器（"中土瓴"）和食品（"中土食物"）也从中原内地输入；他们还可能同海外交通，输入琉璃，玛瑙、犀角、象齿；通过牂牁江（今红水河）从夜郎（今贵州）、蜀郡（今四川）输入漆器、缯帛和食品（如蜀之"枸酱"）。这就是我们看到墓中随葬品如此丰富多彩的一个重要原因。

罗泊湾一号墓确也有不少当地民族特有的实用器物，除了蓝文列举的乐器之外，还有越式铜鼎、铜桶，以及《从器志》中提到的"越筑"，"越箙矢"，等等，又作何解释呢？

中原南下的将士，在岭南"与越杂处"，少不了同当地越人频繁接触。南越王国为了加强对岭南的控制，奉行"和集百越"的民族政策，提倡中原士人尊重越人风俗习惯，鼓励他们同越人通婚。南越王赵佗本人为此率先身体力行，他不但在上汉文帝的书中以越人首领自居，自称"蛮夷大长"，而且真正做到"弃冠带"，改服饰，甚至在会见汉廷使者时敢于"魋结箕踞"。赵佗的曾孙婴齐在入质长安之前，曾在番禺娶越人女子为妻，生下了后来的术阳侯赵建德。越人出身的丞相吕嘉的宗族，"男尽尚王女，女尽嫁王子兄弟宗室"，并与苍梧王赵光连姻（《史记·南越列传》）。这样千丝万缕的联系，当然也会反映到他们的日用器具上来。汉族官吏一方面通过掳掠，另一方面通过越族上层人物的馈赠，获得越族的各种物品。吕嘉在煽动南越叛汉时曾说：王太后（赵兴母）"专欲内属，尽持先王宝器入献天子以自媚"。说明当时南越王室聚集了不少"宝器"。这"宝器"既包括中原传统礼器，也包括岭南特有的器物，铜鼓应是其中之一。铜鼓是岭南越人的传统乐器、权力重器和神器，在越人的心目中是神圣不可侵犯的，然而在罗泊湾一号墓中有一件铜鼓被改制成三足盘。这种三足盘是用来盛炭取暖的。一件当地民族的重器和神器就被主人踩在脚下了。这种现象至少说明，墓主对当地民族是不恭的，说得严重一些，则表现了他在思想意识上是对当地民族权力的蔑视[13]。这就暗示我们，墓主人不可能是越族首领。

广州发掘的南越文王墓，墓中随葬，除了中原汉墓中常见的鼎、盒，壶、钫一套象征性的礼器和编钟、编磬等成套乐器之外，还有越式铜鼎、越式铁鼎、越式铜桶和地方色彩浓厚的陶器。贵如南越王，尚且用越式器物随葬，他下属的地方官吏用越式器物随葬也就不足为奇了。

罗泊湾一号墓随葬的乐器可以说大部分都是当地民族乐器，殉葬的乐舞伎也确是当地民族。这一事实说明，墓主人家中拥有一支由越人组成的乐队，但还不足以证明墓主人本身就是土著民族首领。器物坑中的乐器包括二件铜鼓、一件铜锣、一件羊角钮钟、二件筒形钟、一件木腔革鼓；在殉葬者身边还有一件竹笛。通过对所有铜质乐器的测音推断，这批乐器足以装备一个在正式典礼场合使用的管弦乐队。这个乐队以竹笛为主奏旋律乐器，以羊角钮钟和筒形钟为一套，与二个铜鼓一起作为伴奏乐器，形成和弦。这些乐器都被放置在墓室底层，可能代表了郡府内的一个民族乐队[14]。在历史上，统治者出于个人的特殊爱好或政治上的某种需要，蓄养外族乐舞伎是常有的事。战国时期的楚庄王，"左抱郑姬，右拥越女，坐钟鼓之间"。（《史记·楚世家》）湖南长沙马王堆三号汉墓出土的"遣策"记载墓主拥有的歌舞伎中既有"楚歌者"，也有"河涧舞者"、"郑舞者"，乐器既有"楚竽瑟"，也有"郑竽瑟"、"河涧瑟"[15]。各民族乐舞杂陈，反映了民族文化的互相吸收和融合。越人能歌善舞，由来已久。桂林郡府设在越人聚居的腹地，中原士人既从越俗，又与越人通婚姻，日受越歌越舞耳闻目染，郡守、郡尉之家引进越人，为之奏越乐，舞越舞，也是很自然的。

罗泊湾一号墓随葬的乐器，除了器物坑和殉葬坑的以外，在椁室内还有出自椁室头箱的一件木腔革鼓（器物编号为297），《从器志》称之为"大画鼓"。这件木腔革鼓与在器物坑里那件木腔革鼓不同，鼓身扁矮，鼓腔外凸，两端呈梅花点形密布三层钉眼，表面髹漆，形制与河南信阳楚墓出土的木腔革鼓相同[16]，是典型的中原乐器（图六）。还有一件木筑，《从器志》称之为"越筑"。筑是中原内地的传统乐器，谋刺秦始皇的高渐离，是个击筑的高手。越人之有筑，当是从中原学来。这些乐器不与铜鼓、羊角钮钟、筒形钟等放在一起，似可说明，在墓主家中除了越人乐舞之外，还有汉人歌舞，反映了汉越文化的并存。

图六 贵港罗泊湾木腔革鼓

注　释

［1］　《广西贵县罗泊湾一号墓发掘简报》，《文物》1978年9期。
［2］　《广西贵县罗泊湾二号汉墓》，《考古》1982年4期。
［3］　黄展岳：《"神器"铜鼓》，《百科知识》1982年5期。
［4］　广州象岗汉墓发掘队：《西汉南越王墓发掘初步报告》，《考古》1984年3期。
［5］　蓝日勇：《试论罗泊湾一号墓墓主身份及族属》，《广西民族研究》1986年2期。
［6］　俞伟超：《周代用鼎制度研究》，《先秦两汉考古学论集》，文物出版社，1985年。
［7］　中国社会科学院考古研究所等编：《满城汉墓发掘报告》，文物出版社，1980年。
［8］　《曲阜九龙山汉墓发掘简报》，《文物》1972年5期。

［9］ 参看拙文：《从考古发现探讨历史上的西瓯》，《百越民族史论集》，中国社会科学出版社，1982 年。

［10］ 湖南省博物馆：《长沙楚墓》，《考古学报》1959 年 1 期；河南省文物研究所：《信阳楚墓》，文物出版社，1985 年。

［11］ 湖南省博物馆、中国科学院考古研究所：《长沙马王堆一号汉墓》，文物出版社，1973 年；又：《长沙马王堆二、三号汉墓发掘简报》，《文物》1974 年 7 期。

［12］ 南京博物院：《江苏盱眙东阳公社出土的秦权》，《文物》1965 年 11 期。

［13］ 何乃汉：《试论秦汉时期广西的社会性质》，《广西民族研究》1986 年 2 期。

［14］ 参见拙文：《广西贵县罗泊湾出土的乐器》，《中国音乐》1985 年 3 期。

［15］ 何介钧、张维明：《马王堆汉墓》，文物出版社，1982 年。

［16］ 河南省文物研究所：《信阳楚墓》，文物出版社，1985 年。

（原载于《学术论坛》1987 年 1 期）

南越王国人殉试探

南越国是西汉初期我国岭南地区一个半独立的诸侯王国。到汉武帝元鼎六年（公元前 111 年）因其丞相吕嘉叛汉而被汉王朝武力平定，其前后历五代九十三年。这个王国以今广州为政治中心，囊括了秦代的桂林、南海、象三郡，疆域包括了今广东、广西及越南北部地区，号称"东西万余里"。自 20 世纪 50 年代以来，我国考古工作者在它的政治中心广州及当时桂林郡所在地的贵县，以及贺县、平乐等地，发掘了南越国时期的墓葬数百座。这些墓葬，除了与内地的汉墓具有相同的时代特征之外，还具有浓厚的地方色彩。特别引人注意的是，在全国范围内，自战国以后极为罕见的人殉墓，这里却发现了三处。这些人殉墓的发现，为探索南越国的社会性质和民族关系增添了新的内容。

一、人殉墓的发现

南越国的人殉墓，首先发现于广西贵县，接着发现于广州。

1976 年 9 月，在发掘贵县罗泊湾一号墓时，在该墓椁室内除了墓主人的双层漆棺以外，还有二具单层漆棺。可惜由于此墓早年被盗，椁室内长期积水，棺的位置已经浮移，不明它们同主棺的相对关系；又因三个棺木内均主无一物，人骨架已全部朽没，无法推知死者的身份，因而不知此二者是否与殉葬有关。但在椁室底下发现七个小墓坑，分前后二行排列，每坑各有木棺一具，确是殉葬无疑。这七具木棺中有三具是方棺，四具是圆木棺，每棺各盛尸骸一具，分别用竹席或草席包裹，有的还有少量随葬品。人骨架在棺内仰身直卧，经鉴定，除一具是十三岁左右的男性少年之外，其余六人都是女性，年龄在十六岁至二十六岁之间。从埋葬的处置情况和死者的年龄、性别推知，这七人都是殉葬者[1]。

1979 年 6 月，在离罗泊湾一号墓东约一里的地方发掘了罗泊湾二号墓，棺椁构筑为一椁三棺，与一号墓近似。在椁板底下偏北边位置发现一个殉葬坑，坑内随葬木拐杖一根，漆奁、漆耳杯各一件，人骨架已朽，仅存人牙九枚；经鉴定，其年龄在二十岁左右，性别不明[2]。

1983 年，在广州象岗山发掘了南越文王墓，发现殉人十多人，他们分别置于该墓的东侧室、西侧室、前室、东耳室、墓道等处，也都各有葬具，有相当数量的随葬品，但人骨都已腐朽，仅个别残存部分骨骼、牙齿，可以确定其年龄、性别[3]。

这些发现已引起学术界的高度重视。有的学者认为，南越国还有人殉制，其社会性质应是奴隶制；有的学者认为，南越国发现人殉，是封建制度下还保留奴隶制葬制的残余。为了辨明南越国的社会性质，有必要将这些殉人的身份加以剖析，并结合历史文献，略做探讨。

二、人殉本身不能说明社会性质

20 世纪 50 年代初期，郭沫若同志根据殷商墓葬中发现大批殉葬人的现象，判断殉葬人都是毫无自由的奴隶，并据此论定殷代是奴隶社会。这在当时是一个创举，对推动中国古代史分期问题的讨论起过重要的作用。但是，由于他没有细心分析殉葬人的不同身份，忽略了在殉葬人中除了毫无人身自由的奴隶之外，大量的却是主人生前的近亲、近侍和近臣的事实，把不同性质的人殉搞混淆了。影响所及，使一些人误以为人殉是奴隶制社会特有的现象，以为有人殉现象的社会就是奴隶制社会[4]。为此，有的人以南越国还有人殉现象，就认为它已倒退回奴隶社会了。这种看法显然是不对的。

人殉起源于原始的宗教信仰。当时的人相信人有灵魂，人死以后还要到另一个世界去生活，而那个世界也和人类现实世界一样，需要吃、穿、住、用、玩。因此，在埋葬死者时，除了将他生前用过的生产生活用具拿去陪葬之外，还要将为他服务的人拿去陪葬，这就产生了人殉。

人殉早在父系氏族社会就有了，最初表现为女子为男子殉葬，这是在人类知识还未开化的情况下产生的一种十分愚昧的行为。到了阶级社会，人殉就打上了阶级的烙印，反映了主人对殉葬者的压迫和剥削的阶级对立关系。在奴隶制社会，奴隶主阶级生前过着声色犬马的享乐生活，他们还想在死后到另一个世界去继续过这样的生活，就必须有一批为他们从事生产的奴隶，为他们办事的近亲贵族和仆从，供他们淫乐的妃妾，和用来侍卫、杂役的人，也跟着他们去死。因此，在奴隶制社会，人殉是很普遍的，有时规模很大。正如《墨子·节葬》所说："天子杀殉，众者数百，寡者数十；将军大夫杀殉，众者数十，寡者数人。"殉人多少，视奴隶主的财力大小和地位高低有所不同，但都是把人殉作为丧礼中的必备项目，这从一个侧面反映了奴隶制的野蛮性。

到春秋战国时期，由于人的使用价值提高了，人殉已逐渐受到人们的反对，进步思想家荀况甚至说出"杀生而送死谓之贼"的话，人殉已成为不人道和不得人心的事。但是，人殉作为一种社会现象并没有因为奴隶制的消亡而退出历史舞台，到封建社会还作为奴隶制的残迹仍然顽强地延续下来。在秦始皇死后，秦二世还令后宫非有子者皆从死，殉葬者甚众。在汉代，虽然法律不允许杀殉，殉人的事仍偶有发生。甚至到了明代前期，还有用大批妃嫔和宫女为皇帝殉葬的事，明、清两代以妻殉夫的变相人殉更是比比皆是。

所以，有无人殉，并不能作为判定一个社会的性质的主要依据，更不能一见有人殉就认定该社会是奴隶制社会。

斯大林在《辩证唯物主义和历史唯物主义》一书中说："在奴隶制度下，生产关系的基础是奴隶主占有生产资料和占有生产工作者，这些生产工作者就是奴隶主可以把他们当作牲畜来买卖屠杀的奴隶。""在封建制度下，生产关系的基础是封建主占有生产资料和不完全地占有生产工作者——农奴，封建主已经不能屠杀农奴，但是可以买卖农奴。"奴隶制度与封建制度之区别，很重要的一条就是剥削阶级对生产者是完全占有还是不完全占有，反映在对人殉的处理上也就必然有所不同。在奴隶制社会里，奴隶主对奴隶可以任意杀戮，被殉葬的奴隶一般没有葬具，他们常常被成批地埋葬在主人墓室的二层台上或墓室的填土之中，或者被埋在专为埋葬殉人的小墓坑内。有的甚至和祭祀用的牲畜混杂埋在一起，被当作牲畜一样处置。在封建社会，封建主处死家内奴婢要受到法律的制裁，殉人多半是"赐死"或被诱惑甘愿自尽而死，主人给殉人以体面的葬具，甚至给予和主人相近的装殓，并且陪葬一定数量的用品。要想明了某处人殉所反映的社会性质，必须首先将该处殉人的身份弄清楚，再结合其他社会条件，认真分析研究。

三、殉人身份的分析

广州南越文王墓中的殉人，据发掘队的初步分析，其身份分别为南越王的婢妾、徒隶、乐伎和宦者。

在东侧室出土七枚印章，其中龟钮金印一枚，印文为"右夫人玺"；覆斗钮象牙印一枚，印文为"赵蓝"。在这些印章周围有大片漆木痕迹，应是一只漆棺，漆棺内还有玉饰一组，金珠、料珠一串，长方平板玻璃一件，漆奁一个，漆奁内盛放铜镜、梳妆用品，还有银带钩、熏炉、铜提桶、银置、铜盆、六博漆盘和象牙六博子等。另有三枚鎏金龟钮铜印，印文分别为"左夫人印"，"泰夫人印"，"口夫人印"，附近也有铜镜、熏炉、带钩、玉饰、金饰片、金串珠，其中"左夫人印"边保存有殉人残骸，可以判定死者年龄约三十岁。据《汉书·外戚传》载："汉兴，因泰之称号，……适称皇后，妾皆称夫人。"印文所见夫人身份等同，应都是南越王后宫诸妾。

在西侧室发现别人七具，都没有葬具，直接放置在木板上。经初步鉴定，有六具是成人，一具是儿童。但这些人都有少量的随葬品，如各有铜镜、铜带钩一件；有一位女性殉人还有玉环、玉璜、玉珠和无字玉印章。这些殉人的北边堆积着以牛、猪为主的家畜、家禽及鱼鳖的骨骼，还有铜匜、铜盆、铜勺、铜熏炉、陶罐、陶瓮、漆盘、漆盒等盛食器皿，说明此室是庖厨，殉葬者应是在庖厨中服役的徒隶。

在前室东北部有木棺一具，随葬陶器、玉器、铜镜、铜印等。铜印龟钮，印文为"景巷令印"四字。据考证，景巷令即永巷令，殉人应是宦者。

东耳室是陈放乐器和盛酒器的地方，在铜编钟、编磬之前的殉人是男性，年龄十八岁左右，身佩玉璧、玉璜、玉环、铜镜，其身份应是敲击钟、磬的乐伎。

在墓道通道处的殉人是门亭长，在墓道斜坡尽头的殉人，其身份则较门亭长更低。

贵县罗泊湾一号墓，墓主生前是随秦军南下的将领，死时为南越王国的郡守或郡尉一级的地方官吏。这座墓中殉人的身份也可以从以下四个方面加以剖析。首先，这七个殉人都有棺木装殓，都身穿彩绣衣服、鞋袜，用竹席或草席包裹，身旁都有一些陪葬品，这些现象，显然与奴隶制社会一无所有的奴隶身份不同（图一）。其次，下一号棺棺盖上刻有"胡偃"二字（图二），随葬的漆耳杯底部刻有"胡"字，说明这个殉人姓胡名偃。下二号棺棺盖上墨书"苏偃"二字（图三），也应是殉人的姓名。秦汉时代取名为"偃"是很普遍的，如赵国有将名贾偃，汉初燕王卢绾有丞相偃，吕后的外孙鲁王名张偃，汉景帝时有开封节侯陶偃等，广州汉墓出土过玉印"辛偃"[5]，江陵凤凰山汉墓出土过木印"张偃"[6]等。这些人物在当时社会都是有一定的地位。而在奴隶制社会里的奴隶如同牲畜一样，是没有什么姓氏的。其三，这批殉人生前衣纹绣，穿鞋袜，死后随葬梳妆品（漆奁、梳篦盒，梳、篦、黛墨）（图四、图五），甚至如下七号殉人头部

图一　罗泊湾汉墓殉葬棺

图二　贵港罗泊湾汉墓殉葬棺刻写"胡偃"

图三　贵港罗泊湾殉葬棺上墨书"苏偃"

图四　漆奁

有编成辫状的假发，其穿着打扮相当讲究。下一号殉人随葬竹笛一支（图六），其中六个女性的年龄在十六岁至二十六岁之间，更表明他们生前应是主人近幸的歌舞乐伎。其四，下五号殉人是一位年仅十三岁的小男孩，但身佩两柄长铁剑和一根拐杖，这长剑和拐杖不可能是他本人的用品，而应是他替主人捧执的。能替主人捧执拐杖和护身兵器的人绝不

图五　贵港罗泊湾汉墓殉葬梳篦及盒

会是一般奴隶，必然是主人生前最信得过的近亲或侍从。

图六　竹笛

贵县罗泊湾二号墓，墓主生前应是南越王国派驻当地的王侯一级官吏的配偶。殉人虽然不明性别，但其年龄在二十岁左右，从身旁随葬长剑木拐杖二事来看，其身份也应与罗泊湾一号墓的下五号殉人相同，是墓主生前的近亲或侍从。

从以上三墓的情况来看，南越王国的殉人都不是典型的生产奴隶，他们中有国王的妻妾、徒隶、乐伎和宦者，有大臣的乐伎和侍从。虽然，他们中的许多人生前的地位相当低微，但在某些方面仍然得到了主人的"厚爱"，他们和殷周时代被任意杀戮，不给葬具，像牲畜一样埋在主人墓室的二层台和填土中的奴隶大不相同，不能同日而语。我国封建社会畜养奴婢的现象是很普遍的，人殉并未绝迹。南越王国所见殉人皆非典型的生产奴隶，因而不能把南越王国的社会性质断为奴隶制。

四、南越王国出现人殉的原因

在我国历史上，人殉制度在战国时代已被各国废除。《史记・秦本纪》说：秦献公元年（公元前384年）提出"止从死"，就正式废除了人殉制度。虽然到秦始皇死时，秦二世又玩了一次令后宫非有子者皆从死的新把戏，但这也只是人殉制度的回光返照罢了。随着秦王朝的覆灭，人殉制度终究成了历史的陈迹，西汉以后，人殉已被法律明令禁止，赵缪王刘元因为临死之前预先命令他的奴婢从死，这件事就构成了他后来被处以国除的主要罪状之一。西汉帝王再也没有使用人殉的了。考古发掘汉墓不计其数，到目前为止，在中原地区发现人殉的也只有洛阳东关汉墓一例[7]，在已发掘的汉代诸侯王列侯的墓中没有发现过人殉。那么，僻处岭南的广州和贵县在西汉初年为什么还有如此规模的人殉墓呢？这不能不从岭南地区的历史环境中去考察。

岭南地区是我国古代越族聚居的地区，古代文献很早就记载了这里的越族和中原内

地人民发生经济、文化联系的事实。但是这些文献语焉不详，无法凭借它们去判定当时越族的社会性质。进入春秋战国时代以后，在这个地区的越族中已出现"君"、"将"，有了强大的武装力量。当时各个部：族之间互相攻伐，形成大大小小的奴隶制政权。从考古发现来看，新中国成立以来，两广地区不断发现春秋战国时期的遗物、遗址和墓葬，出土不少象征奴隶主权威的铜编钟和铜鼎，有的大墓还随葬成套的钟鼎礼器。这些情况表明，在春秋战国时代，岭南一些经济发达的地区确已进入了阶级社会，奴隶制事实上已经存在。

秦统一岭南后，在岭南设立郡县，派出大批官吏，推行封建统治；同时，大规模地从内地移民，到岭南宋"与越杂处"。派官和移民的目的在于开发岭南地区，使之迅速封建化。这些措施本来是同岭南原有的奴隶制相冲突的。但是秦代政权在岭南只维持了七年，它还来不及巩固自己的统治，就被农民起义推翻了。赵佗割据岭南，建立了以从中原南下来的封建贵族为主导地位的南越国。虽然南越国仍在继承秦代制度，设立了一整套封建官僚机构，"称制与中国侔"[8]，但为了巩固其在岭南的统治地位，为适应岭南地区的特殊历史条件，赵佗又采取了一系列"和辑百越"的灵活政策，如任用当地越族首领做官，提倡北方来的汉人尊重当地越人的风俗习惯，鼓励汉人同越人通婚，等等。这些做法，在很大程度上迁就了越族的落后习俗，使岭南地区原有的奴隶制的某些残余因素得以继续保存，并进一步合法化。另外，在秦王朝迁徙到岭南来的居民中，除了大部分是劳动人民之外，也有不少工商大户和官宦之家。如"治狱吏不直者"、"贸人"等。这些人来到岭南，很可能凭借他们不同常人的文化知识和手中雄厚的"余财"，迅速聚敛财富，像迁徙到蜀郡去的卓氏、程郑那样，重新成为拥有奴婢"数百人"的大富翁。这些人也最容易把中原内地落后的、过时了的奴隶制残余带来，与岭南地区原有的奴隶制习俗合流，复活一些奴隶制现象。

据《史记·南越列传》载：吕嘉叛汉时，曾指责南越王太后（樛氏）"专欲内属，尽持先王宝器入献天子以自媚；多从人，行至长安，虏卖以为童仆"。由此透露出，南越统治者是把自己的臣民当作奴隶（童仆）一样来买卖和驱使的。南越明王婴齐（赵佗曾孙）害怕到长安朝见汉帝，其原因之一就是因为他在南越王国内不奉"汉约"，"尚乐擅杀生自恣"，伯在朝见汉帝时受到当面指责，甚至会受到汉法的制裁。由此可见，在南越王国内，保存奴隶制的残余是比较严重的。在这种情况下，国王和大臣死时，胁迫妻妾奴婢殉葬，也就是自然的事了。

南越王国的人殉正是这个王国的割据性和岭南越族奴隶制残余因素相结合的产物。但是，这个诸侯王国的社会性质是封建制的，不是奴隶制的，它的人殉就像秦二世为秦始皇殉人的情况一样，也是封建社会初期复活奴隶制葬仪的一种特殊现象。

注　　释

[1]　　广西壮族自治区文物工作队：《广西贵县罗泊湾一号墓发掘简报》，《文物》1978 年 9 期。

［2］　广西壮族自治区文物工作队：《广西贵县罗泊湾二号墓》，《考古》1982 年 4 期。

［3］　广州象岗汉墓发掘队：《西汉南越王墓发掘初步报告》，《考古》1984 年 3 期。

［4］　参见黄展岳：《殷商墓葬中人殉人牲的再考察》，《考古》1983 年 10 期。

［5］　广州市文物管理委员会：《广州动物园古墓群发掘简报》，《文物》1961 年 2 期。

［6］　长江流域第二期文物考古工作人员训练班：《湖北江陵凤凰山西汉墓发掘简报》，《文物》1974 年 6 期。

［7］　余扶危、贺官保：《洛阳东关东汉殉人墓》，《文物》1973 年 2 期。

［8］　《史记》卷 113《南越列传》。

（原载于《广西民族研究》1994 年 1 期）

西林铜鼓墓与汉代句町国

广西西林县，位于滇、黔、桂三省（区）交界处，是云贵高原东缘的大山区。山高岭峻，谷深流急，交通不甚方便。但是，就在这高山深谷之中，1969 年发现了一处铜棺墓[1]，1972 年又发现了一处铜鼓墓[2]。两墓之间相距仅二十余米，出土了一大批十分珍贵的汉代文物。这两次意想不到的考古发现，使不少人感到吃惊，有的人甚至对墓葬本身的时代表示怀疑。汉代墓为什么葬到这样偏僻的山区来呢？认真分析这两座墓葬，对研究我国古代西南民族的历史是很有意义的。本文仅就西林铜鼓墓的材料做点分析，并据以探讨汉代句町国的问题。

一、墓葬年代的确定

这座墓是当地群众在扩建晒谷场时无意中发现的，没有经过科学的发掘，有些必要的资料不齐全；出土文物中又没有任何有年代标识的文字材料，要断定这座墓的确切年代是比较困难的。但是，这座墓的随葬品丰富，并不妨碍我们利用这众多的器物同我国已知年代的墓葬材料作比较，提出它的相对年代。

作为葬具的四件铜鼓，时代性比较强。它们总的特征是：鼓身明显分为三段，鼓胸膨大鼓出，大于鼓面，鼓面不露边，无蛙饰；鼓腰呈圆筒形，附四只绳纹片耳；足部扩张。鼓面主晕装饰为翔鹭，鼓胸饰羽人划船纹，鼓腰饰鹿纹和羽人舞蹈纹，富有强烈的写实感。洪声在《广西古代铜鼓研究》一文中，分别把它们列入丙型 I 式和 II 式[3]。其 I 式的造型和纹饰分别与云南晋宁石寨山 M14:1 号铜鼓[4] 和广西贵县罗泊湾一号墓的 10 号铜鼓[5] 十分相似（图一）。II 式稍高瘦，造型和纹饰风格与 I 式相近，时代应一致。云南晋宁石寨山十四号墓和广西贵县罗泊湾一号墓都是西汉初年的墓葬。因此，定此四件铜鼓为西汉前期是不成问题的。

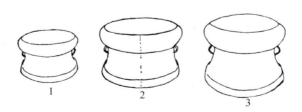

图一　铜鼓

1. 贵县罗泊湾（M1:10）　2. 西林一号鼓　3. 晋宁石寨山（M14:1）

随葬品明显分为两类:一类同中原内地的风格一致,可同中原地区出土的器物比较;一类有浓厚的地方色彩,可同云南古代滇族文物比较。

先看同中原内地相同的器物(图二)。鎏金铜骑马俑,其马雄浑健壮,四肢粗壮有力,马尾单独铸造插入臀部上方的方孔,骑士身穿挎褶,双腿跨坐鞍上。其造型、作风都同陕西咸阳杨家湾西汉前期墓中出土的陶骑马俑[6]十分相似。铜踞坐俑皆着宽袖长裙,双膝着地屈足向后而坐,与陕西临潼秦始皇陵出土的陶坐俑[7]、咸阳刘家沟汉墓出土的陶坐俑[8]、广州汉墓出土的鎏金铜坐俑[9]都相类似,是秦汉时代最流行的装束和坐姿;其形态尤其与甘肃灵台付家沟汉墓出土的一组六博铜俑相似[10]。玉玦中有一件是由卷云纹玉璧改制的,这种卷云纹玉璧常见于内地战国时代墓[11]。此外,六博棋盘、耳杯、铞、洗、车器、盖弓帽等铜器,都是中原地区战国至汉代的常见器物。

图二　铜俑和玉璧

1. 骑马俑(西林)　　2. 骑马俑(杨家湾)　　3. 坐俑(西林)　　4. 坐俑(秦始皇陵)
5. 玉玦(西林)　　6. 玉璧(长沙战国墓 M406: 22)

其次看地方色彩很浓的器物(图三)。羊角钮铜钟呈半个榄形,顶端为倒八字形錾钮。这种铜钟目前仅见于云南楚雄万家坝春秋时代墓[12]、广西贵县罗泊湾西汉初期墓[13]和云南晋宁石寨山西汉中期墓[14]中,时代更晚的墓中还没有见过。鞋底形的虎纹铜当卢和山羊纹铜牌饰,都同云南晋宁石寨山西汉初期墓出土的凤纹铜牌饰的形制相近[15]。正面有双小孔,背面有小乳突的乳白色玛瑙扣也同于晋宁石寨山[16]、江川李家山[17]、贵县罗泊湾一号墓[18]的玛瑙扣。玉管、松绿石串珠、红玛瑙珠等饰物,也和晋宁石寨山、江川李家山西汉初期墓出土的相似。

综上所述,西林铜鼓墓所出器物都有西汉前期特征,没有发现明显属于西汉中期以后的东西,也没有汉代流行于西南和岭南的铜钱和铜镜,其下葬的年代推断为西汉前期,至迟不会晚于西汉中期,当是不误的。

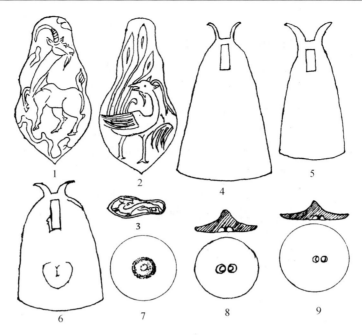

图三　铜器和玛瑙扣

1. 山羊纹铜牌饰（西林）　2. 凤纹铜牌饰（晋宁石寨山 M7：93）　3. 虎纹当卢（西林）　4. 铜钟（西林）5. 铜钟（楚雄万家坝）　6. 铜钟（贵县罗泊湾 M1：37）　7. 玛瑙扣（石寨山 M12：1 背面）　8. 玛瑙扣（西林）　9. 玛瑙扣（贵县罗泊湾 M1）

二、对墓主人的分析

西汉前期西林地区的历史情况，史无明载。以前编纂的地方志书，只笼统地说这里是汉属益州牂牁郡句町县地[19]。按《汉书·地理志》载，句町设县是汉武帝元鼎六年（公元前 111 年）的事。而句町县名，据《汉书》注引应劭说，是从"故句町国"而来的。因此，应先有句町族，立句町国，然后才有句町县。也就是说，汉武帝时代以前，句町县那块地方原是句町族的聚居地。《汉书·地理志》句町县下注："文象水东至增食入郁。又有卢唯水、来细水、伐水。"参照北魏郦道元《水经注》温水条也说：文象水"导源牂牁句町县。""文象水、蒙水，与卢唯水、来细水、伐水，并自（句町）县东历广郁至增食注入郁水也。"大致可以把汉代句町县的地域勾画出来。郁水即今郁江，增食县汉代属郁林郡，相当于今广西田阳、田东、平果一带[20]。"东至增食入郁"的文象水应是右江的上游，附近还有卢唯水、来细水、伐水，同处句町县，归流皆同，显系右江上游的支流。对这几条水系，前人做了不少考订工作。据《新纂云南通志》考证：文象水即今西洋江；卢唯水就应当是今驮娘江，蒙水、来细水、伐水则是西洋江的支流。验之现代水系，西洋江、驮娘江皆发源于云南广南县，东流入广西西林县，至田林县合流，它们的支流当在田林、西林及其上游。为此推定汉代句町县即今云南广南、富宁、广西西林、隆林、凌云、百色等县[21]，是比较恰当的。看《汉书·西南夷传》关于句町族活动的记载，可知其北部与漏卧（今云南罗平、贵州兴义一带）、夜郎（今贵州西部）为邻，可达贵州兴义地区；南近进桑（今云南河口），接近红河；西接滇（今云南昆明附近）和同并（今云南弥勒），通南盘江上游。其范围是很大的。但句町活动的中心历来有几种不同的说法。清代顾祖禹《读史方舆纪要》说在云南通海县东北[22]，羊复礼《镇安府志》说在广西天保县（今德保县境）[23]，道光《云南通志》认为在贵州独山荔波县[24]。这些说法，与上引《汉书》、《水经注》提到句町境内的几条水系对照，多不相符。由此证明，只有西林、广南一带才是句町活动的中心（图四）。这一带虽是高原山区，但大部山岭气势磅礴，并不陡峭，高山谷地中也有些小平原和盆地；土地肥沃，气候温润，适合于古代畜牧和农耕。驮娘江、西洋江交汇合流，清代尚可通舟船[25]；南盘江横贯东西，水量更为丰富，交通之利，更不待言。这块地方正是汉代南越通夜郎和滇的枢纽地带。另外，在这个范围内，发现汉代及其以前的遗物也并非仅此一处，在云南的广南、西畴、文山（原开化）都出土过汉代铜鼓[26]，近年来，在广西百色县龙川公社平乐大队也出土过汉代铜鼓[27]，西林县那佐公社那灿大队央纳村出土过汉代铜斧[28]。这些发现说明汉代及其以前，确有文化较高的民族在这里居住。随着考古工作的开展，相信在这一地区还会有更多新的发现。

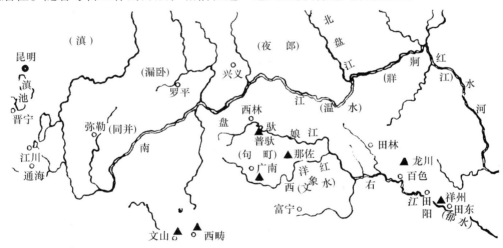

图四　汉代句町所在地（▲遗物出土地点）

在这古代句町族活动的中心，发现如此规模的墓葬，不能不使我们设想它同句町族的首领有关。从墓葬形制看，墓坑作不规则圆形，同云南晋宁石寨山滇族墓墓坑掘在石隙里作不规则形，有相似之处[29]；用铜鼓作葬具，与贵州赫章可乐西汉"西南夷"墓葬将人头置于铜鼓内的作法类似[30]；铜鼓墓上面覆盖石板、石条，实行二次葬，百色龙川铜鼓下面也垫石板，石板上置人骨；在西林那佐发现汉代铜斧的附近，还发现有巨石崇拜的遗迹等，又同四川西南地区战国至西汉濮族巨石墓相近[31]；铜棺墓和铜鼓墓同处深山老林之中，不用木材作棺椁，而用铜棺、铜鼓作葬具。凡此种种，说明它绝不是中原华夏族的葬俗，而同滇、夜郎、邛都等古代少数民族的习俗相近，因而应当是与这些民族接近的句町族的墓葬。铜鼓是我国古代南方兄弟民族的珍贵重宝。据晋人裴渊《广州记》所载："俚僚贵铜鼓"；《隋书·地理志》说："有鼓者号为都老，群情推服。"直到明代，"得鼓二三"，还可"僭号称王"[32]。用铜鼓给死者作葬具，当然不是寻常的事。云南楚雄万家坝、江川李家山和晋宁石寨山发掘的时代相当于春秋至汉代的墓葬中都有随葬铜鼓的现象。晋宁石寨山是滇王及其王族的墓地，一墓随葬铜鼓最多只有三件。西林铜鼓葬用四鼓作葬具，互相套合，象征着内棺外椁，当然是十分隆重的。墓主人生前地位显赫可由此想见。其次，死者骸骨周围散布着无数细如粟粒的绿松石珠和残绢片，推测原是"珠襦"裹骨，这在统治阶级中也不是一般的葬礼。死者的骨骼和牙齿，经鉴定是二十五岁左右的男性。骑马俑的骑士头戴武冠，身穿袴褶，缚裤，束臂鞴，脚穿靴，威武雄健，可能就是墓主人生前的形象。随葬品中有铜柄铁剑、铁铤铜镞等武器，有耳杯等食器，有六博等玩具，还有大量玉石、玛瑙佩饰。综合这些情况，可以推知墓主人很可能就是句町族的首领。

三、句町社会经济的推断

晋人常璩《华阳国志·南中志》说：句町国"置自濮，王姓毋"。濮作为我国古代的一个部族，在历史上出现得很早。《逸周书·王会解》就提到南方"百濮"向商王朝统治者进献土产的事。《尚书·牧誓》记载牧野之战，周武王伐纣的军队中也有"濮"人。可见，濮人在商周时代就同中央王朝发生了联系。濮人分布范围广大，分支很多。按《尚书·牧誓》伪孔传说，濮原在"江汉之南"，《史记》引《括地志》注又说"濮在楚西南"。春秋时代，楚国先有蚡冒"始启濮"（《国语·郑语》），继有楚武王"始开濮地而有之"（《史记·楚世家》），逐渐占领濮人活动的大片土地，迫使濮人向西南迁移，以至分布于今四川、贵州、云南等地。句町作为濮人的一支，何时进入云贵高原，已不可考。从它在汉代的活动情况来看，至迟应在战国时代，或在庄𫏋王滇之前。作为一个生活在"江汉之南"适于农耕水利地区的部族，来到高原山区，必然有一个适应新的自然环境和剪除荆榛的过程，从经济、文化各个方面发生较大的变化。应该说，句町是一个勤劳刻苦的民族。西南地区原来的经济文化比较落后，在包括句町在内的西南各族人民的积极开发下，经过战国时代而进入秦汉，就获得了显著的发展，同外地的商业交换也就频繁起来。

句町有农业，广南铜鼓和百色铜鼓上都有牛纹，可能同农耕有关。但由于自然条件的限制，农业也许并不怎么发达。"有桄榔木，可以为面，百姓资之"[33]，就是这种农业不发达的表现。高山畜牧业则很发达。出土铜器中羊的形象很多，如铜山羊纹牌饰五件，每件压印出浮雕式的山羊一只：脚踏云山，昂首回望，其角长而弯曲，颚下有长须，是典型的山羊；铜心形牌饰一组六件，每件都有一只绵羊作钮饰，羊头短粗，角短而卷。用羊来做装饰，也可能和中原华夏族一样，取吉祥的意思。但从一个侧面反映了当时山地畜牧业的兴盛。汉廷对西南各族的战争中，动辄卤获牛羊数万头[34]，也反映了这种情况。一号铜鼓腰上半部饰鹿纹十二组，共二十七只，有公鹿有母鹿，推测当时可能也养鹿。

云南和广西西部都是产铜的地区。宋代范成大在《桂海虞衡志》中说："铜，邕州右江峒所出，掘地数尺即有矿，故蛮人好用铜器。"西林铜鼓葬不少铜器应当是当地铸造的，如四件铜鼓，铸造精良，花纹清晰，布局严谨而有变化，达到了很高的技术水平。其造型、纹饰和晋宁石寨山、江川李家山的相似，但其足边钻六个钻眼，铆入一件四瓣纹花钉的作法，则是特有的。该墓附近的铜棺墓，其棺材全用铜铸，高68、宽66、长达200厘米以上，板壁厚0.5～1.5厘米，净重几百公斤。用铜铸棺，在云南祥云大波那发现过[35]。西林铜棺墓可能同它有一定联系。这样厚重的铜棺，绝不会是在外地铸造好以后再运进山来。而要铸造这样巨大的铜棺，当地不产铜，也是不可想象的。铜钟、铜牌饰等，形制特殊，也应是当地铸造的，即使铜洗、铜锔、铜耳杯等形制与中原地区相同的器物，其周边都有钻细眼的做法，也是很特殊的。加之铜耳杯口沿黏有精细的绢布痕迹，推知可能原来都是用绢布裹缘的，即如贵县罗泊湾一号墓《从器志》中所说的"缯缘"[36]，其特殊的作法，说明这些器物也是当地铸造的仿中原产品。特别值得提出的是，这里的铜器鎏金技术很发达，铜棺墓中的铜棺及棺上的铜面具[37]、铜鼓墓中的骑马俑、各种牌饰、车马饰件，都是鎏金的。没有一定规模的专门手工作坊，也难以想象有这样高的鎏金技术。这一切都说明，句町的冶铸铜器的工艺水平很高，已经有了相当高度发达的青铜文化。

墓中出土铁器五件：铁剑一件，铜璏；镞四件，铁铤铜身。铁器数量少，而且都是铜铁合制，说明当地使用铁器尚处开始阶段。《史记·货殖列传》说：西汉时卓氏在临邛"即铁山鼓铸，运筹策，倾滇蜀之民"；程郑"亦冶铸，贾椎髻之民，富埒卓氏"。按《汉书·西南夷传》记载，此"椎髻之民"应该也包括句町在内。看西林铜鼓和广南铜鼓上的人物形象，都有银锭式发髻，当是"椎髻"无疑[38]，也可佐证。墓中出土的铜铁合制器在四川、云南西汉时代墓中也常发现，很可能都是从蜀地传入的。据此推测，句町尚未有冶铁业。

四、句町的历史地位

句町进入阶级社会的时间较早，汉以前已建立奴隶制政权，拥有"邑君长人民"和比较强大的武装力量，是"南中侯国以十数"中较大的一国。至汉昭帝始元年间（公元前86～前80年），因协助汉王朝平定姑缯、叶榆的反叛"有功"，其首领毋波被封为"句町王"[39]，在西南夷中有其特殊的地位。

句町同汉王朝的联系是密切的。虽然在汉朝鞭长莫及的情况下，仅能封其首领为王，令其自理，但较之滇和夜郎来，它同中央的关系似又更深一层，参与平定姑缯、叶榆的反叛，似可说明这一点。从铜鼓墓出土的遗物来看，汉文化色彩十分浓厚，如铜六博、耳杯、洗、锅、车器、马饰等，形制都和中原地区流行的无异，都是中原地区贵族的用品；铜俑也似中原地区汉人的装束打扮。六博是中原地区剥削阶级玩用的棋类，自战国以来就十分流行，不仅见于文献记载，而且有大量的考古实物和图像发现。《战国策·齐策》谈到齐国都城临淄的殷富时，就举其民"无不吹竽鼓瑟，击筑弹琴，斗鸡走犬，六博阗鞠者"为例，《楚辞·招魂》中也有"篦蔽象棋有六博些"的话。西汉大量的规矩纹铜镜，其主要图案实际上就是一幅六博棋局[40]。与六博棋盘同出的四件铜跽坐俑，皆免冠，发上植，穿宽袖长裙，脚着履，同汉代官吏燕居打扮一样。他们与棋盘比较起来，显得太小，但与棋盘共出，四人或举手，或抚膝，姿态各一，正是呼三喝四对弈的形象。这种六博游戏在秦汉之际已经传到岭南，广西贵县罗泊湾西汉初期墓已见木制六博棋盘[41]，与此同时或稍后传到西南地区的句町，当然是不足为奇的。

秦汉时代是我国岭南和西南地区经济文化发展比较迅速的时代。秦以前的岭南原是西瓯、骆越所居的地方。由于与经济文化发达的楚国相邻，很早就接受楚文化的影响，发展自己的青铜文化，进入阶级社会。秦始皇发五十万大军统一岭南，开凿了沟通长江和珠江两大水系的灵渠（即兴安运河），更为南北经济文化的交流开辟了便利的道路。终秦汉两代，岭南在经济文化各个领域都有长足的发展，迅速赶上中原内地的发展步伐，因而也影响到同它毗邻的地区和民族，其中包括紧邻它西部的西南夷地区。

西南地区同内地的交通也有长久的历史。据《史记·西南夷列传》载："秦时常頞略通五尺道"；《汉书·食货志》又说：唐蒙、司马相如"始开西南夷，凿山通道千余里，以广巴蜀"。可见，早在公元前三世纪，从四川入云南的道路就已经开通，到西汉时代有了更大的发展。蜀郡的铁器、漆器、丝织品就是通过这些道路不断输入西南夷地区的。西南地区的笮马、旄牛等土特产也通过这些道路输往巴蜀并转销内地。到汉武帝元鼎六年（公元前111年），在西南夷地区正式设郡县，西南地区同中原内地的联系就更密切了。

句町处在南越、夜郎和滇之间，成为这三大经济区域的枢纽地带。特别是它东与南越毗邻，通过水路顺红水河和郁江东下交广，溯桂江北上湖湘，是很便利的。1977年在广西田东县发现两座战国墓[42]，出土器物有典型的中原地区的铜戈和典型的滇文化系统的铜鼓、铜剑和玉环。两种不同风格的器物同见于右江中游的同一墓地，说明岭南经句町入滇的交通在汉代以前就已经打通。西汉初，南越割据，在岭南绝新道自守，一时断绝了同中原内地的联系，出现了"以长沙、豫章往（南越），水道多绝，难行"的局面[43]。同样，以吕后为首的汉廷在很长一段时间内对南越采取封锁政策，禁止向南越输出"金铁田器"和母畜，给岭南地区的经济带来严重威胁。为了寻找新的经济交往途径，南越溯红水河和郁江西上的交通路线便繁荣起来。以致蜀郡的枸酱，中经夜郎，沿牂牁江（今红水河）直下番禺（今广州）；"椎结之民"也把从蜀郡贩来的铁器"通贾南越"[44]。南越王国"以财物役属夜郎，西至同师"[45]。据《史记会注考证》引丁谦说："同师即龙陵。"已到今滇西的怒江流域。句町处牂牁江上游（南盘江），是南越溯郁江和红水河入滇的必经之地。汉武帝时，将南越相吕嘉的子孙宗族从岭南地区迁徙到滇西的不韦县（今云南保山县境）[46]，也当经过句町地区才能到达。云南晋宁石寨山滇族墓出土大批海贝，经鉴定产于南海者，其中一部分很可能也是经过这一路线输入的。两广地区汉墓中经常发现的琥珀饰品，据研究，其中不少是从云南西部当时永昌郡的哀牢夷地区由此路输入的[47]。滇式铜鼓，最东分布地点已发现于广西贵县，其传播路线经句町而东，也是可能的。总之，句町地区在汉代应是岭南和西南地区经济文化交流的中转站，对繁荣祖国南疆边远地区的经济文化，促进各民族之间的融合，起了很好的桥梁作用。

注　释

［1］　参见王克荣：《建国以来广西文物考古工作的主要收获》，《文物》1978 年 9 期。此铜棺墓是修筑百色至西林公路的民工发现的。铜棺出土时距地表深约 1.5 米。棺作长槽形，长约 200、宽约 66、高约 68 厘米，棺板厚 0.5～1.5 厘米，外表鎏金，两端和两侧各镶嵌有面具、云彩、鸟、兽等鎏金、鎏银的铜件附饰，棺内置玉玦之类的玉石器等。资料现存广西壮族自治区博物馆。

［2］　广西壮族自治区文物工作队：《广西西林县普驮铜鼓墓葬》，《文物》1978 年 9 期。

［3］　洪声：《广西古代铜鼓研究》，《考古学报》1974 年 1 期，图八，1、2，图版贰，5、6。

［4］　云南省博物馆：《云南晋宁石寨山古墓群发掘报告》，文物出版社，1959 年，图版陆壹，2，壹贰伍、壹贰陆。

［5］　广西壮族自治区文物工作队：《广西贵县罗泊湾一号墓发掘简报》，《文物》1978 年 9 期，图版贰，4。

［6］　陕西省文管会等：《咸阳杨家湾汉墓发掘简报》，《文物》1977 年 10 期，图一〇、图一三。

［7］　陕西省文物管理委员会：《秦始皇陵调查简报》，《考古》1962 年 8 期，图三。

［8］　见陕西省咸阳市博物馆陈列（1979 年 4 月）。

［9］　见广东省博物馆陈列（1979 年 6 月）。

［10］　灵台县文化馆：《甘肃灵台发现的两座西汉墓》，《考古》1979 年 2 期，图版柒。

［11］　中国科学院考古研究所：《长沙发掘报告》，科学出版社，1957 年，图版叁肆，3、5。

［12］　云南省博物馆文物工作队：《云南省楚雄等万家坝古墓群发掘简报》，《文物》1978 年 10 期，图版贰，3。

［13］　同［5］，图三。

［14］　同［4］，图版叁。

［15］　同［4］，94 页，图版玖肆，1，原报告称"当卢形铜片饰"。

［16］　同［4］，115 页，图版壹壹伍，1。

［17］　云南省博物馆：《云南江川李家山古墓群发掘报告》，《考古学报》1975 年 2 期，图版贰肆，1。

［18］　同［5］。

［19］　《广西通志稿·地理编》，1949 年油印本。

［20］　同［19］。

［21］　《新纂云南通志》，卷二八、卷三二。

［22］　顾祖禹：《读史方舆纪要》，卷一一五。

［23］　羊复礼：《镇安府志》。又徐松石：《傣族壮族粤族考》，中华书局，1946 年。

［24］　见《新纂云南通志》，卷三一地理考。

［25］　《百色厅志》，卷三，光绪十四年本。

［26］　广南、西畴铜鼓见《新纂云南通志》卷八十五金石考。广南铜鼓又见《云南省博物馆铜鼓图录》铜鼓四，1959 年，云南人民出版社。开化铜鼓见闻宥《古铜鼓图录》铜鼓第七，中国古典艺术出版社，1957 年。

［27］　此铜鼓是 1977 年 9 月发现的。出土时，鼓面露出地表，鼓足下置扁平石块，石块上置人骨，属二次葬。铜鼓属石寨山类型，腰部以羽状纹间隔为八格，其中四格空白，四格饰牛纹。资料存广西右江革命文物馆。

［28］　此铜斧是 1975 年 3 月发现的，被压在一块大石块下，估计原为古墓遗物。据张世铨同志现场调查了解，该村附近一里的山咀上有一竖立的长石，群众称之为 "庙"，石上刻有许多横线和其他符号，推测与巨石崇拜有关。

［29］　同〔4〕。

［30］　贵州省博物馆：《"夜郎" 故地上的探索》，载《文物考古工作三十年》，文物出版社，1979 年，369 页。

［31］　童恩正：《四川西南地区大石墓族属试探》，《考古》1978 年 2 期，认为属 "邛都"。唐嘉弘：《试论四川西南地区石墓的族属》，《考古》1979 年 5 期，认为属 "筰都"。

［32］　《明史·刘显传》。

［33］　《后汉书·南蛮西南夷列传》。

［34］　《后汉书·明帝纪》。

［35］　云南省文物工作队：《云南祥云大波那木椁铜棺墓清理报告》，《考古》1964 年 12 期。

［36］　同〔5〕。

［37］　广西壮族自治区文物管理委员会编：《广西出土文物》，文物出版社，1978 年，图 93。

［38］　汪宁生：《晋宁石寨山青铜器图像所见古代民族考》，《考古学报》1979 年 4 期。

［39］　《汉书·西南夷传》。

［40］　这类铜镜很多，可参看洛阳区考古队：《洛阳烧沟汉墓》，科学出版社，1959 年，图七二至图七四。

［41］　同〔5〕，图九、图四九。

［42］　广西壮族自治区文物工作队：《广西田东发现战国墓》，《考古》1979 年 6 期。

［43］　《史记·西南夷列传》唐蒙上汉武帝书。

［44］　《史记·货殖列传·索隐》。

［45］　《史记·西南夷列传》。

［46］　《华阳国志·南中志》："孝武时通博南山度兰沧水耆谿，置嶲唐、不韦二县，徙南越相吕嘉子孙宗族实之，因名不韦，以章先人恶行。"

［47］　中国科学院考古研究所：《新中国的考古收获》，1962 年，文物出版社，82 页。

（原载于《考古》1982 年 2 期）

夜郎句町比较研究

夜郎和句町都是西南夷中较大的方国，二者毗邻，声息相通，关系密切。本文仅从物质文化简略讨论它们之间的密切关系。

一、夜郎句町活动的时间和地域

夜郎是战国至西汉时期西南夷地区一个著名的奴隶制王国。夜郎之名首次见于文献大概是公元前 3 世纪，楚将庄𫏋王滇的时候。庄𫏋率部西征，入黔灭且兰，然后攻打夜郎，夜郎君长降。实际上，夜郎早在春秋末年就已出现，当时活跃在牂牁江上游（今北盘江），到战国时期，先后征服毋敛（今贵州独山、荔波一带）、漏卧等小国，建立夜郎国，形成一个强大的联盟体。"西南夷君长以十数，夜郎最大。"汉武帝建元六年（公元前 135 年）派唐蒙出使南夷，与夜郎侯多同，议定设置官吏，纳入汉的一统天下。汉武帝元鼎六年（公元前 111 年）平定南夷后，夜郎侯入朝，被封为夜郎王。一直到汉成帝河平二年（公元前 27 年），夜郎王兴与句町王禹、漏卧侯俞举兵相攻，夜郎王兴被牂牁太守陈立所杀，夜郎国除，以后夜郎成为牂牁郡的属县。

夜郎活动地域，按《后汉书》记载：战国时期"东接交趾，西有滇国，北有邛都国"，约为今日贵州西部和西北部、云南东部和东北部、四川南部和广西西北部。其鼎盛时期的疆域包括了今日贵州全省，东到湖南的新晃，南抵今广西田林、南丹，西辖今云南曲靖、陆良，北有今川南，涵盖了牂牁全境及武陵、犍为二郡的部分地区。也有人认为，夜郎只局限于牂牁一郡之内。但作为联盟政体，其地域东起今贵州黄平，东南包括都柳江上游，西南经今广西右江上游，过云南文山到红河东南，包括了牂牁郡全部。汉时的夜郎县在今贵州的平坝、安顺、镇宁一带。夜郎侯邑中心在贵州西南部，南北盘江所夹的三角地带，即黔西南布依族苗族自治州辖境。

句町也是战国至汉代西南夷中的一个重要方国。《华阳国志》说："句町县，故句町王国名也，其置自濮王姓毋，汉时受封迄今。"位置当在今贵州、云南、广西三省之界，约为今贵州兴义、安龙，云南广南、富宁，广西百色、西林、凌云一带。句町进入阶级社会的时间较早，汉以前已建立奴隶制政权，拥有"邑君长人民"和比较强大的武装力量，是"南中侯国以十数"中较大的一国。至汉昭帝始元年间（公元前 86～前 80 年），因协助汉王朝平定姑缯、叶榆的反叛"有功"，其首领毋波（有的书上写作"亡波"）被封为"句町王"，以后子孙一直沿袭此封号，虽然封王远比夜郎为晚，但在西南夷中是见于文献记载仅次于滇和夜郎的第三个受汉朝中央封王的方国，有其特殊的地位。

句町的活动范围大致包括今云南的广南、富宁县和广西的西林、隆林、田林、百色以及那坡、德保县部分地。王先谦曾推断，句町县"当在宝宁（今云南广南、富宁）、百色、泗城（今西林、隆林、田林）、镇安（今德保）之间"（《汉书补注·地理志》），大致可信。再看《汉书·西南夷传》关于句町族活动的记载，可知句町的北部与漏卧（今云南罗平、贵州兴义一带）和夜郎为邻，达贵州兴义地区；南部近进桑（今云南河口），接近红河；西与滇（今云南昆明附近）和同并（今云南弥勒）相接，通南盘江上游。而西林、广南是其活动中心。

由此可见，夜郎和句町疆域大体以南盘江为界，犬牙相错，互有消长。

二、夜郎与句町关系

作为西南夷中两个毗邻的方国，它们之间的关系是非常密切的。它们在自身的发展过程中，互相碰撞，既有对抗，也有联合。如《汉书》所载：汉成帝河平年间（公元前28～前25年），夜郎王兴与句町（钩町）王禹、漏卧侯俞既举兵相攻，待汉王朝派蜀郡太守张匡持节调解时，他们又联合起来抗命，"刻木象汉吏，立道旁射之"，对汉朝官吏进行污辱性的挑衅。引得汉王朝派金城司马陈立为牂牁郡太守，前往惩处。陈立是四川临邛人，做过连然（今云南安宁）县长和不韦（今云南保山）县令，对西南各族内情比较了解。他到牂牁任后，立即用计斩杀了夜郎王兴，迫使句町王禹和漏卧侯俞降服，并"入粟千斛，牛羊，劳吏士"。到西汉末年，王莽篡权，实行一些有损于民族和睦的政策，于始建国四年（公元12年）将句町王贬为侯，引起句町王毋邯的怨怒，王莽又指使牂牁大尹（即太守）周钦假意召见而将其扑杀，更加激起了句町的不满，毋邯之弟毋丞起兵攻杀周钦，闹了一场大乱。这场大乱直闹得"三边蛮夷愁扰，尽反"，杀了益州大尹程隆。王莽发天水、陇西骑士，广汉、巴、蜀、犍为吏民，前往镇压，使得十余万士兵有十分之六七在饥饿病困中死去，但仍不能征服句町。直到绿林、赤眉农民大起义摧毁王莽政权，东汉王朝建立后，恢复西汉时期以抚慰为主的政策，汉光武帝下令恢复句町王的称号，给"三边"的民族首领"复故号"，西南夷地区才又安定下来。常璩在《华阳国志》卷四中说：句町县"汉时受封至今"，证明到晋代，中央王朝对西南夷还是"国县并置"，仍承认句町等族首领的地位。

句町和夜郎处在南越、滇和巴蜀之间，成为西南这3大经济区域的枢纽地带。句町东与南越毗邻，通过水路顺红水河和郁江东下交广，溯桂江北上湖湘，十分便利。1977年在广西田东县发现过两座战国墓，出土器物有典型的中原铜戈和典型的滇文化系统的铜鼓、铜剑和玉环。两种不同风格的器物同见于右江中游的同一墓地，说明岭南经句町入滇的交通在汉代以前就已经打通。西汉初，南越割据，在岭南绝新道自守，一时断绝了同中原内地的联系，出现了"以长沙、豫章往（南越），水道多绝，难行"的局面。同样，以吕后为首的汉廷在很长一段时间内对南越采取封锁政策，禁止向南越输出"金铁田器"和母畜，给南越经济带来严重威胁。为了寻找新的经济交往途径，南越溯郁江和红水河西上的交通路线便繁荣起来。以致蜀郡的枸酱，中经夜郎，沿牂牁江直下番禺（今广州）；"椎结之民"也把从蜀郡贩来的铁器"通贾南越"。南越王国"以财物役属夜郎，西至同师"。据《史记会注考证》引丁谦说："同师即龙陵。"句町处牂牁江上游（南盘江），是南越溯郁江和红水河入滇的必经之地。汉武帝时，将南越相吕嘉的子孙宗族从岭南地区迁徙到滇西的不韦县（今云南保山县境），也必经句町地区才能到达。云南晋宁石寨山滇族墓出土大批海贝，经鉴定有产于南海者，其中一部分很可能也是经过这一路线输入的。两广地区汉墓中经常发现的琥珀饰品，其中不少是从云南西部当时永昌郡的哀牢夷地区由此路输入。滇式铜鼓，最东分布地点已到广西贵港，其传播路线也是经句町而东。总之，句町地区在汉代应是岭南和西南地区经济文化交流的中转站，对繁荣祖国南疆边远地区的经济文化，促进各民族之间的融合，起了很好的桥梁作用。

同样，夜郎通过巴蜀与中原联系，也开始得很早。据《史记・西南夷列传》载："秦时常頞略通五尺道"；《汉书・食货志》又说：唐蒙、司马相如"始开西南夷，凿山通道千余里，以广巴蜀"。可见，早在公元前3世纪，从四川入滇黔的道路就已经开通，到西汉时期有了更大的发展。蜀郡的铁器、漆器、丝织品就是通过这些道路不断输入西南夷地区的。西南地区的笮马、旄牛等土特产也通过这些道路输往巴蜀并转销内地。到汉武帝元鼎六年（公元前111年），在西南夷地区正式设郡县，西南地区同中原内地的联系就更密切了。夜郎是巴蜀、滇通往南越的枢纽。南越国要通往巴蜀，必先想办法"役属夜郎"。

三、夜郎与句町物质文化比较

夜郎是"耕田有邑聚"的方国，农业比较发达，生产工具有先进的铜器和铁器，手工业有冶铸、制陶、玉石加工业。贵州的考古发掘已提供了丰富的资料，从普安铜鼓山青铜冶炼遗址可见，当时能铸造各种铜兵器和生产工具、生活用具。但"无蚕桑，寡畜产"。

句町有农业，但不怎么发达。"有桄榔木，可以为面，百姓资之"（《后汉书・西南夷传》），粮食的很大部分靠桄榔面。高山畜牧业则很发达，出土铜器中羊的形象很多。相对而言，句町地区的考古工作异常薄弱。除了在田东发现3处战国时期小墓，在西林偶尔发现两座特殊的铜鼓墓、铜棺墓之外，几乎再也没有发掘到句町的遗址和墓葬。因此，我们的比较研究也很有限。

（一）有相同或相近的丧葬习俗

在夜郎地区发掘的战国至汉代的墓葬中，大约有十分之一的墓葬是用铜鼓、铜釜或铁釜套在死者头部而葬的。这种奇特的葬俗仅见于夜郎，考古学界称这为"套头葬"。

句町虽然没有发现严格意义上的套头葬，但是也有类似的习俗。西林铜鼓葬，用4

面铜鼓套合构成内棺外椁，将尸骨放在铜鼓内，就有同样的意义。1977 年 9 月在百色县（今右江区）龙川公社平乐大队对面村后背山坡半山腰发现一面铜鼓，鼓正面放置，鼓足下垫放扁平石块，石块上放置人骨，也是一处用铜鼓做葬具的二次捡骨葬，与西林普驮铜鼓墓有些类似。这种特殊墓葬，与夜郎用铜鼓套头而葬的文化属性极其相似。

（二）有相同或相近的青铜器

夜郎文化和句町文化关系密切，两地出土的战国秦汉时期的青铜器有不少共同之处，你中有我，我中有你。如铜鼓、羊角钮铜钟、一字格铜剑、各式铜钺，都有千丝万缕的联系。

1. 铜鼓

铜鼓是中国南方和东南亚各国一种古老的民族文物，在古代许多民族中流传使用。夜郎和句町都是使用铜鼓的民族，但相对而言，句町使用铜鼓的时间更早，铜鼓文化也更发达。句町接受铜鼓文化，主要通过红河，进入文山，然后再顺右江而下到广西田东。早在春秋战国时期，句町地区已有万家坝型铜鼓，代表性的有云南丘北草皮村鼓、文山平坝鼓、广南沙果村 1 号、2 号鼓，砚山大各大鼓、广南者偏鼓[1]，广西田东南哈坡 A 鼓、B 鼓、田东大岭坡鼓等（图一），在夜郎地区还没有发现这个时期的铜鼓。进入战国晚期和汉代，两地都流行石寨山型铜鼓，但夜郎地区也不及句町地区丰富和精美。自清代以来，在句町地区出土过不少著名铜鼓，如广南鼓、开化鼓、文山古木鼓、麻栗坡城子山鼓。在广西，1972 年出土的西林普驮鼓（图二）、1977 年出土的百色龙川鼓、1990 年发现的隆林扁牙鼓，都是石寨山型鼓。以普驮鼓、广南鼓、开化鼓为代表，都是铸作精良，花纹清晰，布局严谨的工艺极品，是铜鼓艺术发展成熟的标志。由于它们与晋宁石寨山、江川李家山等滇鼓有所区别，与越南北部的东山铜鼓也不完全相同，有它自身的特点，可以判定它们是当地铸造的。从它们的前身万家坝型铜鼓频频出土的情况看，这些铜鼓的铸造工艺有当地传统。

图一　田东大坡岭铜鼓

图二　西林普驮铜鼓

　　夜郎接受铜鼓文化似乎较晚，到西汉才有铜鼓，这时铜鼓已发展到石寨山型。赫章可乐出土的 2 面，都与铁器共存，时代为西汉，上限也可能到战国。罗戈寨鼓鼓面太阳纹 9 芒，主晕是 6 只翔鹭，胸部有 4 组竞渡船纹，腰部上半分为 4 格，每格均饰牛纹；祖家老包鼓太阳纹 8 芒，主晕是 4 只翔鹭，胸部有 6 组竞渡船纹，腰部上方分为 6 格，格中也饰牛纹（图三）。夜郎地区至今尚未发现万家坝型铜鼓。

图三　赫章可乐铜鼓

　　夜郎地区与铜鼓同时代的还有鼓形铜釜、铜鼓改装的铜釜。在句町地区目前还未发现。

2. 羊角钮铜钟

　　羊角钮铜钟是一种古老而极富地方特色的民族乐器。就目前所知，这种乐器只发现于我国的云南、贵州、广西、广东、湖南南部和越南北部，是岭南及西南地区青铜文化中一种有代表性的器物。这种乐器，全身用青铜铸造，合瓦式，两侧留有合范痕迹。其形状很像半截橄榄或半个椭圆体，上小下大，中空，内壁光洁，底边平直，横截面也呈橄榄形；顶部有竖长方形透穿孔，顶端歧出两片羊角形竖钮。夜郎、句町都有铜羊角钮钟。夜郎地区，1984 年在安龙布依族苗族自治县化力区停西乡木科出土一件，通高 37 厘米，底宽 21 厘米。不但形体高大，两只竖钮也特别高（图四）。1987 年在安龙县城南的大鱼塘侧出土一件，通高 29.5 厘米，底径铣间宽 19.5 厘米，鼓间宽 13.4 厘米。形制与木科钟基本相似，只是形体稍小。句町地区，1972 年在广西普驮铜鼓墓出土 2 件（图五），形状、大小相同，通高 28 厘米，铣间宽 17.6 厘米，鼓间宽 12.7 厘米。

图四　安龙木科钟

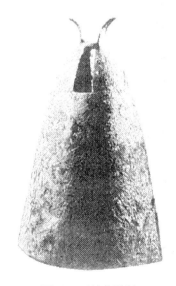

图五　西林普驮钟

1987 年在云南广南县小尖山出土一件，通高 20.2 厘米，底径横宽 11.2 厘米；1990 年 3月在云南西畴县芦材村出土，通高 32 厘米，与普驮钟最相似。

3. 一字格剑

一字格剑是指剑格为一字形的铜剑。夜郎和句町的风格大同小异。

夜郎一字格剑多是曲刃剑。宋世坤先生把贵州出土铜剑分成 5 个类型，其中 IV 型就是一字格剑，普安铜鼓山征集的一件，空心圆柱茎，两端较粗，呈喇叭状，前后端正中各有一圆孔，一字格，剑身基部甚宽，斜收于中部又向外张，再回收成锋，形成曲刃，茎上或饰涡纹、三角纹，或饰涡纹、平行斜线纹，身有涡纹、平行斜线纹组成的几何图案[2]（图六）。清镇县苗坟坡 18 号汉墓一字格剑，茎作空心圆柱形，顶端微张作喇叭状，茎上有云雷纹，剑身基部较宽，斜下至中部又微向外折，再锐收成锋，有阳刻 S 形图案。宋世坤总结夜郎青铜文化的特征时说，"其中最有特征的典型器物"是喇叭形空首一字格曲刃剑。

句町一字格剑基本接近清镇汉墓的一字格曲刃剑。茎基本上是空心圆茎，茎首呈喇叭管状，剑身基部较宽，双刃平直斜集于锋，剑身成一狭长的三角形，基部有各种纹饰。一字格剑在广西百色、田阳、田东多次发现（图七、图八）。田东县祥周乡锅盖岭战国墓出土的一件，通长 29 厘米，刃宽 6.5 厘米，扁圆茎，茎饰回形纹，剑身中脊不显，两面均铸卷云纹，刃部两侧中段突出，平面呈梭形，格呈一线，茎中空，一面穿一孔，两面饰回形纹[3]。1983 年 3 月田阳县百育镇七联村东邦出土的一件，通长 28 厘米，格宽 11 厘米，厚 2厘米，椭圆茎，长 7.8 厘米，茎末端有格盖，盖宽于茎，盖面呈椭圆，饰菱形几何纹；茎束

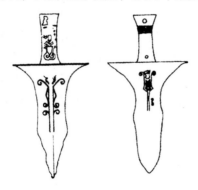

图六　夜郎一字格剑

图七　句町一字格剑
1. 锅盖岭一字格剑　2. 七联村一字剑

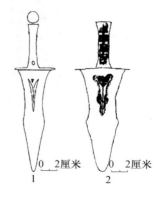

图八　句町一字格剑
1. 排楼屯一字格剑　2. 林逢一字格剑

腰，上下两端饰云纹，中段斜线纹，剑格宽于身，两头微翘，格面饰云纹，剑身扁，较薄，束腰，有脿，无纹饰。1989 年田阳县田州镇隆平村排楼屯水下捞出的一件，通长 26.3 厘米，宽 7 厘米，格宽 9.4 厘米，椭圆空心茎，茎身束腰，无纹饰；剑身上端近格处脊部有 Y 形血槽，束腰，有脿，通体素面无纹。2002 年 11 月 25 日田阳县百育沙场在右江捞沙时挖出一件，通长 28 厘米，宽 7 厘米，厚 2.3 厘米，扁圆茎，茎上饰云纹和斜线纹，盖面饰菱形纹，格面饰云纹，和锅盖岭出土的很相像。2004 年田东县平马镇升太村人在林逢镇右江河段捞沙时打捞出一件，扁圆茎，扁身，束腰，全长 27 厘米，其中茎长 8 厘米，身长 21 厘米，格宽 8.9 厘米，叶宽 4.2 厘米，厚 0.5 厘米，茎两端粗，中段细，首、茎、格上都有精细的几何花纹，剑首平面呈菱形抹角的椭圆形，正中饰菱形纹，外围以扁长方块，内饰 S 形云纹；剑茎上自首而下饰六道回纹箍，靠近剑格处有一个对穿小圆孔，圆孔外亦饰 S 形云纹；剑格面上也有纹饰，以剑首为中心，左右两边纹饰对称，饰 S 形云纹条带。云南文山也有这类一字格剑。

句町地区还有一种人面弓形格剑，在夜郎地区至今尚未发现。人面弓形格剑是一种剑身有人面纹图案，剑格呈弓形的青铜短剑（图九）。这种短剑，形制独特，地域性强，目前只发现于岭南地区，总数只有 10 多件，而在田阳、百色、文山至少已出现 5 件。田阳隆平村剑和百色一号剑都是双环首剑，剑首并列双环，剑茎、剑格、剑身上都有精美花纹图案。百色二号剑无首，茎上部为椭圆柱形，装饰也很华丽。七塘剑已磨蚀，但花纹图案仍隐约可见。这种短剑的铸造方法是用双面合范，将茎、格、身一次浇铸而成，有极高的工艺水平。这种剑已不是一般常人所能佩带，是代表一定身份的权力之器。

图九　弓形格剑

4. 铜钺

贵州普安铜鼓山和兴义发现的各式铜钺，装柄处往往作成三角形銎，有的有 V 形符号，不曾见于其他文化；清镇县 18 号汉墓出土靴形钺，是西南夷中仅见。

广西田东祥周乡甘莲锅盖岭战国墓出土的铜钺是梭形銎"凤"字形钺，1991 年在田阳县那满镇治塘村征集"凤"字铜钺，1989 年田东县祥周乡联福村虎头山出土"V"字形铜钺，1988 年田林县平塘乡达洞村出土"V"字形铜钺，銎首为椭圆形，弧刃，器身上饰有纹饰。（图一〇）在右江也曾捞获靴形钺。

"凤"字形铜钺

图一〇　铜钺

5. 铜戈

夜郎地区出土的铜戈都是直援无胡戈（图一一），宋世坤先生将它们分为4型6式：Ⅰ型1式援较细长，双刃斜收集于前锋，援末近阑处向外扩张，阑侧两长方穿，方内，内端成W形，内前部一椭圆孔，援中至阑处饰等腰三角形，其正中、两夹角处各有一圆圈纹，内后部饰长方形，中有涡纹、线条；Ⅰ型2式援后部弧曲较小，内前部是长方孔，援中至栏处饰变形饕餮纹，内后也饰变形饕餮纹。Ⅱ型1式援身较宽大，中线有脊，中有一圆孔，阑侧两长方穿，方内，内前端一椭圆孔，援素面，内后部三周弦纹；Ⅱ型2式，援身甚宽大，中突起一脊，有一圆孔，近栏处两长方穿，方内，内前端一长方孔，后端呈W形，援上有饰变形饕餮纹，内后部也有饰变形饕餮纹。Ⅲ型援中一脊，至援基分成"八"字，援素面，内后端饰弧线连成的平行线纹三组，最外一组有斜线纹。Ⅳ型无穿，阑为凸棱状，有上下齿[4]。句町地区至今尚未发现类似铜戈，所见铜戈都是两穿弧援戈；在右江还打捞到一种宽援铜戈，方内镂孔，后端出刃，长胡，末端也出刃（图一二）。

6. 铜铁合制器

古夜郎地区青铜文化的遗址和墓葬中，还出土了不少铁器，总数达180余件。这些铁器的种类和造型大多与中原汉式同类器物无殊，可能是由巴蜀地区传入。但也有部分铁器具有地方民族特色，如赫章可乐和威宁中水出土的镂孔卷云纹弧形牌首圆柱茎铜柄铁剑、柳叶形铁剑和曲棒式铁带钩。

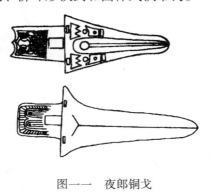

图一一　夜郎铜戈　　　　　　　　　　　图一二　右江铜戈

句町墓中出土铁器较少，而且是铜铁合制器，如铜璜铁剑、铁铤铜镞。铁器数量少，说明当地使用铁器尚处开始阶段。墓中出土的铜铁合制器在巴蜀、滇和夜郎故地西汉时代墓中也常发现，很可能都是从蜀地传入的。

此外，在句町地区出土铜叉形器和四齿弹形铜镞（图一三），在夜郎地区未见；而夜郎地区出土的贮贝器、铜锄、镂孔条纹茎短剑，以及牛头形、鲵鱼形、飞鸟形、镂狮（虎）形铜带钩（图一四），在句町地区未发现。各有自身的特点。

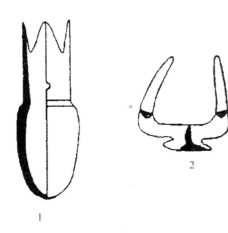

图一三　句町铜器
1. 铜弹形镦　2. 铜叉形器

图一四　鲵形带钩

四、融入大一统是共同的归宿

由于地理位置决定，句町接受汉文化也更方便一些，这里有战国铜甬钟、铜罍出土。铜甬钟于田东县林逢乡和同村大岭坡春秋晚期墓出土，枚长有景，钲间、篆间、舞部、于部都有精细的几何形花纹，隧部饰夔龙纹（图一五）。铜罍于田东祥周乡联福村南哈坡战国墓出土，敞口，束颈，椭圆腹，兽耳带环，肩部饰涡纹和夔龙纹，腹部饰蝉形垂叶纹（图一六）。汉代句町首领墓中随葬汉式器物更为丰富多彩。如铜六博、耳杯、铜洗、铜铞、铜车器和马饰等，形制都和中原地区流行的无异，都是中原地区贵族的用品；铜俑也似中原地区汉人的装束打扮。六博是中原地区士族玩用的棋类，自战国以来就十分流行，不仅见于文献记载，而且有大量的考古实物和图像发现。与六博棋盘同出的四件铜跽坐俑，皆免冠，发上植，穿宽袖长裙，脚着履，同汉代官吏燕居打扮一样。他们与棋盘比较起来，显得太小，但与棋盘共出，四人或举手，或抚膝，姿态各一，正是呼三喝四对弈的形象[5]。

夜郎地区的汉墓中也出现大量汉式器物，如带钩、铜镜、四铢半两、五铢钱。但是夜郎与汉的交通，比句町要困难一些。据《汉书·西南夷传》记载，唐蒙入见夜郎侯多同时，曾厚赐汉缯帛，约为置吏，夜郎旁小邑"以为汉道险，终不能有也"，特别珍惜汉缯帛。到汉设犍为郡以后，发巴蜀士卒开凿到牂牁江的通道，夜郎与汉的交通才有常路。

夜郎与句町，疆界相邻，血脉相通，

图一五　铜甬钟

图一六　铜罍

难解难分，为以后民族间的和睦相处奠定了良好的基础。到公元前 1 世纪一起进入大一统的汉帝国。

注　释

［ 1 ］　文山壮族苗族自治州文化局：《文山铜鼓》，云南人民出版社，2004 年。

［ 2 ］　宋世坤：《贵州出土的青铜戈、剑的类型及其断代》，《中国考古学会第四次年会论文集》，文物出版社，1985 年。

［ 3 ］　广西壮族自治区文物工作队；《广西田东发现战国墓葬》，《考古》1979 年 6 期。

［ 4 ］　宋世坤：《贵州出土的青铜戈、剑的类型及其断代》，《中国考古学会第四次年会论文集》，文物出版社，1985 年。

［ 5 ］　广西壮族自治区文物工作队：《广西西林普驮铜鼓墓葬》，《文物》1978 年 9 期。

（原载于《广西博物馆文集》第四辑，广西人民出版社，2007 年）

汉代合浦及其海上交通的几个问题

关于汉代合浦在海上丝绸之路中的地位和作用，已有不少学者进行过探讨和加以论述，我们仅在对合浦考古发现的研究中，想到的几点不成熟的意见，略呈于此，敬请方家学者多多指教。

一、汉代合浦郡初设郡治在合浦

汉武帝元鼎六年（公元前 111 年）平定南越，将岭南原来的三郡扩充为九郡，其中合浦郡辖徐闻、高凉、合浦、临允、朱卢五县。按现代地理度之，汉之徐闻县相当于今广东海康、徐闻、遂溪等县地，高凉县相当于今广东阳江、阳春、电白、化州、吴川等县地，合浦县相当于今广西合浦、北海、浦北、灵山、钦州、博白、陆川、北流、容县及广东廉江等县地，临允县相当于今广东新兴、开平等县地，朱卢相当于今海南琼山等地。也就是说，合浦郡西起钦州，东达新兴、阳江，包括雷州半岛和整个海南岛，在岭南面地区处于十分重要的地位。但是，汉代合浦郡郡治最初设在何处？历来有不同的看法。有人认为，合浦郡治先是设在徐闻，到东汉时才迁移到合浦。《廉州府志》、《合浦县志》都采此说。我们认为这种看法是不对的。《汉书·地理志》合浦郡下所列五县，虽然把徐闻列为首县，但并未注明徐闻就是郡治所在。《后汉书·郡国志》重载合浦郡县，把合浦列为首县，并明确指出，该志"凡县名先书者，郡所治也"。肯定合浦县即是合浦郡的治所。而在两汉期间，没有发现合浦郡治有改动的记载。依此前推，西汉合浦郡的治所也应在合浦县。今人雷坚编著《广西建置沿革考录》对此作过专门考订[1]，梁旭达、邓兰又加以申述[2]，认为汉武帝平南越所置的合浦郡郡治就在合浦县。雷坚是根据年代较早的史料记载来谈这个问题的，她举北魏郦道元的《水经注》为例，《水经注》说"郁水又东迳高要县，牢水注之，水南出交州合浦郡，治合浦县，汉武帝元鼎六年平越所置也"。明指汉武帝元鼎六年平南越所置合浦郡"治合浦县"。没有合浦郡徙治之说。又引唐人杜佑《通典》关于廉州和雷州的记载，说廉州是"秦象郡地，汉置合浦郡，后汉同"；雷州也是"秦象郡地，二汉以后并属合浦郡地"。唐代的廉州即今之合浦，雷州则位于今雷州半岛，徐闻在其中。由此可见，徐闻县在西汉只是"合浦郡地"，不曾为合浦郡治。宋人王象之《舆地纪胜》在廉州条下写明"汉平南越置合浦郡，今州即合浦郡理也"。在合浦县条下注曰："倚郭，本汉合浦郡。"因此，从文献记载来看，说汉置合浦郡时郡治就设在合浦县是有根据的。我们同意这个观点。

从地理环境来看，合浦处南流江入海口，"依山临海"，是一个天然良港。南流江两岸是肥沃的冲积平原，是良好的稻作农业区，今合浦廉州镇原是海湾，有渔盐之利，水上交通南可出海，北可溯南流江进入珠江流域而达中原内地，应是古代滨海地区政治中心的首选之区。

与之相比，徐闻就没有这么好的条件。

汉代徐闻县城的地理位置究竟在何处还是一个谜。徐俊鸣认为古徐闻在今海康县，何以定在今海康县，没有作任何论述[3]。我们想，他可能根据古代某些地理志书，如《大清一统志》就说：海康县"汉置徐闻县，为合浦郡治。"今《北海港史》、《合浦县志》仍从其说。何纪生则主张汉代徐闻在今雷州半岛南端，琼州海峡偏西的海边。他认为从《汉书·地理志》来看，徐闻应是一个海港，而现今的海康县内没有适合的海港，附近未发现大片汉代遗址或墓葬，因此不可能是汉代徐闻县城的故地。在雷州半岛南端，在徐闻县东起龙塘红坎村、西迄北部湾的滨海一线的狭长地带，发现数量众多而时代大体又属汉代的遗址、墓葬，应是当时人烟稠密的地区，汉代徐闻县城很可能在这片范围之内[4]。但具体地点仍不能确指。即使汉代徐闻县城就在这里，考虑到这个地区自然条件较差，又无内河可行驶，陆路也较困难，很难想象汉代郡治会设在这里。1973年冬至1974年春，在徐闻县陈华丰村、龙塘红坎村、附城槟榔埌村三地发掘51座汉墓，都是东汉时期的平民小墓，没有发现西汉中晚期的墓葬，不存在西汉设郡的迹象。

徐闻城在汉代之所以成为一个港口，主要因为汉代海船只能沿着大陆岸边行驶，徐闻处在合浦与南海（广州）之间，是往来航船穿越琼州海峡的必经之地，需要在这里补充淡水和粮食；而且它离海南岛最近，也是大陆进入海南岛的唯一跳板。但不具备设郡的条件。

从考古发现来看，合浦则有西汉设郡的诸多证据。合浦县城廉州镇周围遍布汉墓，据历年调查，地面保留有封土可数的汉墓达6000多座。自20世纪50年代以来，配合基本建设，历年在合浦清理发掘的汉墓累计已接近1000座，从已发表的材料看，其中绝大多数是西汉中叶至东汉时期的墓葬，而且有不少墓的规模较大，相当于郡守一级官吏的墓葬。如1971年发掘的望牛岭1号墓，封土直径40米，高5米，是一座规模宏大，结构复杂的土坑竖穴木椁墓，墓室呈"干"字形，分为主室、甬道、左右耳室和墓道部分，全长25.8米，最宽处14米，深8.8米。死者颈部有玛瑙耳塞、玉鼻塞、玉琀，头上方有鎏金圆牌器1件、环首刀2件，头部右侧置铜镜1面，腰部右侧置有铁剑、金珠、金饼和水晶、玛瑙、琥珀串珠等佩饰物，主室前部和棺具两旁置大量铜器和漆器，左耳室置贮藏东西的陶器和少量铜器，右耳室置车马器。器物排列位置对称，纵横成行，井井有条，俨然主人生前豪奢生活的再版。随葬器物总数达245件，铜、漆、陶、铁、玉石、琉璃应有尽有。有两件陶提桶内壁书写"九真府"等款，推测墓主曾任九真郡太守，应是地方豪强[5]。又如1975年发掘的堂排2号墓，是一座同坟异穴夫妇合葬墓，随葬品230件，有金戒指、金手镯和大量琉璃、水晶、玛瑙佩饰品，墓主人生前也是郡守一级的高级官吏[6]。1990 年清理的黄坭岗西汉末期的一座墓，有墓道、前室、后室，出土大量铜、铁、漆、金、银器，其中有龙首金带钩、錾刻花纹铜仓模型。1986 年清理的风门岭一座东汉砖室墓，由墓道、前室和两个后室构成，前室为穹隆顶，后二室为双层券顶，出土陶、铜、铁 47 件，金、银器 8 件，玉、石佩饰品近 200 件，其中有金戒指、银戒指，金球、金珠、玛瑙、水晶串珠、琥珀穿珠、琉璃串珠，等等。这些墓都可能是郡守一级官吏的墓。

从历史文献、自然环境和考古发现的材料来看，有理由说合浦是西汉初设郡的郡治所在。

二、汉代合浦港的地理位置

汉代合浦港的位置应该就是汉代合浦郡、县所在地位置。按一般情况来说，应先有合浦港，然后才有合浦郡、县的设置。合浦港和合浦郡县治应刻在同一地点。苏秉琦教授说过："岭南文化的形成不是秦汉以后的事，没有当地的'古文化'、'古城'、'古国'，设不了郡……"[7]也就是说，汉武帝不可能在一个荒无人烟的地方开辟新的郡县，合浦在设郡县之前理应已经得到了一定程度的开发，为郡、县设置奠定了基础。合浦作为内河和海洋航运的结合点，在先秦时期就该有了。秦统一以前，南洋来的犀、象、玑珠就通过合浦或类似合浦这样的海港进入内河，输往中原的。秦始皇统一岭南，有一个不小的欲望就是要获取"越之犀角、象齿、翡翠、珠玑"（《淮南子·人间训》），而这些东西，绝大部分是通过海运进来的。

但是合浦港究竟在什么地方呢？

《太平寰宇记》太平军廉州条："废合浦郡县在旧州郭下，汉县，属合浦郡"，因有"旧州"二字，有人把它扯到浦北县旧州去了。我们考察过旧州古城，那是一座南北长 180、东西宽 150 米的小土城，不合汉代郡城的建制。在这个城址内也没有发现明显属于汉代的历史文物和遗迹。在今浦北县境内虽然发现过一些汉墓，但时代较晚，数量很少，相反，则发现南朝墓较多，当地可能到了南朝以后才发展起来。

自 1975 年以来，我们多次到合浦从事田野考古工作，参加过文物普查和汉墓发掘，一直十分留意对汉代合浦港故址的追寻。每当我们站在总江桥头，放眼南望的时候，看到的是一片无边的稻田，只有西边的沙岗附近与远处的台地相接，隐约可见一条高起的古海蚀岸，东南边的海岸线直扑廉州城下，其间的三角洲方圆已达 100 多平方公里。再往东看，廉州城背后是稍微起伏的小丘陵，挡住了海水的东浸。当地老百姓告诉我们，在这片稻田的底下，有时还会挖出海榄，说明那里原是海域。据科学考察，在大约 6000 年前，古海岸线大致沿今南流江三角洲边沿，南流江三角洲地区海岸 7000 年来向海推前了 10～12 公里，平均每年约 1.6 米[8]。在县城西南的廉州中学内有一座海角亭。海角亭是纪念汉代合浦郡太守孟尝而修建的。《海角亭碑记》曰："郡故有亭曰海角，盖因其地在南海之角。"海角亭最早建于北宋建隆至景德年间（公元 960～1004 年），原址在城西南半里，后来几废几建，明成化年间迁到城西，嘉靖年间又迁到城西南，隆庆年间再迁到现在的地方。昔日此亭在南流江的出海口，游人站在亭上可以看到"青草寒潮送极浦，苍山斜日拥晴沙"（明·陈崇庆《海角亭》），可以看到"天南地尽海溟濛"（清·鲍俊《海角亭远眺》）。现在看到的则是一片农田和农田中的竹林农舍，海已经不见了。

在清代修的《廉州府志》所附地图上，海角亭南还是一片大海，在现在的地图上，海角亭离开海岸线已10多公里了。由此可以想见两千年前，南流江当在今合浦县城西侧入海，廉州镇的西面应是一片汪洋。现在的合浦县城北、东、南三面都是小丘高地，原来就是露出在海面的，只有西边有一个缺口，与三角洲平原相接，是南流江入海的港湾。在北、东、南三面丘陵地带密布着汉代墓葬，包括环城乡廉北、堂排、清江、冲口、廉东、中站、平田、杨家山、禁山、廉南10个行政村，东西宽约5公里，南北长约18公里，断断续续呈弧形将合浦城包围。只有城内及西面平地是墓葬空白区。由是推断汉代合浦城和合浦港就在这个墓葬区和西边海水包围的空白地带。而这里恰恰就是合浦县城廉州镇。自汉以来，合浦郡、州、府、县城一直没有迁移的记录，唐、宋、元三代"城皆土筑"，明宣德年间才改土筑城墙内外两面加砌大砖，每次修城都只在原有城址基础上扩充或缩小，稍有挪动，因此旧有城址被压在后代城址之下。合浦因为河流泥沙淤填，出海口被迫南移，原有港口则淤塞废弃。如果进行深度钻探，将会找到它的蛛丝马迹。

三、汉代合浦的经济已十分繁荣

到西汉晚期，合浦的经济已十分繁荣。考古发现不但在西汉晚期墓中看到有用铜锅装着的稻谷陪葬，而且还出现大量粮仓模型明器，这种粮仓模型明器几乎每一座墓都有，反映当时粮食储备相当可观。这些粮仓平面都是长方形的，像一间平房，前面有一道或两道门，门槛很高，其他三面密闭，无窗无门，和住人的房屋有明显的区别。如合浦县堂排4号墓陶仓，前有回廊，悬山式顶，瓦脊偏后，前檐覆过回栏，前墙有二门，左、右、后三面封闭。风门岭10号墓陶仓，仓底有四条圆柱，将仓体顶离地面，仓顶悬山式两面坡，仓门在正面，正面墙外还设计凉台回廊[9]。母猪岭1号墓陶仓也是干栏式悬山顶建筑，面阔三间，进深二间，前有走廊，开门一道，板瓦顶，正脊，垂直上有博古装饰[10]。盘子岭9号墓陶仓也是干栏式建筑，前壁正中有门，顶为悬山式两面坡，仓前横条栏杆[11]。望牛岭1号墓出土的是铜仓，一大间，置于平台上，平台下有八根立柱，将整座建筑平地托起。仓房前壁正中有门，门为双扇，各有门环，左右开启。门下有槛。悬山顶，前后各有十二道瓦垄，屋檐向前后伸出，盖过壁墙。仓前有走廊，走廊前缘有栏杆，十分讲究。黄泥岗1号墓铜仓，也是一大间，正面开单扇门，其他三面板壁封闭，"人"字坡瓦顶，平底，下附四只高足将仓体顶起。特别值得注意的是，这座仓房的门及左右板壁，两边山墙及后壁，都錾刻了精细的图案花纹，十分华丽。汉代合浦人如此重视粮仓，说明当时粮食自给有余，已经有相当多的储备了。列宁说过：
"经济的真正基础是粮食储备。"（《关于人民委员会工作报告》）汉代很注重粮食储备，
晁错在《论贵粟疏》一文中就提出过"广蓄积，以实仓廪"的主张。有了充足的粮食
储备，为合浦周围聚集大量商人和手工业者创造了最根本的物资条件。出海的船舶也可
以放心地在这里备足途中的食粮，航行到更远的地方。

　　到现在为止，我们还没在合浦找到有关手工业的作坊遗址，但从汉墓的随葬品中可
以看到当时的青铜铸造工艺、玻璃烧制工艺已达到很高的水平。

　　合浦汉墓的一个显著特点是，比较大的墓葬都盛行随葬青铜器，其中錾刻花纹铜器
特别引人注目。中国古代青铜工艺在经过商至春秋时期的繁荣阶段以后，到秦汉时期已
走向衰落。汉代青铜器已从先秦那种庄严、厚重、古朴的风格中变得轻便、灵巧，纹饰
也崇尚简朴。但在中国南方，特别是岭南地区，却兴起了一种錾刻花纹工艺，在薄胎青
铜器上用坚硬而精细的金属工具，錾凿和镂刻出繁缛精致的几何纹样和动植物图案，使
该器显得特别精美华丽。这类铜器包括盛食器、饮食器、熏炉、灯具等，都是居室的日
用器。这类铜器主要集中发现于广西东南部地区，尤以合浦、贵港、梧州三地汉墓中出
土最多[12]。见于合浦汉墓的有承盘、酒樽、镡壶、食盒、魁、卮、杯、长颈壶、提梁
壶、扁壶、熏炉、豆形灯、凤凰灯、席镇，等等。仅望牛岭1号墓出土的就有承盘、
魁、长颈壶、提梁壶、熏炉、凤凰灯，席镇等20件，堂排2号墓有酒樽、长颈壶、食
盒等10件，母猪岭1号墓、6号墓各有承盘1件，文昌塔汉墓有扁壶1件，北插江盐堆
1号墓有豆形灯1件，风门岭5号墓有食盒1件、7号墓有食盒2件，10号墓有熏炉1
件，等等。

　　这种錾刻花纹铜器，在与之相关的内河航运线上的贵港、梧州也有大量出土，既是
高官贵族奢侈生活的时尚显示，也是对外贸易需求的反映。

　　合浦汉墓的另一个特点是，随葬为数甚多的玻璃器。这些玻璃器包括珠、管、耳
当、鼻塞、环、璧等佩饰品和杯、盘、碗等饮食器。其中以玻璃珠数量最多。仅堂排3
号墓一座有1080多枚，廉州灯泡厂1号墓出土800多粒，母猪岭1号墓出土450多枚，
6号墓出土410多枚。玻璃珠有透明的和不透明的，颜色有青、淡青、绿、墨绿、淡
蓝、天蓝、湖水蓝、白、月白、粉红、砖红、紫褐等10多种，其形状以圆算珠形为最
多，也有椭圆形的、棱形的、橄榄形的、网坠形的，还有鱼形、瓜形和花篮形的，五彩
缤纷。文昌塔1号墓出土的玻璃龟形器呈椭圆形环状，中部比较厚，周缘渐薄，均匀地
附四只三叉形爪，头尾形状与爪相似。文昌塔70号西汉晚期墓、红岭头11号西汉墓、
红岭头34号西汉晚期墓、黄坭岗1号新莽时期墓，都出过玻璃圜底杯。玻璃圜底杯，
有淡青色的，蓝色的，也有深蓝色的，湖蓝色的，半透明，平口，深腹，圜底，腹中部
有一道或二道弦纹。这些玻璃器在没有作测试之前，仅从器形观察，一般认为既有
"土产"，又有"洋货"，而大都被认为是"舶来品"。我们知道，西方古代玻璃是钠钙
玻璃，中国古代玻璃是铅钡玻璃，经过元素化验就能判定。广西出土的汉代玻璃器有
17件经过能谱分析和密度测定，测试结果表明，这些玻璃器分属三个不同系统，其中

13 件属钾（$K_2O\text{-}SiO_2$）玻璃，3 件属铅钡（$PbO\text{-}BaO\text{-}SiO_2$）玻璃，1 件属钾钙（$K_2O\text{-}CaO\text{-}SiO_2$）玻璃，没有钠钙玻璃。应该说绝大部分是中国制造的，尤其是钾玻璃，含镁元素极低，既不同于中国内地的铅钡玻璃，又不同于西方的钠钙玻璃，是岭南地区特产。晋代葛洪《抱朴子·论仙》说："外国作水晶碗，实是合五种灰以作之，今交广多有得其法而铸作之者。"这里所说的"水晶碗"实际上就是玻璃碗。"交广"地区即交州和广州，包括今广东、广西和越南北部。这条记载表明，在晋代或晋代以前，岭南地区的人已掌握了烧制玻璃的技术。又据《南州异物志》记载，"琉璃本质是石，欲作器，以自然灰治之。自然灰状如黄灰，生南海滨，亦可浣衣，用之不须淋，但投之水中，滑如苔石。不得此灰，则不可释。"生于南海之滨的自然灰，应是一种自然纯碱或草木灰，是制造玻璃的一种助熔剂。广西出土含钾量较高而镁量极低的玻璃制品，有可能是利用这种自然灰做助熔剂的，因而可以把这种钾玻璃称之为"南海玻璃"[13]。

由此可以推测，由于海外交通的便利，合浦人在汉代已向西方学到了烧制玻璃的技术，利用当地的原材料，烧制出大量既不同于西方的"洋"玻璃，又有别于中原内地的国产铅钡玻璃的钾玻璃，投放中外贸易市场。

合浦港不仅是商港，而且以盛产珍珠闻名。合浦珍珠的珠母主要是马氏珍珠贝，俗称珍珠螺。据《旧唐书·地理志》载：合浦县有珠母海，这珠母海又称为珠池，自白龙海湾起有杨梅、珠砂、青婴、乌泥、平江、断望等天然珠池。合浦珍珠在秦统一以前已经开始采集了。到汉代，合浦采珠业已很兴盛。西汉成帝阳朔元年（公元前 24 年）京兆尹王章得罪大将军王凤，遭陷冤死，其妻子被流放到合浦，"以采珠为业"，发了大财，七八年间，"致产数万"（《汉书·王章传》）。但汉朝派驻合浦的太守贪得无厌，搜采无度，使珍珠濒临灭绝的地步。民间传说连珍珠都对贪官不满，纷纷迁往其他海域去了。到汉桓帝时（公元 147～167 年）孟尝任合浦太守，革除前弊，与民休息，对珍珠实行有限度的开采，使珠母有繁殖的余地，采珠业重新恢复，跑到别的海域的珍珠又回到合浦珠池来，这就是合浦"去珠复还"的故事（《后汉书·孟尝传》）。这就是说，当时的人已懂得对于珍珠的采集必须适度，只有控制地采集，才能保证珍珠的自然繁殖，使珍珠采集业得到可持续的发展。也正因如此，合浦珍珠在这时已名满天下。

农业和手工业的发展，与商业贸易的繁盛，构成汉代合浦作为海上贸易大港的形象。

四、汉代合浦港进出口的主要物品

据《汉书·地理志》记载，从徐闻、合浦出发的海船，是"赍黄金、杂缯而往"，"入海市明珠、璧琉璃、奇石异物"。仅从字面上来看，带出去的是黄金、杂缯，带回来的是明珠、璧琉璃、奇石异物。

我们首先看带出去的。

黄金是一种贵重金属。色泽艳丽，不生锈，不变质，是人类最早开发和利用的金属之一。《管子·地数篇》说："黄金为中币"，可见从春秋时期开始，我国已把黄金作货币使用。到战国时期，以楚国为首，黄金在市面上流通量已很大，出现了扁圆状的金饼和版块状的金版等多种形式的黄金货币。秦始皇统一中国后，把货币法定为二等，黄金为上币，以镒（24两）为单位，主要用于皇帝赏赐和大宗支付及储藏；铜钱为下币，以半两（12铢）为单位，主要用于日常交易。汉承秦制，继续实行货币制度二等制，但黄金的计算单位由镒改为斤，铜钱开始仍铸为"半两"，自汉武帝元狩五年（公元前118年）起改铸为"五铢"钱，通行全国。汉代的黄金具有价值尺度、支付手段、贮藏手段和世界货币等多种职能，使用的数量相当惊人。黄金作为货币储藏手段和大宗支付手段，也用于给死者陪葬。在合浦、贵港、梧州，乃至广州的汉墓中确实有黄金发现。合浦望牛岭1号墓、贵港罗泊湾2号墓都出土过金饼。望牛岭出土2枚，罗泊湾出土1枚。这3枚金饼都是圆饼形的，正面凹陷，刻有铭文，背面稍隆起，比较粗糙。望牛岭1号墓的金饼，一枚直径6.3厘米，重249克，刻一个"大"字，在"大"字下方再细刻了"太史"二字；一枚直径6.5厘米，重247克，刻一个"阮"字，在"阮"字上方细刻一个"位"字；罗泊湾2号墓的金饼直径5.5厘米，重239克，刻的铭文是"一XX川"[14]。这3枚金饼的大小、轻重都比较接近，与全国各地出土的汉代金饼规格相近。汉代规定"一黄金一斤"，这3枚金饼的实际重量都接近汉代标准重量一斤，也与文献记载相合。金饼是熔铸的，面上的铭文是后刻的，"大"、"阮"等字可能是物主姓氏，"一XX川"应是数字编码。金饼在合浦、贵港的发现，也是海上贸易用作大宗支付手段或国际货币的反映。

此外，1979年在合浦凸鬼岭1号墓，1986年在合浦风门岭10号墓各出土过戒指一对（2枚），1990年在合浦黄泥岗1号墓出土过龙首金带钩一枚，重55克，1993年在风门岭4号墓土过金戒指、金珠，1995年在合浦平田磨壤9号墓出土过金串珠6枚。这些金器有的是当地官僚贵族的用器，有的可能是原来准备出海的商品，后来转为"内销"，成了陪葬品。

与此相反，从海外进口来的也不乏黄金饰品。如广州西汉南越王墓出土的金花泡饰，呈半球形，泡壁极薄，泡里在底口稍下处焊接一根横梁，以供连缀。球面形的泡体上有9组图纹，都用金丝和小金珠焊接而成。这种焊接工艺与中国传统的金银细工不同，而与西方出土的多面金珠上的焊接相同，因此被认为是海外输入品。与西汉南越王墓类似金花球在合浦汉墓也出土过，1978年合浦环城乡北插江盐堆1号墓出土金手链、金花球一串共20枚[15]，其中金手链珠14枚，有10枚是橄榄核形的，有4枚是棒槌形的，都有穿孔；金花球6枚，多边形球体，外缘有黏珠。1986年在合浦风门岭10号墓又出土金花球2枚，1995年在北插江4号墓出土金花球14枚，形制与盐堆1号墓的相似。它们也应是从海外输入的。

从海外带进来的各种珠饰，包玛瑙、琥珀、琉璃在内，更是五花八门。

璧琉璃，有时又写作"流离"、"陆离"、"璆琳"，实是古玻璃。关于广西出土的汉代玻璃，我们在前一节已作了分析。开始可能作为奇珍异物从海外输入，但很快，岭南地区的工匠学到了烧制玻璃的技术，利用当地原料，烧制了富有地方特色的玻璃，满足了市场的需要，冲击了进口玻璃市场，因此，真正从南洋进口的玻璃留存很少。

至于玛瑙、水晶、琥珀，我们以前仅从合浦、贵港、梧州、贺州等地汉墓所出作过粗略统计，截至 20 世纪 90 年代，计育玛瑙珠 220 件、缠丝玛瑙珠 12 枚、苔丝玛瑙珠 17 枚、肉红石髓珠 88 枚，另有玛瑙环 2 件、玛瑙耳珰 5 件、玛瑙耳塞 2 件、玛瑙扣 16 件、玛瑙戒指 1 件、玛瑙盘龙饰 1 件、肉红石髓狮 6 件、肉红石髓雕鹅 5 件；有水晶珠 100 多枚，绿松石珠 10 多枚：有琥珀珠 250 多枚，琥珀小动物雕饰 2 件，琥珀雕狮 3 件，琥珀印章 3 枚，琥珀指环 1 枚，等等。

世界各地产玛瑙的地方很多，我国云南保山县玛瑙山出产的玛瑙也很出名。但在汉晋时期，都以为玛瑙出自西域，或谓大秦多玛瑙。合浦汉墓出土这么多的玛瑙不能否认它们有从海外输入的成分。琥珀的产地，在欧洲主要是波罗的海沿岸，据《后汉书·西南夷列传》记载，当时永昌牢夷（今云南西部）、缅甸的北部和大秦国也有出产，在欧洲，很早就把琥珀作为商品进行贸易，当时琥珀的价值十分昂贵，用琥珀雕成的小动物雕像更加值钱。合浦堂排汉墓有用琥珀雕成的小狮子，也有用肉红石髓雕成的狮子和鹅，我国原来没有狮子，狮子只产于印度、欧洲东南部、非洲及叙利亚，至汉代狮子才开始输入我国，西域各国常以狮子来献，狮子雕像出于合浦汉墓，也是琥珀、玛瑙从海上输入的例证[16]。

从海上输入香料的问题，《西汉南越王墓》和《广州汉墓》两书已做过详细的论述，在广州汉墓中不但出土焚香用的熏炉，而且还出土了香料实物，在合浦、贵港、梧州、贺州、兴安的汉墓中也有类似的熏炉出土，更增加了这方面的证据，说明南洋来的龙脑香也有从合浦港登陆进入中国内地的。中国通过合浦港与海外的贸易除了成品商品的交易以外，也不排除还有原料的输入和技术的引进。如玛瑙、琥珀的输入，中国工匠利用这些原材料加工成中国传统的用品，如玛瑙戒指、玛瑙珰、玛瑙耳塞、琥珀印章等。技术的引进，如玻璃的烧造，吸收西方的技术，利用当地的原材料加以制造。

通过考古发现的研究，合浦作为汉代中国南方海上贸易大港的形象日益凸显出来。

注　释

[1]　雷坚：《广西建置沿革考录》，广西人民出版社，1996 年。

[2]　梁旭达、邓兰：《汉代合浦郡与海上丝绸之路》，《广西民族研究》2001 年 3 期。

[3]　徐俊鸣：《两广地理》，新知识出版社，1956 年。

[4]　广东省博物馆：《广东徐闻东汉墓》，《考古》1977 年 4 期。

[5]　广西壮族自治区文物考古写作小组：《广西合浦西汉木椁墓》，《考古》1972 年 5 期。

[6]　广西壮族自治区文物工作队：《广西合浦县堂排汉墓发掘简报》，《文物资料丛刊》第 4 辑，文物出版社，1981 年。

[7]　苏秉琦：《岭南考古开题——杨式挺〈岭南文物考古论集〉序》，广东省地图出版社，1998 年。

［8］ 《广西通志·自然地志》，广西人民出版社，1994 年，74 页。

［9］ 合浦县博物馆：《广西合浦县丰门岭 10 号汉墓发掘简报》，《考古》1985 年 3 期

［10］ 广西文物工作队等：《广西合浦县母猪岭东汉墓》，《考古》1998 年 5 期。

［11］ 广西壮族自治区文物工作队：《广西北海市盘子岭东汉墓》，《考古》1998 年 11 期。

［12］ 蒋廷瑜：《汉代錾刻花纹铜器研究》，《考古学报》2002 年 3 期。

［13］ 黄启善：《广西古代玻璃制品的发现及其研究》，《考古》1988 年 3 期；《广西发现汉代的玻璃器》，《文物》1992 年 4 期。

［14］ 广西壮族自治区博物馆：《广西贵县罗泊湾汉墓》，文物出版社，1988 年。

［15］ 广州市文物管理委员会等：《西汉南越王墓》，文物出版社，1991 年。

［16］ 张荣芳：《汉代我国与东南亚国家的海上交通和贸易关系》，《秦汉史论集》，中山大学出版社，1995 年。

（与彭书琳合著，原载于《广西环北部湾文化研究》，广西人民出版社，2002 年）

再论汉代罪犯流徙合浦的问题

8 年前，我曾为在广州召开的秦汉史学术讨论会提交过一篇小文《略沦汉"徙合浦"》，后来刊发在桂林《社会科学家》杂志上。这篇小文在梳理历史文献的基础上，对汉政权通过流放犯人开发岭南边地问题做了一些推测。但有些问题没有研究清楚，阐述也过于简略，并未引起太多人的注意。现借海上丝绸之路始发港研讨会的机会，对这个问题重新加以检讨，向诸位大家求教。

一、汉代合浦的状况

合浦是汉武帝元鼎六年（公元前 111 年）平定南越国后，在岭南地区重新调整郡县时所设的九郡之一。据《汉书·地理志》载："合浦郡，武帝元鼎六年开。莽曰桓合。属交州。户万五千三百九十八，口七万八千九百八十。"辖五县：徐闻、高凉、合浦、临允、朱卢。根据潭其骧主编《中国历史地图集》秦汉岭南部分标示，合浦郡北与郁林、南海二郡为邻，南接交趾郡，东南面临南海。徐闻相当于今广东海康县，高凉相当于今广东茂名、电白一带，合浦相当于今广西钦州、北海及玉林市南部，临允相当于今广东新兴县，朱卢相当于今海南琼山县。西汉末，儋耳、珠崖两郡相继撤销，设珠崖县，"遥领"原儋耳、珠崖两郡事，也隶属合浦郡。因此，汉代合浦郡相当于今之广西东南部、广东西南部及海南。

合浦所在的岭南地区，先秦时期是越人聚居的地方。虽然岭南越人已能种植水稻，随潮水上下，进行粗放的农耕，但由于气候炎热多雨，野生动植物生长繁茂，人们战胜自然的能力还显得相当薄弱；加上近海，多河湖，有渔盐之利，大部分地区仍保持着原始的采集和渔猎经济。在中原人士看来，秦统一之前，这里还是一片岚烟瘴雾弥漫，树木草莽丛生，毒蛇猛兽横行的蛮荒之地。战国晚期出现的《墨子·鲁问》说到："楚国之南，有啖人之国者。传其国之生长子，则解而食之，谓之宜弟。美则以遗其君，君喜则尝其父。"说明岭南地区还有野蛮的吃人之俗。《楚辞·招魂》说："魂兮归来，南方不可止些，雕题黑齿，得人肉以祀，以其骨为醢些。"这个地区，不但用人肉祭祀，而且连骨头也要敲碎来做酱，鬼魂都不能去。多么阴森可怕？

经济落后，地广人稀，有进一步进行开发的余地和必要。秦始皇统一这个地区以后，就拿来流放罪人。从《史记》中可以看到，秦始皇至少有三次徙人去岭南地区。一是秦始皇三十三年（公元前214年）"发诸尝逋亡人、赘婿、贾人，略取陆梁地，为桂林、象郡、南海，以适遣戍。"（《史记·秦始皇本纪》）二是秦始皇三十四年（公元前213年），"适治狱吏不直者，筑长城及南越地。"（《史记·秦始皇本纪》）三是秦末，南海尉越佗使人上书，"求女无夫家者三万人，以为（戍守岭南的）士卒衣补。秦皇帝可其万五千人。"（《史记·淮南衡山列传》）秦始皇用这些人去充实新开辟的岭南边地，同时也分散六国贵族的反秦势力。其结果，使岭南地区得到开发，中原人士也在这里站住了脚，为后来建立汉越杂处、半独立状态下的南越国奠定了基础。

经南越国赵佗等人将近一个世纪的经营，到西汉中期，岭南地区的经济文化有了很大的发展，出现了番禺（今广州）、布山（今贵港）等大都会。但是，整个岭南地区同中原内地相比，还有相当大的差距，特别是离开郡、县治所较偏远的地方，经济文化仍然比较落后。合浦作为西汉中期新开辟的郡，比南海（广州）、郁林（贵港）、苍梧（梧州）更落后一些。在合浦郡这样广阔的地方，西汉时期的居民仅有一万五千二百九十八户，七万八千九百八十人。（《汉书·地理志》）东汉时期居民也只有二万三千一百二十一户，八万六千六百一十七人。（《后汉书·郡国志》）。农业仍不发达，"郡不产谷实，而海出珠宝，与交阯比境，常通商贩，贸籴粮食"（《后汉书·孟尝传》）。其间到处是"蛮夷"、"蛮里"，自然环境和社会环境还是相当恶劣。东汉前期，建武十七年（公元42年）伏波将军马援南征交阯时，与他同时出发的楼船将军段志就是在到达合浦后染疾身亡的。马援形容当时与合浦毗邻的交阯的环境时说："下潦上雾，毒气重薰，仰视飞鸢，砧砧堕水中。"马援所率领的军吏，在交阯三年，"经瘴疫死者十四五"。可见，这里不是常人所能呆得住的地方（《后汉书·马援传》）。

所以，西汉中期以后，汉政权把新开辟的合浦郡作为流放罪人集中的地区，也就不难理解了。

二、汉代流徙合浦的人员构成

从《汉书》和《后汉书》等文献记载看到，自西汉后期起，"徙合浦"的事件屡见不鲜。仅从汉成帝阳朔元年（公元前24年）到汉平帝元始五年（公元5年）的30年间，因罪"徙合浦"者就有10余起。现辑录如下：

成帝阳朔元年（公元前24年）末，京兆尹王章得罪大将军王凤，下狱死，"妻子皆徙合浦"（《汉书·王章传》）。

北地浩商被捕，伏诛，"家属徙合浦"（《汉书·翟方进传》）。

成帝绥和元年（公元前8年）冬十一月，定陵侯淳于长因大逆不道罪，死狱中，"妻子当坐者徙合浦"（《汉书·淳于长传》）。

哀帝元寿二年（公元前1年）六月，哀帝死，新都侯王莽为大司马领尚书事，贬哀帝傅皇后至桂宫，秋七月，将傅皇后父孔乡侯傅宴免官，"将妻子徙合浦"（《汉书·平帝纪》、《汉书·傅喜传》）。

同年，哀帝悻臣大司马董贤被免官，与妻皆自杀，"家徙合浦"（《汉书·五行志》）。董贤父光禄大夫董恭、弟驸马都尉宽信，皆免官爵，"与家属徙合浦"（《汉书·董贤传》）。

追废成帝赵皇后，哀帝傅皇后，皆自杀，"外家丁、傅皆免官爵，徙合浦，归故郡"（《汉书·五行志》）。

诸前议立庙号尊号的杜业、董宏、师丹、朱博等人皆免官，"徙合浦"（《汉书·杜周传》）。

同年，南郡太守毋将隆，因治中山冯太后狱，冤陷无辜，事被告发，被免官，"徙合浦"（《汉书·毋将隆传》）。

关内侯张由，诬告骨肉；中太仆史立，泰山太守丁玄，陷人入大辟；河内太守赵昌，谗害郑崇。皆不宜处中土，免为庶人，"徙合浦"（《汉书·外戚冯昭仪传》、《汉书·毋将隆传》）。

吕宽因诋毁王莽，全家"徙合浦"（《汉书·王莽传》）。

宜陵侯息夫躬母，因祠灶祝诅，犯大逆不道罪，被弃市。息夫躬"妻充汉与家属徙合浦"（《汉书·息夫躬传》）。

方阳侯孙宠，颍川都尉右师谭等，造作奸谋，罪及王者骨肉，不宜处爵位，在中土，皆免，"徙合浦郡"（《汉书·息夫躬传》）。

平帝元始五年（公元 5 年），郎中令冷褒、黄门郎段犹等，因造议为共王立庙京师事触怒王莽，"皆徙合浦"（《汉书·师丹传》）。

同年十二月，王莽废中山后卫氏，"徙合浦"（《汉书·外戚中山卫姬传》）。

从以上所引的文献可以看出，"徙合浦"的罪人都不是一般的等闲之辈，他们大都是大有来头的高官贵族、皇亲国戚及其家属。如孔乡侯傅晏、方阳侯孙宠、关内侯张由、南郡太守毋将隆、泰山太守丁玄、河内太守赵昌、颍川都尉右师谭、郎中令冷褒、黄门郎段犹、中太仆史立，等等。他们都是当时在朝廷掌实权的人物，有的曾煊赫一时，势倾朝野，但在统治集团内部的倾轧中，一夜之间成了阶下囚，或冤死狱中，或流徙远域。除阳朔元年、绥和元年两起外，西汉晚期的几起都同王莽改制有关。王莽是汉元帝皇后王政君的侄子，他在西汉末年社会危机日益加重的情况下，以大司马大将军的身份掌握了朝廷大权，在夺取政权过程中，除了笼络人心、培植党羽之外，同时对他们的政敌给以严厉处罚，动辄杀头、腰斩，将他们的同党、部属流徙到边远地区去，以达到他扫除晋升障碍和推行新制的阻力。王莽将他的政敌流徙合浦，使他们远离中土，再也不得翻身。后来他将合浦郡改称为桓合郡，将合浦县改为桓亭县。

三、流徙者对开发合浦的贡献

"徙"是什么？徙，即迁徙，是一种处罚罪人的刑制。它是从秦代的迁或适（谪）发展而来的。先秦时期的秦国是僻处西方的区区小国，在并吞关东六国的过程中不断开拓边地。为了有效地控制新开辟的边地，便大量征发老百姓谪守戍边。同时，也开始对一些犯罪人员采用迁、适手段加以处罚，把他们赶到人烟稀少的边地去。这种迁、适手段，后来发展成相对独立的刑种，称为"迁"或"适"。但这种刑罚还刚刚从一般性的移民实边政策脱胎出来，只是对犯轻罪的人做的一种很轻的处罚，还没有明确的量刑标准。迁、适到何处去，也只考虑实边的需要，而不是根据犯罪情节的轻重来决定。汉代沿袭秦制，将这种刑罚称之为"徙边"，徙作为一种刑制已经升级，从一般的轻刑上升到仅次于死刑的重刑。流徙的地点也比较固定，如连及大逆不道等犯罪者，主犯诛死，从犯及家属若得减死罪一等，就徙往南方边郡；不道、大不敬及其相近性质的罪犯，如得减死，则徙往西北边郡。徙边的实质就是驱使罪人到边地充军。

汉代流徙合浦的人，到达合浦后如何管理？文献无征。但除了未经皇帝许可，不能返回原籍或京城之外，对他们的生活，似无太多的限制。他们有充分的谋生手段，可以利用自己充裕的财力、物力，较高的科学文化知识和生产技能，发展生产，提高生活水平，有的甚至发家致富。如京兆尹王章的妻子，徙合浦后，利用近海之便，发展采珠事业，很快"致产数百万"，成为当地的富翁。有的招生授徒，从事讲学和著述，传播科学文化知识。这方面虽然尚无直接证据，但从后来三国时期流徙交州（含合浦）的人中可以看到一些信息。如东吴的虞翻，被流徙到交州后，"虽处罪放，而讲学不倦，门徒常数百人。"（《三国志·虞翻传》）有的人在政治上不甘寂寞；仍同内地政治集团保持着千丝万缕的联系。王莽儿子王宇的妻兄吕宽流徙合浦后，仍私与外甥会宗联络，从事谋取皇位的活动就是一例（《汉书·王莽传》）。

这些人虽然在政治场上失败，但他们有较高的文化素养，掌握较先进的生产技术和技能，带有先进的生产工具（如铁器），到这片经济、文化都比较落后的地区来，很快就显示出他们在生产、经营方面的优势。他们可以占住大片土地，甚至可以雇请当地廉价的劳动力，进行垦殖，种植水稻、林果、捕鱼、采珠、煮盐，同时进行贩运，积累资财。这些活动，对开发合浦地区起过重要的促进作用。

西汉以后，合浦地区逐渐繁荣起来，也有被流放者的一份贡献。

到西汉晚期，合浦的经济已繁荣起来。考古发现，不但在西汉晚期墓中看到有用铜锅装着的稻谷陪葬，而且还出现大量粮仓模型明器，这种粮仓模型明器几乎每一座墓都有，反映当时粮食储备相当可观。这些粮仓平面都是长方形的，像一间平房，前面有一道或两道门，门槛很高，其他三面密闭，无窗无门，和住人的房屋有明显的区别。望牛岭1号墓出土的是铜仓，一大间，置于平台上，平台下有八根立柱，将整座建筑平地托起。仓房前壁正中有门，门为双扇，各有门环，左右开启。门下有槛。悬山顶，前后各有12道瓦垄，屋檐向前后伸出，盖过壁墙。仓前有走廊，走廊前缘有栏杆，十分讲究。黄泥岗1号墓铜仓，也是一大间，正面开单扇门，其他三面板壁封闭，人字坡瓦顶，平底，下附四只高足将仓体顶起。特别值得注意的是，这座仓房的门及左右板壁、两边山墙及后壁，都錾刻了精细的图案花纹，十分华丽。汉代合浦人如此重视粮仓，说明当时粮食自给有余，已经有相当多的储备了。汉代很注重粮食储备，晁错在《论贵粟疏》一文中就提出过"广蓄积，以实仓廪"的主张。有了充足的粮食储备，为合浦周围聚集大量商人和手工业者创造了最根本的物资条件。出海的船舶也可以放心地在这里备足途中的食粮，航行到更远的地方。

汉代合浦的青铜铸造业、玻璃烧制业和珍珠采集业都很发达。

合浦汉墓群中比较大的墓葬都盛行随葬青铜器，其中錾刻花纹铜器特别引人注目。中国古代青铜工艺在经过商至春秋时期的繁荣阶段以后，到秦汉时期已走向衰落。汉代青铜器已从先秦那种庄严、厚重、古朴的风格中变得轻便、灵巧，纹饰也崇尚简朴。但在中国南方，特别是岭南地区，以合浦为中心却兴起了一种錾刻花纹工艺，在薄胎青铜器上用坚硬而精细的金属工具，錾凿和镂刻出繁缛精致的几何纹样和动植物图案，使该器显得特别精美华丽。錾刻花纹工艺开创了中国南方青铜器发展史的新局面。这类铜器包括盛食器、饮食器、熏炉、灯具等，都是居室的日用器。这类铜器主要集中发现于广西东南部地区，尤以合浦、贵港、梧州三地汉墓中出土最多。见于合浦汉墓的有承盘、酒樽、镳壶、食盒、魁、卮、杯、长颈壶、提梁壶、扁壶、熏炉、豆形灯、凤凰灯、席镇，等等。仅望牛岭1号墓出土的就有承盘、魁、长颈壶、提梁壶、熏炉、凤凰灯、席镇等20件，堂排2号墓有酒樽、长颈壶、食盒等10件，母猪岭1号墓、6号墓各有承盘1件，文昌塔汉墓有扁壶1件，北插江盐堆1号墓有承盘、酒樽、食盒、熏炉、豆形灯各1件，风门岭5号墓有食盒1件，7号墓有食盒2件，10号墓有熏炉1件；九只岭东汉墓有承盘、酒樽、熏炉、猴形座灯，等等。这种錾刻花纹铜器，在与之相关的内河航运线上的贵港、梧州也有大量出土，既是高官贵族奢侈生活的时尚显示，也是对外贸易需求的反映。

玻璃烧造业是当地工匠吸收了西方烧制玻璃的技术后，利用当地特有的原材料烧制成功含镁元素极低的钾玻璃，在中国传统的铅钡玻璃和西方钠钙玻璃之外创造出新的南海玻璃系统。

珍珠采集业通过有节制的采集，使采珠业能持续发展，合浦珍珠由此闻名天下。

四、流徙者的归宿

徙是一种仅次于死刑的无期徒刑。徙合浦的人到达合浦后，就在当地定居，没有一定刑期。除个别的人因有皇帝的特赦令，可回原籍外，绝大多数人毕生不得返故乡，只有老死合浦，埋骨远域。京兆尹王章的妻、子徙合浦后，原执刑人大将军王凤死，继任大将军王商向皇帝报告，取得皇帝许可，将王章妻子放回故郡泰山郡。定陵侯淳于长的儿子淳于酺也经皇帝允许放回长安。东汉时的梁竦，明帝时被流放到九真，显宗后诏听还本郡，闭门自养，以经籍为娱，著书数篇，名曰七序。后来遭窦氏陷害，才冤死狱中。而董贤之父董恭，老年被流徙，最后死在合浦，葬于黄姜岭下。据传，合浦黄姜岭下有董公墓，就是董恭的葬地（《珠官坐录》）。

现今合浦县廉州镇内及郊外附近有大批的汉代墓葬，大都是西汉后期至东汉时期的，除了一些是当时郡县官吏的墓葬以外，也应有流徙者的墓葬。汉代边郡长官除极个别从当地民族中选用外，多数是由中央从内地派往的。这些官吏，凡有条件的，一般都在生前告老还乡；即使死在任所，也不惜千里跋涉，移柩原籍，归葬旧茔。甚至在战争中战死的将士，也都"迎尸千里之外，裹骸骨而归"（《汉书·严安传》）。只有那些落籍异乡，不允许迁回故郡的罪人，才在当地埋葬。有的罪人即使已埋在流徙地，一旦平反，恢复名誉，仍可迁灵柩或捡遗骨回原籍。所以，留存合浦汉墓中的，应不乏流徙者。

五、东汉以后流徙九真、日南

东汉政权仍然执行流徙政策。考虑到合浦经济已有发展，人口已经相对稠密，虽然在东汉初年仍有流徙合浦者，但已不及西汉哀帝、平帝时那么集中。东汉流徙地点已明显从合浦向南推移，主要集中到更远的九真、日南去了。东汉时期九真、日南虽与合浦同属交州，但比合浦更加荒凉僻远。《后汉书·任延传》说："九真俗以射猎为业，不知牛耕，民常告籴交趾，每致困乏。……骆越之民，无嫁娶礼法，各因淫好，无适对匹，不识父子之性，夫妇之道。"反映了这方面的现实。

东汉初徙合浦者还有：

和帝永元元年（公元89年），郅寿受窦宪陷害，"下吏当诛"，侍御史何敞上疏辩护，得减死论，徙合浦。但未行，自杀（《后汉书·郅寿传》）。

永元四年（公元92年），和帝铲除窦氏势力，收捕穰侯邓叠、步兵校尉邓磊、长乐少府郭璜、射声校尉郭举等，皆下狱诛，"家属徙合浦"（《后汉书·窦宪传》）。

更多的则是流徙九真、日南：

明帝永平四年（公元61年），因梁统子梁松事，其二弟梁竦、梁恭"俱徙九真"（《後后书·梁统传》）。显宗后诏梁竦听还本乡，闭门自养。

章帝建初八年（公元83年），窦氏潜杀二贵人（梁竦女），陷梁竦等以恶逆，诏使"传考竦罪，死狱中，家属复徙九真"（《後后书·梁统传》）。

和帝永元五年（公元93年），梁节王刘畅以谋反罪，有司奏应徙九真，帝赦免（《后汉书·孝明八王传》）。

和帝永元十四年（公元102年）六月，阴皇后坐巫蛊事废，其父阴纲自杀，次兄阴辅下狱死，弟阴轶、阴敞及外祖母邓朱家属"徙日南比景县"（《后汉书·和帝阴皇后纪》）。"后坐巫蛊事废，纲自杀，辅下狱死，轶、敞徙日南。"（《后汉书·阴识传》）

桓帝延熹二年（公元159年），梁冀被黜，徙封日南郡此景县都乡侯，未至自杀（《后汉书·梁统传》）。

桓帝延熹八年（公元165年），范康忤逆侯览，览诬康诈上贼降，"减死罪一等，徙日南"（《后汉书·党锢范康传》）。

灵帝建宁元年（公元168年），窦武被杀，"徙武家属日南"（《后汉书·窦武传》）。

灵帝光和二年（公元179年），司隶校尉阳球治中常侍王甫、太尉段颎，二人皆死，尽没入财物，妻子皆徙（日年南）比景（《后汉书·酷吏阳球传》）。

流放交州南部九真、日南诸狱，都是东汉历史上的大狱。

由此可见，东汉时期，交州的九真、日南是流放重罪大犯的地区。说明那里经济还不很发达。这种情况一直到东汉以后才有改变。中平五年（公元 188 年）黄巾大起义，天下大乱，中原地区，豪强势力各霸一方，你争我夺，征战连年，直到西晋，虽有短暂统一，但接着又有"八王之乱"，政治局面混乱不堪，社会经济受到严重破坏。相反，交州一隅，远在五岭之外，是当时少有的战火不及之区，相对较为安定，成了躲避战乱的乐土。原本受到朝廷、士人极端轻视的蛮荒之地，这时却成了官吏、士人向往之所。有的官吏甚至主动申请到交州来做官。从《后汉书》、《三国志》记载来看，一般士民流亡避难到岭南来的络绎不绝。以至我们在梧州和广州的晋墓中经常发现一些墓砖上印着诸如"永嘉中，天下灾，但江南，皆康平"；"永嘉世，天下荒，余广州，皆平康"或"永嘉世，九州空，余吴土，盛且丰"的铭辞，反映了士民对社会安定的向往和对生活在岭南地区的自慰。

（原载于《海上丝绸之路研究》，科学出版社，2006 年）

汉代同坟异穴夫妻合葬墓浅议

　　同坟异穴夫妻合葬是指那些在同一坟丘下覆盖着两个并排的墓穴，每一墓穴都埋葬一位死者，这两位死者是下葬时间相近的一对夫妻的墓葬。这类墓葬在岭南地区西汉前期已经出现，西汉中期开始流行，主要盛行于西汉后期。这种墓葬代表了一定地区比较特殊的埋葬形式。

　　1960 年在发掘广州北郊西王村圣堂孖岗西面岗稍和汉墓时，发现 M1113 与 M1114 两座墓平行排列，被埋在同一个坟丘之下。M1113 在西，长 3.52、南端宽 1.4、北端宽 1.48 米，随葬陶瓮、罐、鼎、盒、匏壶和漆耳杯、铁削等；M1114 在东，长 3.06、宽 1.52 米，随葬陶瓮、罐、盒、釜、瓶、三足盒和石砚。两个墓穴之间有一道高宽各 0.36 米的生土隔墙。从随葬陶器的形制、纹饰、胎质相同，组合稍异的情况看，M1114 比 M1113 后葬，但下葬时间前后相去不会太远，应是一座夫妻合葬墓。时代属西汉前期[1]（图一）。

　　1975 年秋，发掘广西合浦北郊堂排汉墓时，其 2 号墓也是一座同坟异穴夫妻合葬墓。坟丘残高 3.6 米，直径 37 米，覆盖着两个并排的墓穴，西墓穴为 M2A，长 4.85、宽 2.7、深 3.9 米；东墓穴为 M2B，长 5.4，宽 3.2，深 3.2 米。两个墓穴各自都有斜坡墓道，其中 M2B 墓道西侧有一个长 3.5、宽 1.9 米的耳室。随葬品各有一套陶制生活用

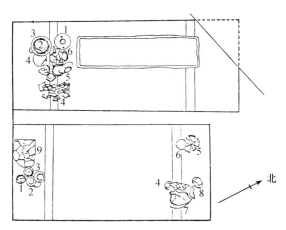

图一　广州稍和墓 1113（上）、墓 1114（下）平面图

上：1、2. 匏壶　3. 瓮　4. 罐（3 件）　5. 盒　6、10.（在 4、5 下）三足盒

7. 鼎　8. 釜　9. 铁削　11. 盂（8、9、11 均在 7 下）

下：1. 三足盒　2、4. 小瓶　3. 罐（2 件）　5. 盆　6. 石砚　7、9. 瓮　8. 釜

器和铜器，不同的是：M2A 随葬品 87 件，有金镯、金戒指、琉璃、水晶、玛瑙、肉红石髓等质料的珠饰和琥珀狮等小雕像；M2B 随葬品 143 件，有铜剑、铜矛、铜车軎、铁刀、铁锄等。估计 M2A 死者为女性，M2B 死者为男性。时代属西汉后期[2]。

1983 年 11 月，在广西兴安石马坪墓群也发掘到一座同坟异穴夫妻合葬墓，编号为 M1。两个墓穴也是东西并列，中间有一道宽约 0.5 米的生土隔墙。两个墓穴都有斜坡墓道，各有自己的一套随葬品，随葬品中的铜镜、铜碗、铁釜、陶壶、陶罐等，形制、纹饰都很接近，但东墓穴（M1A）还有铁剑、铁刀、铜盆、铜钱，陶器其数量较多，死者应是男性；西墓穴（M1B）随葬品略少，且没有兵器，死者应是女性。时代属西汉后期[3]。

1984 年，在广西合浦县城南 2 公里的凸鬼岭清理两座汉墓，均是同坟异穴夫妻合葬墓。M201 坟丘高 2.2、直径 12 米，两个墓穴南北并列，深度相等，其间有一道厚约 0.7、高 1.2 米的生土隔墙。其中北墓穴（M201A）有斜坡墓道，南壁前端有一个长方形耳室；南墓穴（M201B）没有墓道，北壁打破北墓穴的耳室，可见其下葬时间略晚。从随葬器物看，北墓穴有双耳陶壶、陶罐、陶灶、铜奁、铜壶、铜鐎壶、铁锸、铁刀等，死者应是男性；南墓穴有铁剪、陶罐，死者应女性（图二）。M202 坟丘高 1.7、直径 17 米，两个墓穴东西并列，其间没有隔墙，但有一条明显的分界线，这条分界线是厚 4～20 厘米的黑色土带，估计原是木板壁。两个墓穴都有斜坡墓道。东墓穴

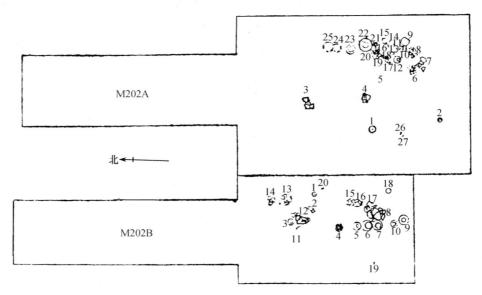

图二　合浦县凸鬼岭 M202 平面图

M202A：1. 铜镜　2、6、8、10、11、14、15. 陶罐　3、4. 陶奁　5. 铜器　7. 陶片　9. 陶瓮　12、13. 四耳陶罐　16. 陶甑　17. 陶鼎　18. 陶鼎盖　19. 陶灶　20. 小陶釜　21. 铁釜　22、23. 陶壶　24. 铜釜　25. 铜壶　26. 玛瑙石　27. 玻璃珠

M202B：1. 昭明铜镜　2. 黛石　3、9、10、13～16. 陶罐　4. 铜钫　5. 铜壶　6、7. 陶壶　8. 陶瓮　11. 铜盆　12. 铜奁　17. 铜鼎　18. 铜灯　19. 铜钱　20. 玛瑙珠

（M202A）随葬一套陶制生活用器和铜釜、铜镜、铁釜、玛瑙珠，死者可能是男性，西墓穴（M202B）随葬陶罐、陶壶、铜鼎、铜奁、铜镜、黛石、玛瑙珠饰等，死者应是女性。时代均属西汉后期[4]。

1985 年夏，在合浦风门岭清理了一座同坟异穴夫妻合葬墓，在合浦望牛岭清理了三座同坟异穴夫妻合葬墓[5]。此外，在广州、合浦、贵县（今贵港）以往发掘的汉墓中还有一些并列的墓穴，因坟丘已遭破坏，未能确认是否同坟的墓葬，估计其中也有这种同坟异穴的夫妻合葬墓。

观察这些同坟异穴夫妻合葬墓，可以看到如下几个明显的特点：

（1）从单个墓穴形制来说，长方竖穴，绝大部分带斜坡墓道，与同时代的其他土坑木椁墓没有什么区别。

（2）两个墓穴方向相同，平等并列，彼此靠近，但绝无叠压打破关系。

（3）两个墓穴大部分不是同时修建的，其修建时间有先后，从坟丘中可以看到前后两次堆垒的痕迹。

（4）两个墓穴的棺椁都向中间的隔墙靠近，从平面图上看，与同时期的夫妻同穴合葬的大型木椁墓相似。

（5）每个墓穴各自有一套随葬品，其陶器、铜器有的在形制、纹饰、组合上相同或相近，但种类和数量的多少有差别。

（6）从随葬品的组合可以区别墓主性别，一般男性墓穴比女性墓穴宽大，随葬品数量也是男性墓穴比较多，在一定程度上反映了男尊女卑的社会风尚。

在我国，夫妻合葬的习俗起源甚早，先秦文献认为始于周公，从考古发现来看，其实比周公还早。湖北黄陂盘龙城东李家嘴一、二号墓就是商代的夫妻并穴合葬墓[6]。西周时，夫妻合葬已成制度，其合葬的方式主要是夫妻分别葬在两个互相紧靠的墓穴中，即所谓"异穴合葬"。到春秋时代，这种夫妻异穴合葬的制度更趋普遍[7]。但是，战国时期以前的墓葬都是没有坟丘的。《易系辞》提到："古这葬者，厚衣之以薪，葬之中野，不封不树。"所谓"不封"就是不设坟丘。《礼记·檀弓》记载孔子将其父母合葬于防时，说过"吾闻之，古也墓而不坟，今丘也，东西南北之人也，不可以弗识也，于是封之崇四尺"。汉代人郑玄注解这段话时指出，孔子所说的"墓"是指"兆域"，亦即墓地，而"坟"是指"土之高者"。并且认为，孔子所说的"古"是指殷代，"聚土为封"则是周礼。这说明，按照汉代经学大师的看法，贵族墓葬封筑坟丘是西周才开始的[8]。可是，在现有的历史文献中找不到西周墓葬封筑坟丘的直接证据，从考古发现来看，西周以前的殷代墓葬，迄今没发现过有坟丘的迹象，能确定有坟丘的墓，最早的也只是春秋战国之际的墓葬。

在墓葬盛行坟丘之前，夫妻异穴合葬，没有共同的坟丘维系，是各自独立的。陕西宝鸡茹家庄弪伯墓及其夫人邢姬墓属西周中期，两个墓穴东西并列，弪伯墓先葬，邢姬墓后葬，邢姬墓打破了弪伯墓的东壁，估计就是因为没有明显的坟丘作为标识的缘故[9]。战国时期出现坟丘，夫妻异穴合葬仍不同坟。河南淮阳马鞍冢是一座战国晚期的异穴合葬墓，两个墓穴南北并列，各有自己的坟丘，称南北二冢，南冢高 2 米，北冢高 4 米，其间形成马鞍形[10]。到汉代，坟丘普遍流行，夫妻异穴合葬还是不同坟。长沙马王堆一、二号汉墓分别是轪侯妻和轪侯利苍的墓，两个坟丘东西并列，一样高大。汉代皇帝皇后陵也是如此：高祖长陵在咸阳原上，吕后的坟丘则距它东去 250 米，宣帝杜陵在西安杜陵原上，其后陵则东南去 575 米。这就是所谓"汉帝后同茔，则为合葬，不同陵也"[11]。

在中原地区，自西汉中期以后，由于土洞墓和空心砖墓的流行，夫妻合葬墓由异穴变为同穴，不少空心砖墓墓室经过"两次造"，在葬入第二个死者时，对墓室加以扩建，另辟耳室，并再放入一套随葬品。西汉后期，盛行带竖井墓道的小砖券墓，夫妻合葬也是同穴的。所以，自战国至汉代，中原地区的夫妻合葬墓，或是异穴不同坟，或是同坟又同穴，很少见有同坟而异穴者。

岭南地区则不然。岭南地区没有出现过土洞墓和空心砖墓。春秋战国时期流行土坑墓，没有坟丘，也没有夫妻合葬的现象。秦和西汉前期，土坑墓仍流行，但大多数已行土坑木椁墓了，坟丘盛行，开始出现夫妻合葬墓。西汉中期，仍流行土坑木椁墓，夫妻合葬墓盛行，一直延续到西汉后期。

岭南地区的夫妻合葬墓主要是土坑木椁墓，夫妻的两具棺木同放在一个木椁内。一般来说，夫妻双双同时死去的情况很少。修筑这种墓室都要经过先后两次。在第一个死者下葬时，把合葬用的木椁修筑好，在椁室内预留出放置其配偶棺木的位置，待其配偶下葬时，重新将墓道挖开，移开椁室门口的封门木柱。将第二具棺木送入椁室。这种墓也是"两次造"，在墓道和椁室门口常常留下两次挖掘的痕迹。

岭南地区气候炎热，高温多雨，加上土质又属酸性，埋在地下的木椁容易腐朽。如果在三两年内，木椁还完好，二次葬入尚可办到。如果时间稍长，木椁朽塌，填土充塞椁室，再挖开椁室葬入第二具棺木就很困难。为了解决这种困难，同坟异穴合葬墓应运而生。同坟异穴合葬，墓穴两个可以先后修筑，在埋葬第一个死者时，只需在它的一侧留出一个空位，待到第二个死者下葬时再挖掘，不管第一个墓穴的椁室朽塌与否，都不影响第二具棺木的下葬。墓穴虽然各自构筑，但由于两具棺木尽量向隔墙靠近，坟丘又是共有的一个，仍然紧密了夫妻联系，同样可达到同穴合葬的目的。

岭南地区自秦统一后，经济文化受中原地区影响空前强烈，郡县所在地民族融合迅速，到汉代，埋葬习俗已与中原地区基本相同，只是由于构筑椁室的材料有别，流行土坑木椁墓的时间长，夫妻合葬，除了采用同穴同椁室的形式外，另有异穴异椁室的形式，这就与中原内地不同。这种同坟异穴夫妻合葬墓，同它所处的自然环境和长期采用木椁有关，是同坟同穴合葬墓的一种变体或旁支，是一种带有地域性的特殊埋葬形式，但并没有因此形成自己的特殊葬俗，不能把它作为一种特有的民族习俗看待。自东汉前期起，岭南地区也盛行小砖券墓，由于砖室比木椁坚固耐久，夫妻同穴合葬一般不成问题，同坟异穴夫妻合葬墓也就自然而然地消失了。

注　释

［1］　广州市文物管理委员会，广州市博物馆：《广州汉墓》，文物出版社，1981 年，36～37 页。

［2］　广西壮族自治区文物工作队：《广西合浦县堂排汉墓发掘简报》，《文物资料丛刊》第 4 辑，文物出版社，1981 年。

［3］　蒋廷瑜：《兴安县石马坪、界首汉晋墓群》，《中国考古学年鉴·1984》文物出版社，1985 年。

［4］　广西壮族自治区博物馆：《广西合浦县凸鬼岭清理两座汉墓》，《考古》1986 年 9 期。

［5］　黄启善：《合浦县风门岭、望牛岭汉墓》，《中国考古学年鉴·1986》，文物出版社，1987 年。

［6］　《盘龙坡 1974 年度田野考古纪要》，《文物》1976 年 2 期。

［7］　王仲殊：《中国古代墓葬概说》，《考古》1981 年 5 期。

［8］　王世民：《中国春秋战国时代的冢墓》，《考古》1981 年 5 期。

［9］　宝鸡茹家西周墓发掘队：《陕西省宝鸡市茹家庄西周墓发掘简报》，《文物》1976 年 4 期。

［10］　河南省文物研究所：《河南淮阳马鞍冢楚墓发掘简报》，《文物》1984 年 10 期。

［11］　《史记·外戚世家》集解引《关中记》。

（原载于《南方文物》1993 年 1 期）

汉代錾刻花纹铜器研究

中国古代青铜工艺，在经过商至春秋战国时期的繁荣阶段之后，到秦汉时期已走向衰落。汉代青铜器已从先秦那种庄严、厚重、古朴的风格变得轻便、灵巧，纹饰也崇尚简朴。但是，在中国南方，特别是岭南地区，新兴一种錾刻花纹工艺，十分引人注目。这种工艺多施于薄胎青铜器上，在铸造的铜器外表，用坚硬而精细的金属工具，錾凿和镂刻出繁缛精致的几何纹样和动植物图案，使该器显得特别精美华丽。这类铜器包括盛食器、饮食器、熏炉、灯具等，都是居室的日常用器，偶尔也有动物塑像等摆设品。因为这类铜器胎体轻薄，极易破碎，一般难以长久保存和流传，埋在地下者，也多锈蚀和破损，难以复原，因而历代金石著录中比较少见。最早著录这类铜器的著作大概是宋《博古图录》，有一件提梁扁壶。其后，《西清古鉴》有一件提梁壶，《善斋吉金录》有一件熏炉。

自 20 世纪 50 年代以来，在广西、广东的汉墓中时有这类铜器出土，其他地方也有零星发现。但由于多有破损，一般考古报告未作详细报道。从目前所见的报道来看，汉代錾刻花纹铜器主要集中在广西东部地区，尤以合浦[1]、贵港[2]、梧州[3]三地汉墓中出土最多。其东的广东德庆[4]、广州[5]也有一些发现。此外，贵州清镇[6]、兴仁[7]，云南曲靖[8]、个旧[9]，湖南资兴[10]、衡阳和长沙[11]，江西南昌[12]，江苏盱眙[13]，陕西西安[14]，也有零星发现。

一、种　　类

汉代錾刻花纹铜器，种类主要有食案、承盘、酒樽、奁、盒、长颈壶、提梁壶、扁壶、熏炉、灯及魁、卮、杯、镇、动物塑像等，现分类叙述如下。

（一）食案

长方形，四周有矮沿，下装四足。案面上常置盘、杯、碗、箸等食具。目前已知有錾刻花纹者 4 件。

1. 梧州望步案

1973 年在广西梧州市望步 2 号墓出土[15]。长方形，底有四足榫眼，足已失。案长 69.4、宽 43.6、高 2 厘米。口沿外折，沿上刻勾连 S 纹。案内纹饰分内外两区。内区正中刻一鼎，鼎内有鱼，鼎口溢出水花，左右各有一条面向鼎而舞的龙，龙的上下又各

图一　铜案

1. 望步案　2. 大辽山案

有一条鱼。外区刻龙、凤、异兽，四角各有一枝花树。围绕这些图案的是水波纹、菱形回纹、勾连 S 纹构成的纹带（图一，1）。

20 世纪 50 年代在梧州还采集到一件食案，形制、纹饰与望步案相同。内区中心也刻一鼎，鼎口溢出水花，左右为两只异兽对舞。外围以双层菱形回纹、锯齿纹带的方框。外区四角和长边的正中部有花树，其间布置奇禽异兽。口沿内侧刻锯齿纹，沿面刻勾连纹。此器现存广西壮族自治区博物馆。

2. 德庆大辽山案

1975 年出土于广东德庆新圩大辽山东汉墓中[16]。平沿，浅腹，底有 4 个圆孔，安装 4 只扁足。案长 64.5、宽 42.5、通高 13.3 厘米。沿上刻菱形回纹。案内纹饰分内外二区。内区中心刻一条大鲤鱼，鲤鱼的前后各刻一只孔雀。外区是对称的龙、凤纹，龙纹在长边，凤纹在短边，四角各有一只昆虫。围绕这些图案的是勾连 S 纹、锯齿纹、菱形纹构成的纹带（图一，2）。

3. 广州沙河顶案

1960 年在广州先烈路沙河顶 2 号墓出土[17]。同出铜案 3 件，仅一件（M5054：18）饰錾刻花纹。案沿饰勾连 S 纹，案内纹饰也分内外二区。内区以四叶纹为中心，左右各刻一只耳杯形图案。外区刻飞禽走兽和游鱼。围绕这些图案的也是菱形回纹、锯齿纹构成的纹带（图二）。

图二　沙河顶案（M5054：18）

（二）承盘

圆形，周边起矮缘，下承三足。或称为圆案。盘内一般置耳杯、盘和酒樽等饮食具。有錾刻花纹的承盘发现较多，据不完全的统计，至少已有9件。

1. 合浦望牛岭承盘

1971 年合浦县望牛岭 1 号汉墓出土[18]。同出 4 件，其中 2 件人形足，2 件熊形足。熊形足的 2 件承盘素面无纹，人形足的 2 件承盘有錾刻花纹。这两件承盘盘径 33、通高 8.5 厘米。盘内细刻四叶纹，四叶之间刻二鹿二凤，外围以双重菱形纹带，在两圈菱形纹之间刻菱形锦纹，腹内壁刻锯齿纹，口沿刻菱形回纹带。三足作俑人状，双腿半蹲，以头和手用力将盘顶起（图三，1）。

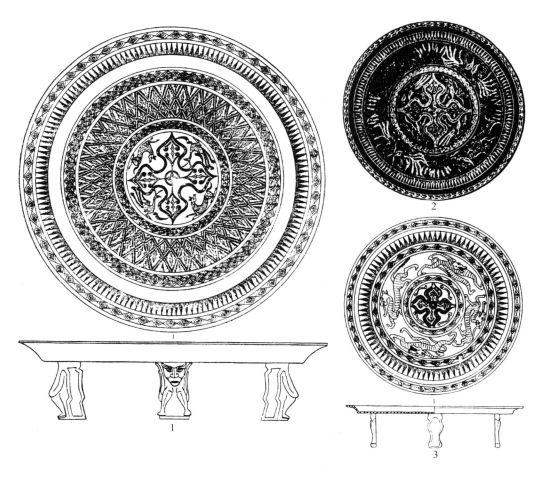

图三　铜承盘
1. 望牛岭承盘　2. 盐堆承盘　3. 母猪岭承盘

2. 合浦盐堆承盘

1978 年广西合浦县北插江盐堆 1 号墓出土。浅盘，三蹄足。錾刻花纹分内外两区。盘中心刻四叶纹，四叶间刻一对舞凤、一对奔鹿，凤翅上方还有一龟。外区以四枝花树隔为四块。左右两块对称的双凤对舞。与之相对应的另两块，一块刻两头奔鹿，一前一后，回首奔跳；另一块是前身立起，相对怒吼的一对虎豹，虎豹的颈似有链拴住，虎豹的脚下还有一只小的奔鹿（图三，2）。

3. 合浦母猪岭承盘

1991 年出土于合浦母猪岭汉墓[19]。共出 2 件。M1:3，盘径 30、通高 7 厘米。主纹分内外两区，内区盘心刻四叶纹，间以如意纹。外区刻四只怪兽。内外区间隔以菱形回纹，外区外沿刻菱形回纹和锯齿纹，盘沿刻菱形回纹（图三，3）。M6:2，已残，盘心花纹以鹿凤纹、细方格纹为主，其余为四叶纹、锯齿纹和菱形纹。

4. 贵港深钉岭承盘

1991 年配合南宁至梧州二级公路建设，在广西贵港市西北郊的深钉岭汉墓出土 2 件。出土时，上面都置有铜酒樽。盘心刻四叶纹，四叶纹之间刻孔雀、瑞兽，外围菱形回纹，外区刻花树，左右孔雀，对舞纹。

5. 南昌京家山承盘

1986 年 6 月出土于江西南昌市京家山 2 号墓[20]。盘口平弧外撇，浅腹，平底。下底近边处有等分三足支撑，足呈正面直立熊状。盘径 39.5、通高 6.8 厘米。内底刻精致图案，均以同心圆纹、锯齿纹、菱形回纹带相隔。主体图案分内外两区。内区中心是四叶纹，叶间插饰奔虎、飞龙、凤鸟、怪兽、小雀等，各呈奔走状。外区纹带有局部残损，分别以花树间隔成四等分，每组各有动物二只，计有麋鹿、飞雀、斑虎、猴、孔雀等，空隙处填以卷草等纹饰（图四，1）。

（三）酒樽

盛酒器。考古报告多称为"奁"，王振铎先生论证为酒樽[21]。造型大致相同：广口，圆筒身，腹壁垂直。盖为博山炉式，顶立飞鸟塑像，有的为穹隆顶式，顶有半环钮，有的另饰三只动物塑像。平底，下附三人形或兽形足。一般与前面所说的承盘共出，有的出土时就置在承盘上。

1. 合浦酒樽

1975 年广西合浦堂排 2 号汉墓中出土 2 件，胎薄器小，腹壁錾刻锯齿纹和菱形回纹[22]。1978 年在合浦盐堆，1988 年在合浦红岭头、母猪岭汉墓，也出土过錾刻花纹酒

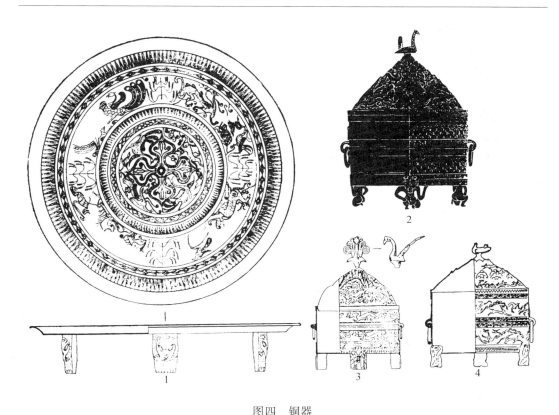

图四　铜器

1. 京家山承盘　2. 盐堆酒樽　3. 沙河顶酒樽　4. 京家山酒樽

樽。合浦盐堆酒樽顶有飞鸟，飞鸟錾刻精细羽毛，云山间有怪兽奔驰，樽身布满錾刻花纹，以铺首为界，上下对称，分别为锯齿纹、菱形回纹、四重羽状锦纹、双重菱形回纹（图四，2）。

2. 贵港酒樽

广西贵港汉墓出土錾刻花纹酒樽较多。1955 年在贵县粮食加工厂工地出土 2 件。一件（M2：25）底附三人形足，盖顶刻四叶纹，四叶之间刻怪兽。一件（M7：8）底附三蹄足，器身刻羽状锦纹和菱形回纹带。贵县火车站工地的一件（M29）缺盖，下附三蹄足，器身上下均刻锯齿纹带，中部刻双层菱形回纹。贵县东湖新村一件（M22）刻动物纹，这件酒樽出土时放置在一件有錾刻花纹的承盘上。

3. 广州酒樽

广州汉墓出土过几件酒樽[23]。惠州坟场 M5003：52 号器下三足作狮座，以背承托器底。盖顶平圆微凸起，中有环钮，钮内扣一圆环，周沿绕立三只小羊，作卧伏状。盖面边缘平折，盖下有唇扣入器口内。盖顶中间刻四叶纹，四叶之间布以青龙、白虎、朱雀、玄武。器身分布宽带纹三周。当中一周加凸弦纹一匝，有铺首衔环，对称于两边。狮形座足，毛和尾均镂刻出精细线纹。通高23、口径22.5、底径22.5厘米。惠州坟场M5036：64号酒樽器下附三熊足，器腹上的铺首是在器身铸成后用刀刻出的，盖顶有变形四叶纹。通高16、口径16.5、底径16厘米。沙河顶M5054：22号酒樽也是熊足，铺首也是刻出的。盖似圆锥体，呈重山型，顶部立一展翅凤鸟，盖下有唇扣入器口内。器腹上分布宽带纹三周，当中一周加凸弦纹。盖顶尖端处刻四块芭蕉叶，下面围绕四山，刻三龙一凤。下层四山，刻三对相向的龙和一龙与一猴相斗图。器身纹饰以宽带纹间隔，分三层：上层以铺首为界，分两组，每组为两龙一凤，俱左向，状在相互追逐中；中层刻六龙一凤，皆同向而走；下层刻连续回形纹和锯齿纹带各一周。通高29.8、口径18、底径18厘米（图四，3）。

4. 交乐酒樽

1987年出土于贵州兴仁交乐汉墓[24]。博山炉盖，直口，直腰，腹两侧有铺首衔环，底缘有三只虎形足。口、底及腹外壁刻菱形回纹、锯齿纹，腰部上下各刻一组连续游龙纹。通高16.4、口径22.8、底径23.2厘米。

5. 京家山酒樽

1986年6月于江西南昌京家山2号墓出土[25]。樽体呈圆筒形，笠形盖，三熊足。腹部以三条凸弦纹隔成上下两栏，分别刻有仙人、瑞兽和祥禽。各以山峦形地纹为衬，精雕细刻。通高30、口径23.5厘米（图四，4）。

这种錾刻纹酒樽在越南汉墓也有出土。1966年河内出版的《关于越南考古学的若干报告》一书发表了清化省绍阳汉墓的报告，其中18号墓出土一件錾刻花纹铜酒樽（奁）。越南考古研究院阮文好先生将此报告的复印件寄给我，使我们从该报告的插图中看到该樽的盖沿、器口沿和底沿有菱形回纹带，器腹有锯齿纹带，铺首有动物刻纹。日本东京大学东洋文化研究所吉开将人先生告诉我，这件酒樽还在清化省博物馆，他托日本上智大学研究生丸井雅子小姐拍摄了这件酒樽的照片，从照片中清晰地看到除以上纹饰之外，在樽的腹部还有一道精细的双层羽状锦纹。

日本东京国立博物馆收藏1件，通高21.9、口径20.2厘米，器盖、器身刻鸟兽纹和锯齿纹、菱形纹[26]。

（四）镳壶

镳壶是温酒器，下有三足，侧有柄、有流，有的考古报告称为"盉"，汉代铜器自铭为"镳"。

广西合浦禁山七星岭东汉墓出土一件，通高9.5、口径9、腰径21厘米。壶盖有一活钮，刻四叶纹。柄向上一面刻龙纹，靠外的一端刻锯齿纹、网纹。流在与柄呈90°直角的一侧，作凤头形，刻细线纹。腰有一道宽边，上面刻菱形回纹（图五，2）。1954

年广西贵县（今贵港）东湖新村 4 号墓出土一件铜鐎壶，柄上也刻有龙纹。

这种鐎壶在越南也出土过一件，形制、大小相似，流也作凤头形，柄上刻龙纹和网纹、锯齿纹，腰的宽边上刻锯齿纹（图五，6）。所不同的是，它的流在与柄相对应的正前方[27]。

（五）盒

盛食器。上盖，下器，子母口。一般盖顶隆起，中心有活动环钮，为便于盖能倒置，在钮的周围起圈足，或设三只等距离的小塑像。器身深腹，圜底，圈足。錾刻花纹常常布满全身。汉代铜盒有的称为簋，或称为盛[28]。

1. 合浦盒

1975 年发掘广西合浦堂排 2 号墓出土 6 件，均残，发表简报时有 3 件被称为簋。其中 M2A：25 号盒，盖顶上起圈足，高 8.2、口径 8.6 厘米。盖腹、器腹均刻菱形锦纹，盖沿、器沿及圈足均刻锯齿纹（图五，3）。M2B：34 号盒，口径 24、通高 12 厘米。盖顶中心有活动环钮，钮座刻四叶花纹，四叶之间填刻四只跑兽，边饰锯齿纹，并有三只田螺形钮饰。盖腹、器腹均刻菱形锦纹。盖沿、器沿及圈足均刻锯齿纹（图五，1）。M12A：16、M2A：18 与此器相同，但 M2A：18 盖顶钮饰是三只卧羊塑像[29]。

20 世纪 80 年代发掘合浦风门岭汉墓也出土过几件錾刻花纹铜盒。其中 M5：23 号铜盒盖顶活动环钮周围刻孔雀、异兽，外围以三只卧羊塑像为钮饰，器腹有一对衔环铺首，盖、器均刻满锯齿纹、菱形锦纹。钮饰羊背錾刻叶脉纹。M7A：39 号盒，盖顶刻四叶纹，四叶间刻奔鹿和飞鸟，外围塑以三只田螺作钮饰，器身刻菱形锦纹。M7B：14 号盒，顶有三只凤鸟塑像作钮饰，刻四重羽状锦纹，器身有衔环铺首，刻四重羽状纹和菱形锦纹。

2. 贵港盒

1955 年在广西贵县（今贵港市）火车站 74 号墓出土一件铜盒。上下扣合，呈球形。盖如覆碗，顶有活动环钮，中心刻四叶纹，外围有三道凸棱。盖、器均细刻菱形锦纹，圈足刻重叠锯齿纹。盖、器扣合处刻一只凤鸟作指示标志，凤鸟的头在盖沿，凤鸟的身在器身，二者相合，标志盖器扣紧（图一一，1）[30]。在贵县高中部 6 号墓出土过一件小铜盒。盖、器均刻菱形锦纹。在贵县高中部 17 号墓出土一件大铜盒。盖已失，器腹有衔环铺首，腹上部刻双层菱形锦纹，底部刻单层菱形回纹，圈足刻锯齿纹。

1991 年发掘贵港深钉岭汉墓也出过几件錾刻花纹铜盒。其中 2 号墓出土一对，盖顶活动环钮两侧各刻一凤鸟，外环以凸棱一周，在凸棱上等距离塑三只田螺，再外錾刻菱形锦纹，器腹也錾刻菱形锦纹。

3. 广州盒

1958 年发掘广州横枝岗汉墓时出土一件錾刻花纹铜盒[31]。通高 26、口径 27.6、腹

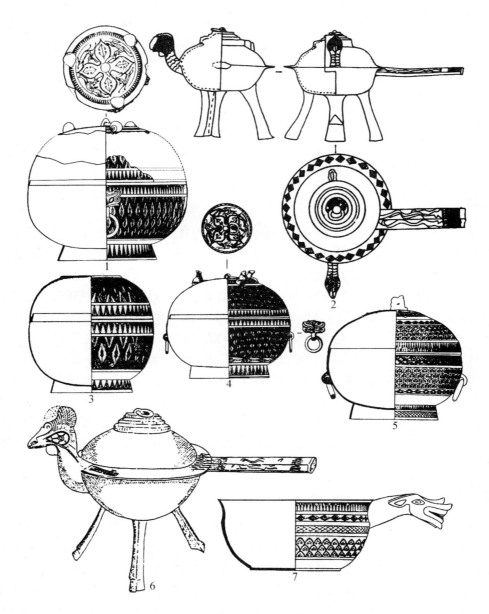

图五　铜器

1. 堂排盒（M2B：34）　2. 七星岭镌壶　3. 堂排盒（M2A：25）　4. 横枝岗盒（M3028：31）　5. 汉长安城
盒（H1：5）　6. 越南镌壶　7. 魁

径29.2厘米。盖顶刻四叶纹，四叶间刻四只凤鸟，正中有活动环钮，外环饰凸棱一周，在凸棱上等距离塑三只异兽。盖面及器腹刻菱形锦纹，口沿、圈足刻锯齿纹，下腹刻菱形回纹（图五，4）。

4."天凤元年"铭盒

20世纪50年代在湖南搜集,收入《湖南省文物图录》,时称为"簋"[32]。盖已失,但器身完好。深腹,平底,圈足。高15.5、口径28厘米。腹部外侧有一对活动环耳。口沿下刻三重菱形纹,腹部中下刻三重菱形锦纹,圈足刻锯齿纹。在口沿下方留出一块长方形空白,刻出二行十个篆字:"元凤元年四月十九日造"(图一〇,3)。

5.汉长安城盒

1981年11月初,在陕西西安汉长安城出土[33]。通高17、口径18、腹径18.6厘米。盖顶有铁钮,已锈蚀。腹壁有衔环铺首。盖面与器身都刻锯齿纹、网纹、菱形回纹、四重羽状锦纹、圈足刻锯齿纹、网纹(图五,5)。

日本泉屋博物馆收藏一件,盖有三羊钮,顶饰柿蒂纹,盖沿、圈足沿、腹沿均刻双重菱形纹,下腹亦刻五重羽状锦纹[34]。

(六)魁、卮、杯

魁是汉代盛羹用具。口微敞,腹深而底平。一侧有柄,便于握持。錾刻花纹铜魁目前仅见于广西合浦县望牛岭1号墓[35]。共2件,皆龙首柄,大小相同。高4.4、口径24.2厘米。口沿下细刻锯齿纹、菱形回纹、网纹,器身下段刻三重羽状锦纹(图五,7)。

卮是汉代常用的饮器。一般平口,深腹,平底,圈足,一侧有单环耳。广西合浦县风门岭出土一件(M7B:9)。口沿下刻锯齿纹,腹部刻菱形填线纹,下部刻菱形网格纹。

杯是饮酒器。平口,直身,高足,平底。1955年广西贵县(今贵港)火车站东汉墓出土一件[36]。高13、口径6.8厘米。口沿下刻菱形回纹,腹部刻三道菱形锦纹,足刻锯齿纹(图一二,2)。

(七)长颈壶

长颈,圆腹,圜底,高圈足。也称直颈壶或长颈瓶,学名应叫"钘",《说文》:"钘,似锺而颈长。"即此。是西汉晚期开始出现的器具[37]。錾刻花纹长颈壶在广西合浦、云南曲靖、贵州清镇、江苏盱眙、陕西西安都曾发现过。

1.望牛岭长颈壶

广西合浦望牛岭1号墓同出二件,大小相同[38]。器身刻满图案花纹,自颈口至圈足,计有锯齿纹五组,羽状锦纹一组,菱形锦纹二组,网状纹一组(图六,2)。合浦堂排2号墓也出土过錾刻花纹长颈壶,可惜已残。但腹刻羽状锦纹,肩、圈足刻锯齿纹仍清晰可见。

2. 八塔台长颈壶

1982 年于云南曲靖八塔台汉墓出土[39]。颈自上而下刻菱形回纹、羽状锦纹、菱形锦纹，肩部刻羽状锦纹，腹部刻菱形回纹、菱形锦纹，圈足刻锯齿纹。

3. 交乐长颈壶

1987 年于贵州兴仁交乐汉墓出土[40]。通高 28.5、口径 3.5、腹径 12.0 厘米。通体刻纹八组：口至颈五组，腹二组，圈足一组。各组均以龙凤为主体，以锯齿纹、菱形几何纹、波浪纹间隔。1958 年在贵州清镇琅珑坝汉墓也出土过一件这种长颈壶[41]。琅珑坝长颈壶通高 26.8、口径 4.3、圈足径 11.5 厘米，颈、腹、圈足均刻一周龙凤纹，每组动物图案的上下均用锯齿纹、菱形回纹、水波纹带间隔，口沿下也刻锯齿纹、菱形回纹（图六，3）。

图六　铜器

1. 东阳长颈壶　2. 望牛岭长颈壶　3. 交乐长颈壶　4、6. 汉长安城长颈壶（H1：8、H1：9）　5. 文昌塔扁壶

4. 东阳长颈壶

1974 年江苏盱眙东阳汉墓出土[42]。通高 27.8、口径 4.4 厘米。自口沿以下直至圈足，錾刻锯齿纹、网纹、羽状锦纹、菱形锦纹等图案（图六，1）。

5. 汉长安城长颈壶

1981 年出土，共 2 件。其中 H1：8 高 27、口径 4.6、底径 12 厘米。自口沿以下至圈足，都刻锯齿纹、网纹、菱形回纹，肩、腹部还分别刻龙纹（图六，4）。H1：9 高 28.1、口径 4.8、底径 12 厘米。自口沿以下至下腹部，分别刻锯齿纹、网纹、羽状锦纹、菱形锦纹（图六，6）[43]。

美国弗利尔美术馆收藏一件錾刻花纹长颈壶[44]，高 29.8、腹径 18.2 厘米。颈部及肩部刻三道宽带羽状锦纹，羽状锦纹之间夹锯齿纹、菱形回纹、网纹，腹部主体纹饰是平行交织的菱形锦纹，圈足刻锯齿纹和菱形回纹（图一二，3、5）。

（八）提梁壶

广西合浦望牛岭 1 号墓出土 4 件[45]。直口，鼓腹，圈足，有盖，大小相同。通高 35 厘米。盖沿刻菱形回纹，颈部上下刻锯齿纹，其间有三重羽状锦纹、单层菱形锦纹，腹上部刻菱形锦纹，近圈足刻菱形回纹，圈足刻锯齿纹、双层菱形回纹（图七，3）。

类似提梁铜壶 1955 年在广西贵县火车站工地 78 号墓也出土一件，盖顶刻四叶纹，颈刻锯齿纹、羽状锦纹，腹刻双层菱形锦纹，足刻锯齿纹。

图七　铜器

1. 汉小扁壶　2. 汉代提梁壶（《西清古鉴》著录）　3. 望牛岭提梁壶

湖南资兴东汉墓也出土一件[46]。盖面正中刻二只鹭，一只食鱼，一只食鳝。外圈锯凿纹。盖与口沿接口处刻一奔鹿，四足腾空。头、颈在盖沿，身和四足在口沿，两部分对合，方可将盖扣紧。

《西清古鉴》卷十七著录一件"周环梁卣"，实是汉代提梁壶，与合浦和资兴出土的近似。从临摹图像看，盖顶刻四叶纹，间刻异兽，坡面刻锯齿纹，盖沿刻一只回首的异兽。这只异兽的下半身在壶口沿，也应是盖器相扣的标志。颈刻锯齿纹、羽状锦纹、菱形锦纹，腹刻菱形回纹、菱形锦纹，足刻锯齿纹、菱形回纹（图七，2）。

（九）扁壶

盛酒器。直颈，口外侈，子母口合盖，溜肩，扁圆腹，长方形圈足。盖顶和肩两侧均有半环钮，以活链相连。学名应是"椑"[47]。1980 年在广西合浦文昌塔汉墓出土一件，通高 12 厘米。錾刻花纹布满全身，顶是四叶纹，花瓣间是四只逆时针方向环行的鸟，口沿下刻菱形回纹，颈刻锯齿纹，肩刻相向鸣舞的对鸟，腹以菱形回纹为界，上下两段均刻双层羽状锦纹，足刻锯齿纹（图六，5）。

这种扁壶在泊如斋重修明刊《博古图录》卷十三也收录一件，称"汉小扁壶"。盖顶饰奔兽，盖面刻羽状锦纹、双重菱形纹，颈部刻锯齿纹，肩部刻奔鹿，壶身正面刻羽状锦纹四重，下部刻菱形纹，侧面刻菱形纹，圈足刻锯齿纹。盖的口沿有一处刻一兽，只见上半身，下半身应在壶颈上，应是盖与颈相合的标志（图七，1）。

日本ミカブ美术馆收藏 1 件，传是 20 世纪 30 年代中国广西出土。通高 22.5 厘米，盖已失。口沿下和圈足均饰锯齿纹，肩部正面刻双凤，侧面刻鹿，腹部正背两面均刻菱形锦纹，侧面刻羽状锦纹[48]。

丹麦斯德哥尔摩远东古物馆收藏一件提梁扁壶。是龙首提梁，从照片看，颈口和圈足錾刻锯齿纹，肩部刻奔跑的兽，腹部刻展翅的孔雀[49]。

（十）熏炉

熏炉是燃香之器。《说文》："熏，火烟上出也。"器铭中或作"燻炉"，也可称香炉[50]。全器由盖、炉身、承盘三部分组成。有錾刻花纹的熏炉，目前所知有 10 余件。

1. 望牛岭熏炉

1971 年于广西合浦望牛岭一号墓出土，报告称博山炉[51]。同出 2 件，大小相同。通高 25 厘米，炉身直径 12 厘米。盖镂空，作重叠云雾山峰纹饰，顶有活环钮，系活链，与腹部环钮连接。盖沿刻锯齿纹，炉身腹部刻羽状锦纹。喇叭形座。盘直径 30、高 2.3 厘米，口沿外折，边刻锯齿纹。

1986 年在合浦风门岭 10 号墓也出土过錾刻花纹熏炉。盖刻锯齿纹和饕餮纹，底盘边缘刻锯齿纹和菱形回纹[52]。

2. 贵港熏炉

1954 年在广西贵县（今贵港）东湖新村 4 号墓出土一件（M4:21）。云山盖，顶立天鸡，腹刻怪兽，座刻锯齿纹、菱形回纹。1991 年在贵港深钉岭汉墓也出土过錾刻花纹熏炉。

3. 鹤头山熏炉

1973 年在广西梧州鹤头山 1 号墓出土 1 件，原报告称博山炉[53]。通高 18.5、底盘径17.6 厘米。盖作山峰重叠状，顶立天鸡。盖身刻龙、凤纹，盖沿刻锯齿纹，炉身上腹刻网纹，下腹刻凤鸟纹。座面刻羽纹，下部刻兽纹。底盘口沿面上刻锯齿纹（图一二，1）。

4. 惠州坟场熏炉

盖呈圆锥形，顶立天鸡，盖面作重山形，上刻芭蕉叶图案，下刻三龙，边刻锯齿

图八　铜器

1. 盒子灯　2. 猴座灯　3. 豆形灯　4. 惠州坟场熏炉　5. 东阳熏炉

纹，炉身腹部刻异兽，座足浮雕三兽，状若狮，一人跪坐其上，双手叉腰，头顶炉身。底盘边沿刻锯齿纹（图八，4）[54]。

5. 东阳熏炉

江苏盱眙东阳4号墓出土[55]。盖作群峰，顶立天鸡，盖沿刻锯齿纹，炉身上半为镂空盘，刻菱形回纹、兽纹。中段铸成一个双臂叉腰的怪人。下段为圆座，铸成三只有翼的虎。底盘边沿刻菱形回纹、锯齿纹（图八，5）。

6. 南阳熏炉

河南南阳地区拣选出的一件"天鸡羽人炉"也是一件錾刻纹熏炉[56]。

7. "龙渊宫"熏炉

见于《善斋吉金录》。盖面是浮雕镂空云山，盖沿刻锯齿纹，炉身上腹刻菱形带点纹，下腹刻二重羽状锦纹，底座面又刻二重羽状锦纹。盖、器相扣。扣合处刻一只回望的奔鹿，鹿的头、尾、上半身在盖沿，下半身及四肢在炉身口沿，上下合成一体。有铭文："龙渊宫铜熏炉重五斤十四两，元朔三年工禹为内者造第八"（图九，1）。

1994年6月，我访问越南时，在河内越南历史博物馆看到清化省出土的一件錾刻花纹熏炉，也有锯齿纹、菱形回纹等纹饰。

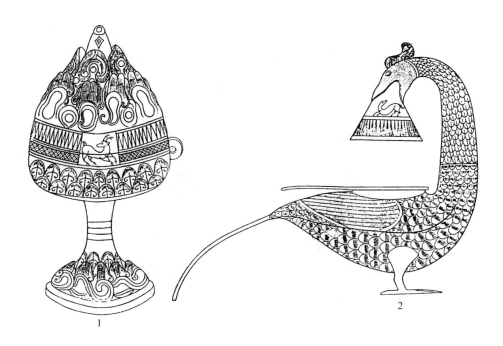

图九　铜器

1. "龙渊宫"熏炉　2. 凤凰灯

（十一）灯

汉代的灯种类繁多，争奇斗巧，其中岭南地区出土的几种铜灯也饰錾刻花纹。

豆形灯　是一种从食器中的豆转化而来的灯具，上有盘，中有柄，下有底座。1978
年在广西合浦县北插江盐堆 1 号墓出土一件有錾刻花纹的铜豆形灯。盘沿和底座均刻锯
齿纹，柄的中部刻双重菱形回纹和羽状锦纹，下部刻两道锯齿纹（图八，3）。

盒子灯

在广州、贵港各出土一件。椭圆形，身如耳杯而带盖。盖分两半，后半与底一同铸
出，有立钮；前半另加，有枢轴贯连，可以启合。盖面前半镂刻两条龙，后半镂刻两只
凤，两龙两凤相互之间刻羽状纹和锯齿纹，双耳面也刻锯齿纹（图八，1）。

猴座灯

2 件。一件出自广西梧州鹤头山 2 号墓[57]，座是连体猴，座下三人骑兽奔驰，猴
须镂刻，底座边沿刻锯齿纹。另一件出自广州惠州坟场[58]，只有灯座，柄的下端坐一
猴，人身，双手按膝。座似博山炉盖，浮雕三只带翼的狮子。猴身、狮身均镂刻细线
纹，底座下沿刻锯齿纹（图八，2）。

俑灯

1989 年云南个旧黑马井村出土[59]。俑赤膊踞坐，双臂张开，左右手各持一灯，头
顶一灯，在俑头发带和俑服腰带上均刻菱形纹，眉毛、眼毛、胡须也是线刻。

凤凰灯

广西合浦望牛岭 1 号墓同出 2 件[60]，器形大小相同。背部有一圆孔放置灯盘，凤
颈伸高向后弯转，嘴衔喇叭形灯罩，颈部作套管衔接，凤尾下垂及地。凤身通体刻羽毛
纹、颈、身、腹刻鱼鳞形羽毛，翅刻叶脉状羽毛，灯罩上刻异兽，下刻锯齿纹（图
九，2）。

（十二）镇

压席之物。放在坐席的四角，避免起身落座时席角卷起。一般每套四枚。在广西合
浦、梧州的汉墓中都有出土。合浦望牛岭 1 号墓出土的四件是山兽形镇[61]，上部镂空，
中间是一座耸立的云山，三只猛兽昂首张口环绕周围。兽的毛发镂刻精细，座的周边刻
菱形纹、锯齿纹（图一一，4）。

（十三）奁

梳妆用具。形制与上述酒樽近似，但无足。

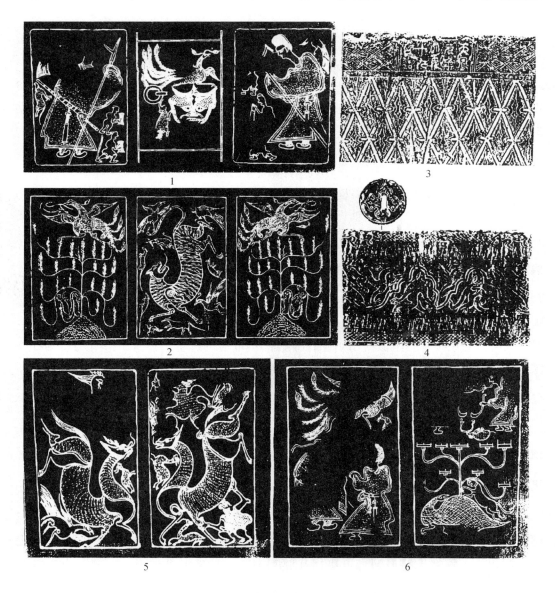

图一〇 铜器图案花纹拓本

1、2、5、6. 仓 3. "天凤元年"铭盒 4. 针线筒

1953 年在湖南衡阳蒋家公山 4 号墓出土一件[62]。通高 11.1、口径 14.8 厘米。盖面中心有活动环钮，刻四叶纹，盖沿刻锯齿纹，器身口沿刻菱形回纹，腹中段刻奔兽，下部刻菱形回纹，近底刻锯齿纹。

美国华盛顿弗利尔美术馆收藏两件[63]。119 号奁，高 14.3、腹径 15.5 厘米。盖顶中有活动环钮，环钮外刻四叶纹，其间分布鸟兽，外围三道几何形纹带，器身主体是四重羽状锦纹，上下是菱形网纹，盖沿和器底沿刻锯齿纹。有意思的是，在盖、器连接处刻有一只回头张望的奔鹿，头和身体的大部分刻在盖沿上，腿和身体下部刻在器体上。只有将这奔鹿图案上下对合，才能将盖放在正确的位置上（图一一，2）。120 号奁，大小、形状和结构与 119 号奁相似，高 12、腹径 15.2 厘米。指示盖的正确方向的标志是两个部分重叠在连接处的锯齿纹图案，盖上重复出现四瓣花，花间没有动物，外围环以波涛中的龙纹。器身主要纹饰是一组神兽，上下各有一道菱形回纹（图一一，3）。

图一一　铜器
1. 盒　2、3. 奁　4. 镇　5. 鸡　6. 鸭

（十四）针线筒

1982 年在广西梧州鹤头山汉墓出土一件[64]。呈直筒形，直径 3.5 厘米，通高 10.5 厘米。有子母口盖，盖面与器身的一侧各置一带孔的扁圆钮。盖面刻四叶纹，叶间再刻斜线。器身上下纹饰对称，第一层在两道凹弦纹之间刻网纹和一条龙，第二层在两道凹纹之间刻凤、虎等怪兽（图一〇，4）。1984 年在江苏扬州西北郊平山的一座新莽时期墓中也出土一件，报告称"小铜盒"，形制、大小和纹饰都与此相近[65]。

（十五）鸠杖首、鸡、鸭

鸠杖首

扶老用杖，王杖之扶手做成鸠形，称为鸠杖。1955 年在广西贵县（今贵港）火车站工地汉墓出土 1 件。錾刻花纹鸠杖首，鸠的颈、身刻羽毛纹，翅尾刻叶脉纹（图一二，4）。

鸡

1957 年在广西贵县南斗村 8 号墓出土一对。高冠，翘尾，站立状。颈部刻锯齿纹，翅膀刻鱼鳞状羽毛纹，翅尾刻叶脉状羽毛纹（图一一，5）。

图一二　铜器

1. 熏炉　2. 杯　3. 长颈壶（弗利尔美术馆藏）　4. 鸠杖首　5. 长颈壶纹饰（弗利尔美术馆藏）

鸭

与上述铜鸡同出，一对。圆头扁喙，双腿并立。颈部刻细毛纹，翅膀刻鱼鳞状羽毛纹，翅尾及尾刻叶脉状羽毛纹（图一一，6）。

（十六）仓

建筑模型。1990 年广西合浦黄泥岗汉墓出土[66]。一大间，平面长方形，长 49.2、宽 29.5 厘米。正面开单扇门，其他三面板壁封闭，人字坡瓦顶，平底，下附四只高足。门及左右板壁，两边山墙及后壁，全刻图案花纹。门上刻飞凤、饕餮面、鼠。左右板壁刻武士。左右山墙刻禽头兽身动物对舞，龟驮九枝灯。后墙三格，中心刻一只回头张口的虎，左右两格各刻云山，上植一花树，树顶各刻一飞凤。全部画面錾凿刻镂精细（图一〇，1、2、5、6）。

二、制 作 工 艺

汉代錾刻花纹铜器制作精细，纹饰繁缛而工整，是工艺水平很高的艺术品。这些花纹是怎么制造的呢？为此，我用很长时间对我能见到的每一件实物进行了仔细观察，特别是对那些刚出土的残片的断口反复检视。可以肯定地说，这些铜器都是合模铸造的，铜器表面的花纹除部分与该器同时铸出外，前面提到的那几种反复出现的纹饰都是在铜器铸成以后，再用坚硬的钢刀錾凿和镂刻上去的。弦纹、网纹等成线状的纹饰，大多是用钢刀直接镂刻的。刻划弦纹时，似应将器物放在由慢轮带动的工作台上，均匀旋转，将刻刀固定在一个位置，接触需刻划的地方，使其自然划出，因而使这些弧线柔和规整。但由于手握刻刀，有用力不匀或偶尔抖动的时候，个别衔接处有纹道过深或过浅，甚至不正圆的现象。菱形回纹中的几道平行直线，都是一刀一刀刻划出来的，由于用力不匀，线条也有深有浅，个别的在封口处划过了头。锯齿纹等短直线，则选择刃口长短不同的钢凿，一道一道錾凿上去。錾凿菱形锦纹的四条长边的凿刃较厚，凿出的线条粗而平，而其锁扣则用半个椭圆形凿刃錾凿，锁扣纹道也显得规整对称。说这些花纹是錾凿所出，是因为其线条底平而且光洁，表明对器壁起了冲压作用，如果是镂刻的，其线条必然是内窄外宽，纵剖面会呈楔形，而錾凿纹的纵剖面则呈矩形。用錾凿来制造花纹，在其他青铜器上还未见到。

錾刻花纹，内容丰富，但大体可分为两类，一是抽象性的几何形图案，二是写实性的动植物图案。

几何形图案最常见的是锯齿纹、菱形回纹、勾连 S 纹、网纹、叶脉纹、四叶纹、羽状锦纹、菱形锦纹等。

锯齿纹，一般多重边，二方连续，构成纹带，常做主纹的边饰。有的人称之为三角纹，但多重三角的底边只有一道，不与其他二边重合，因此以称锯齿纹较合适。

菱形回纹，单个菱形有二重边、三重边的，有的留出中心方格为阳纹。每个菱形外对角相连，构成二方连续的纹带作为主体花纹的边饰。也有二个或三个菱形块拼成一个单元，然后错相连续，构成较宽的主体纹带。

勾连 S 纹，见于食案，每一个单元呈英文字母"S"形，首尾互相勾连，形成纹带，作为边饰。

网纹，或称细方格纹，亦做主纹的边饰用，但较锯齿纹和菱形回纹要少。

叶脉纹，又称羽状纹。正中一条直线，向两边分出对称的斜排短线，既像飞禽的单片羽毛，又像某些植物的长叶。

四叶纹，常见于承盘中心，酒樽、盒、提梁壶、扁壶等器的盖顶中心，与汉代某些铜镜的柿蒂纹近似。四片叶瓣粗大，尖顶宽，腹束腰，叶面填饰对称的双爪纹，双爪纹内又填饰连体梭形纹。叶瓣之间再饰动物纹。线条柔和精细。

羽状锦纹，呈鱼鳞状，层层覆盖，每块鳞片内又刻划一个伞状图案，鳞片内侧錾刻细如毫发的短毛纹。是一些华丽铜器的主体纹样。南方多孔雀。孔雀开屏时，展开的翅膀和尾羽就是这种色彩斑斓的图案。这种图案很可能就是孔雀羽毛的摹写。

菱形锦纹，单个图案是菱形方块，呈四方连续展开成片，其间用椭圆形锁扣相连，每个菱形方块中又填以一个垂直的双层菱形图案，周边錾刻细线纹，从而构成绚丽的织锦。

植物纹，仅见花树，中心一条主干，从两边分出若干枝条，枝条弯弯下垂，又似垂柳。有的枝条上翘，枝头有圆球形物，又像是灯台。这类纹样多作间隔物出现。食案、承盘、仓上见之。

动物纹样，以凤、龙、鹿最普遍，而且常共存于一器。此外还有猴、虎，及其他禽、兽和水中的鱼。

写实图案有日常器皿，如鼎、耳杯，刻划在食案上；九枝灯，刻划在仓壁上。

特别有意思的是几件器盖与器身接合处镂刻一个动物图像，作为上下对合的标志。如广西贵县火车站铜盒，合盖处刻一只凤鸟；《西清古鉴》所载提梁壶，合盖处刻一只扭头奔走的异兽；《博古图录》所载提梁扁壶，盖的口沿刻一异兽；《善斋吉金录》所载熏炉，合盖处刻一扭头回望的奔鹿；弗利尔美术馆藏119号奁，合盖处也刻扭头回望的奔鹿。这些动物，都是一半在器盖，一半在器身，只有将这只动物纹样全部对合，器盖才能正确地盖在器身上，真是别具匠心。弗利尔美术馆藏120号奁，合盖处没有刻画动物，但刻划了两组锯齿纹，锯齿的一半在器盖，一半在器身，只有将这两组锯齿纹上下对合，才能将奁盖好。这种锯齿纹也如同上述动物纹样一样起到对合标志的作用。

三、时代和制作中心的推断

关于这类铜器流行的年代，我们从以下几个方面可以看到。

先从直接的材料看。目前所知汉代錾刻花纹铜器有两件本身刻有年款，可确定它们制作的年代。一件是"龙渊宫"熏炉，刻有"元朔三年工禹为内者造第八"等铭文。从文字形态和纹饰笔道看，铭文应是与纹饰同时加施的。元朔是汉武帝刘彻的年号，元朔三年即公元前126年。一件是"天凤元年"盒，铭文是在錾刻该器花纹时预留下来的一块长方块空白处刻出的，是与錾刻纹饰同时留下的痕迹，完全可以作为制造该器，特别是錾刻花纹的年代依据。天凤是王莽的年号，天凤元年即公元14年。

再从间接的材料看，随葬錾刻花纹铜器的墓葬，共存物中有的有年款标识，可以作为佐证。这样的墓有三座：

（1）贵州清镇琊珑坝15号墓，出土过錾刻花纹长颈壶，同时出土一件有年款铭文的漆耳杯。漆耳杯的铭文是："元始三年，广汉郡工宫造乘舆髹羽画木黄耳桮，容一升十六籥。素工昌，休工立，上工阶，铜耳黄涂工常，画工方，羽工平，清工匡，造工忠，造。护工卒史恽，守长音，丞冯，掾林，守令史谭主。"元始是汉平帝刘衎的年号，三年即公元3年。

（2）广西梧州鹤头山旺步2号墓，出土錾刻花纹食案，同时出土3件铜碗。其中一件铜碗的底部刻有一行铭文："章和三年正月十日钱千二百文。"章和是汉章帝刘炟的年号，实际上只有二年，三年就是汉和帝刘肇的永元元年，即公元89年。

（3）广东肇庆大辽山汉墓，出土錾刻花纹食案，同出一件有年款铭文的铜洗和一件有年款铭文的铜壶。铜洗底内铸五铢钱纹，外刻隶书十三字："元初五年七月中，西于造，谢著陈。"铜壶底刻隶书十六字："元初五年七月中，西于李文山治，谢著有。"元初是汉安帝刘祜的年号，五年即公元118年。118年应是这座墓下葬时间的上限，錾刻花纹食案应是在此时或此之前制作。

出土錾刻花纹铜器的其他墓葬，有的虽然没有明确年代标识，但经过多方论证，都已确定了其下葬的相对年代。如广西合浦望牛岭1号墓、广西合浦堂排2号墓、广东广州横枝冈3028号墓、江苏盱眙东阳4号墓等，都属于西汉晚期。广西合浦母猪岭1号墓、合浦黄泥岗1号墓、江西南昌京家山汉墓，都属于新莽时期。广西合浦风门岭10号墓、广西梧州鹤头山1号墓、广东广州先烈路惠州坟场5003号墓和5036号墓，广州沙河顶5054号墓、蚝岗5060号墓，湖南衡阳蒋家公山4号墓等，都属于东汉时期。

综合以上所见，錾刻花纹铜器的流行时间，应是上起西汉中期，下至东汉晚期，前后历300年左右，最繁盛的时期是西汉后期至东汉前期，即新莽时期前后。

从考古发现所揭示的情况来看，拥有錾刻花纹铜器的人都是当时的官僚贵族。

广西合浦望牛岭1号墓，封土直径40、高5米，墓室分主室、甬道、左右耳室，全长25.8、最宽处14、深8.8米。出土随葬品245件，铜、漆、陶、铁、玉石、琉璃等器都有，还有金饼。铜器大都成对随葬，錾刻花纹铜器有承盘、魁、长颈壶、提梁壶、熏炉、凤凰灯、镇等。有两件陶提桶内书"九真府"等款，推测墓主曾任过九真郡太守，应是西汉晚期的郡县官吏或地方豪强。

广西合浦堂排2号墓是一座夫妇合葬墓，随葬器物90多件，有金戒指、金手镯和大量琉璃、水晶、玛瑙等佩饰品，墓主人也是西汉晚期郡守一级的高级官吏。

广东德庆大辽山的錾刻花纹食案也是出在一座长方形土坑墓里，墓底垫有一层细砂，砂上再铺一层碎木炭，随葬有鎏金的铜马蹄金、银杯、银戒指、玛瑙珠、金星石兽等佩饰品，墓主人是一位有地位的官僚。

江西南昌京家山出錾刻花纹酒樽和承盘的2号墓，南北长4.16、东西宽2.82米，墓坑四周有一层厚 0.1～0.2 米的木炭灰泥混合层，墓室内随葬有双矛、双斧、剑等，推断墓主是拥有大量兵器、铜鼎等礼器，以及精致酒器的军事长官，而且是一位身份较高的军事长官。

汉长安城窖藏的那批铜器，调查者认为当是生活中的实用器皿，由铜器成对出土和制作精致来看，推断是宫廷贵族所占有和使用的器物，使用者的地位是较高的。

关于錾刻花纹铜器的产地，邹厚本先生在 20 世纪 70 年代即从出土的区域推测，认为制作这类铜器的手工作坊在我国南方地区[67]。从目前发现的情况来看，更确切地说，是在我国南方的岭南地区。岭南地区出现这类铜器的时间比其他地区要早，流行的时间比其他地区要长，发现这类铜器的数量，比其他地区大，种类比其他地区多，岭南地区，尤其是广西东南部，应是汉代錾刻花纹铜器的制作中心和主要产地。

岭南地区在西汉南越国时期，经济获得很大的发展，当时的郡府所在地，如南海郡的番禺（今广州）、桂林郡的布山（今贵港）、合浦郡的合浦（今合浦），都已成为大都会。尤其是在汉武帝平定南越以后，以合浦、徐闻为中国走上世界远航南洋的出海港，手工业、商业都很繁盛，"中国往商贾者多取富焉"（《汉书·地理志》）。漆器、铜器，乃至玉石、玻璃等佩饰器的生产、使用十分广泛。贵族、官吏竞尚奢华，刺激着各种工艺的发展，一种新兴的錾刻花纹铜器就蓬勃发展起来，西汉后期至东汉前期极盛一时。

在中原地区，有一种萌芽于春秋晚期，成熟并流行于战国早期和中期的刻纹铜器，和岭南地区这种錾刻花纹铜器有些相同或相似的地方，如施纹的铜器都是胎壁很薄的铜器，施纹的方式都有錾凿和镂刻，有的纹样，如树木纹、鱼纹、兽纹等，也有近似之处。但从总体来看，两者不是同一系统。首先是器类的不同，前者主要是匜、盘等盥洗器，后者则主要是食案、承盘、酒樽、食盒、壶等饮食器。其次是纹样的不同，前者的几何纹主要是三角纹、绚纹、蟠螭纹，后者的几何纹主要是锯齿纹、菱形回纹、勾连 S 纹和菱形锦纹、羽状锦纹；前者的写实图案主要是人物、禽兽、台榭、楼阁、苑囿、树木、车马，后者的写实图案主要是龙、凤、鹿、虎、猴、鱼、虫、花树；前者花纹线条粗疏、硬直、简略，后者花纹线条细密、柔和、繁缛。由于时代和地域都有间隔，二者之间找不到必然联系。但后者受到前者某些间接影响应该也是不容怀疑的。

补记：本稿完成后，拜读李学勤、艾兰先生编著《欧洲所藏中国青铜器遗珠》（文物出版社，1995 年），得知在巴黎、斯德哥尔摩、格拉斯哥、布里斯托尔等地博物馆都藏有精美的錾刻花纹铜器，附论有艾兰《一组汉代针刻青铜器》专论，对这类铜器的分布和特征做了认真的研究和总结，认为这类青铜器"更可能是古代越族制造的"。保利艺术博物馆编《保利藏金》（岭南美术出版社，1999 年）所载细线纹樽、细线纹博山炉也是典型的錾刻花纹铜器。《考古》2001 年 4 期所刊湖南永州市鹞子岭二号汉墓所出的铜壶、铜碗、铜樽、铜熏炉，同样都是典型的錾刻花纹铜器。这些都可以作为本文论述的补充。

注　释

［１］　广西壮族自治区文物考古写作小组：《广西合浦西汉木椁墓》，《考古》1972 年 5 期；广西壮族自治区文物工作队：《广西合浦堂排汉墓发掘简报》，《文物资料丛刊》第 4 辑，文物出版社，1981 年。

［２］　广西壮族自治区文物管理委员会：《广西出土文物》，文物出版社，1978 年。

［３］　梧州市博物馆：《广西梧州市近年出土的一批汉代文物》，《文物》1977 年 2 期；李乃贤：《广西梧州市鹤头山东汉墓》，《文物资料丛刊》第 4 辑，文物出版社，1981 年。

［４］　广东省博物馆：《广东德庆大辽山发现东汉文物》，《考古》1981 年 4 期。

［５］　广州市文物管理委员会、广州市博物馆：《广州汉墓》，文物出版社，1981 年。

［６］　贵州省博物馆：《贵州清镇平坝汉墓发掘报告》，《考古学报》1959 年 1 期。

［７］　贵州省博物馆藏品志编辑委员会：　《贵州省博物馆藏品志》（一），贵州人民出版社，1990 年。

［８］　文化部文物局、故宫博物院：《全国出土文物珍品选》，文物出版社，1987 年。

［９］　《中国文物精华》编辑委员会：《中国文物精华·1992》，文物出版社，1992 年。

［10］　湖南省博物馆：《湖南资兴东汉墓》，《考古学报》1984 年 1 期。

［11］　湖南省博物馆：《湖南省文物图录》，湖南人民出版社，1964 年。

［12］　江西省文物工作队、南昌市博物馆：《南昌市京家山汉墓》，《考古》1989 年 8 期。

［13］　南京博物院：《江苏盱眙东阳汉墓》，《考古》1979 年 5 期。

［14］　中国社会科学院考古研究所汉长安城工作队：《汉长安城发现西汉窖藏铜器》，《考古》1985 年 5 期。

［15］　梧州市博物馆：《广西梧州市近年出土的一批汉代文物》，《文物》1977 年 2 期。

［16］　广东省博物馆：《广东德庆大辽山发现东汉文物》，《考古》1981 年 4 期。

［17］　广州市文物管理委员会、广州市博物馆：《广州汉墓》，文物出版社，1981 年，434 页。

［18］　广西壮族自治区文物考古写作小组：《广西合浦西汉木椁墓》，《考古》1972 年 5 期。

［19］　广西文物工作队、合浦县博物馆：《广西合浦县母猪岭东汉墓》，《考古》1998 年 5 期。

［20］　江西省文物工作队、南昌市博物馆：《南昌市京家山汉墓》，《考古》1989 年 8 期。

［21］　王振铎：《再论汉代酒樽》，《文物》1963 年 11 期。

［22］　广西壮族自治区文物工作队：《广西合浦堂排汉墓发掘简报》，《文物资料丛刊》第 4 辑，文物出版社，1981 年。

［23］　广州市文物管理委员会、广州市博物馆：《广州汉墓》，文物出版社，1981 年，433 页。

［24］　贵州省博物馆藏品志编辑委员会：《贵州省博物馆藏品志》（一），贵州人民出版社，1990 年，126 页。

［25］　江西省文物工作队、南昌市博物馆：《南昌市京家山汉墓》，《考古》1989 年 8 期。

［26］　《世界美术大全集》东洋篇·秦汉卷，日本小学馆，1998 年，167 页。

［27］　詹斯：《印度支那的考古研究》（Olov. R. T. Janse, *Archaeological Research in Indo-China*）第一卷，剑桥，1947 年。

［28］　孙机：《汉代物质文化资料图说》，文物出版社，1991 年，305 页。

［29］　广西壮族自治区文物工作队：《广西合浦堂排汉墓发掘简报》，《文物资料丛刊》第 4 辑，文

物出版社，1981 年。

[30] 广西壮族自治区文物管理委员会：《广西出土文物》，文物出版社，1978 年，图 138。

[31] 广州市文物管理委员会、广州市博物馆：《广州汉墓》，文物出版社，1981 年，285 页。

[32] 湖南省博物馆：《湖南省文物图录》，湖南人民出版社，1964 年，图版八三。

[33] 中国社会科学院考古研究所汉长安城工作队：《汉长安城发现西汉窖藏铜器》，《考古》1985 年 5 期。

[34] 《世界美术大全集》东洋篇·秦汉卷，小学馆，1998 年，169 页。

[35] 广西壮族自治区文物考古写作小组：《广西合浦西汉木椁墓》，《考古》1972 年 5 期。

[36] 广西壮族自治区文物管理委员会：《广西出土文物》，文物出版社，1978 年，图 137。

[37] 孙机：《汉代物质文化资料图说》，文物出版社，1991 年，318 页。

[38] 广西壮族自治区文物考古写作小组：《广西合浦西汉木椁墓》，《考古》1972 年 5 期。

[39] 文化部文物局、故宫博物院：《全国出土文物珍品选》，文物出版社，1987 年，图 253。

[40] 贵州省博物馆藏品志编辑委员会：《贵州省博物馆藏品志》（一），贵州人民出版社，1990 年，127 页。

[41] 贵州省博物馆藏品志编辑委员会：《贵州省博物馆藏品志》（一），贵州人民出版社，1990 年，106 页。

[42] 南京博物院：《江苏盱眙东阳汉墓》，《考古》1979 年 5 期。

[43] 中国社会科学院考古研究所汉长安城工作队：《汉长安城发现西汉窖藏铜器》，《考古》1985 年 5 期。

[44] 《弗利尔美术馆藏中国青铜器》（*The Freer Chinese Bronzes*）第一卷，华盛顿，1962 年。有关条文承彭长林译成中文。

[45] 广西壮族自治区文物考古写作小组：《广西合浦西汉木椁墓》，《考古》1972 年 5 期。

[46] 湖南省博物馆：《湖南资兴东汉墓》，《考古学报》1984 年 1 期。

[47] 孙机：《汉代物质文化资料图说》，文物出版社，1991 年，319 页。

[48] 《世界美术大全集》东洋篇·秦汉卷，日本小学馆，1998 年，241 页。

[49] 杰西卡·罗森：《一组汉代刻花铜器及相关陶器》，《东方艺术》1973 年 4 期。承谢光茂中译。

[50] 孙机：《汉代物质文化资料图说》，358 页，文物出版社，1991 年。

[51] 广西壮族自治区文物考古写作小组：《广西合浦西汉木椁墓》，《考古》1972 年 5 期。

[52] 合浦县博物馆；《广西合浦县丰门岭 10 号汉墓发掘简报》，《考古》1995 年 3 期。按：丰门岭应为风门岭。

[53] 李乃贤：《广西梧州市鹤头山东汉墓》，《文物资料丛刊》第 4 辑，文物出版社，1981 年。

[54] 广州市文物管理委员会、广州市博物馆：《广州汉墓》，文物出版社，1981 年，438 页。

[55] 南京博物院：《江苏盱眙东阳汉墓》，《考古》1979 年 5 期。

[56] 李国灿：《东汉青铜天鸡人羽炉》，《中原文物》1983 年 1 期。

[57] 李乃贤：《广西梧州市鹤头山东汉墓》，《文物资料丛刊》第 4 辑，文物出版社，1981 年。

[58] 广州市文物管理委员会、广州市博物馆：《广州汉墓》，文物出版社，1981 年，439 页。

[59] 《中国文物精华》编辑委员会：《中国文物精华·1992》，文物出版社，1992 年，图 120。

[60] 广西壮族自治区文物考古写作小组：《广西合浦西汉木椁墓》，《考古》1972 年 5 期。

[61] 同［60］。

［62］湖南省博物馆：《湖南省文物图录》，湖南人民出版社，1964 年，图版九六。

［63］《弗利尔美术馆藏中国青铜器》（*The Freer Chinese Bronzes*）第一卷，华盛顿，1962 年，602、606 页。有关条文承彭长林译成中文。

［64］黄贵贤、邝淑媛：《汉代龙凤纹针线筒》，《广西文物》1991 年 2 期。

［65］扬州博物馆：《扬州市郊发现两座新莽时期墓》，《考古》1986 年 11 期。

［66］广西壮族自治区文化厅文物处：《广西壮族自治区馆藏文物精品目录》，广西民族出版社，1998 年，图版 9。

［67］南京博物院：《江苏盱眙东阳汉墓》，《考古》1979 年 5 期。

附表　汉代錾刻花纹铜器统计表

名称	序号	出土地点	出土时间	时代	资料出处
食案	1	广西梧州旺步 2 号墓	1973	东汉前期	《文物》1977 年 2 期
	2	广西梧州（采集）		东汉	广西博物馆藏
	3	广东德庆大辽山	1975	东汉后期	《考古》1981 年 4 期
	4	广东广州沙河顶 M2	1960	东汉后期	《广州汉墓》
承盘	1～2	广西合浦望牛岭 M1	1971.12	西汉晚期	《考古》1972 年 5 期
	3	广西合浦盐堆 M1	1978.5	西汉晚期	合浦县博物馆藏
	4	广西合浦红岭头 M3	1988.8	新莽时期	合浦县博物馆藏
	5	广西合浦母猪岭 M1	1991.7	西汉晚期	广西文物工作队资料
	6	广西合浦母猪岭 M6	1991.8	西汉晚期	广西文物工作队资料
	7～8	广西贵港深钉岭	1991	东汉前期	《中国考古学年鉴·1992》
	9	江西南昌京家山汉墓	1986.6	新莽时期	《考古》1989 年 8 期
酒樽	1～2	广西合浦堂排 M2B	1975.11	西汉晚期	《文物资料丛刊》第 4 辑，1981 年
	3	广西合浦风门岭 M6	1985.7	东汉前期	合浦县博物馆藏
	4	广西合浦盐堆 M1	1978.5	西汉晚期	合浦县博物馆藏
	5	广西合浦红岭头 M3	1988.8	新莽时期	合浦县博物馆藏
	6	广西合浦红岭头 M11	1988.8	新莽时期	合浦县博物馆藏
	7	广西合浦母猪岭	1988.10	新莽	合浦县博物馆藏
	8	广西贵县粮食加工厂 M7	1955.11	汉代	广西博物馆藏
	9	广西贵县粮仓 M2	1955.11	汉代	广西博物馆藏
	10	广西贵县火车站 M29	1955.4	东汉	广西博物馆藏
	11	广西贵县东湖新村 M22	1955.4	东汉	广西博物馆藏
	12	广西贵港深钉岭 M1	1991.2	东汉前期	《中国考古学年鉴·1986》
	13	广东广州惠州坟场 M19	1956	东汉后期	《广州汉墓》
	14	广东广州惠州坟场 M1	1956	东汉后期	《广州汉墓》
	15	广东广州沙河顶 M2	1960	东汉后期	《广州汉墓》
	16	湖南衡阳蒋家公山 M4	1953	东汉	《湖南省文物图录》
	17	江西南昌京家山 M2	1986.6	新莽时期	《考古》1989 年 8 期
	18	贵州兴仁交乐汉墓	1987	汉代	《贵州省博物馆藏品志》（一）

名称	序号	出土地点	出土时间	时代	资料出处
镌 壶	1	广西贵县东湖新村 M4	1954.11	东汉	广西博物馆藏
	2	广西合浦七星岭 M3	1997.1	东汉后期	广西文物工作队资料
盒	1~4	广西合浦堂排 M2A	1975.11	西汉晚期	《文物资料丛刊》第 4 辑，1981 年
	5~6	广西合浦堂排 M2B	1975.11	西汉晚期	《文物资料丛刊》第 4 辑，1981 年
	7	广西合浦风门岭 M7A	1985.7	西汉晚期	合浦县博物馆藏
	8	广西合浦风门岭 M7B	1985.7	西汉早期	合浦县博物馆藏
盒	9	广西合浦风门岭 M5	1985.7	东汉早期	合浦县博物馆藏
	10	广西合浦盐堆 M1	1978.5	西汉晚期	合浦县博物馆藏
	11	广西贵县高中 M6	1955.2	东汉初期	广西博物馆藏
	12	广西贵县高中 M17	1955.12	东汉初期	广西博物馆藏
	13	广西贵县火车站	1955.4	东汉	《广西出土文物》
	14	广西贵县火车站 M74	1955.4	东汉	广西博物馆藏
	15~16	广西贵港深钉岭 M2	1991.2	西汉晚期	《中国考古学年鉴·1992》
	17	广西贵港深钉岭 M43	1991.9	西汉晚期	《中国考古学年鉴·1992》
	18	广东广州横枝岗	1958	西汉后期	《广州汉墓》
	19	湖南	50 年代	天凤元年	《湖南省文物图录》
	20	陕西西安汉长安城窦寨村	1981.11	新莽时期	《考古》1985 年 5 期
魁	1~2	广西合浦望牛岭 M1	1971.12	西汉晚期	《考古》1972 年 5 期
卮	1	广西合浦风门岭 M7B	1985.7	西汉晚期	《中国考古学年鉴·1986》
杯	1	广西贵县火车站	1955.4	东汉	《广西出土文物》
长颈壶	1~2	广西合浦望牛岭 M1	1971.12	西汉晚期	《考古》1972 年 5 期
	3	广西合浦堂排 M2B	1975.11	西汉晚期	《文物资料丛刊》第 4 辑，1981 年
	4	湖南长沙月亮山 M28	1953	东汉	《湖南省文物图录》
	5	江西南昌京家山 M2	1986.6	新莽时期	《考古》1989 年 8 期
	6	云南曲靖八塔台	1982	新莽时期	《全国出土文物珍品选》
	7	贵州清镇琊珑坝汉墓	1958	汉代	《贵州省博物馆藏品志》（一）
	8	贵州兴仁交乐汉墓	1987	西汉	《贵州省博物馆藏品志》（一）
	9	江苏盱眙东阳 M4	1974.8	新莽时期	《考古》1979 年 5 期
	10~11	陕西西安汉长安城	1981.11	新莽时期	《考古》1985 年 5 期
提梁壶	1~4	广西合浦望牛岭 M1	1971.12	西汉晚期	《考古》1972 年 5 期
	5	广西贵县火车站 M78	1955.4	东汉	广西博物馆藏
	6	湖南资兴	1980.5	东汉早期	《考古学报》1984 年 1 期
	7	"周环梁卣"？		西汉晚期	《西清古鉴》
扁壶	1	广西合浦文昌塔汉墓	1980	西汉晚期	合浦县博物馆藏
	2	？	？	西汉晚期	明刊《博古图录》

续表

名称	序号	出土地点	出土时间	时代	资料出处
熏　炉	1～2	广西合浦望牛岭 M1	1971.12	西汉晚期	《考古》1972 年 5 期
	3	广西合浦盐堆 M1	1978.5	西汉晚期	合浦县博物馆藏
	4	广西合浦风门岭 M10	1986.4	东汉早期	《考古》1995 年 3 期
	5	广西合浦红岭头 M3	1988.8	新莽时期	合浦县博物馆藏
	6	广西贵县东湖新村 M4	1954.11	东汉	广西博物馆藏
	7	广西贵港深钉岭 M39	1991.9	东汉前期	《中国考古学年鉴·1992》
熏　炉	8	广西梧州鹤头山 M1	1973.11	东汉	《文物资料丛刊》第 4 辑，1981 年
	9	广东广州惠州坟场	1956	东汉后期	《广州汉墓》
	10	湖南衡阳蒋家公山		东汉	《全国基本建设中出土文物展览图录》
	11	江苏盱眙东阳 M4	1974.8	新莽时期	《考古》1979 年 5 期
	12	河南南阳地区（拣选）	1978.3	东汉早期	《中原文物》1983 年 1 期
	13	“龙渊宫”熏炉		元朔三年	《善斋吉金图》
豆形灯	1	广西合浦盐堆 M1	1978.5	西汉晚期	合浦县博物馆藏
盒子灯	1	广西贵县东湖新村 M4	1954.11	东汉	广西博物馆藏
	2	广东广州蚬岗 M28	1954	东汉后期	《广州汉墓》
海兽座灯	1	广西贵县东湖新村 M4	1954.11	东汉	广西博物馆藏
猴座灯	1	广西梧州鹤头山 M2	1973.11	东汉晚期	《文物资料丛刊》第 4 辑，1981 年
	2	广东广州惠州坟场 M1	1956	东汉后期	《广州汉墓》
俑灯	1	云南个旧黑马村	1989	东汉	《中国文物精华·1992》
凤凰灯	1～2	广西合浦望牛岭 M1	1971.10	西汉晚期	《考古》1972 年 5 期
镇	1～4	广西合浦望牛岭 M1	1971.10	西汉晚期	《考古》1972 年 5 期
针线筒	1	广西梧州鹤头山汉墓	1982.10	东汉	《广西文物》1991 年 2 期
	2	江苏扬州平山 M6	1984.3	新莽时期	《考古》1986 年 11 期
鸠杖首	1	广西贵县火车站 M79	1955.4	东汉	广西博物馆藏
鸡	1～2	广西贵县南斗村 M8	1957.3	东汉	广西博物馆藏
鸭	1～2	广西贵县南斗村 M8	1957.3	东汉	广西博物馆藏
仓	1	广西合浦黄泥岗 M1	1990.6	新莽时期	合浦县博物馆藏

（原载于《考古学报》2002 年 3 期）

先秦两汉时期岭南的青铜冶铸业

考古发现证实，生活在岭南地区的越人在公元前 1000 左右，即相当于中原地区西周时期就有了青铜冶铸业的萌芽，到春秋战国时期已有自己独具特色的青铜铸造工艺，秦汉时期的青铜冶铸业十分发达，有许多新的成就，特别是铜鼓的铸造，开创了一代新风，绵延了 2000 多年。

1. 商周时期青铜冶铸技术的萌芽

商周时期，文献记载岭南地区的历史情况相当模糊。《逸周书·王会解》说："伊尹受命，于是为四方令，曰：臣请……正南瓯、邓、桂国、损子、产里、百濮、九菌，请令以珠玑、玳瑁、象齿、文犀、翠羽、短狗为献。"说明岭南已有一些古国或方国，但经济生活仍处在以采集和狩猎为主阶段，向中原大国贡献的方物只是向大自然索取的地方特产，是否有冶铜业，不得而知。据考古资料显示，相当于商代晚期的文化遗址出土过零星青铜器。如在粤北的石峡文化中，发现过青铜匕首、矛、镞、钺、锥，在广州市郊暹岗第二地点夔纹陶遗址出土过青铜戈、剑、刀；在广西武鸣县马头乡勉岭发现过商末周初的铜卣和铜戈，在桂北兴安县出土过周初铜卣；在广东曲江、佛岗发现过西周铜铙，信宜出土过西周铜盉。这些铜器大多具有中原文化色彩，很可能是直接从中原内地传入的。

1985～1986 年发掘武鸣县马头乡元龙坡西周—春秋时期墓葬，出土青铜器 100 多件，计有斧、凿、刀、钺、矛、匕首、镞、卣、盘、铃、钟、针、圆形器等种类。其中绝大部分器物地方特色浓厚，在别的地方未曾见过，应是当地自制的产品，特别是这处墓地出土了一批砂石铸范，计有完整、成套的双面范 6 副，单扇能辨清器形的 6 件，残碎不能辨别器形的 30 多件，这些铸范都是用红砂岩雕凿而成的。有凤字形钺（即双斜刃钺）、扇形钺、单斜刃钺、斧、镞、镦、圆形器、叉形器等器物范。如镞范，内刻凿出 3 件镞模，共用一个浇注口，范面刻一对相向的云纹，并刻有类似数码的符号。这些器范都是呈抹角长方形的双合范，正面扁平，刻凿器物模型，做出椭圆形浇注口，外表打磨光平，使用时，两范对合，用绳索捆紧，将溶化的铜液向浇注口灌注，直到充填满为止。有些石范内有烧焦痕迹，说明已经使用过。墓内随葬的一些铜钺、铜刀、铜镞和圆形器，放入相应的石范中恰好吻合，说明就是用该石范浇铸出来的，这些石范曾是浇铸铜器的实用器[1]。类似砂石铸范，在广西那坡县感驮岩遗址、平南县石脚山遗址和灵川县新岩遗址也发现过。这些遗址都是新石器时代末期和青铜时代初期的洞穴遗址。

据李岩介绍，广东境内也多次发现商周时期浇铸铜器的砂石范，仅珠海市就有淇澳岛亚婆湾遗址4件、南芒湾1件、南屏白沙坑1件，东澳岛南沙湾1件，平沙棠下环遗址1件，斗门县乾务镇缯船铺遗址1件，还有中山市南蓢龙穴遗址2件，乐昌市老虎头遗址2件等。这些石范也都用砂岩制成，采用双面合范技术[2]。据邹兴华报道，香港地区在考古发掘中也多次发现铸造青铜器的石范，如沙埔村、过路湾、沙螺湾、东湾仔等遗址都出土过[3]。

众多石范的出土，说明岭南地区在距今3000年左右就有自己的青铜铸造技术了。但是，这种铸造技术是相当原始的。因为砂岩受石质的限制，既不能制造大型的范，又不能在它上面雕刻精致的纹饰，用砂岩制成铸范，只能铸造小件青铜器，而且多是素面的，或是只有简单花纹的青铜器，大件的、薄胎容器和装饰花纹复杂细致的铜器还得从外地输入。

2. 春秋战国时期有独具特色的青铜冶铸业

进入春秋战国时期，岭南地区青铜冶铸业有了较大的发展。从考古发现来看，青铜器出土的地点明显增多，还发现许多随葬铜器的墓葬。广西恭城、武鸣、宾阳、平乐、象州、岑溪、田东，广东怀集、四会、罗定、清远、和平、德庆、肇庆、广宁、封开等地都有随葬铜器的墓葬发现[4]。

广西恭城县嘉会乡秧家街金堆桥春秋晚期墓出土铜器33件，包括食器鼎，酒器罍、尊，乐器甬钟，兵器钺、戈、镞、剑，工具斧、凿，还有兽首柱形器；田东县林逢乡和同村大岭坡春秋晚期墓出土铜鼓、铜甬钟；田东县祥周乡联福村南哈坡战国早期墓出土铜鼓、铜罍、铜钵；田东县祥周乡甘莲村锅盖岭战国墓出土铜器14件，包括铜鼓、剑、矛、戈、钺、叉形器；田东县祥周乡虎头山战国墓出土铜器7件，包括斧、矛、剑、叉形器；宾阳县甘棠镇上塘村韦坡战国墓出土铜器21件，包括钟、鼎、剑、矛、戈、钺、斧、刮刀、叉形器；武鸣县马头乡安等秧岭战国墓群出土铜器86件，包括剑、矛、钺、镞、斧、刮刀、铃等；平乐县张家镇燕水村银山岭战国墓群出土铜器377件，包括鼎、盆、钵、勺、剑、矛、钺、戈、镞、斧、斤、凿、刮刀、削、铃、车盖弓帽、柱头饰等；岑溪市糯峒花果山战国墓10座，出土剑、斧、矛、刮刀、削等铜器；岑溪市南渡镇盘古村凤根山战国墓出土铜剑和人首柱形器[5]。

广东怀集县栏马山春秋晚期墓出土铜器8件，包括鼎、斧、人首柱形器；四会鸟旦山春秋晚期墓出土铜器59件，包括鼎、盉、铎、人首柱形器；四会高地园春秋晚期墓出土铜器14件，包括鼎、鉴、人首柱形器；罗定南门峒春秋晚期至战国早期墓出土铜器136件，包括鼎、鉴、缶、钟、人首柱形器；清远马头岗春秋晚期至战国早期墓2座，出土铜器64件，包括鼎、罍、缶、钟、人首柱形器；和平龙子山春秋晚期至战国早期墓出土铜器4件，鼎、戈、钺；罗定背天山出土98件，包括鼎、鉴、戈、人首柱形器；德庆落雁山铜器15件，包括鼎、剑；广宁铜鼓岗战国晚期墓6座，出土铜器128件，包括鼎、盘、剑、矛、斧、刮刀；封开利羊墩战国晚期墓2座，出土铜器15件，包括戈、剑、刮刀；肇庆松山战国晚期墓出土铜器108件，包括鼎、罍、壶、盘、桶、甬钟、人首柱形器[6]。

统观这些铜器，大致可分为三类：一是中原内地或楚地传入的；二是根据中原器形在本地仿制的；三是本地所特有的。属于中原内地或楚地传入的有戈、矛、剑、斧、削、蹄足鼎、盘、钵、壶；根据中原器形仿制的有罍、尊、甬钟；本地特有的是盘口鼎、各种钺、扁茎短剑、弓形格剑、"门"纹矛、刮刀、柱形器、叉形器和铜鼓等。

恭城金堆桥春秋墓出土 2 件铜尊，喇叭形口，袋形腹，矮圈足，形制与中原内地铜尊无异，但其纹饰有明显的越族风格，尤其那件蛇蛙纹尊，南方生活气息极浓，应是岭南越人铸造的。

岭南甬钟虽然形状和中原地区的相似，但细看，仍有很多区别。从外形看，这些甬钟多圆筒直甬式，甬中空，与体腔相通，甬上的旋有的很细，甚至不明显，个别的甬上无纹，用来悬挂钟钩的干直接固定在甬体上。枚细而尖，也有呈双叠式的；枚的数目，除了一般每面 18 枚，正背两面合计 36 枚的以外，有的甬钟正面 18 枚，背面只有 12 枚，合计只有 30 枚，也有正背两面都各 12 枚，合计只有 24 枚的，明显是逐步减少。从装饰花纹来看，这里的甬钟喜用排列整齐的尖状乳钉为界格，除了极个别的正背两面装饰相同的花纹外，一般正背两面的纹饰有别，而大多数正面装饰花纹，大量采用栉齿纹、叶脉纹、圆圈纹、云纹、雷纹，与当地几何印纹陶器上的装饰花纹一脉相承[7]。

岭南铜鼎与别地的不同，多是盘口鼎、折沿鼎，腹部较浅，底平或略圆，三足细长而外撇，器壁单薄，器表大都光素无纹，有的在立耳上饰绚纹，在长方形耳内侧饰几何纹，底部有烟炱，证明都是实用器。一般称这些鼎为"越式鼎"。

岭南铜钺，从形态来分，有折扇形钺、凤字形钺、靴形钺、铲形钺等，也各具特色[8]。

扁茎短剑，形体短小，一般长仅 15～21 厘米；形制特殊，扁茎，无格，折肩，短身；茎上有穿孔；大部分没有剑首，有剑首的，剑首与剑茎分离，靠竹片或木片与以衔接。剑身无纹饰，中脊起棱，锋刃砥砺得相当锐利。

人面弓形格剑，剑身上部铸有倒三角形的人面纹，剑格两端上翘；弯曲如弓，故名人面弓形格剑。在百邑、田阳、柳江、贵港、灵山都有发现。有的没有剑首，剑茎上端开叉，呈钳形，剑身人面纹的眉、目、眼、鼻、口清晰，有的剑茎为椭圆形，表面饰阴线曲折纹，剑格饰栉纹，剑身人面纹呈三角脸，眉、眼、口都是阴纹，鼻梁是阳纹。有的有剑首，剑首有两个如同车轮一样并列的圆环，剑茎偏体实心，两侧有"山"形齿状扉棱，剑身人面纹眉、目、鼻、口清晰。

铜刮刀，形状呈竹叶形，前端尖翘，两侧有刃，横断面呈"人"字形，背面隆起有纵脊，或呈弧形，背面圆滑无脊，后端直平，用竹片或木片上下夹持，再以绳索绑扎，编织竹器时使用。

岭南地区于春秋战国时期制作柱形器，是首领人物棺架上的装饰，器身是方柱形或圆柱形，上大下小，下端侧面或正面有方形穿孔，穿孔中插入条形楔。柱身上端装饰兽首、禽首或人首。兽首柱形器见于恭城县嘉会乡秧家街金堆桥春秋时代墓，顶端做房屋模型，屋顶上立一独角兽。禽首柱形器见于平乐县银山岭战国墓，顶端立一飞禽。人首柱形器见于广东罗定、怀集、四会、肇庆，广西象州、岑溪、北流等地的春秋晚期至战国晚期墓。

　　铸造这些青铜器，用砂石范显然是不行了，必须用泥范或者石范与泥范结合。观察这些青铜器，推测当时已采用单范、多范、复合范。铸造工艺有浑铸法、铸接法和铸后焊接法，并且掌握了热处理和退火工艺。说明岭南的青铜铸造水平得到了较快的发展。

　　具体说来，刮刀铸范依刀的形状，采用不平分型浇注。铸成以后再加激冷处理，提高韧性，令其坚硬锐利。铸造铜钺用双面范，两扇铸范部开设型腔，同时刻出花纹，为保证铜液能顺利浇入和提高压头，浇铸时加设浇口范，浇铸后于合范处留下明显铸缝，拆范后，磨去铸缝，再加工硬化。铸造柱形器也用双面范，两扇铸范开设型腔，加型芯形成销孔，铸成后侧面有铸缝并略有错位。铸造短剑也用双面范，由于人面弓形格剑纹饰的过于纤细，估计用的应是泥范而绝大部分不再是石范。从甬钟的甬端侧面中线处至两栾可以看到有连续的铸缝，表明铸型是由两片钟范和两件泥芯组成，枚和乳钉是在范面上加工而成的。这是中原地区铸造早期甬钟的通行做法，钟的鼓部和底缘颇多气孔和缩孔，铜水是由钟的底缘浇入的，也是中原地区铸造早期甬钟的通行做法。从越式鼎的铸痕观察，鼎的合范有四种形式：一是一块三角形底范，三块腹部范；二是一块三角形底范和两块腹部范；三是一块圆形底范和三块腹部范；四是一块圆形底范加两块腹部范。浇铸口的位置有三种：一种是在底范中心，另一种是在底范与腹部范的合缝线上，第三种是在一只足端。由此可见，铸造越式鼎是用三块至四块范，合起来后，倒转过来，从足端或底部浇铸的。

　　泥范的基本组成物是黏土和砂子，外加一定数量的附加物。泥范可塑性强。使用泥范是铸造工艺的一大进步。泥范铸造工艺较为复杂，首先要用料泥制成所铸器物的形体（即内模），如果要装饰花纹的话，还要在模体上刻划或拍印出所要装饰的花纹。然后再用料泥依内模翻出外范，而后把外范分割为二。外范制成后，内模上的花纹图案即印现于外范的内侧。按照器壁的厚度，在内模上做出标志，按此标志，用刀具均匀地把内模削去一层，然后把内模外范合为一体，中间以支钉相撑，以防泥范移位，留出浇注孔。为了防止浇注时泥范受热膨胀开裂，还须在外范外敷一层泥，泥中布网索线，以增强其拉力。至此，铸件模与范的制作工序才告完成，接着熔炼铜合金，注入浇注孔内，直到注满为止。待铜溶液冷却后，折开外范，取出铸件，再捣碎内模。要铸的铜器出来了。如果铸件上有毛刺或孔眼，还须进行修整、填补和抛光。

3. 秦汉时期青铜铸造工艺达到新高峰

　　秦平岭南后，岭南的青铜冶铸业有长足的发展。南越王墓出土 500 多件青铜器，贵港罗泊湾一号墓出土 200 多件青铜器。南越王墓出土的青铜器，以乐器、酒器、炊器和服饰用器中的铜镜、熏炉最具特色，这些铜器多数属于南越王国赵氏宫廷中的专用品，由南越国工官监造[9]。罗泊湾一号墓出土的青铜器，也具有浓厚的地方特色，乐器有铜鼓、铜锣、羊角钮钟和筒形钟，炊器有铜鼎，酒器有附耳铜桶，还有壶、钫、扁壶、杯形壶、镶壶、九枝灯、镜、带钩等多种容器和服饰用器，以及彩绘人物画像的铜筒、铜盆和铜壶，铜鼓改制的三足案。这些铜器多数属南越国桂林郡守府中的专用品，从多件青铜器刻有"布"字铭文来看，应是桂林郡首府布山铸造的。布山有为郡府生产铜器的作坊，集中了当时最好的工匠[10]。这两座墓是南越国最高统治者的墓葬，出土的青铜器是这个时期岭南青铜冶铸技术最高水平的标志。西林县普驮铜鼓墓葬，出土铜器270余件，包括铜鼓、羊角钮钟、洗、耳杯、骑俑、踞坐俑、六博盘和各种牌饰。铜鼓墓是句町族首领的墓葬，出土的青铜器代表了汉代句町族的最高冶铸水平[11]。

同于西汉前期的贵港罗泊湾二号墓，出土铜器15件，包括桶、鼎、壶、熏炉、镜、矛、弩机等；贵港风流岭31号墓出土铜器40件，包括拉车的铜马及驭手模型和各种车马器零件；贺州河东高寨西汉前期墓出土铜器35件，包括鼎、壶、蒜头壶、钫、罍、盆、碗、杯、奁、桶、熏炉、镜、剑、牌饰等。这些青铜器仍有一些中原内地输入的，如蹄足鼎、钫、壶、扁壶、镶壶、盆、匜、镜、带钩等，但大部分是本地生产的，如鼓、羊角钮钟、筒形钟、盘口鼎、附耳桶等。

羊角钮钟，合瓦式，两侧留有合范痕迹。其形状很像半截橄榄或半个椭圆体，上小下大，中空，内壁光洁，顶部有竖长方形透穿孔，顶端歧出两片羊角形鋬钮，底边平直。在广西贵港、西林、浦北、容县、柳城、恭城都有出土。贵港罗泊湾羊角钮钟正面铸出人面纹，浦北有一件羊角钮钟刻有人物巨兽图像，浦北大岭脚羊角钮钟饰菱形雷纹，容县龙井化羊角钮钟饰密集的弦纹和"S"形云纹，和铜鼓上的装饰花纹相似。用合范铸造，调音时可能用了铲凿技术。

附耳铜桶，是南越国时期岭南地区极富代表性的青铜容器，广州南越王墓、广州1097号墓、广州1175号墓、广西贵港罗泊湾汉墓、贺州铺门汉墓等南越高级贵族墓中都有随葬。从外形看，它们都是圆桶形的，平口，上大下小，平底，有矮圈足，口沿外有一对半环耳，耳内又有竖形贯耳。器身外表从上到下有3组几何图案花纹。

西林普驮铜鼓墓出土的骑马俑，马作站立状，马尾单独铸造，有榫头，臀部上方预留有方形榫孔供马尾插入，马背上有鞍，骑士跨坐鞍上。贵港风流岭31号墓铜马及驭手，是一架马车模型的附件，拉车的马，自足至耳高115.5厘米，长109厘米，背宽30厘米，分头、耳、身躯、四肢、尾等9段铸成，然后按榫卯装配成一整体。合浦风门岭东汉墓出土了一套铜马车模型，马分7段铸造，车的装饰更为复杂。

西汉中期以后，在合浦、布山（今贵港）、苍梧等中心城市兴起一种錾刻花纹工艺，在长方形食案、圆形承盘、酒樽、食盒、簋、龙首魁、高足杯、长颈壶、提梁壶、扁壶等薄胎铜器和镇、熏炉、灯具、鸠杖首及鸡、鸭等俑的表面，錾刻精细的锯齿纹、菱形纹、羽毛纹、织锦纹等几何图案花纹和龙、凤、鹿、异兽、虫、鱼等动植物纹样，繁缛富丽。这些錾刻花纹铜器都是合范铸造的，器表的花纹除一部分与该器同时铸造外，绝大部分精细的花纹都是在铜器铸成以后，再用坚硬的钢刀錾凿和镂刻上去的。弦纹、网纹等成线状的纹饰，大多是用钢刀直接镂刻的。菱形回纹，平行的几道直线，都是一刀一刀刻划出的。锯齿纹等短直线纹饰，则选择刃部长短不同的钢凿，一道一道錾刻上去。錾刻菱形锦纹的四条长边的凿刃较厚，凿出的线条粗而平，而其锁扣则用半个椭圆形凿刃錾凿出来，锁扣纹道也显得规整对称。说这些花纹是錾凿所出，是因为其线条底平而光洁，表明对器壁起了冲压作用，如果是镂刻的，其线条必然是内窄而外宽，即纵剖面会成楔形。錾刻纹纵剖面则是呈矩形。用錾凿来制造铜器花纹，在其他青铜器上还未见到。是岭南地区工匠对中国青铜工艺的重大贡献。

　　青铜还用来制造一些模型明器，也反映当时较高的铸造水平。合浦县黄泥岗新莽时代墓出土过錾刻花纹铜仓，平面长方形，长 49.2 厘米，宽 29.5 厘米，正面开单扇门，其他 3 面用板壁封闭，人字坡瓦顶，底是平台，下附 4 只高足，将整座仓房托离地面。门及左右板壁封闭，两边山墙及后壁全刻图案花纹。合浦县望牛岭西汉晚期和梧州大塘东汉墓也出土过铜仓。这些铜仓完全是以真实仓房为蓝本按比例缩小制作的，结构复杂，铸造工艺精巧。合浦望牛岭西汉晚期墓还出土过铜灶和铜井。铸造这样大型的青铜明器。要求有很高的冶炼铸造技术。

　　岭南的青铜灯具也反映了极高的工艺水平。贵港罗泊湾 1 号汉墓的九枝灯，做成扶桑树形，主干上分 3 层向外伸出 9 条枝桠，主干顶端置 1 只金鸟形灯盘，9 条枝头各置 1 只桑叶形灯盘。底座、主干、9 条枝桠、9 只桑叶形灯盘和鸟形灯盘，都分别铸造，用榫卯套扣，合成一体，可以自由装卸。合浦望中岭西汉晚期墓出土的凤凰灯，雌雄一对，昂首回望，双足并立，尾羽下垂及地。足、尾形成鼎立之势支撑全身，显得稳重。头、冠、颈、翅、尾、足，各部位轮廓清楚，比例匀称，通体细刻羽毛，精致美观。凤凰背部留一圆孔，平置一只带长柄的灯盘。凤凰颈向后伸高弯转，由两条套管衔接，可自由转动和拆装。凤嘴张开，含一只喇叭形的灯罩，正对灯盘上方。凤的腹腔内空，可以贮水。当灯盘中的蜡烛点燃时，烟灰经过灯罩纳入颈管，再由颈管导入腹腔，溶入水中。这种设计能防止烛烟污染空气，保持室内清洁卫生。其制作工艺精湛，令人惊叹。梧州鹤头山东汉墓出土的猴形灯，通高 30.5 厘米，底座为覆钵形，底座而隆起，浮雕 3 人骑兽奔驰，其上踞坐一对背靠背的连体猴，猴头顶一柱，柱上塑一条昂首仰天的龙，龙口含柱榫，承接圆形灯盘，很富有神活意味。昭平县北陀大平岭东汉墓出土的跪俑吊灯，高 14 厘米，宽 13.5 厘米。捧灯者赤身裸体，双腿跪坐，双手向前捧住灯盘，灯盘前侧有一蹄形足，与捧灯人的双膝构成鼎立之势。将灯平置，显得平稳。捧灯人头戴饰有双旋云纹的瓜皮帽，额前设一环，与一条活动链相连，链条上端有勾，可以将灯悬挂，成为吊灯，构思十分巧妙。

　　秦汉时期岭南青铜器不但继续沿用先秦时期的范铸法，而且新采用失蜡法。

　　范铸法已发展到多种形式，仍用浑铸法、分铸法、铸接法和补铸附件法。浑铸法有二分范和三分范两种，越式鼎、羊角钮钟、筒形钟、附耳桶，器体都由两块范合成，器腹上留下一道明显的合范痕；有的铜鼎腹部有三条垂直的铸痕，则是三块外范的合范缝。平乐银山岭汉墓的铜鼎，底部范痕呈圆形，腹部范痕有一道从足上穿过，就是用三分范一次铸成的。分铸法用于铸造复杂器件，即先铸出各个附件，然后与器体合铸在一起成为一个整体，如鼎的盖钮、附耳、鼎足，附耳桶的附耳，都是先分别铸成单个零件，再将它们夹入器体的外范中，榫端露在范腔内，浇铸器体时，使附件的榫头融合于器物主体中，使它们构成一个整体。铸接法是将分别铸出的器体和附件铸成整体，也是范铸法铸造复杂器物的一种技术，有时与分铸法并用。如有的鼎足和附耳分别铸出后，将榫端的泥芯挖成凹窝，铸器体时在铸接附件处留出卯孔，把附件的凹窝口对准器体的卯孔，从对应面的卯孔浇入同金属液或低温金属液，使附件和器体铸接在一起。补铸附件法是铸造铜器上小型附件的方法。如盖钮、附耳等小型附件只制成铸范，底端作为浇口，在铸器体时，在装钮或附耳部位铸出卯孔，附件范底端的浇口对准器体外面的卯孔。从器体内面卯孔浇注铜液，使铸出的附件和器体成牢固的整体[12]。铜桶的制作工艺是用二分式合范铸法，器耳先铸，然后与器体合铸在一起，器体为两块范合铸，用活芯垫控制器壁厚度，从内外壁能看到活芯垫痕迹，合范线从上到下贯穿全器。底部另铸，再铸接到器身近底处，做成圈足。由于铜液凝固时收缩不顺利，造成衔接处分离，为弥补破裂处，又进行补浇，留下补浇时的浇口痕迹。

失蜡铸造法能够铸造器形复杂、雕镂精细的铜器。广州南越王墓屏风的铜转角构件，罗泊湾汉墓和普驮铜鼓墓的铜鼓上的扁耳即用此法铸成。

秦汉时岭南铜器铸造工艺的辅助工艺有焊接工艺、铆接工艺和套接工艺。罗泊湾一号墓用铜鼓改制的三足案，其三足就是另铸出后焊接到铜鼓面上去的，同墓出土的铜匜、铜钵、铜锏、铜盘，在用破以后，用另一块铜片焊接补上，使用了焊接工艺。罗泊湾一号墓的铜盆，其衔环铺首的后钉是插入铜盆腹壁铆上去的。西林普驮铜鼓墓的铜鼓为了互相套合，在鼓足或鼓胸处各钻6个钻眼，各铆入一个四瓣纹的花钉，也使用了铆接工艺。当时还用铆接工艺修补旧铜器，罗泊湾一号墓的6件铜盆，都有铜铆钉修补过的痕迹。铜九枝灯，干、枝、叶、鸟都是分开铸造，然后以榫卯套合成器的。前面说到的贵港风流岭铜马和合浦风门岭铜马，各分9段和7段铸造。然后套接，再用梢钉固定成器的，使用了套接工艺。

这时的装饰工艺已采用了鎏金工艺、彩绘工艺和刻镂工艺。西林普驮铜鼓墓的骑马俑、马蹄俑、马饰衔镳、车器盖弓帽、各种牌饰，铜棺墓的铜棺、面具等，表面都鎏金。贵港罗泊湾一号墓的铜钫、铜壶、杯形壶，器表都髹黑漆，画有图案。有一件铜盆，腹内壁画两条长龙，外壁画人物故事图像；一件提梁筒画有人物、禽兽、花木、山岭、云气，更是栩栩如生。装饰工艺中的镂刻工艺在錾刻花纹铜器上展现得淋漓尽致，更是岭南地区青铜器的突出成就。

铸造工艺及其辅助工艺、装饰工艺使岭南铸铜工艺达到炉火纯青的境地。

注　释

[1]　广西壮族自治区文物工作队等：《广西武鸣马头元龙坡墓葬发掘简报》，《文物》1988年12期。

［2］ 李岩：《广东青铜时代早期遗存诸问题浅析——从珠海棠下环出土石范谈起》，《东南亚考古论文集》，香港大学美术博物馆出版，1995 年。

［3］ 邹兴华：《论香港地区出土的铸铜石范》，《铜鼓和青铜文化的再探索》，《民族艺术》1997 年增刊。

［4］ 黄展岳：《论两广出土的先秦青铜器》，《考古学报》1986 年 4 期。

［5］ 广西壮族自治区博物馆：《近年来广西出土的先秦青铜器》，《考古》1984 年 9 期；《广西考古五十年》，《新中国考古五十年》，文物出版社，1999 年，337～340 页。

［6］ 广东省文物考古研究所：《广东省考古五十年》，《新中国考古五十年》，文物出版社，1999 年。

［7］ 蒋廷瑜：《略论岭南青铜甬钟》，《江西文物》1989 年 1 期。

［8］ 蒋廷瑜：《先秦越人的青铜钺》，《广西民族研究》1985 年 1 期。

［9］ 广州市文物管理委员会等：《西汉南越王墓》，文物出版社，1991 年。

［10］ 广西壮族自治区博物馆：《广西贵港罗泊湾汉墓》，文物出版社，1988 年。

［11］ 广西壮族自治区文物工作队：《广西西林县普驮铜鼓墓葬》，《文物》1978 年 9 期。

［12］ 李京华：《南越王墓出土金属器制造技术试析》，《西汉南越王墓》，文物出版社，1991 年。

（原载于《广西民族学院学报》2004 年 2 期）

广西汉代农业考古概述

广西北靠五岭山脉，西倚云贵高原，东南面临南海，纬度低，气候炎热湿润，适合于农作物的生长。从原始文化遗址中出土大量石制和蚌制工具得知，这里很早就有了原始的锄耕农业。但是，原始社会经济发展是很缓慢的。奴隶社会时期广西的经济状况如何，目前尚不清楚。到战国时代，广西一些地区已使用铁制农具，农业生产当有很大的发展[1]。自秦始皇统一全国以后，广西和我国其他地区一样，也设立了郡县，确立了封建制的生产关系。这就为进入汉代以后广西地区经济得以空前未有的速度向前发展，创造了有利的条件。

恩格斯指出："农业是整个古代世界的决定性的生产部门。"（《家庭、私有制和国家的起源》）封建社会是建筑在以农业为主的经济基础之上的。汉代统治者由于衣食租税都依赖于农业，对农业的发展相当重视。我们从《汉书》和《后汉书》中可以看到许多关于"劝农桑"和"重农贵粟"的宏章伟论，看到汉政权为发展农业生产而采取的各种措施。但是，广西僻处南疆，离我国历代政治中心的黄河流域较远，在我国浩如烟海的历史文献中有关广西的资料十分贫乏。要正确认识和阐述汉代广西的农业发展状况，只有依靠新的考古工作的开展。广西的考古工作，自 20 世纪 50 年代中期以来，主要是配合基本建设清理古代墓葬，在贵县、梧州、合浦、平乐、荔浦、贺县、钟山、昭平等县、市都发掘过成批的汉墓，在全州、兴安、桂林、蒙山、藤县也零星发掘过一些汉墓，为研究汉代广西的经济文化提供了丰富的实物资料。

一、铁 农 具

汉代农业的发展，首先表现在工具的改进和耕作技术的改造。从汉人刘熙著的《释名》一书的记载来看，当时使用于农业的工具已有犁、锄、锸、铚、锉、耰、耙、镰、枷等，翻土、下种、中耕、收割、脱粒等不同工序，各用不同的工具，已分得很明确。工具的专门化是劳动效率提高的表现。广西的考古发现也表明，汉代广西的农具也已脱离木石阶段，绝大部分用铁来制造。在生产技术上，除了自身的发展提高以外，还从先进地区引进农业耕作的新技术。

在贵县罗泊湾一号汉墓中有一件自题为《东阳田器志》的木牍（图一）[2]，可以说明有关情况。这件木牍出土时，下部已残断，正面可见四行字，其他字迹均经水泡褪去。第一行是"东阳田器志"五字。"田器"一词在汉代文献中经常见到，如《汉书·龚遂传》说："诸持钼钩田器者皆为良民"；又如《盐铁论·水旱》："置田器各得所欲"，"远市田器"，"足乎田器"等，都是指农具。"志"者记也，"田器志"就是墓中陪葬农具的登记单。"东阳"是地名，一说是秦置县名，在今江苏盱眙县，一说泛指太行山以东的广大平原地区。总之，都不在广西境内。在广西汉墓中出现《东阳田器志》，无疑说明当时人对从中原内地引进农具和农耕技术已十分重视。第二行"人锸卅"，第三行"□□十八其九在中"都是农具。可惜其他的字已漶漫不清，具体引进哪些农具已难推考。但在同一墓中出土的另一块木牍（M1：162 号）却清楚地记载了一些农具的名称和数字，可以作为补充（图二）。

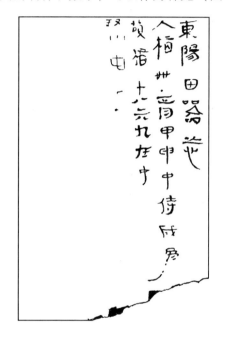

图一　《东阳田器志》木牍（摹本）

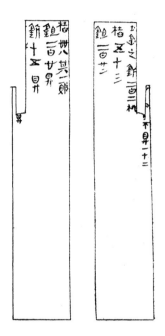

图二　贵县罗泊湾 M1：162 号木牍（摹本）

其正面是：

　　　　□□□□□□具一十二

　　　　□金之钺一百二桃

　　　　锸五十三

　　　　鉏一百十六

背面是：

　　　　锸卅八其一郎（？）

　　　　鉏一百廿具

　　　　钺十五具

　　　　□□□□□具

从字面上看，"锸"就是"锸"字，《东阳田器志》亦同，当属引进农具。这个锸字在江陵凤凰山西汉墓竹简上写作"梠"[3]，长沙马王堆汉墓帛书《战国策》作

"首"。从金从木应相通。刘熙《释名》解释说："锸，插也，插地起土也。……其板曰叶，象木叶。"在这座墓的填土中确实也发现了一件铁锸，平面呈"凹形"，两侧上折为直裤，可以装木柄（图三）。在平乐银山岭汉墓中出土铁锸十四件[4]，形体相似，有一种显得宽大，刃较直（图四），有一种刃部则呈三角形，一面平展，一面隆起（图五）。合浦堂排二号墓填土中出铁锸五件，形体都较粗大（图六）[5]。锸在文献上记载颇多，如"举锸为云"，"秉耒抱锸"之类（《盐铁论·国疾》）。锸是汉代使用最普遍的农具之一，翻土、理埂、挖掘、开渠，都要用它。看来在广西地区也获得了广泛的推广。

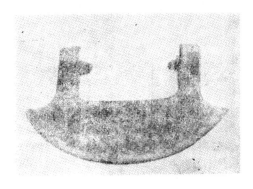

图三　贵县罗泊湾铁锸

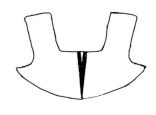

图四　平乐银山岭铁锸

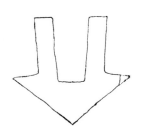

图五　平乐银山岭铁锸（M27：5）

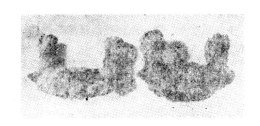

图六　合浦堂排铁锸

"钼"是"锄"字，江陵凤凰山西汉墓竹简上作"租"[6]，从金从木也相通。《盐铁论·申韩》说："犀铫利钼，五谷之利而闲草之害也。"又《盐铁论·散不足》说："燕齐之士弃钼耒，争言神仙方士。"都说明锄是当时的主要农具。在贵县汉墓中出土的铁锄有两种，一种为方直裤式，上为扁方形，有四方孔可以装柄，下为平刃锄身、作板楔状；一种为半环圆刃式，上端也有装柄的方孔[7]。铁锄在合浦、全州的汉墓中也出土过。其作用和锸差不多，主要用于翻土和中耕。"钵"，《说文解字》释为"锸属"，估计和铁锸近似。

特别值得提出的是，在贺县莲塘的东汉墓中还出土过铁铧两件[8]，都作三角形，底面平，正面隆起，中空，可容犁头。这说明当时已用犁耕。秦汉时代牛马耕在中原地区已盛行，广西当也已流行。东汉建武年间（公元 25～56 年）任延任九真郡太守，已把牛耕向南推广到九真郡（今越南清化、河静一带）[9]，广西当中原至九真的必经之道上，先九真而行牛耕当是不成问题的。

此外，在贵县、贺县汉墓中发现过中耕用的铁耙、铁铲；在平乐、贵县、梧州、合浦汉墓中出土过厚重的铁斧和宽厚的铁刀，当也是砍伐的工具。在平乐、贵县和贺县的汉墓中还发现过收割用的铁镰。镰作新月形，和中原地区的相同。

但是，铁器在当时来说还是比较珍贵的，广西的铁农具可能有不少需从内地输入。正因为这样，西汉前期，吕后才把控制铁农具的输出作为同南越国斗争的手段，下令关闭"金铁田器马牛羊"的关市，迫使南越王赵佗三次上书谢罪（《汉书·南粤传》）。由于铁器珍贵，真正用作随葬品埋入地下的就不会很多，所以考古发现的实物很有限。但是铁农具既已广泛使用，陪葬铁农具似已成了重要的葬仪内容，有的墓虽然不能用真农具陪葬，也要用象征铁农具的模型明器陪葬。如合浦堂

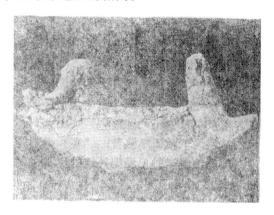

图七　合浦堂排泥锸

排一座西汉晚期墓，出土了一大堆用黏土模制成形，稍加烘烧的铁锸、铁斧模型（图七）。这种土锸外形和铁锸一样，弧形刃、两侧刃角向外翻翘，后部留有装木叶的凹槽；土斧和铁斧一样，上部有凸弦纹二道，后部也有方銎。其数量很大，据粗略估计，锸有十多件，斧有二十多件[10]。

贵县罗泊湾汉墓的木牍是给死者开列陪葬农具的清单。所列各种农具的件数可能是个虚数，但动辄一项就是十几件、四十几件、五十几件和一百多件，表明当时劳动规模很大，在现实生活的某些田庄里一定驱使着成批的农业劳动力。

铁农具的广泛使用，使砍伐森林，开垦荒地，兴修水利，深耕细作都可以有较大规模的发展，是促进农业发展的一个很重要的物质条件。铁器用于农业生产，促进了农田灌溉事业。秦在统一岭南的过程中开凿了沟通长江和珠江两大水系的灵渠，不仅解决了统一战争中的军需粮秣的运输问题，促进了此后南北经济文化的交流；而且也为后来留下了一条水利灌溉工程，对两岸的开发起了很大的推动作用。到东汉建武年间，马援南征，在岭南"治城廓，穿渠灌溉，以利其民"（《后汉书·马援传》），在更大的范围内经营水利灌溉事业。

二、肥料和种子

要提高农作物产量，合理使用肥料是一项很重要的措施。我国农民很早就懂得施用

家肥,《孟子》提到"终年粪其田","百亩之粪",注释家都解释为用人畜粪尿作肥料的意思。在广西的汉墓中发现许多陶屋模型和陶猪圈模型,就反映了这方面的事实。如合浦望牛岭一号墓出土的陶屋是"干栏"式建筑[11],上面住人,下面关牲畜。屋为曲尺形,单间,有一扇门向内半掩,门后地板上穿一方孔,构成主人的厕所。楼下是猪圈,用矮墙将曲尺形露天的一角围起来,墙根有"Ω"形小洞,可供牲畜出入,猪圈内有猪五头,躯体都较肥硕(图八)。将猪圈养,不但可以使猪易于肥大,而且可以搜集猪粪尿沤制厩肥。在住房内设计厕所,厕所与猪圈上下相通,人粪尿可以从楼上直落猪圈,也与积肥有关。

汉代对于培育和选择农作物的优良品种也很重视。贵县罗泊湾汉墓中有块名为《从器志》的木牍(M1:16 号 1)提到"仓种"[12],这种仓种就是经过挑选的种子。有两片木简上写有"客秜米一石"和"客秜□"(图九)。"秜"即是"籼",《扬子方言》说,江南呼粳为籼,是稻之不黏而早熟者;"客"者就是外来的意思。直言之,客籼就是从外地引进来的籼稻。因此推测当时已经把外地的良种引到广西来。当然,广西的良种也有可能同样被引种到外地去。

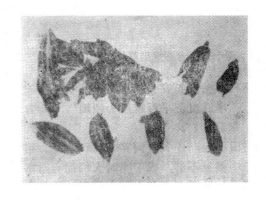

图八　合浦望牛岭猪圈　　　图九　贵县罗泊湾木简(摹本)　　　图一〇　贵县罗泊湾稻谷

三、主要农副产品

汉代广西的农作物是多种多样的。主要粮食作物是水稻。在贵县罗泊湾西汉初期墓中发现有稻谷,在合浦堂排西汉晚期墓中也发现稻谷(图一〇)。大量陶屋模型内都附有劳作俑,有的执杵舂米,有的端着簸箕簸米,都可间接说明当时水稻种植的普遍。在平乐银山岭汉墓出土一座方形庭院重楼模型中,在左厢房内有一个长方形木臼,并排三只臼眼、有一人双手紧握木杵向其中一臼眼舂击，就是舂米的形象。在另一座曲尺形的陶屋中，也有一个人手持木杵舂臼。在贵县东汉墓出土的陶楼、陶屋模型中，也常见这种舂米的形象[13]。

汉代广西也大量种粟，贵县罗泊湾汉墓里发现过粟粒（图一一）。据《汉书·南粤传》记载，汉武帝平南时，楼船将军杨仆就曾截获过南越成船的粟米。在贵县罗泊湾汉墓还出土过许多大麻籽，在梧州大塘三号汉墓的铜碗内盛有豆[14]，说明汉代广西也种植大麻和豆。此外，岭南的薏苡也很著名。平乐银山岭汉墓一件陶簋内盛满了薏米。薏是一种一年生草本植物，薏米可以和在稻米里煮粥饭或磨成面，还可入药。《后汉书·马援传》说，马援看上了岭南薏苡实大，在回洛阳时装了一大车薏米，不料有人误以为他装的是珍珠，为此招来了一桩大冤案。农民除种粮食作物以外，还种植其他作物。从贵县罗泊湾汉墓出土的植物种实初步鉴定来看，除了稻、粟、麻、豆以外，还有芋、黄瓜、甜瓜、木瓜、西瓜（图一二）、葫芦（图一三）、姜等瓜莱和经济作物，也种植花椒、金银花、广东含笑。适合南方气候，农民还栽培水果，仅贵县罗泊湾汉墓出土的水果就有桃、李、橘子、橄榄、梅、人面子等多种（图一四），反映了当时园圃业的兴盛。合浦堂排二号汉墓一件铜锅，盛满了稻谷和荔枝。其荔枝果皮和果核都保存完整（图一五），是目前发现最早的荔枝标本。两广地区的龙眼、荔枝自古以来就是载誉中原的。西汉初，南越王赵佗就曾将荔枝作为珍品进献给汉高祖刘邦（《西京杂记》），汉武帝平定南越后，还把荔枝移植到长安去栽种，在长安特地起了一座"扶荔宫"

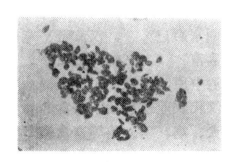

图一一　贵县罗泊湾粟粒

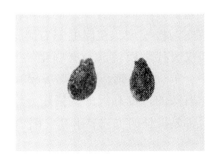

图一二　贵县罗泊湾瓜籽

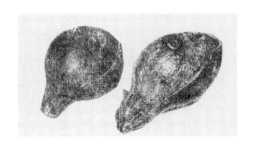

图一三　贵县罗泊湾葫芦壳

图一四　贵县罗泊湾杨梅

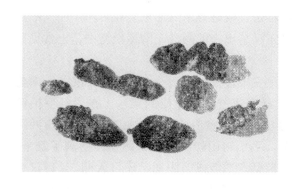

图一五　合浦堂排荔枝（皮、核）

（《三辅黄图》）。当时有人就说："孝武皇帝平百越以为园圃"，南方水果大量北运中原，是以"民间厌橘柚"（《盐铁论·未通》）。

汉代农业还包括了畜禽的饲养。农民除了耕田种地，还大量饲养家畜家禽。猪、羊、牛、犬、鸡、鸭、鹅等畜禽模型明器在广西汉墓中屡见不鲜，成了当时人们拥有财富多寡的一个重要标志。猪的饲养尤为普遍，从陶屋模型看，几乎每家每户都有猪圈，圈栏内的猪有多有少，少则一二头，多则四五头；有肉猪，也有带仔的母猪；猪的姿态也多种多样，有静卧的，也有吃食的，还有喂奶的，形象逼真。前面提到合浦望牛岭一号汉墓出土的陶屋猪圈内就有肥猪五头，平乐银山岭出土的曲尺形陶屋圈内有猪一头。贵县汉墓出土猪圈更多，其中有的在室内有捧执销盆给猪进食的陶俑形象[15]。羊圈也有发现，贵县高中一座东汉墓出土的栅居式三合院模型，屋内有六人，分别在舂米、簸米，屋后是矮墙相围，有一人从内走出，双手捧着销桶，向猪销槽内倾倒猪食，槽房一肥猪正低头进食；屋外有三只羊，爬上阶梯，鱼贯式地进入羊圈[16]。鸡笼也有发现。在钟山牛庙东汉墓内就曾出土过一件半球形的鸡笼、平底，圆顶，顶上有短柄，笼的一侧向外开一扇长方形门。另外，在都安拉仁公社九度的东汉墓出土一座陶楼模型，在屋檐下有鸽子伏窝的塑像，说明至迟在东汉时代广西就已经有驯化鸽子了。至于发现单个的猪、牛、羊、犬、鸡、鸭、鹅等模型，数量就更多，论质料言，有陶的，也有铜的，猪还有滑石的，鹅则有玛瑙雕凿的，都是极佳的工艺美术品（图一六）。

图一六　合浦堂排玛瑙鹅

四、粮食的储备

汉代粮食的单位面积产量还是很低的，正如汉文帝时的著名政论家晁错所说："百亩之收不过百石。"（《汉书·食货志》）折合现在亩制，大约亩产一百四十斤左右。据《汉书·地理志》记载，西汉后期在今广西境内有户籍的人口大约是四十多万，未上户籍的为数也不少。根据西汉末年成书的《氾胜之书》记载的数据来计算，当时平均每人一年吃粮食约合四百八十斤。这样，需要耕种三四亩地才能养活一个人。如果考虑到当时不从外地运进粮食的话，要供给广西这块土地上的几十万人口的粮食，就需要种植二三百万亩，经济作物和瓜果尚不在此内。可见当时开垦的面积已很大。从汉墓分布的情况可以看出，现今的桂林、梧州两专区的大部分，玉林、钦州、柳州三专区的一部分，南宁、百色、河池三专区的河谷平地，都得到了不同程度的开发。

列宁指出："经济的真正基础是粮食储备。"（《关于人民委员会工作的报告》）晁错在其《论贵粟疏》一文中就提出过"广蓄积，以实仓廪"的主张。西汉前期，公私都有不少积储。到汉武帝时，粮食的储备量已相当大，"太仓之粟，陈陈相因，充溢露积于外，腐败不可食"（《汉书·食货志》）。这种说法未免有些夸大，但当时比较富足可能也是事实。就广西来说，汉墓中经常发现粮仓和粮囷模型，想是现实生活的反映。粮仓是长方形的，像一间平房，前面一道或二道门，门槛很高。其他三面密闭，无窗无门，和住人的房屋有明显的区别。如平乐银山岭出土一件陶仓，悬山式瓦顶，单间，正面开一门，无窗，左、右、后三面都封死。门的两侧各有圆洞二个，可能是供封仓时安置堵门横杠用的（图一七，1）。合浦堂排出土一件陶仓也是长方形，一大间，前面有回廊，悬山式瓦顶，瓦脊偏后，瓦面呈前宽后窄，使前檐覆过回廊。前墙并排开二道门，左、右、后三面封闭。有的粮仓则高架起来，成为干栏式建筑。如合浦县望牛岭汉墓出土的铜仓，长 79.3、宽 37.3 厘米，悬山式瓦顶，左、右、后三壁皆由木板封死，只有前壁正中开一处双扇对开的大门，门前有避风雨的回廊，廊前有栏杆。仓底下立八根圆柱，把整个仓房顶离地面（图一七，5）。与此类似的铜仓模型在梧州市低山的东汉墓中也出土一件，也是悬山式瓦顶，后檐还有向下折的挡水板。左、右、后三面也用木板封闭，正面向外开一单扇大门，门前有走廊，但无栏杆。底下是四根圆柱，把整个仓房顶离地面，出土时，仓内尚存大量稻谷（图一七，3）[17]。

储粮设备还有圆形的粮囷。昭平北陀东汉墓出土两件，都是直筒状。侧面开一道门[18]。有一件门前有一人在从仓内往外取谷，旁边有两只鸡拍着翅膀捕过去夺食，另有一只鹅也赶过去叮食，十分生动有趣（图一七，2）。粮囷也有架空的。梧州市云盖山东汉墓发现一件用整块滑石雕凿而成的粮囷模型[19]，囷体呈圆筒形，一侧有门，门位很高，需要架楼梯方可出入。门侧有长方眼，是插封仓横杠的栓眼。上有斗笠形顶盖，下有四方形基座，基座底下有四根棱形柱将囷体顶离地面（图一七，4）。

无论粮仓还是粮囷，在下部设计桩柱，把仓房高架起来脱离地面的做法，显然是南方多雨地区农民为防水防潮而创造发明出来的。囷积粮食的仓囷数量多，而且设计得讲究，说明当时的粮食储备应该是相当可观的。

大量的粮食储备，能养活更多脱离农业劳动的手工业工人、商人和脑力劳动者，是手工业、商业和文化教育事业发展的基础。从考古发现可知，在汉代，广西的纺织业、编织业、漆器业、制陶业、铜器冶铸业等都较发达，商业交通也很繁盛，同农业生产大幅度的发展是密切相关的。当时一些郡县所在地，如郁林郡的布山（今贵县）、苍梧郡的广信（今梧州）、合浦郡的合浦（今合浦）等，都很快地发展成为人口稠密的工商业都市。合浦甚至发展成为我国与东南亚各国通商贸易的重要海港，从合浦港出发的商船可以航行到印度洋沿岸许多国家（《汉书·地理志》）。

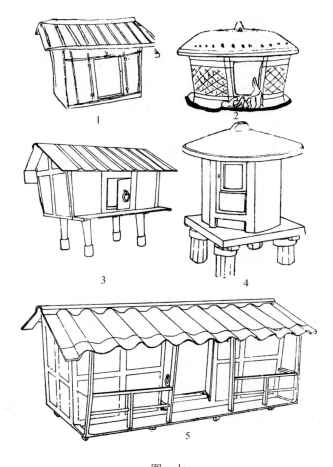

图一七

1. 平乐银山岭西汉陶仓　2. 昭平北陀东汉陶囷　3. 梧州低山东汉铜仓　4. 梧州云盖山
东汉滑石囷　5. 合浦望牛岭西汉铜仓

1981 年 5 月 15 日

注　释

［1］　广西壮族自治区文物工作队:《平乐银山岭战国墓》,《考古学报》1978 年 2 期。

［2］　广西壮族自治区文物工作队:《广西贵县罗泊湾一号墓发掘简报》,《文物》1978 年 9 期

［3］　金立:《江陵凤凰山八号汉墓竹简试释》,《文物》1976 年 6 期,图版捌,20。

［4］　广西壮族自治区文物工作队:《平乐银山岭汉墓》,《考古学报》1978 年 4 期。原报告称为
"锄",实应为"锸"。

［5］　广西壮族自治区文物工作队:《广西合浦县堂排汉墓发掘简报》,《文物资料丛刊》第 4 辑,
文物出版社,1981 年。

［6］　同［3］,图版捌,18;图版玖,15。

［7］　广西省文物管理委员会:《广西贵县汉墓的清理》,《考古学报》1959 年 1 期。

［8］　广西贺县文物工作队资料。

［9］　《后汉书·任延传》。

［10］　同［5］。

［11］　广西壮族自治区文物考古写作小组：《广西合浦西汉木椁墓》，《考古》1972年5期。

［12］　同［2］，图版肆，3。

［13］　广西壮族自治区文物管理委员会：《广西出土文物》，文物出版社，1978年，图版131、132。

［14］　梧州市博物馆：《广西梧州市近年来出土的一批汉代文物》，《文物》1977年2期。

［15］　同［7］，图版壹，7。

［16］　同［13］，图版131。

［17］　同［14］。

［18］　广西昭平县文化馆资料，李兆宗同志提供。

［19］　同［13］，图版118。

（原载于《农业考古》1981年2期）

试从考古发现探寻汉晋广信
县治的地理位置

广信县是汉置县。据《汉书·地理志》载，汉武帝元鼎六年（公元前 111 年）平定南越之后，在岭南地区重新划分郡县时，在南越国苍梧王控制的地方设置苍梧郡，苍梧郡下辖 10 个县：广信、谢沐、高要、封阳、临贺、端溪、冯乘、富川、荔浦、猛陵。相当于今广西都庞岭、大瑶山以东，广东肇庆、罗定以西，湖南江永、江华以南，广西藤县、广东信宜以北。广信是首县。自此以后历经东汉、三国、两晋至南朝的宋、齐、梁，虽然辖境逐朝有所减缩，但广信始终是首县。按《后汉书·郡国志》的说法，在一郡之中，"凡县名先书者，郡所治也。"也就是说，汉晋南朝时期的广信县是苍梧郡的郡治所在，是岭南地区一个重要的政治中心。元封五年（公元前 106 年）交趾刺史部的驻地从交趾郡的赢陵（今越南河内附近）迁来苍梧郡的广信，广信又是刺史部的所在地。当时交趾刺史部统领南海、苍梧、郁林、合浦、交趾、九真、日南、朱涯、儋耳 9 郡，囊括了广东、广西、海南和越南北部，直到汉献帝建安八年（公元 203 年），改交趾为交州，建安十六年（公元 211 年）将交州治所从广信迁往番禺（今广州市），广信作为整个岭南的政治中心前后也有 300 多年。由此可见，广信在汉晋时期是岭南的重镇。

广信县初设时范围很大，包括了今梧州和封开县，郦道元《水经注》明说："漓水又南至广信县入于郁水。"漓水即今漓江、桂江，郁水即今浔江、西江，漓水入郁水的地方是今梧州，肯定不会有错。但是到隋代，在原广信县地分设苍梧、封川两县，原广信县治究竟在苍梧一方还是在封川一方，文献没有明确记载。

现知最早记载广信县治所在地的是唐初的章怀太子李贤《后汉书》注。李贤在注《后汉书·陈元传》时说："广信，故城在今梧州苍梧县。"其次是中唐的杜佑，杜佑曾任岭南节度使，他在《通典》"梧州"条下说："苍梧（县）汉广信县城即此也。"[1] 也就是说唐人认为，汉晋广信县城在今广西梧州市区内。但到宋代有了新说，乐史《太平寰宇记》认为是在封川（今封开县）。以至后来的地方志书中，有的说广信在梧州，有的说广信在封开。

那么广信县治究竟在什么地方呢？

要解决这个问题，除了对古文献继续梳理之外，从考古发现中去求索，恐怕会得到更多的启发。本文就试从梧州的考古发现来谈谈自己的粗浅看法。

据 20 世纪 60 年代广西壮族自治区文物管理委员会组织的文物普查得知，在梧州市西郊和西南郊沿西江的挂榜山、金鸡蛋山、蜈蚣岭、夜鸡山和低山、鸡爪山、崩山、五量地、高旺等,发现打制石器散布点10余处,采集到不少石器。这些石器是利用砾石加工而成的,形体粗大,以砍砸器为主,次为尖状器,加工方法用锤击法,以单向打击为主。其形制、类型,与百色盆地的旧石器相近,属同一系统[2]。百色旧石器经近二三十年的研究,已基本弄清其地层和年代,经多方测定,距今已80万年。梧州旧石器没有经过发掘研究,谁也不敢说其年代有这么古老,但做初步估计,在若干万年至十几万年是不成问题的。也就是说,人类在梧州活动的时间相当古远。新石器时代文化遗址以及商周时期的几何纹硬陶在大塘、五量地、高旺、螺山等地也有发现,反映人类活动时间的连续性,与舜葬苍梧的历史传说有所关联。战国时期的文化遗址和墓葬在江南的塘源一带比较集中,1958年在塘源发现一处战国墓,出土一件大铜鼎,高65.8厘米,口径53.5厘米,腹径63.5厘米,重37.5公斤,形体高大,兽足粗壮,是一件很重要的礼器。同时出土的还有一批几何印纹硬陶器,包括"米"字纹瓮、篦纹瓿、水波纹三足盒等,说明它是一处贵族墓地[3]。我国著名考古学家苏秉琦教授曾说过:"岭南文化的形成不是秦汉设郡以后的事,没有当地的'古文化'、'古城'、'古国',设不了郡……"[4]也就是说,秦汉在岭南地区设郡之前,岭南地区已经得到开发,有自己的古文化、古城、古国,绝不是一处荒无人烟的空白地带。在封建社会初期,在新开辟的疆土设立郡县,一般都选择在交通便利,有一定经济基础的地点,梧州应该具备这方面的条件。

到汉代,梧州已相当繁华。这从汉墓的广泛分布和汉墓出土文物可以看出。从文物普查得知,梧州散布着一个庞大的古墓群。这个墓群位于梧州市东北郊的云盖山、螺山、龙船冲,桂江西岸的莲花山、富民坊、大塘和西江南岸的塘源、旺步、高旺一带,将整个梧州城处于包围之中。自1958年以来,配合城市基本建设已发掘300多座,出土文物6000多件。除上述提到的塘源有战国时期墓之外,其他墓葬都是汉代至六朝时期的(图一)。

其中西汉墓80多座。这时期的墓葬主要盛行长方形土坑竖穴墓和木椁墓。土坑墓有棺无椁,没有墓道,结构简单;木椁墓有棺有椁,可以分为单室单层或多层墓,椁室外常有横放的枕木承垫,墓底常有方形或圆形腰坑,腰坑内放置一件陶器,有的还在墓底铺一层小石子或河砂。大中型木椁墓有墓道。随葬品以陶器为主,铜器次之。陶器有瓮、罐、瓿、盂、杯、鼎、盒、壶、钫、奁、魁、三足盒、多联罐、釜、甑、簋、镳壶等,还有井、仓、灶等模型明器。陶器的纹饰有几何纹、刻划水波纹、绚纹、羽纹和锥刺纹等,地方色彩较浓。铜器有鼎、鍪、樽、簋、镜、矛等,制作精美。出现不少滑石器,品种有井、灶、甑、壶、钫、卮、杯、璧及猪、狗等明器。此外还有玛瑙、琉璃、琥珀等佩饰品[5]。

东汉时期的墓葬已清理200多座。东汉墓多为木椁墓、砖室墓和砖木合构墓。东汉的木椁墓与西汉的木椁墓不同,已把墓室底挖成前低后高,做成二层木椁墓。砖室墓是这个时期的新类型,墓平面多作长方形、中字形。砖木合构墓与前低后高的二层木椁墓相类似,所不同的是,有的四壁仍用木架,墓底用砖铺砌;有的墓顶或底板、封门仍用木料,墓壁砌砖。这一时期大型墓葬的随葬品主要是铜器,器形主要有壶、盒、杯、

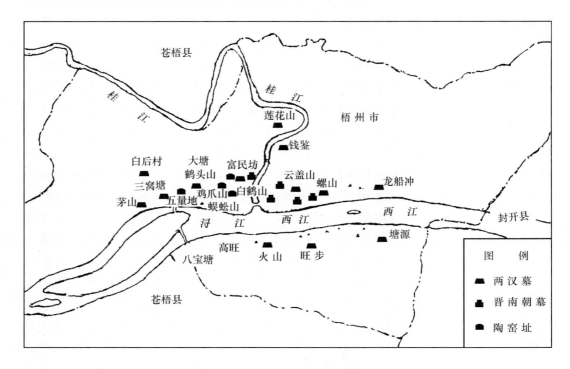

图一　梧州汉晋文物分布示意图

碗、洗、案、鼎、簋、熏炉、灯、镜、剑、矛、刀、弩机、镞、仓等。铁器也较普遍，计有刀、剑、戟、斧、锸、釜。陶器有鼎、盒、壶、钫、簋、豆、杯、樽及井、仓、囷、屋、楼阁、作坊、灶和猪、狗、牛、羊、鸡、鸭、鹅等畜禽模型[6]。

这个时期的一些大墓特别引起我们的注意。

1972 年在梧州市旺步清理了两座东汉前期墓葬。其中，旺步 2 号墓是一座砖木合构墓。这墓有斜坡墓道，墓室长 6 米，宽 3.9 米。木椁已朽，但砖底仍存，知椁室是建在砖底之上的。铺底所用的砖青灰色，长 39 厘米，宽 18 厘米，厚 4.2 厘米。因该墓事先已受破坏和扰乱，随葬品的放置情况和具体数目已不清楚。从收集到的器物来看，主要是铜器，陶器仅有 2 件。计有铜案 1 件、铜耳杯 4 件、铜盘 6 件、铜碗 3 件、铜箸 2 件，陶釜 1 件、陶尊 1 件。这些器物几乎都是祭奠用品。另有铜镜、珍珠、金珠、琥珀等饰件。铜案镂刻精细的花纹图案，用形象生动的龙、凤鱼、兽和云卷、水波以及各种几何图案巧妙组合，构成一幅富丽悦目、多变而又有规律的图案。铜案出土时放有铜耳杯和铜箸，估计铜碗、铜盘也是放在铜案边的，应是当时设奠的一套祭器。其中有一件铜碗底部錾刻"章和三年正月十日钱千二百文"铭文。章和是汉章帝刘炟的年号，实际上只有二年，三年就是汉和帝刘肇的永元元年（公元 89 年）。旺步 1 号墓出土一件铜尺，长 23.72 厘米。尺的两面刻有龙、凤纹饰，一边有寸的刻度。刚好是 10 寸，与中原内地西汉后期通行的量尺长度相符[7]。

1973 年 11 月在市西北的鹤头山山岗顶清理两座东汉墓，其中 1 号墓长 3.2 米，宽

2.4 米，有斜坡墓道，随葬品以铜器为主，计有鼎、博山炉、樽、镳壶、长颈壶、碗、洗、钵、镜、刷柄等，陶器有魁、杯，陶杯中盛有柑橙之类的果核。2 号墓与 1 号墓相距仅 5 米，有斜坡墓道，墓坑长 4.8 米，宽 2.9 米，有漆箱痕迹，随葬陶器 27 件、铜器 11 件。铜器有樽、镳壶、釜、盘、三足盘、碗、碟、四乳镜；陶器有屋、仓、灶、井、直身罐、四系瓿、长颈壶、鼎、镳壶、壶、簋、洗、罐、熏炉，铁环首刀 1 件、青石黛砚、浅绿色的琉璃珠 200 多粒，其中一件铜盘内盛柑橙类果核，小铜碗内盛板栗 28 粒[8]。

汉代流行厚葬，尤其是官僚地主阶级，他们的坟墓"厚资多藏，器用如生人"。（《盐铁论·散不足》）凡是生人所用的器具，能放进墓内去的都放进墓内随葬，那些房屋、人伏、车马，不能放入的，做成模型明器放入。这些墓葬正反映了墓主人生前的社会地位，梧州这些大墓有如贵港罗泊湾一号汉墓和合浦望牛岭一号汉墓，应是当地郡县一级官吏的墓葬。

像旺步 1 号墓的铜尺和 2 号墓的铜案，这种錾刻花纹铜器，在梧州的西汉晚期墓和东汉前期墓中大量出土，也是一个值得注意的现象。如低山西汉墓出土的錾刻龙凤纹长颈壶，云盖山西汉墓出土的三羊环耳錾刻菱形纹盒，鹤头山西汉墓出土的錾刻龙凤纹针线筒；云盖山 3 号东汉墓出土的錾刻三兽纹铜镇、低山东汉墓和螺山东汉墓出土的錾刻菱形纹锯齿纹铜镳壶、鹤头山东汉墓出土的錾刻龙凤纹博山炉、羽人纹灯[9]。这些青铜器都是岭南地区特有的高级青铜工艺品，当时只有身份地位比较高的官吏士族才能享有。在岭南地区也只有合浦郡所在地的合浦（今合浦）、桂林郡（郁林郡）所在地的布山（今贵港），南海郡所在地的番禺（今广州）的墓中才有大量出土。梧州发现如此众多的錾刻花纹铜器，也是该地为郡县所在地的有力证据。

梧州的晋墓多是砖室墓，墓砖常有纪年铭文，很容易被人识别。因此梧州发现晋墓的事很早就被人记录下来，且为人们津津乐道。据清嘉庆《广西通志·金石略》记载，早在清乾隆庚子（公元 1780 年）就在苍梧夏郢的凤凰山发现东晋墓葬。当时山崩，露出一节砖砌墓道，人们可以通过墓道一直走进墓室，发现墓内有石案，案上放置着铜镜和别的铜器，砌墓的砖上有铭文，铭文是"永和六年太岁庚戌莫龙编侯之墓"。从铭文年号的干支可以推知该墓是东晋穆帝六年（公元 350 年）的。1934 年设在梧州蝴蝶山的广西大学机械工场也挖到一座晋墓，出土有"永和"年号铭文的墓砖，从当时旅行家侯鸿鉴写的《西南漫游记》来看，这座墓的甬道和墓室已被掏空，校长马君武对此比较重视，叫人在墓的周围铺上草坪，围以竹篱，将它保护起来，供人参观。

20 世纪 50~80 年代，梧州考古工作者先后在富民坊、文化路、市委大院内、北山公园长话台宿舍区、苍梧县倒水等地清理了一些两晋南朝墓葬。

1958 年，在富民坊清理的一座平面呈"凸"字形，分前后二室。墓壁用单层长方形砖直平铺砌，铺地砖二层，呈"人"字形平铺。墓室因早年塌陷，随葬品已被扰乱，清理出青瓷器 11 件，其中鸡首壶 1 件，通体施釉，呈豆青色；唾壶 1 件，亦施豆青釉，光亮明快，器身外表布满细冰裂纹。部分砖的侧面有模印文字，均隶书，阳文，有

"永嘉六年壬申富且寿考"、"永嘉六年壬申宜子保孙"、"永嘉中天下灾但江南皆康平"三种。前两种铭文的墓砖的另一侧面都印有"陈"字，书写手法，印模式样、砖的大小长短都较一致，应是出自同一人之手；后一种铭文砖与之相比，在书法、模式、大小厚薄上都不相同，可能是另外的人烧制。永嘉是西晋怀帝司马炽的年号，永嘉六年即公元 312 年，应是此墓建造的大体年代[10]。

1972 年 12 月，梧州市政工程部门在修建下水道时，在文化路挖到一座晋墓，这是一座券顶砖室墓。用单层青灰砖砌成。砖长 39 厘米，宽 17 厘米，厚 4.5 厘米。墓室平面呈"凸"字形，分前后二室。后室高于前室 8 厘米，宽于前室 33 厘米。后室长 1 米，宽 0.6 米，高 1.45 米，为横长方形。墓壁从 0.55 米高起，用横平铺砌，突出纵砌壁 18 厘米，然后逐层以 3 厘米向内收敛，到顶上用两层横平铺砖封堵，构成叠涩攒尖顶。前室长 2.91 米，宽 0.67 米，高 1.37 米，为纵长方形。墓底铺砖两层，呈 45° 斜铺。墓内遗物排列整齐有序，完好无损。计有青瓷器、陶器、铜器、铁器、银器、金器等 30 余件。其中点彩双复耳罐、点彩四耳罐、碗、钵等，造型柔和，釉色晶莹。金银器中有金指环、银指环、银顶针、银手镯、银发钗等[11]。

1978 年，在梧州北山又发现一座东晋墓，也出土了一些青瓷钵、碗、洗、四系罐、鸡首壶等较典型的晋瓷[12]。

1980 年 4 月，富民坊发现一座南朝墓，是"中"字形砖室墓。墓室分前、中、后 3 部分。前室长 1.25 米，宽 1.4 米，高 1.2 米。用楔形砖券顶，底部用砖横直交错平铺，放置瓷器。墓门用青红杂砖封砌。中室呈正方形，长 2.95 米，宽 3.1 米，放置铜器。后室长 3.1 米，宽 2.15 米，即棺室，置金、玛瑙、琥珀等饰品。随葬的瓷器有高身四系罐 1 件、双耳罐 1 件、碗 3 件；铜器有提梁壶 1 件、熏炉 1 件、盘 1 件、镜 1 件、尺 1 件；饰品有金指环 10 件、金镯 3 件、玛瑙管 8 件、琥珀 28 件、水晶珠 3 件，琉璃珠若干，五铢钱 130 枚，货泉数枚[13]。

1980 年 6 月苍梧县倒水乡也发现一座南朝墓。是一座带甬道的长方形券顶砖室墓，平面呈"凸"字形。墓底用长方形砖纵横交错平铺。砖长 34 厘米，宽 15 厘米，厚 4 厘米左右，在长侧面印有网纹、席纹和大米字纹图案。随葬品计有青瓷器、陶器、铜器、铁器等近 50 件。青瓷器有双复系罐、四系罐、碗、钵、虎子、骑俑；陶器有驾牛耙田、牛车、牛圈、谷仓、禽舍、作坊等模型，武士俑、侍俑、九格果盒等；铜器有弩机、刀；铁器有矛、钩，等等。其中驾牛耙田、牛圈、谷仓、禽舍等模型，留下了当时生产的真实画面。青瓷骑俑、陶牛车、陶侍俑、执刀持盾的部曲家兵俑，加上一组铜铁兵器，应是当地豪强拥有一定武装力量的反映[14]。

晋至南朝墓的发现，说明梧州仍是一个繁华的重镇。特别是各种车、骑、人俑的出土，使我们很自然地想起《三国志·土燮传》所载，汉末董督岭南七郡的苍梧豪强士燮兄弟"出入鸣钟磬，备具威仪，笳箫鼓吹，车骑满道"的情景。

富民坊不但是汉晋墓葬比较集中的地方，也是汉代手工作坊陶窑集中的地方。1962 年在这里发现一处汉代陶窑群。窑群范围包括竹席山南坡及其向南伸延的伏尸山，面积约1万平方米，窑室主要集中在伏尸山周围。1977年5月，为配合光学仪器厂扩建厂房工程做了一次发掘，清理了27座。这些窑室都沿山脚挖洞建筑。各窑之间相距很近，有的甚至互相叠压。每座窑室都由窑门、火膛、窑床、烟道四个部分组成。窑门向南，火膛在窑床前端，烟道在窑床后端。窑床前低后高，呈斜坡状，两壁稍带弧形，窑顶为半圆拱顶。烟道基本呈方形，也有圆口形，从底部通向窑外。窑门为喇叭形口，向火膛紧接窑门，纵长55厘米，横宽85厘米，深17.5厘米，形成上宽下窄的袋形。后壁斜伸入窑床。窑床占窑室的2/3，长2.49米，宽1.37米，底面倾斜约9°，窑床底部铺有厚约2厘米的细砂。烟道在窑床后端通往窑外，呈37厘米×32厘米方形，残高1.3米。这种结构可以利用自然风把火力集中引入窑床，防止火力分散，提高窑床温度。烧造的陶器主要是釜、锅、罐、瓮，尤以陶釜为主。陶土夹砂，胎质坚硬，火候较高，有灰褐、灰白色。陶釜拍印方格纹，印纹较粗。产品应为民间实用器。从窑室重叠和废品堆积很厚的情况来看，窑场使用的时间很长，可能从西汉晚期延续到东汉晚期[15]。

东汉陶窑在苍梧大坡也有发现。窑均为马蹄形土洞窑。其结构分窑门、火膛、窑床、烟道四部分。窑门为椭圆形洞口，高1.1米，宽0.7米。火膛在窑门和窑床之间，为椭圆形深坑，深25厘米，用砖石垫底。窑床长2.8米，宽3米，底垫细砂。烟道有3个，均为30厘米×30厘米的方洞，平列于窑床后端，从窑床底部直通窑外，窑顶部为穹隆形，从顶部到窑床高1.8米，此窑的产品，从采集的废品碎片观察，是以罐、壶为主。罐有两耳的，有四耳的，肩、腹部施方格印纹、水波纹和弦纹，有青灰色和红色两种，青灰色的比较硬。除印纹陶罐外，还有一种黄釉陶罐，器胎细泥质，带灰色，无纹饰，比较坚致。壶侈口，有盖，圈足，腹部施弦纹，色灰黄，火候较高。与富民坊陶窑相比，大坡窑已有很大进步，当时已懂得使用含有氧化砂的灰釉，但因还原不好，颜色泛黄。

梧州汉代陶窑的产品在广西贺州、昭平、平乐、荔浦、桂平、贵港和广东封开、英德、肇庆都有发现。

从以上考古发现，不但说明，梧州必是汉晋时期郡、县所在地，而且从大量珍美的出土文物来看，梧州在汉晋时期经济文化相当发达，已是岭南地区的一个重要的经济文化中心。

关于汉代广信故城的具体位置，除了唐章怀太子李贤说："广信，故城在今梧州苍梧县。"杜佑说："苍梧（县）汉广信县城即此也"外，清初地理学家顾祖禹在《读史方舆纪要》卷一○八说得更为明确："广信城，在今（梧州）府治东，汉置，自三国吴以来皆因而不改。"该书还引用《城邑考》说："府旧城在大云山麓，东北跨山，西南二面皆临江。"若谷先生揭示，新中国成立之初，梧州市陈素虚老先生，据文献资料并实地查勘，将梧州城的历代变迁，从汉初的苍梧王城到1929年拆城墙修马路绘图丈量记之甚详，其中汉代广信就原南越国苍梧王城向南扩筑成半梯形，北由今东正路45号至10号，中由东中街顶幼儿园至传经里4号，南由东中街13号至文化路东三巷6号，周长600米，面积2.5万平方米[16]。陈金源认为，《城邑考》所说的苍梧王赵光筑的苍梧城就在今梧州市区内，那是一座土城，周长 424 米，面积 11236 平方米，遗址在今东中路和东正路，东至东正路博爱里，西至东中路一巷。就是这座苍梧王城，后来改建为广信县城。三国吴黄武元年（公元 222 年）再扩充至今大中路口和吴太史第，周长880 米[17]。

　　校之于我们所列汉、晋墓葬的分布状况，汉晋广信故城在今梧州市区内，即桂江与浔江汇合的河口，白云山西南麓，应是没有问题的。

　　由于古代城市不断利用，在旧城基础上再建新城，一些古城遗址已难以寻觅。但只要我们意识到了这个问题，将通过各种蛛丝马迹，会找到精确的所在。我们期待着考古工作有更多新的发现。

注　释

[1]　　若谷：《论陈钦、陈元》，《广东史志》1996 年 4 期。

[2]　　蒋廷瑜、彭书琳：《广西打制石器的传统风格》，《考古与文物》1990 年 3 期。

[3]　　罗德振、陈朗月：《梧州出土文物概述》，《广西文物》1990 年 2 期。

[4]　　苏秉琦：《岭南考古开题——杨式挺〈岭南文物考古论集〉序》，《岭南文物考古论集》，广东省地图出版社，1998 年。

[5]　　同 [3]。

[6]　　同 [3]。

[7]　　梧州市博物馆：《广西梧州市近年出土的一批汉代文物》，《文物》1997 年 2 期。

[8]　　李乃贤：《广西梧州市鹤头山东汉墓》，《文物资料丛刊》第 4 辑，文物出版社，1981 年。

[9]　　广西壮族自治区文化厅文物处：《广西壮族自治区馆藏文化珍品目录》，广西民族出版社，1998 年。

[10]　　梧州市博物馆：《梧州市晋墓、南朝墓发掘简报》，《文物资料丛刊》第 8 辑，文物出版社，1983 年。

[11]　　梧州市博物馆：《广西梧州市晋代砖室墓》，《考古》1981 年 3 期。

[12]　　李乃贤：《梧州市北山东晋墓》，《文物资料丛刊》第 8 辑，文物出版社，1983 年。

[13]　　梧州市博物馆：《广西梧州市富民坊南朝墓》，《考古》1983 年 9 期。

[14]　　梧州市博物馆：《广西苍梧倒水南朝墓》，《文物》1981 年 12 期。

[15]　　李乃贤：《广西梧州富民坊汉代印纹陶窑址发掘》，《中国古代窑址调查发掘报告集》，文物出版社，1984 年。

[16]　　同 [1]。

[17]　　陈金源：《广信古城》，《梧州史志》1986 年 4 期。

（原载于《广西地方志》2001 年 5 期）

广西南朝地券及其相关问题

在我国，给死者随葬买墓地券之风始于汉代。到六朝，此风渐盛，但以宋代和明代尤烈。地券的质料比较复杂，有铅制的、铁制的、石制的、砖制的和木制的。券文根据各种不同质料，或刀刻凿錾，或墨写朱书。券文内容详略不一，一般都包括墓主人姓名、地址、丧葬时间，地价，地亩面积或四至、证人姓名等。作为随葬品，地券是迷信之物，是死者对于茔地所有权的凭证。同时，它也是人世间土地所有关系在丧葬制度上的反映。地券的出现，对判明该墓的年代、墓主人的身份和研究葬地的区域沿革都是极为可靠的旁证，对研究当时的社会经济也是重要的参考资料。

广西在古代地广人稀，一般说来，耕地和墓地不会发生很大的问题。但自秦汉以来，广西的农业生产获得了很大的发展，大河两岸和平原地区已经得到广泛开发，封建土地所有制关系也已确立。随之而来的，土地兼并和土地买卖也就不可避免了；关于这方面的历史事实，从文献上已经很难查找，要想确定当时的社会性质，就碰到了文献无征的困难。但是考古资料却为我们提供了这方面的确切信息，南朝时期买墓地券的出土，就是其中较重要的一项。

一、广西出土的南朝地券

到目前为止，广西出土南朝地券已有三块，现分别介绍如下：

1. 欧阳景熙地券

此地券是 1938 年修筑湘桂铁路时，于桂林市北郊观音阁附近挖出，同时出土的还有一些陶器[1]，它们显然出自一座墓葬。地券出土后，先为永福县筑路民工所得，抗战期间转入桂林朱荫龙之手，后来下落不明。据当时报纸报道，此地券是滑石制的，长方形，长 18.2、宽 11.6、厚 0.6 厘米，打磨极为光滑，正面刻券文七行，满行十三至十八字不等，楷书（图一）。据《桂林史话》所载[2]，券文是：

> 宋泰始六年十一月九日，始安郡始安县都乡都唐里，没故道民欧阳景熙今归蒿里。亡人以钱万万九千九百文，买此冢地。东至青龙，南至朱雀，西至白虎，北至玄武，上至青天，下至黄泉，四域之内，悉属死人。即日毕了。时王侨、赤松子、李定、张故，分券为明，如律令。

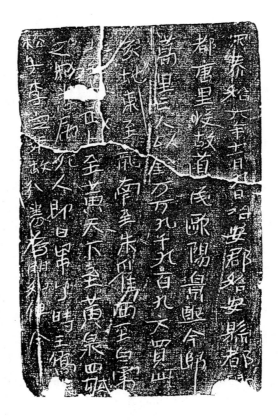

图一　欧阳景熙地券

2. 秦僧猛地券

1962 年在桂林市东郊尧山发掘的一座砖室墓中出土[8]。该墓墓室用红色绳纹砖砌筑，平面呈凸字形，随葬品除地券之外，还有青瓷碟、滑石猪、滑石俑、滑石钱币等。这块地券也是滑石制作的，长方形，长 17.5、宽 11、厚 0.5 厘米，四周和直行有分界线格，刻划文字楷体，七行，满行十三至十九字不等（图二）。券文是：

> 齐永明五年太岁丁卯十二月壬子朔九日庚申，湘州始安郡始安县都乡都唐
> 里，男民秦僧猛薄命奄归豪里。今买得本郡、县、乡、里福乐坑□□，纵广
> 五亩地，立冢一丘，雇钱万万九千九百九十文。四域之内，生根之（物），尽
> 属死人。即日毕了。时证知李定度、张坚固，以钱半百，分券为明，如律令。

3. 覃华地券

1980 年 3 月在融安县大巷公社安宁大队黄家寨牛奶坡的一座砖室墓中出土[4]。该墓墓室用红色绳纹砖砌筑，也呈"凸"字形。随葬品除地券之外，还有青瓷碗、青瓷砚、滑石俑、滑石猪、滑石杯、滑石砚等。

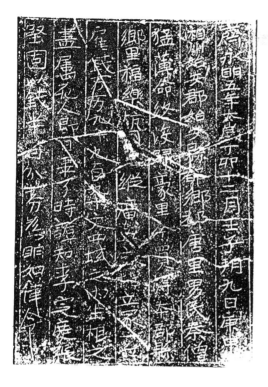
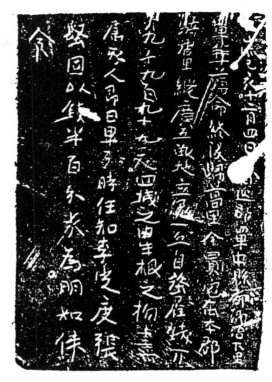

图二　秦僧猛地券　　　　　　　　　　　图三　覃华地券

这块地券也是滑石质的，长方形，长 18.8、宽 12.8、厚 2.2 厘米。刻划券文七行，满行十二至二十字不等，末行仅有一字（图三）。券文是：

> 太岁己亥十二月四日，齐熙郡覃中县都乡治下里覃华，薄命终没归蒿里，今买宅在本郡骑唐里；纵广五亩地，立冢一丘自葬。雇钱万万九千九百九十九文。四域之内，生根之物，尽属死人。即日毕了。时任知李定度、张坚固，以钱半百，分券为明，如律令。

二、券文所载的年代和地望

以上三决地券都是用滑石制作的，券文都直行刻写，内容都包括丧葬年、月、日，墓主所在地郡、县、乡、里，墓主姓名，买地所费钱两，墓地面积或四至，证人姓名等。显然它们的时代是相近的，而且可以看出，这时的买墓地券已经形成了固定的格式。这种券文书写形式虽然是当时人间土地契约的摹写，但由于已受道教渗入，弄得人鬼相混，同真正的土地契约已有了很大的距离。这两种情况同时表现在券文上，同篇券文有一部分是真情实事，另一部分则纯属虚拟，必须加以分辨。

从券文内容来看，丧葬时间、地点，墓主姓名都是真实的，是券文中最有价值的部分。

我们先分析丧葬时间。三块地券都标有年，月，日。《欧阳景熙地券》是"宋泰始六年十一月七日"。泰始是南朝宋明帝刘彧的年号，六年即公元470年。《秦僧猛地券》是"齐永明五年太岁丁卯十二月壬子朔九日庚申"，不但有年、月、日，而且有干支。永明是南朝齐武帝萧赜的年号，五年即公元487年。查陈垣《二十史朔润表》，永明五年为丁卯，十二月为壬子，九日为庚申，完全相合[3]。《覃华地券》是"太岁己亥十二月四日"，没有标明王朝年号，月、日也没有干支，年代只能从年的干支去推断。从这座墓的形制和随葬品来看，同各地南朝时期的墓葬有许多共同之处，尤其同秦僧猛墓比较，无论墓室结构（平面呈凸字形）、墓砖（红色绳纹砖）和随葬品的形制都很相似，地券券文除了地名，墓主姓名不同之外，文辞几似出于一人之手。因此可以确定这座墓是南朝时期的，而且时代很接近于南齐。查干支纪年，整个南齐二十四年没有己亥，在南齐前后属己亥的有宋孝武帝大明三年（公元459年）和梁武帝天监十八年（公元519年），它有可能属宋，也有可能属梁，而不会属齐。从地券文辞来看，同齐的《秦僧猛地券》相同，同宋的《欧阳景熙地券》相差较大，应距离齐近而距离宋远。再看行政区划，《覃华地券》所载齐熙郡是南齐增设的[6]，宋时还没有。据此二理由，《覃华地券》不可能属南齐以前的宋，而应属南齐以后的梁，当以梁天监十八年为是。

这三座墓葬的绝对年代的确定就为广西南朝墓葬的年代划分竖立了可靠的标尺，也为研究这三块地券本身的问题提供了可靠的年代依据。

其次分析地望。三块地券都刻有详细地名，《欧阳景熙地券》是"始安郡始安县都乡都唐里"，《秦僧猛地券》是"湘州始安郡始安县都乡都唐里"。郡、县、乡、里二券完全相同。根据《宋书·州郡志》记载，湘州是晋怀帝永嘉元年（公元307年）分荆州长沙、衡阳、湘东，邵陵、零陵、营阳、建昌七郡和江州桂阳一郡设立的，其地包括今湖南南半部，广西北部也属之。这个湘州后来时有废立，泰始六年和永明五年都还存在。始安郡是三国孙吴甘露元年（公元265年）分零陵郡南部都尉建置的，原属广州，南朝末文帝元嘉三十年（公元453年）改属湘州[7]。这两块地券的出土，可以证实桂林在南朝宋、齐时期是属湘州始安郡始安县的，其行政区划在前后至少17年之内没有什么变动。

《覃华地券》记的是"齐熙郡覃中县都乡治下里"。郡、县与前两块地券不同。考齐熙郡是南齐时新增设的，《南齐书·州郡志》卷十四广州之下载有齐熙郡；卷十五湘州之下也载有齐熙郡，是何原因呢？根据地望分析，今融安县适当南朝时期湘州的南端和广州的西北角。当时的齐熙郡应是割湘州始安郡下辖的县和广州桂林郡下辖的县设置的，地当今广西柳州地区，理应属广州管辖。另外，《南齐书·州郡志》两处齐熙郡下都未列辖县名称，大概是当时文献失载的缘故。《覃华地券》券文在郡下有县名"覃中"，可补此之不足。但券文中"覃中县"之"覃"字应是"潭"字的笔误。潭中县是汉置县，历史悠久，后来一直沿用，其辖地应包括今之融安在内。《南齐书·州郡志》卷十四载潭中县属广州桂林郡，大概是反映了增设齐熙郡以前的情形。新设齐熙郡后，潭中县便从桂林郡中析出归属齐熙郡了，而这时齐熙郡也可能属湘州。这段行政区划变动的历史，文献缺载，《覃华地券》出土可以补阙。

三、从地券中看到的道教影响

本来，墓地的买卖是封建社会土地买卖的一部分，是客观存在的事实，所以，最初的买墓地券与当时社会上真正的买地契约是基本相同的，不但买卖墓地的时间、墓地位置，买主姓名真实可靠，而且有卖主姓名，就是墓地的范围、面积、地价和证人也是货真价实的。如建初六年（公元 89 年）《武庲婴买地券》[8]，建宁四年（公元 171 年）《孙成买地券》[9]，光和七年（公元 184 年）《樊利家买地券》[10]，等等。卖主、买主、中证人都实有其人，他们都直接参与墓地的实际交易，券文只是如实的记录下来罢了。但是，自东汉晚期以后，这种买墓地券就逐渐同流行于中原地区具有强烈道教色彩的朱书镇墓文合流，离开真正的土地买卖契约就越来越远了。券文中所载的土地面积和地价随意夸大，中证人强拉鬼神充当，再也不能简单地看作人间土地关系的翻版了。

广西出土的南朝地券正具备这种同道教镇墓文合流的特色。其券文都说冢地是"买"或"买得"的，但未列出卖主，面积都是"纵广五亩"，价钱都是"万万九千九百九十九文"。五亩之地，立冢一丘，此墓占地也就够广了。但经实地勘察，在覃华墓旁五亩之内还安葬着同时代其他人的墓甚多，与券文显系不合。另外，五亩之地，钱以万万计，也是有意的夸饰。中原内地土地膏腴，每亩最多也只值一万[11]，在偏僻的广西却如此昂贵，也是不可信的。我们知道，九是数字的极限，"万万九千九百九十九文"，无异于极言其多，并无实际数字意义。《欧阳景熙地券》没有讲冢地面积，但讲到了冢地的四至："东至青龙，南至朱雀，西至白虎，北至玄武"。这种四至也是虚构的。青龙、白虎，朱雀、玄武是道家常说的"四神"，这在西汉末年以来的建筑物上和铜镜花纹中就已有反映，有的铜镜在周边还附上"青龙白虎掌四方，朱雀玄武顺阴阳"的铭文。买墓地券中用四神来做四方界域的代表到唐代以后就成了定格，几乎每券皆然，说明它们并无实际范围的意义。说到中证人，《欧阳景熙地券》是王侨、赤松子、李定、张故四人，另两券都是李定度、张坚固二人。王侨即是王乔或王子乔，他和赤松子都是道家心目中的著名神仙。《古诗十九首》里有"仙人王子乔，难可与等期"之句。晋人阮籍《咏怀》诗里有"焉见王子乔，乘云翔邓林"（其十）和"愿登太华山，上与松子游"（其三十二），"安期步天路，松子与世违"（其四十）等句，讲的就是这两位仙人[12]。李定、张故，就是后两券的李定度、张坚固。李定度、张坚固从南朝以后成了买墓地券中最常见的中证人，简直可以说一切墓地的买卖都由他们二人"包揽"了。这种情况一直沿袭到唐、宋、元、明各个时期。当然，他们的身份到后来也有些变化，如李定度在一些地券中仍列为"保人"、"保见人"、"时见人"，而张坚固却成了"卖地人"，"地主"或"读书人"[13]。由此可见，所谓证知人李定度，张坚固完全是人为杜撰出来的子虚、乌有先生。

《欧阳景熙地券》有"今归蒿里"句，《秦僧猛地券》和《覃华地券》皆作"薄命终没归蒿里"。这"蒿里"是指死人聚居的地方。《汉书·武五子传》记载：广陵王刘胥延请女巫下神祝诅，事被发觉后被迫自杀，临死前召集子女家人鼓瑟歌舞，在他自己编唱的歌词中有"蒿里召兮郭门阅，死不得取代庸，身自逝"的句子，唐人颜师古注曰："蒿里，死人里。"[14] 在当时人看来，除了人世间以外，还有一个在地下供鬼魂居住的幽冥世界，这个幽冥世界就是蒿里。汉代有《蒿里曲》："蒿里谁家地？聚敛魂魄无贤愚。鬼伯一何相催促？人命不得少踟蹰。"[15] 这《蒿里曲》就是当时的挽歌。东汉以后出现的朱书镇墓文常有"死人归蒿里"的话，买墓地券中"归蒿里"一词显然是从镇墓文中转抄过来的。

至于券文中其他用语，如"即日毕了"，"以钱半百，分券为明"等，都是当时契约中的常用套语。最后的"如律令"三字更是汉至南朝公文末句的常用语，如《史记·儒林列传》所载诏书，《汉书·朱博传》所载朱博口占檄文，陈琳为袁绍起草讨刘备的檄文[16]，都用"如律令"结尾。东汉晚期，中原地区朱书镇墓文也常袭用"如律令"这句套语，买墓地券袭用此语显然也是从镇墓文转化来的。

广西三块南朝地券分别出土于桂林和融安，两地相距较远，在时间上前后又相隔四五十年，但在制作质料（滑石），形制（长方形），文辞体例，甚至在词句上都如此雷同，除了说明南朝时期在广西一些经济发达的地区在丧葬习俗方面已流行一定的模式以外，而且说明当时刻写这类券文本身已有了一个固定的蓝本，死者下葬时，只需填写下丧葬时间、地点和死者姓名就行了，而这种地券蓝本的出现应同当时道教的流行有关。

道教是我国土生土长的宗教。它创立于东汉，开始主要是在贫苦的被压迫人民中流行。东汉末年，黄巾大起义就曾利用原始道教做过宣传鼓动和组织工作。魏晋以后，封建统治阶级在严禁民间道教活动的同时，又从理论上和组织上对原始道教加以改造，使其逐渐蜕变成为封建统治阶级服务的御用工具。道教由于受到帝王贵族的赞助和提倡，在南北朝时期有了很大的发展。那时中原多战乱，不少劳动人民和封建贵族都避乱南来。在这南来的人群中当然不乏信奉道教之士。尤其是早在东晋时期，作为封建统治阶级御用道教奠基人的葛洪因羡慕岭南所产的丹砂而求为句漏令，对道教在广西的传播起了更大的促进作用。根据东汉顺帝时琅琊宫崇献出的《太平清领书》（即《太平经》）所载，在太平道士的活动中就有替人选择冢地的事。北周时释道安著《二教沦》十二篇攻击当时的道士，其中第九篇"服法非老"说，"左道余气，墓门解除"[17]，就是指责道教徒从事丧葬方面的解除活动的。这类地券的刻写，出自方舆道士之手，也就可想而知了。

四、其他问题

买墓地券由于是道教迷信之物，并不起真正券约的作用，所以一般制作都较草率。表现在券文上常有错漏，书法艺术低劣。如买地所费钱"万万九千九百九十九文"，《欧阳景熙地券》漏掉"九十"二字，《秦僧猛地券》漏一"九"字。"薄命终没归蒿里"一句,《秦僧猛地券》将"蒿里"误作"豪里"。《覃华地券》把"潭中县"刻作"覃中县","证知"误作"任知"。由这些错漏可以看出,当时刻写券文的道士的文化水平并不高,他们既哄骗了死人,也蒙混了活人(死者亲属)。但正因为这样,使我们有机会看到当时流行于民间的文字手写体,可以考见当时民间书法的体裁,这对研究汉字形体的演变和书法艺术的发展,是有意义的。南朝禁止立碑,刻石传世者较少,这三块石刻买墓地券是目前所知广西最早的石刻,在石刻研究中也有它们的重要地位。

　　尽管买墓地券只是给死者陪葬的一种"幽契",并不起真正契约的作用,但它们的出现,无疑可以说明,在广西曾经有过或当时还在流行着土地买卖的事实,这对研究广西在南朝时期的土地关系也是有重要意义的。

注　释

[1]　觉:《六朝古墓地券发现经过》,《广西文献通讯》1948 年 3 期。

[2]　张益桂、张家璠:《桂林史话》,上海人民出版社,1979 年,27 页。

[3]　黄增庆、周安民:《桂林发现南齐墓》,《考古》1964 年 6 期。

[4]　广西壮族自治区文物工作队:《广西壮族自治区融安南朝墓》,《考古》1983 年 9 期。

[5]　陈垣:《二十史朔闰表》,中华书局,1978 年。

[6]　《南齐书·州郡志》。

[7]　《宋书·州郡志》。

[8]　端方:《陶斋藏石记》卷一。

[9]　罗振玉:《蒿里遗珍》,转引自方诗铭:《从徐胜买地券论汉代"地券"的鉴别》,《文物》1973 年 5 期。

[10]　罗振玉:《贞松堂集古遗文》卷一五。

[11]　《汉书·东方朔传》。

[12]　丁福保:《全汉三国晋南北朝诗》,中华书局,1959 年。

[13]　罗振玉:《地券征存》。

[14]　《汉书·武五子传》。

[15]　同 [12]。

[16]　臧励和编:《汉魏六朝文》。

[17]　《广弘明集》卷第八。

　　(原载于《广西文物》1985 年 1 期创刊号,又以《从广西出土的南朝地券看当时的社会经济状况》为题载于《广西民族学院学报》1985 年 3 期)

三、古代官印研究

有关广西的汉代官印

在我国，使用玺印的历史已有 3000 多年。秦代以前，无论官印、私印，都称为"鉨"，即"玺"。秦统一中国后，加强中央集权，建立了一系列制度，规定只有皇帝的印才能称"玺"，其他人的印只能称"印"。到汉代，这种制度有所放宽，诸侯王、王太后的印也可以称"玺"，年薪二千石以上的官吏的印则称"章"，其他人的印还是称"印"。后来也有合起来称为"印章"的。

官印是权力的象征，由朝廷统一颁发。朝廷任命官吏必定授以官印，作为行使行政权力的凭证。官印材质的品种、尺寸的大小、印钮的样式，都有级别区分。因此，古代官印能够反映那个时代政治、经济、军事制度的某些侧面，可以考订官制、地理，补充史书的遗缺，纠正史传的缺谬。正如黄宾虹所说："一印虽微，可与寻丈摩崖、千钧重器同其精妙。"（《古印概论》）

汉代有殉印的习俗和制度，因而在考古发掘中时有汉印发现。但是出土的汉印绝大多数是私印，也有吉语印和肖形印，却极少官印。偶尔发现的官印有两种情况，一种是死者生前实用的官印，另一种则是后人为死者镌刻的殉葬印。汉代用官印殉葬限制很严，只在极小范围内，如皇太后、太皇太后和皇帝特别宠信的大臣才有此殊荣。除此之外，百官罢免迁死，原授的官印都得上缴，不可私藏，难以用于殉葬。《史记》、《汉书》中有不少关于罢官夺印、辞官交印的记载。如《汉书·周勃传》记载："人或谓勃曰：'君既诛诸吕、立代王，威震天下，而君受厚赏，处尊位以厌之，则祸及身矣。'勃惧亦自危，乃谢请归相印，上许之。"《汉书·万石君传》也记载，丞相石庆得不到武帝的宠信，上书"愿归丞相侯印，乞骸骨归，避贤者路"。丞相辞官缴印，其他官员也不会例外。官吏被撤职、免职、调动，以及死亡，要吊销原来的权力，都要将原来授予的官印收回。所以，古代辞官或免官，都得"解印绶"，"收玺"、"夺玺"就成了罢官的代名词。

在这种情况下，一般官员只能随葬明器官印。所谓明器印，就是专为殉葬而仿照生前佩带的官印制作的仿制品。这种仿制品的材料不一定是铜、银等金属，而多采用易于凿刻的石料。真实官印是用金属铸造成的，形制和印文都比较规整。而殉葬印是临时刻凿的，多为急就之作，但形态、大小、印文章法布局、钮式，都尽量仿自原印。由于是急就之作，照原形总免不了有些走样，研究它们只能作为原印的参考。

在广西的考古发掘中发现汉代官印很少，在邻省湖南的汉墓中却多次发现与广西相关的官印，一些著录中也有偶见与广西有关的汉代官印。广西汉墓出土的官印仅见合浦"劳邑执刲"琥珀印、合浦"徐闻令印"滑石印、藤县"猛陵丞印"滑石印，湖南出土的"广信令印"、"洮阳长印"、"逃阳令印"、"洮阳丞印"、"陆量尉印"以及著录所见的"苍梧候丞"铜印、"合浦太守章"石印，也与广西历史地理有关。这些官印绝大多数是石质，偶见琥珀质，都是殉葬用的明器印，是真实印章的翻版。可以作为推断墓主人的身份和供研究地理沿革参考。

现将这些印章论述如下。

1. "合浦太守章"石印

章　太　合
守　浦

见于《待时轩印存》著录。龟钮，印面方形，边长 2.6 厘米。《汉书·地理志》载："合浦郡，武帝元鼎六年开，莽曰桓合，属交州。"郡有郡守，郡守是一郡的最高行政长官。《汉书·百官公卿表》郡守条曰："郡守，秦官，掌治其郡，秩二千石。……景帝中元二年更名太守。"可见"太守"即是郡守。此印的年代当在中元二年（公元前 148 年）之后。《汉旧仪》说：太守"二千石，银印，龟钮，文曰章。"此印钮式为龟钮，署"章"，与记载制度相合。但不是银印，而是滑石印，当是为殉葬仿制的明器印。《史记·孝武本纪》说："夏，汉改历，以正月为岁首，而色上黄，官名更印章以五字，因为太初元年。"《史记》集解又说："张晏曰：汉据土德，土数五，故用五为印文也。若丞相曰'丞相之印章'，诸卿及守相印文不足五字者，以'之'足也。"此印文是五字，其年代当在武帝太初元年（公元前 104 年）以后[1]。

2. "徐闻令印"滑石印

1990 年在合浦县廉州镇城郊黄泥岗一号墓出土。黄泥岗一号墓是一座有斜坡形墓道的砖室木椁墓，随葬品有铜器、陶器、玉石器，包括剑、镜、灯、壶、碗、釜、蒸馏器和铜制明器仓、灶、井；陶器有罐、壶、罍和明器陶屋；玉器有出廓六字璧、母子带钩、蝉形珩、蟠螭纹珮；还有玻璃杯、玻璃串珠、水晶串珠、玛瑙串珠、琥珀串饰、金花球串饰、金带钩、"货泉"铜钱等，异常丰富。年代相当于东汉早期。滑石印瓦钮，通钮高 2

令　徐
印　闻

厘米，印面方形，边长 2.3 厘米，凿刻"徐闻令印"4 字，篆书反文，刻工草率。同时出土一枚铜印，龟钮，阴文篆书"陈褒"。据《汉书·地理志》和《后汉书·郡国志》载：汉武帝元鼎六年（公元前 111 年）平定南越，在岭南重新划分郡县，增设合浦郡。合浦郡辖七县，首县徐闻。东汉时，合浦郡首县则是合浦。可能郡治最初设在徐闻，不久后就迁到合浦。"令"是县令。《汉书·百官公卿表》曰："县令、长，皆秦官，掌治其县。万户以上为令，秩千石至六百石；减万户为长，秩五百石至三百石。"徐闻县长官是"令"，知徐闻是万户以上的大县。由此可知，墓主是徐闻县令陈褒。徐闻县令当是从合浦派出，死后归葬合浦的。他随葬的物品十分奢侈豪华，说明他生前管辖的地区相当富裕，同汉代繁荣的海外交通有密切关系。

3. "劳邑执圭" 琥珀印

执劳
圭邑

1975 年于合浦县堂排一号汉墓出土。堂排一号墓规模较大，墓室长 8.1 米，宽 5.6 米，内填五花土，夯打坚实，椁室周围积石积炭，填有很厚的膏泥，但因早年被盗，所剩随葬品只有残陶器 11 件、残铜器 5 件、漆器鎏金铜扣 2 件、滑石器 2 件、研石 2 件、玻璃珠 400 余件、铜五铢钱数十枚[2]。琥珀印蛇钮，通钮高 2.1 厘米，印体呈正方形，印面边长 2.3 厘米，无边栏，无界格，阴刻 "劳邑执圭" 4 字，字体在篆隶之间，刻工粗糙，文字草率，开始自右向左上下旋读，误释为 "劳新圭印"，直到海南岛出土 "朱庐执圭" 银印及其资料发表后，经过比较，才改为自左上角起，由上至下顺读，确认为 "劳邑执圭"。经考证，确定为西汉中期以后印。"执圭" 是战国时期楚国的一种爵位，有的书上作 "执圭"，有的书上作 "执珪"。一般封给身居高位的大臣和战功显赫的功臣，相当于小国小城的君王。西汉南越国沿用这种爵位，封给它辖境内的蛮夷首领。劳邑是部族名和地名，文献不载，当在今广西玉林市境内。"劳邑执圭" 印应是南越国封给劳邑部族首领的封号印[3]。

4. "苍梧候丞" 铜印

候苍
丞梧

见《望古斋印存》著录。钮已失，印面方形，边长 2.1 厘米，有田字格。《汉书・地理志》载："苍梧郡，武帝元鼎六年开。莽曰新广。属交州。有离水关。"西汉时是边郡。《汉旧仪》说：边郡 "置部都尉、千人、司马、候、农都尉，皆不治民。"《汉书・杨雄传》引他的《解嘲》一文说："东南一尉，西北一候"，这 "候" 指的就是边郡的候官。印文 "候丞"，是指候官的属吏。刻印年代当在元鼎六年（公元前 111 年）设苍梧郡之后[4]。汉代苍梧郡设在桂江与西江汇合的两江流域，辖境相当于今广西都庞岭、大瑶山以东，广东肇庆、罗定以西，湖南江永、江华以南，广西藤县、广东信宜以北的广大地区。

5. "广信令印" 滑石印

1953 年在湖南长沙子弹库 23 号西汉墓出土。鼻钮，印面方形，边长 2.4 厘米，印文正刻，隶书略带草意。原著者订其年代为武帝时期[5]。据《汉书・地理志》载，广信县属苍梧郡，苍梧郡辖十县，广信是其首县，当是郡治所在地。广信令即广信县令，

廣令
信印

丞猛
印陵

是广信县的行政长官。县之长官为"令"，可见广信是万户以上的大县。"广信，莽曰广信亭。"其地在今广西梧州市。

6. "猛陵丞印"滑石印

長 洮
印 陽

1986 年于藤县藤城镇鸡谷山汉墓出土。该墓是一座长方形竖穴土坑木椁墓，随葬陶器、铜器、滑石器 48 件。从出土陶匏壶、五联罐及大批滑石器等特点来看，该墓下葬的时间应是西汉晚期。滑石印瓦钮，通钮高 2.3 厘米，印面方形，边长 2.7 厘米，阴刻篆体"猛陵丞印"4 字，刻工粗糙[6]。按历史记载，西汉时期，藤县所在地属苍梧郡。《汉书·地理志》载：苍梧郡所领十县中有猛陵。"猛陵，龙山，合水所出，南至布山入海。莽曰猛陆。"据谢启昆《广西通志》考证，汉代猛陵县含今苍梧、藤县、岑溪、平南诸县地。《汉书·百官公卿表》曰：县"皆有丞、尉，秩四百石至二百石"。"猛陵丞"是县丞，此墓当是猛陵县丞之墓。

7. "洮阳长印"滑石印

1960 年于长沙杨家山 6 号墓出土。坛钮，印面正方形，边长 2.6 厘米。阴刻"洮阳友印"4 字。

8. "逃阳令印"滑石印

与"洮阳长印"同出于长沙杨家山 6 号墓。也是坛钮，印面正方形，2.3 厘米×2.1 厘米。阴刻"逃阳之印"4 字。

令 逃
印 陽

以上二印同出于一座长方形的土坑竖穴墓中。与此二印同时出土的还有"苏郢"坛钮玉印和"苏将军印"龟钮铜印。这座墓的随葬品还有滑石镜、璧、剑具一套，陶鼎、盒、壶、坛各 4 件，陶钫 1 件，原著录订其年代为文景之际。[7]《汉书·地理志》零陵郡下，"洮阳，莽曰洮治"。《补注》："先谦曰，武帝封长沙定王子狩燕为侯国。"后一印之"逃"即"洮"，二字均从兆得声，可通用。据《西汉诸侯王国封域变迁考》，文帝后元七年（公元前 157 年）至武帝元光六年（公元前 129 年）之间，洮阳属刘姓长沙国。此二印年代为文景之际，是长沙国属县的官印。此二印印文一署"长"，一署"令"，可知墓主苏郢曾任洮阳长，又任洮阳令，在任期间，洮阳县由不够万户的小县，发展成了万户以上的大县。长沙马王堆三号汉墓出土帛书《地形图》绘有桃阳县城的标志，位于今湘江西北岸。"桃阳"实际上也是"洮阳"。清人顾祖禹《读史方舆纪要》说："洮阳废县，（全）州北三十五里，汉置县，以洮水经其南而名。"经实地考察，洮阳县故城在今广西全州县永岁镇梅潭村背后，城址东南是湘江支流洮水和沙滩，北岸陡壁的土石山就是故城遗址。此处距今全州县城正好是 35 华里。

9. "洮阳丞印" 滑石印

　　湖南长沙火车站工地出土。鼻钮，边长 2.4 厘米 × 2.6 厘米[8]。年代与前二印相同，也是刘姓长沙国属县之官印。丞即县丞。

10. "陆量尉印" 滑石印

　　1954 年于长沙月亮山 25 号墓出土。坛钮，印面方形，边长 2.4 × 2.3 厘米。阴刻"陆量尉印" 4 个变体篆字，由左往右读。印文"量"字，开始误释为"暴"字。[9]后来有人指出，此字结构从量从米，即是"糧"字。陆糧就是陆量，也就是陆梁。《汉书·地理志》及《后汉书·郡国志》都未载。《汉书·高惠高后文功臣表》有"陆量侯须无"。关于陆量，如淳曰："秦始皇本纪所谓陆梁地也。"侯状户数："诏以为列诸侯，自置吏令长，受令长沙王。"《补注》："先谦曰，史表作陆量侯须无。索隐：陆梁地今在江南。"陆量侯传三世，元鼎五年（公元前 114 年）坐酎金免。"尉"是侯尉，是陆量侯的属官。此印不署"国"字，当是国除为县时之物，其年代应是武帝以后。根据长沙马王堆出土帛书《古地图》，图南缘包括现在广东连县与广西全州（桃阳）、灌阳（观阳）来看，陆梁应在今广东连县与广西灌阳一带[10]。有人认为陆梁地就是岭南地，汉初，高祖刘邦得天下时，岭南已为赵佗割据，高祖取之不得，弃之不舍，乃多次虚夺赵佗之地以封功臣。须无可能是"百越长"之一，佐汉有功，得封为侯。其侯名"陆量"，意为虚领岭南地，并非实有[11]。陆量侯不能按临岭南封地，只好寄寓长沙国内，因此"受令长沙王"，死后也就葬在长沙境内。

洮 丞
陽 印

陸 尉
糧 印

注　　释

[1]　王人聪：《两汉国、侯国、郡县官印汇考》，见《秦汉魏晋南北朝官印研究》，香港中文大学文物馆专刊之四，1990 年。

[2]　广西壮族自治区文物工作队等：《广西合浦堂排汉墓发掘简报》，《文物资料丛刊》第 4 辑，文物出版社，1981 年。

[3]　蒋廷瑜：《"劳邑执圭"琥珀印考》，《中国历史文物》2004 年 4 期。

[4]　王人聪：《论西汉田字格官印及其年代下限》，见《秦汉魏晋南北朝官印研究》，香港中文大学文物馆专刊之四，1990 年。

[5]　周世荣：《长沙出土西汉印章及其问题研究》，《考古》1978 年 4 期。

［6］　藤县博物馆：《藤县鸡谷山猛陵墓清理简报》，《广西文物》1993 年 1 期。

［7］　同［5］。

［8］　周世荣：《有关马王堆古地图的一些资料和几方汉印》，《文物》1976 年 1 期。

［9］　同［5］。

［10］　杨其民：《长沙西汉“陆暴尉印”应是“陆梁尉印”》，《考古》1979 年 4 期。

［11］　覃圣敏：《有关“陆梁”的几个问题》，《文史》第 24 辑，中华书局，1984 年。

（原载于《广西文史》2005 年 3 期）

"劳邑执刲" 琥珀印考

"劳邑执刲" 琥珀印（图一）出自广西合浦堂排 1 号汉墓。这座有墓道的长方形竖穴土坑木椁墓是 1975 年秋发掘的。当时残留封土堆高 5、直径 36 米。墓口覆盖一层小卵石，厚约 0.4 米。墓室长 8.1、宽 5.6、深 3.6 米。墓室内填五花土，经夯打坚实，椁室四周至底积石积炭，并有甚厚的胶质泥。墓室四边有熟土二层台。椁室长 6.4、宽 4.4 米。椁室最底层铺粗砂，中间层铺 0.1 米厚的木炭，其上又铺一层厚 0.1 米的砂石。棺椁已朽，但余有涂硃漆残片，棺椁痕迹呈长方形，和随葬器物一起，直接压在砂石层上。此墓早年被盗，盗洞长 1.25、宽 0.84 米。随葬品大多数被盗走，仅存残陶器 11 件、残铜器 5 件、漆器鎏金铜扣 2 件、滑石器 2 件、研石 2 件、琉璃珠 400 余件、五铢钱数 10 枚。琥珀印出在盗洞的杂土中，与它同时出土的还有 1 件残陶俑。

图一　"劳邑执刲" 琥珀印　　　　图二　"劳邑执刲" 琥珀印拓

"劳邑执刲" 琥珀印，阴刻印文（图二）。刻工粗糙，文字草率，开始自右向左上下旋读，误释为"劳新刲印"。在 1978 年出版的《广西出土文物》图录上首次发表，1981 年《文物资料丛刊》发表《广西合浦堂排汉墓发掘简报》做过报道[1]。因印刷出来的字形、钮式均欠清晰，没有引起读者注意。香港中文大学王人聪先生编著，1982 年出版的《新出历代玺印集录》和 1987 年出版的《新出历代玺印集释》照录为"劳新刲印"。直至海南出土"朱庐执刲"银印及其资料发表，经过比较，才将印文确认为"劳邑执刲"。我当即请人将印文印出，分寄同好师友，请他们进一步研究。杨式挺[2]、黄展岳[3]、吉开将人[4]等先生在各自的论文中都做了精辟论述。作为参与这枚印章的考古发掘者，我想在他们研究的基础上，再陈述一点管见。

一、"劳邑执刲" 琥珀印是明器印

"劳邑执刲" 印是琥珀质的，琥珀印在历史上不多见。罗福颐《古玺印概论》提到的 2 枚汉代琥珀印都是天津艺术博物馆藏的私印[5]。王人聪《新出历代玺印集录》收集到琥珀印也只有西汉 2 枚、北宋 1 枚[6]。西汉 2 枚均出于陕西咸阳马泉西汉墓，其中 1 枚（102 号）方形，虎钮，长 1.3、宽 1.1、高 1.2 厘米，无字；1 枚（103 号）圆形，扁圆钮，径 1.1、高 0.5 厘米，有阳文篆书"惠君" 2 字[7]。《湖南省博物馆藏古玺印集》收录 56 零陵 M1 出土的 1 枚东汉琥珀印，边长 1.2 厘米，通高 1.3 厘米，刻"陈□" 2 字[8]。合浦望牛岭 1 号汉墓也出土过 1 枚琥珀印，印面略作方形，长 1.5、宽 1.2、高 1.5 厘米，刻阴文篆书"庸母印" 3 字[9]。合浦堂排汉墓同一墓地出土另 1 枚琥珀印（M4:21），棕红色，半球形，刻"王以明印"四字，字较工整。以上这几枚印都是私印。

汉代人用琥珀主要制作佩饰品。合浦堂排同一墓地还出土了 1 件琥珀圆雕狮（M2A:36），深褐色，长 1.2、宽 0.4、高 0.8 厘米。3 颗琥珀珠，其中 1 颗半球形（M2A），直径 0.7 厘米；2 颗腰鼓形，砾砂红色，中间有孔，1 颗（M2A）长 1.5、两端直径 0.7、中腰径 0.4 厘米，1 颗（M2B）长 2.1、大端直径 0.9、小端直径 0.8、中腰径 0.5 厘米。这些琥珀器都有穿孔，便于系挂，应是佩饰品。合浦是出土汉代琥珀佩饰品比较多的地区，上述望牛岭 1 号墓出土琥珀佩饰品 5 颗，有圆钮形、扇形、篮形、蛙形等各种形状。1986 年在合浦县风门岭 10 号墓也出土琥珀珠 3 颗，2 大 1 小，大的为长算珠形，小的为扁圆形[10]。在邻近的贵港市的汉墓中也多次发现琥珀饰品，如罗泊湾 1 号汉墓出土过圆球形琥珀珠 2 颗[11]。1954～1955 年 5 月在贵县（今贵港市）清理汉墓 129 座，出土琥珀珠 198 颗，其中西汉 57 颗，东汉 141 颗。有红色的，淡红色的，褐色的；有球形的，椭圆形的，也有橄榄形的，中间都有穿孔。还有 1 件有乳白色和黑色斑纹的琥珀小雕狮和 1 件淡黄色的琥珀扁圆形指环[12]。1956 年 4 月在贵县东湖新村 M2 出土 4 颗琥珀珠，在 M4 出土 13 颗琥珀珠，其中 2 颗是兽形的[13]。在昭平的东汉墓中也出土过琥珀珠 5 颗（乐群 M5、风清 M8、风清 M11 各 1 颗，风清 M12 有 2 颗）[14]。前引 56 零陵 M1 出"陈□"印的东汉墓也出土了 1 颗琥珀珠。

琥珀是一种含碳化氢化合物的有机宝石，由树脂古化而成。琥珀产地很少，主要产于波罗的海沿岸，西西里岛和罗马尼亚也有出产。据《后汉书》的《西南夷列传》和《西域列传》载，当时的永昌郡哀牢夷（在今云南西部）、缅甸北部和海外的大秦国产琥珀[15]。中国文献到汉代才提到琥珀。汉初陆贾《新语·道基篇》说到琥珀和其他宝石"择地而居"。东汉王充《论衡·乱龙篇》说到"顿牟掇芥"，说顿牟不是磁石、钩象之石，但都能掇芥。这里说的顿牟就是琥珀。经吉开将人先生提示，知宋人周去非《岭外代答》记载，广西钦州也产琥珀："人云：茯苓在地，千年化为琥珀。钦人田家锄山，忽遇琥珀，初不之识。或告之曰：此琥珀也。厥直颇厚。其人持以往博易场，卖之交趾，骤致大富。"但在汉代，可能钦人还不识琥珀。那么，合浦汉墓中这些琥珀饰品是怎么来的呢？汉代合浦是中国南方对外贸易的重要海港。据《汉书·地理志》记载：从徐闻、合浦出发到南洋的海船，"赍黄金杂缯而往"，"入海市明珠、璧琉璃、奇石异物"。交换回来的奇石异物中就有琥珀。在欧洲很早就把琥珀作为商品进行贸易。

大秦国（即罗马）通过腓尼基人购得波罗的海产的琥珀，制成各种成品投入市场。当时琥珀的价格相当昂贵，琥珀雕成的一尊小象比一名奴隶还值钱。合浦出土的琥珀可能是从罗马经东南亚由海道传入的。当时主要用作装饰品。刻制印章随葬，墓主应该也是比较富有的人。

用琥珀制印，既然稀有，也就显得特别珍贵。但同时也说明，琥珀质官印不是实用印，而是专为随葬制作的明器印。明器印章是仿真实印章制作的，是真实印章的翻版。海南的"朱庐执刲"印是银印，其他相应级别的印多是铜印，"劳邑执刲"印的原型很可能是铜印。

二、"劳邑执刲"印是汉代官印

汉墓出土印有两种，一是实用印，二是明器印。实用印多私印，官印极少见。古代任命官职即授以官印，官印的尺寸大小，印钮的样式，都有级别区分。官吏被撤职、免职、调动，以及死亡，都要上缴官印。很少有用官印陪葬的。只有经皇帝特许，或在战死疆场的特殊情况下，才有可能以真印殉葬。一般随葬的官印都是明器印，即是生前佩带的官印的仿制品。"劳邑执刲"印正是这种明器印章。明器印的质料不一定是铜、银等金属，而多采用易于刻凿的石料。真实官印是用金属铸造的，形制和印文都比较规整；而殉葬用的明器印是临时刻凿的，多为急就之作，但其形态、尺寸大小、印文章法布局、钮式等，皆尽量仿自原印。如考古发现的"逃阳令印"、"洮阳长印"、"洮阳丞印"、"陆量尉印"、"广信令印"等，都是明器印，质料都是滑石，印文是刻凿的阴文，印面呈方形，边长分别是 2.3×2.1、2.7×2.6、2.4×2.3、2.6×2.5 厘米，印钮是鼻钮或坛钮[16]。明器印章是仿真印章制作的，从明器印可以研究原印的形制。

汉代官印的规格，按《汉书·百官公卿表》补注引沈钦韩曰：自二百石以上的官印"皆取方，曰通官印"。也就是说，汉代官印一般的规格是一寸见方。从考古发现看，汉代一尺约合现在的23.5厘米，一寸合今2.35厘米。现存西汉官印印面多是正方形，尺寸大小在2.1~2.7厘米，以2.3~2.4厘米为多。前面所举几方汉代县令、长、丞印正是如此。"劳邑执刲"印的印体呈正方形，印面边长2.3厘米，恰合当时的一寸见方，正好符合汉制。印面无边栏，无界格，阴刻"劳邑执刲"4字，自右上角起，由上至下顺读，字体在篆隶之间，也是西汉中期以后官印的风格。把这方印同出土的其他西汉官印做比较，几乎没有什么区别。因此可以确定"劳邑执刲"印是汉代的官印。

"劳邑执刲"印比较特殊的是印钮。通钮高2.1厘米，印钮作明显弯曲的蛇状。汉代高级官吏的印钮多用龟钮，一般官吏用鼻钮，如《汉书·百官公卿表》载："凡吏秩比二千石以上，皆银印青绶，……秩比六百石以上，皆铜印黑绶，……比二百石以上，皆铜印黄绶。"在此处，唐颜师古注引《汉旧仪》云："六百石、四百石至二百石以上，皆铜印鼻钮，文曰印。""谓钮但作鼻钮，不为虫兽之形，而刻云某官之印。"汉王朝赐给西北兄弟民族的印用驼钮或羊钮。"劳邑执刲"印钮为蛇钮，不合汉官印钮制。但海南出土的"朱庐执刲"银印和云南出土的"滇王之印"金印及日本出土的"汉委奴国王"金印却是蛇钮。"朱庐执刲"印边长2.4、通高1.9厘米，白文小篆，钮作兽头蛇身。"滇王之印"边长2.4、高1.8厘米，蛇钮，蛇背刻鳞纹，蛇首昂向右上方。根据《史记·西南夷列传》记载，"滇王之印"金印是汉室颁赐印。"汉委奴国王"金印是1784年在日本福冈县志贺岛发现的，印面2.4厘米见方，通高2.4厘米，也是蛇钮。《后汉书·东夷列传》载：汉光武帝"建武中元二年，倭奴国奉贡朝贺，使人自称大夫，……光武赐以印绶。"此印就是颁发给倭奴国王的。可见蛇钮印用于地方蛮夷君长或邻国君王。"劳邑执刲"印也应有类似性质。

三、制作年代及印主身份

出土"劳邑执刲"印的墓是有斜坡墓道的土坑木椁墓，从墓室结构和被盗后余下的随葬器物来看，当时简报推断它为西汉晚期墓，现在看来有必要重新认定。我们且看随葬器物：陶瓮4件，皆翻唇，敛颈，长腹，平底，颈以下遍布方格印纹，有的在方格印纹上再加圆形或方形"米"字纹，近底处抹平；陶罐4件，圆鼓腹，较矮胖，纹饰以方格纹为地，再加印圆形或方形"米"字纹；陶壶1件（M1：22），颈以上残，圆腹，高圈足，肩部有一对桥形耳和一对模印兽面衔环；残铜鼎1件，仅存一只附耳；残铜酒樽（原误为奁）1件，形体较大，但仅存盖顶3只卧羊钮；五铢钱数10枚，出土时还有贯系；滑石炉1件（M1：6），圆盘形，有方耳；石黛砚1件（M1：13），细砂石磨成，长方形片状，正面刻横道8条，每道间隔1.4～2厘米；琉璃珠400多颗，玛瑙珠1颗。原来同合浦望牛岭1号汉墓等比较，把它定在西汉晚期，其实是定晚了。从陶瓮、罐、壶的形制和纹饰，以及铜器附耳鼎和三卧羊盖顶的酒樽来看，依黄展岳先生意见，以定在西汉中期较妥。滑石器、石黛砚也是两广地区西汉中、晚期墓常见的器物。舞俑1件（M1：2），细泥质，淡褐色，头顶花冠，竖眉，小眼，络腮胡，博衣大袖，领和袖口刻划有花；右手挥袖于背后，左手及双足均残。似稍晚一些。但总的来说应是西汉中期偏晚一点。

墓的构筑时间是西汉中期晚段，说明此琥珀印刻制于西汉中期晚段，其真实官印肯定在此之前，绝不会晚于西汉中期晚段。吉开将人先生推测此印的制作年代是汉灭南越后的公元前1世纪的早期。是汉武帝或者汉昭帝封赐给已归属于汉朝的当地少数民族首领的爵印。印的拥有者是与"骆王"、"骆侯"、"骆将"地位相当的一位土著民族首领。黄展岳先生根据南越国有自镌官印的做法，认为原官印制作年代似属南越国后期，可能是南越国自镌的官印；也不排除南越国境内的种姓封君或流徙到南越的楚国后人自镌官印的可能。我赞同黄展岳先生意见，认为原官印是南越国时期制作的，是南越国给予劳邑部族首领的封爵印。南越国境内生活的民族除了数十万中原移民之外，还有为数众多的越人支系、部落，"各有种姓"。有的比较著名，如瓯、骆，在历史文献上留有名称，有的不著名，则湮没无闻。南越国强大时，赵佗"因此以兵威边，财物赂遗闽越、西瓯、骆役属焉，东西万余里"（《史记·南越列传》）。南越既赂遗西瓯、骆，当然也会笼络在他境内的其他少数民族首领，其中即有劳邑之类。相反，汉武帝统一岭南后没有再赐封岭南少数民族首领的事例，因而不可能是汉平南越以后颁发的。到西汉中期晚段，"劳邑执圭"持有者老矣，死时刻此琥珀明器印下葬。

"执圭"原是楚国的一种爵位名，有的书上作"执圭"，如《淮南子》、《吕氏春秋》；有的书上作"执珪"，如《战国策》、《史记》、《汉书》。圭、圭、珪可以通假。1988年修订本《辞源》执圭条解释为："春秋时诸侯国爵位名。以圭赐给功臣，使执圭朝见，因称执圭。"1979年版《辞海》执圭条解释为："爵位名。战国时楚国设置，为楚国的最高爵位，也有称上执珪的。"《淮南子》道应训、泰族训，《战国策》楚一、齐二，《吕氏春秋》导宝、知分，《史记》伍子胥列传、曹相国世家，《汉书》曹参传等文献都有记载。实行的时间，大致始于春秋，主要是在战国，秦汉之际仍短期沿用。楚汉相争时，官爵皆从楚制，到刘邦称汉王后，实行的基本上是秦国的二十等军功爵，所以，在《汉书·百官公卿表》、《后汉书·百官志》等文献中，已不见"执珪"这一爵名[17]。

按楚国之法，受执珪爵位者，或为身居高位的大臣，或为战功显赫的功臣。如封为"上执珪"、"侯伯执珪"者，其地位"以朝位比之"，或"位比附庸"，即相当于小国小城的君王。刘邦封功臣曹参，曾授执帛、封建成侯，后迁执珪。灌婴、夏侯婴曾授执珪，灌婴封昌文君，樊哙先受卿级，后迁执帛，封贤成君。由此可见，受封执珪者，可得封君食邑。在以楚怀王为首的爵位序列中，执珪位于侯之下的公，相当于较郡长略低的地位。南越的执圭与之相当。这和原推定出土"劳邑执圭"印的汉墓主人是相当于郡守一级的官吏的级别也较吻合。

四、劳 邑 地 望

"劳"，读音与骆、獠、瓯等相同或相近，应是相类似的部族名。"邑"是地名的后缀。《汉书·百官公卿表》县令、长条说："列侯所食县曰国，皇太后、皇后、公主所食曰邑。"《后汉书·百官志》曰："四夷国王，率众王，归义侯，邑君，邑长，皆有丞，比郡、县。""劳"这个部族所在的地方叫"劳邑"，相当于县。

诚如以上所述，"劳邑执圭"是西汉南越国给它所辖的蛮夷首领的封号。那么，这个劳邑在什么地方呢？此印出在汉代合浦郡范围之内的墓葬中，劳邑很可能就在当时的合浦郡境内。

合浦郡是西汉中期新开辟的郡，治所在今广西合浦县，辖境相当于今广东新兴、开平以西南，广西容县、横县以南地区，地域比较辽阔，但大部分地区人烟稀少。《汉书·地理志》记载，合浦郡当时居民只有15398户，78980人。《后汉书·郡国志》载东汉时期合浦郡居民也只有23121户，86617人。在这些民户当中，大部分是俚汉杂居，到处都是"蛮夷"、"蛮俚"。由于荒凉僻远，合浦郡一直是汉代流放犯人的重点地区。从《汉书》、《后汉书》等文献记载来看，自西汉后期起，"徙合浦"的事件屡见不鲜。仅从汉成帝阳朔元年（公元前24年）到汉平帝元始五年（公元5年）的30年间，因罪"徙合浦"者就有十余起。如成帝阳朔元年末，京兆尹王章得罪大将军王凤，下狱死，"妻子皆徙合浦"（《汉书·王章传》）。绥和元年（公元前 8 年）冬十一月，定陵侯淳于长因大逆不道罪，死狱中，"妻子当坐者徙合浦"（《汉书·淳于长传》），等等[18]。东汉建武十六年（公元 40 年），交趾女子征侧叛汉，合浦蛮夷起来响应（《后汉书·马援传》）。在此前后，合浦蛮夷常有反叛。推想在汉武帝设郡以前，这里少数民族的势力会更强大。南越王国统治这片地区的时候，为笼络当地民族首领，会采取封官晋爵的办法，给他们一个爵号，让他们自行统治。劳邑应是这样的民族地区。

《汉书·地理志》载：西汉合浦郡领县五：徐闻、高凉、合浦、临允、朱庐。《后汉书·郡国志》载东汉合浦郡所辖仍是五县：合浦、徐闻、高凉、临元、朱崖。这里面有朱庐、朱崖，但都没有提到劳邑。

人们在探索朱庐的地望时，推测朱庐与临允接近，应在今广西博白至玉林一带。假定劳邑也是一个部族名或民族地区的话，我想应与朱庐接近。饶宗颐先生在给杨式挺《岭南文物考古论集》写的序中说[19]：

> 按《水经·郁水注》："郁水又东经高要县，牢水注之，水南出交州合浦郡治合浦县，汉武帝元鼎六年平越所置也。……牢水自县北流经高要县入郁水。"
>
> 《汉志》合浦郡临允县下云："牢水北至高入郁。"杨守敬谓牢水今日罗银水。出新兴县西南，东北流至高要县南入西江（参看《水经注疏》卷三十六，江苏古籍出版社印本页 2993）余谓劳、牢同音，劳邑可能因牢水而得名，劳邑所在，可提供一线索。

受饶先生启发，我们在查阅唐宋以来的地理志书时，发现在汉代合浦郡内不但有牢水，而且还有牢山、牢石，后来设置过牢州。其方位当在今广西玉林市境内。

牢州始设于何时？北宋欧阳忞《舆地广记》云："南流县，本隋北流县地，属合浦郡，唐属牢州，为州治焉。……有大龙山、牢江。"最早说到牢州的是两《唐书》。《旧唐书·地理志》曰："牢州，本巴蜀徼外蛮夷地，汉牂牁郡地。武德二年置义州，五年改为智州。贞观十二年（公元 638 年）改为牢州，以牢石为名。天宝元年（742 年）改为定川郡。乾元元年（公元 758 年）复为牢州也。……去京师与容州道里同，东至容州一百二十五里，南至白州一百里，西至郁林州一百一十里，北至党州一百里。""牢石高四十丈，周二十里，在州界也。""郁林州南至牢州一百二里，平琴州东南至牢州一百一十里，党州南至牢州一百里。"《新唐书·地理志》则说：牢州"本义州，武德二年以巴蜀徼外蛮夷地置。贞观十一年（公元 637 年）以东北有牢石，因更名，徙治南流。后废。乾封三年（公元 668 年），将军王杲平蛮獠复置"。尽管两《唐书》记载设、改的时间稍有出入，但在唐代确实设置过牢州，确实以牢石得名，而且是设在蛮夷、蛮獠之地。但说"以巴蜀徼外蛮夷地置"则不准确。诚如《舆地广记》所言，此地"古蛮夷之地，春秋战国为西瓯"，自秦汉以来应是桂林郡、郁林郡或合浦郡地，虽属蛮夷之地，但非"巴蜀徼外"。我们还注意到，唐代党州下有善劳县，"即古西瓯所居"，到唐代仍是少数民族聚居地。南宋王象之《舆地纪胜》卷一二一广南西路郁州条也说：广西郡邑志云，先是，武德（公元 618～626 年）初以徭洞置牢州。废牢州在郁州南流县。鬼门山在牢州界，在南流县南二百一十步有牢江。

唐代容州治所原在今北流市治陵城镇，元和中徙今容县容城镇；白州治所在今博白县治博白镇；郁林州在今玉林市西北蒲塘镇、洛阳乡一带；党州治所在今玉林市西北小平山乡小平山圩西；平琴州在今玉林市西北部兴业县山心镇和洛阳乡一带，州的治所在山心镇龙江附近[20]。从《旧唐书》提供的道里来看，牢州应在今玉林市境，或在玉林与北流市和陆川县交界地区，与推测朱庐县的地望相符。所以我认为，劳是一个部族名，劳邑的位置在今玉林市境内。"劳邑执圭"印是南越国封赐给境内劳邑部族首领的官爵印。

注　释

［ 1 ］　广西壮族自治区文物工作队等：《广西合浦堂排汉墓发掘简报》，《文物资料丛刊》第 4 辑，文物出版社，1981 年。

［ 2 ］　杨式挺：《"朱庐执圭"银印考释》，《海南民族研究论集》，中山大学出版社，1992 年。

［ 3 ］　黄展岳：《"朱庐执圭"印和"劳邑执圭"印》，《考古》1993 年 11 期。

［ 4 ］　吉开将人：《岭南古玺印考》，中篇见东京大学东洋文化研究所《东洋文化研究所纪要》第一三七册，1999 年；后篇见第一三九册，2000 年；《南越印章二题》，香港中文大学文物馆编《中国古玺印学国际研讨会论文集》，2000 年。

［ 5 ］　罗福颐：《古玺印概论》，文物出版社，1981 年。

［ 6 ］　王人聪：《新出历代玺印集录》，香港中文大学文物馆专刊之二，1982 年。

［ 7 ］　咸阳市博物馆：《陕西咸阳马泉西汉墓》，《考古》1979 年 2 期。

［ 8 ］　湖南省博物馆：《湖南省博物馆藏古玺印集》，上海书店，1991 年。

［ 9 ］　广西壮族自治区文物考古写作小组：《广西合浦西汉木椁墓》，《考古》1972 年 5 期。

［10］　合浦县博物馆：《广西合浦县丰门岭 10 号汉墓发掘简报》，《考古》1995 年 3 期。按：丰门岭即风门岭。

［11］　广西壮族自治区博物馆：《广西贵县罗泊湾汉墓》，文物出版社，1988 年。

［12］　广西省文物管理委员会：《广西贵县汉墓的清理》，《考古学报》1957 年 1 期。

［13］　何乃汉：《广西贵县东湖两座汉墓的清理》，《考古通讯》1957 年 2 期。

［14］　广西壮族自治区博物馆、昭平县文物管理所：《广西昭平东汉墓》，《考古学报》1989 年 2 期。

［15］　章鸿钊：《石雅》，1927 年。

［16］　同［8］。

［17］　同［2］。

［18］　蒋廷瑜：《略论汉"徙合浦"》，桂林《社会科学家》1998 年 1 期。

［19］　饶宗颐：《岭南考古论题——杨式挺〈岭南文物考古论集〉序》，《岭南文物考古论集》，广东地图出版社，1998 年。

［20］　雷坚：《广西建置沿革考录》，广西人民出版社，1996 年。

（原载于《中国历史文物》2004 年 4 期）

与广西有关的几方唐宋官印

唐初将全国分为 10 道，广西属岭南道。咸通三年（公元 862 年）分岭南为东西两道，广西为岭南西道，下设桂管、容管、邕管经略使，史称"三管"，基本上形成了后来广西政区疆域的轮廓。每管下辖若干州，各州又曾一度改用郡名。在少数民族地区设置了许多羁縻州，各羁縻州又分辖若干县。宋朝至道三年（公元 997 年）分天下为 15 路，元丰时（公元 1078～1085 年）又析分为 23 路，广西地方称广南西路，简称广西路，广西之称由此始。在少数民族地区沿唐制，仍分设羁縻州、县、峒。绍兴三年（公元 1133 年）改桂州为静江府，咸淳元年（公元 1265 年）改宜州为庆远府，将南汉增设的全州划属荆江南路，贺州划入广南东路。

在广西境内陆续发现一些唐宋官印，可证实当时的地理区划，了解该地的地理沿革和职官变动情况，可补历史文献的不足。现将有关官印介绍如下。

1. 纯化县之印

纯化县之印

1977 年 5 月在永福县苏桥镇盘洞村石灰窑旁采集。鼻钮，印面方形，通高 4 厘米，边长 5.4 厘米，厚 1.5 厘米。已残缺，但仍可看出"纯化县之印"五个篆字。印文笔划纤细，应是唐印。原由桂林八桂斋文物商店收购，后转藏桂林博物馆。南朝梁大同八年（公元 542 年）改梁化县为纯化县。隋大业二年（公元 606 年）省。唐武德四年（公元 621 年）复置纯化县。《旧唐书·地理志》载：唐武德四年（公元 621 年），平萧铣，置桂州总管府，管桂、象、静、融、贺、乐、荔、南昆、龙九州，其桂州领十县，其中有纯化。《新唐书·地理志》则载：桂林始安郡领县十一，其中有恭化县，并说，"本纯化，武德四年析始安置，永贞元年（公元 805 年）更名。"可见唐代纯化县始属桂州，天宝元年（公元 742 年）属始安郡，至德二年（公元 757 年）九月属建陵郡，乾元元年（公元 758 年）复属桂州。永贞元年（公元 805 年）十二月为避宪宗庙讳，改为慕化县。纯化县从武德四年（公元 621 年）至永贞元年（公元 805 年），历 185 年。改名恭化县后，治所不变。据雷坚《广西建置沿革考录》[1]考订，其地理位置在今桂中，治所在今鹿寨县治北中渡镇潘圩一带。

2. 武夷县之印

1984 年隆安县城厢镇农民耕地时发现，为陆宝活收集，隆安中学教师陆温晓反映给隆安县文化局，文化局送到广西壮族自治区博物馆鉴定，随后为该馆收藏。出土时该印置于一个铜盒内。印盒为正方形，通高 9.5 厘米，盒身高 4 厘米，边长 6.6 厘米，子母口合盖，盖与身以铰链相连，作攒尖形加圆宝顶，四坡面作心形镂空。印为正方形，通高 4.2 厘米，边长 5.5 厘米，厚 1.5 厘米，桥形钮，高 2.6 厘米，宽 1.9 厘米，厚 0.9 厘米；穿眼高

武夷县之印

1 厘米，宽 0.3 厘米。印文为朱文小篆："武夷县之印"，其背钮右竖刻行书一行："武夷县之印"，无铸颁年款[2]。《新唐书·地理志》载：武夷县是唐置县，属岭南道武峨州或武峨郡。武峨州辖七县，武夷县是其中之一。按《文献通考，舆地考九》："唐置武峨州，……宋为邕州所管右江道羁縻州。"隆安县正是宋代邕州所管之右江道羁縻州的思龙县地，与武缘县（今武鸣县）相接，可知唐之武夷县当在今隆安县境[3]。

3. 平琴州之印

平琴州之印

传世唐官印，上海博物馆藏，见《上海博物馆藏印选》[4]。印背有楷书印文，无年款。印面大小在 5.6 厘米左右。《旧唐书·地理志》载："平琴州下，汉郁林郡地。唐置平琴州，无年月。领县四。天宝元年改为平琴郡。乾元元年复为州。建中并入党州。今存。领县四，户一千一百七十四。至京师六千六百八十里，至东都五千八百三十里。"容山（县），州所治，与郁林州、牢州、贵州、绣州、党州为邻。据雷坚《广西建置沿革考录》考证：平琴州，唐属岭南道。永淳二年（公元 683 年）析党州置，垂拱三年（公元 687 年）废，神龙三年（公元 709 年）复置，天宝元年（公元 742 年）改置平琴郡，乾元元年（公元 758 年）仍为州。初领安仁、怀义、福阳、古符四县，乾元元年复置领容山、怀义、福阳、占符四县。建中二年（公元 781 年）二月省入党州。可见平琴州存于永淳二年（公元 683 年）至建中二年（公元 781 年）之间，位于桂东南，治所在今玉林市治西北山心乡龙江一带。

4. 归顺州之印

传世官印，见罗振玉《隋唐以来官印集存》，钱塘汪氏藏。吴江翁氏《古官印考略》著录。张锡瑛《中国古代玺印》[5]认为是唐官印。据《新唐书·地理志七下》载，岭南道邕州都督府所属有归顺州，注曰："本归淳，元和初更名。"是一羁縻州。清顾祖禹《读史方舆纪要》卷一百一十认为归顺州是宋羁縻蛮地，明初为归顺峒，隶镇安府，宏治九年升为归顺州。据雷坚《广西建置沿革考录》考证，

归顺州之印

唐归顺州位于桂西，属羁縻州，元和（公元 806~820 年）初以归淳改置，治所在今靖西县境内。

5. 永定关税新记

永定关税新记

传世官印，见罗振玉《隋唐以来官印集存》，瞿中溶《集古官印考》卷十五著录。长条形，背无款。据《元丰九域志》载：广南西路横州有永定县，开宝五年（公元 972 年）废峦州，以永定县隶州，熙宁四年（公元 1071 年）省入宁浦县。《宋史·地理志六》云：永定县属横州，"开宝六年废峦州武灵、罗竹二县人焉。熙宁四年省入宁浦。元祐三年（公元 1088 年）复置，后更名永淳。"此县为蛮夷出入之边境，或因此设关而收其税，乃铸此印。

雷坚《广西建置沿革考录》认为：永定县唐武德四年（公元 621 年）置，宋熙宁四年（公元 1071 年）省入宁浦县，元祐三年（公元 1088 年）复置。治所在今横县治东北峦城镇郁江东岸。

《宋史·舆服志》载：宋代印制，"监司、州县长官曰印，僚属曰记。又下无记者，止令本道给以木朱记，文大方寸"。"又有朱记，以给京城及外处职司诸军校等，其制长一寸七分，广一寸六分。"瞿中溶认为：宋官印有称新朱记者，此文云新记，盖即新朱记之类，取其以六字相配，故去朱字亦未可定。此印也是县官自铸，故形制与监司诸官印不同，背面没有铸造年月等款。

6. 桂州凭由司新朱记

传世官印，见罗振玉《隋唐以来官印集存》，瞿中溶《集古官印考》卷十五著录，嘉兴张叔未廷济所藏。背有正书款，右曰"淳化元年"，左曰"十一月铸"。鼻钮上有"上"字。淳化元年为 990 年。

考桂州本唐代旧名，宋代仍之，隶广南西路。绍兴三年（公元 1133 年）以高宗潜邸升为静江府。《宋史·地理志六》曰："静江府，本桂州始安郡，静江军节度。大观元

桂州凭由司新朱记

年，为大都督府，又升为帅府。旧领广南西路兵马钤辖，兼本路经略安抚使。绍兴三年，以高宗潜邸，升府。宝祐六年，改广西制置大使，后四年废，复为广西路经略安抚使。"

《宋史·职官志》载：三司分置三使，其属有都理欠司及都凭由司。都理欠司判官一人，以朝官充任，掌理在京及天下欠负官物之籍，皆立限以促之。都凭由司，以判都理欠司兼，掌在京官物支破之事。凡部支官物，皆覆视无虚谬，则印署而还之，支讫，复据数送勾而销破之。又言催驱司，掌京城诸司库务末帐，京畿仓场库务月帐凭由送

勾，及三部支讫内外俸禄之事。又入内侍省有合同凭由司监官二人，掌禁宣索之物，给其要验，凡特旨赐予，皆具名数凭由，付有司准给。但是，州郡没有设立凭由司的明文，此桂州凭由司必是宋初沿袭五代旧制设置，故云新朱记。不知何时撤销，史志未详，依靠此印流传方可考见而知之。

据《宋史·舆服志》，此印"新朱记"，合符"僚属曰记"，"又下无记者，止令本道给以木朱记，文大方寸"。

7. 象州磨勘司新朱记

1957 年 5 月，平乐县平乐镇修配工艺合作社谢中伦在收购废铜铁时发现，寄赠广西博物馆，《文物参考资料》发表了此印消息，说印文篆字"象州磨勘司新朱记"八字，印背刻"淳化三年五月铸"七字，但未刊出印本，将"朱"误为"禾"字[6]。此印在"文革"时丢失，至今下落不明。淳化是宋太宗的年号，三年为公元 992 年。

象州，唐武德四年（公元 621 年）置，天宝元年（公元 742 年）改置象山郡，乾元元年（公元 758 年）复为象州。宋代因之，属广南西路。《宋史·地理志六》曰：象州，"景德四年（公元 1007 年）升防御。景定三年（公元 1162 年）徙治来宾县之蓬莱。"据雷坚《广西建置沿革考录》考证：唐代象州治所原在今象州县治北茶花山林场一带，贞观十二年（公元 638 年）徙今象州县治东北罗秀乡罗秀街一带。大历十一年（公元 776 年）徙今象州县象州镇，宋景定三年（公元 1162 年）徙来宾县蓬莱，随后又徙象州镇。

《宋史·职官志》载："都磨勘司，端拱九年置。判司官一人，以朝官充。掌覆勾三部帐籍，以验出入之数。"都磨勘司，元丰官制实行以前属三司使，元丰以后，罢三司使归户部。地方州县的磨勘司机构，史籍未载，此"象州磨勘司"印可补载籍的缺佚。印文曰"新朱记"，瞿中溶《集古官印考订》"宋桂州凭由司新朱记"条云："州郡并无立凭由司明文，此必宋初沿五代旧制置此官，故云新朱记。"此印称"新朱记"或亦如瞿中溶所说。北宋初期，一些官印多加"新"字，以区别于五代的官印。此印制于淳化三年（公元 992 年），正是宋初官印。

磨勘是唐宋官僚考绩升迁的制度。唐时文武官吏考课，每年由州府和各司官长，考核属下的功过行能，分九等注入考状，期满根据考绩决定升降。为了防止申报不实，升降不当，须经吏部和各道观察使等加以复验，称为磨勘。宋代沿袭唐制，设审官院主持官吏的考课升迁。真宗时规定磨勘年限，文武官任职满三年，给予磨勘迁秩。在京的朝官，磨勘时例须引对，表示由统治者亲自升擢。

8. 广南西路驻泊兵马都监铜记

1991 年 3 月 4 日于南宁市民生码头东约 300 米修防洪堤时距地表 20 米深出土。藏南宁市博物馆。铜印，印呈长方形，直柄钮。通高 4.5 厘米，边长 5.5 厘米，宽 5.1 厘米，边厚 1.6 厘米。印面篆刻阳文："广南西路驻泊兵马都监铜记"十二字。背部刻两行楷书铭文，右侧是"庆历七年"四字，左侧是"少府监铸"四字[7]。庆历七年为

广南西路驻泊兵都监铜记

1047 年。《文献通考》卷五九载：宋朝兵马都监有路兵马都监和州兵马都监之分。路兵马都监分掌本路禁旅屯戍边训练之政令，以肃清所部。同书卷一五二载：宋代屯戍之制，诸州、禁、厢兵皆戍更，隶州者曰屯驻，隶总管者曰驻泊。北宋前期，禁军、厢军屯戍外地的形式有 3 种：屯驻、驻泊（屯泊）和就粮。军队分隶于经略安抚使，长期驻防军事重镇的称为驻泊。此印当是北宋派遣禁军驻扎广西重镇邕州的遗留。

《宋史·职官志》载：宋神宗元丰年以后设少府监，并专设有"铸印篆文官二人"。由少府监铸印，故官印背款刻"少府监铸"。

9. 东南路第十二副将之印

传世官印，《黑龙江古代官印集》著录，黑龙江省博物馆藏。印面正方形，柱钮。印面 5.5 厘米见方，通高 4.5 厘米。印文为九叠篆："东南路第十二副将之印"，印钮顶面刻有"上"字，背款刻楷书"元丰四年少府监铸"[8]。据《宋史·兵志》记载：元丰四年（公元 1081 年），宋神宗将全国划分为几个军事区域分兵屯驻，东南路指淮河以南江南、两浙、荆湖、福建、广南等路总称，共设 13 将领。自淮南始，东路为第一，西路为第二，……全、邵、永州应援广西为第九，福建路为第十，广南东路为第十一，西路桂州为第十二，邕州为第十三。凡诸路将各置副一人。此印为广南西路镇守桂州之副将用印。

东南路第十二副将之印

广西融水真仙岩石刻《平南丹寇记》曰：大观元年（公元 1107 年）知桂州王祖道及都巡检刘惟忠诬奏南丹州刺史莫公佞谋反，发兵讨杀，强掠南丹财物，改南丹州为观州，任刘惟忠为观州刺史。莫公佞弟莫公晟率众反击。大观三年（公元 1109 年）攻克观州署，杀刘惟忠，连克南丹地区的绥远、思流等若干县，烧一些县级城池——富仁监和宝积监。宰相蔡京隐匿南丹实情，任王祖道为兵部尚书，调东南第一将宋万如、东南第十二将高世忠、东南第九将王恩佐等路兵马，于大观四年五月围攻观州，杀死莫公晟手下 601 人，收缴器械数以千计。由此可见，东南路第十二将参加了平定南丹的动乱，第十二副将也应在其列。

10. 静江府买钞库之记

1991 年 11 月 23 日于桂林市榕湖南路中段南侧市人民政府内西北角的工地，距地表深约 2 米处出土。出土时盛在一个藕灰色无釉陶罐内。原藏桂林市文物工作队，现藏桂林博物馆。铜印，略呈方形，直柄方形錾钮。边长5.3厘米，宽5.1厘米，通高5厘米，重450克。印面篆刻"静江府买钞库之记"阳文8字。背面钮柄两侧分别阴刻"绍兴十年"、"文思院铸"两行行书。绍兴十年即1140年，知是宋高宗赵构时的文思院为静江府下属的买钞库铸刻的大印。

此印刚发现时，误读为"宝钞库"印，认为是专为静江府钱库铸造的，主要用于在印刷完工的纸钞上加盖印戳[9]。龙刚家、张世铨主编《广西历史货币》[10]本此说，将朱红色打本和背视彩照刊出，标明"静江府宝钞库之记"。在该书"总论"的"唐宋广西奉命铸钱"一节中，认为"南宋王朝在广西静江府（今桂林）设置了宝钞库，作为纸币的发行、兑付机构"。认为这枚官印"表明当时广西有大批纸币发行，并把宝钞名称出现的时间由过去认为元代提前到了南宋"。后来赵盾坚持此意见[11]。李冠国则认为此印是"卖钞库"印。这里的"钞"字是指盐钞，并非纸币。卖钞库是当时负责兑换盐钞的职能机构，并非储藏纸币的钱库。宋代食盐由国家专卖，其专卖法

静江府买钞库之记

称为"钞盐法"，国家先印好盐券及盐钞，民间商人用货币兑换到盐券，然后再兑换成盐钞，持盐钞即可到规定的区域进行食盐的合法买卖[12]。邹志谅《南宋"买钞库"印考》[13]认为此印是"买钞库"印。《宋史·食货志》记载"崇宁元年蔡京议更盐法"，崇宁二年（公元1103年）"遂变钞法，置买钞所于榷务所"。又说，"崇宁间，蔡京始变法，俾商人先输钱请钞，赴产盐郡授盐"。邹志谅认为"买钞所"是设在榷务所的收进商人现钱付给为领取盐等实物而用之钞的专门机构。《宋史·食货志》说："南渡，淮、浙亭户，官给本钱，诸州置仓，令商人买钞。"绍兴四年（公元1105年）正月，"诏淮、浙盐钞钱每袋增贴输钱三贯，并计纲输行在，寻命广盐亦如之"。可知在绍兴年间，商人请领广盐亦是用现钱买了盐钞再去请领的。因此在此域内必然要设置供商人以现钱买盐钞的机构。此印证明，南宋绍兴年间（公元1131～1162年）为供商人买钞请领广盐，绍兴三年（公元1133年）二月升桂州为静江府，府治在桂林。绍兴八年（公元1138年）在广西实行盐钞法，理应在静江府设有买钞所。此印由文思院统一铸造，归当时设在静江府的买钞所掌用，已使用过，有使用痕迹。

据《宋史·职官志》载："少府监"和"文思院"都是宋朝管理宫廷手工业的官署，北宋称少府监，南宋并入文思院，职掌"造门戟、神衣、旌节、郊庙诸坛祭玉、法物，铸牌印朱记，百官拜表、案、褥之事"。故南宋官印背款刻"文思院铸"。

11. 宜州管下羁縻都黎县印

传世官印，上海博物馆藏，见《上海博物馆藏印选》[14]。

方形，印面篆书阳文："宜州管下羁縻都黎县印"十字，背面在印钮左右两侧錾刻行书各一行，为"绍兴二十四""年文思院铸"十字，钮顶刻一"上"字。《新唐书·地理志》载：宜州龙水郡，唐开置，本粤州，乾封中更名。《宋史·地理志》载：广南西路，

宜州管下羁縻都黎县印

大观元年（公元 1107 年）割融、柳、宜及平、允、从、庭、观九州为黔南路，融州为帅府，宜州为望郡。三年（公元 1110 年）以黔南路并入广西，以广西黔南路为名。四年（公元 1111 年）依旧称广南西路，辖州二十五、军三、县六十五，宜州是其中之一州。至咸淳元年（公元 1265 年）宜州升为庆远府，绍兴二十四年（公元 1154 年）还是宜州。宋代和唐代一样，在少数民族地区设立羁縻州县。《宋史·地理志》还载：庆远府有羁縻州十、军一、监二。庆远府，即原来的宜州，所辖 10 个羁縻州是：温泉、环、镇宁、蕃、金城、文、兰、安化、迷昆、智。范成大在《桂海虞衡志》中说，"宜州管下有羁縻州十余所，其法制尤疏，几同化外"。《宋史·舆服志》提到，绍兴十二年（公元 1142 年）官印改铸，"蕃国效顺者，给以铜印。"其中"宜州界外诸蛮乞印，以'宜州管下羁縻某州之印'为文，凡六十颗给之"。"宜州管下羁縻都黎县印"当是在这种情况下颁给的。据雷坚《广西建置沿革考录》考证，羁縻都黎县属文州，治所在今巴马瑶族自治县和东兰县一带。

注　释

［1］　雷坚：《广西建制沿革考录》，广西人民出版社，1996 年。

［2］　《广西文物》1985 年 2 期。

［3］　王克荣：《广西隆安县发现唐代铜官印》，《文物》1990 年 10 期。

［4］　《上海博物馆藏印选》，上海书画出版社，1979 年。

［5］　张锡瑛：《中国古代印玺》，地质出版社，1995 年。

［6］　蓝启辉：《在废铜铁中发现宋代铜印》，《文物参考资料》1958 年 2 期。

［7］　黄云忠：《宋"广南西路驻泊兵马都监铜记"铭文考释》，《广西民族研究》1993 年 1 期。

［8］　黑龙江省文物考古工作队：《黑龙江古代官印集》，黑龙江人民出版社，1981 年。

［9］　周开宝：《我市出土一方宋代官印》，《桂林文博》1992 年 1 期。

［10］　龙刚家、张世铨主编：《广西历史货币》，广西人民出版社，1998 年。

［11］　赵盾：《宋朝广西使用纸币刍议》，《桂林文博》1999 年 1 期。

［12］　李冠国：《桂林出土南宋铜官印考》，《桂林文博》1999 年 1 期。

［13］　邹志谅：《南宋"买钞库"印考》，《中国钱币》2002 年 1 期。

［14］　同［4］。

（原载于《广西文史》2006 年 1 期）

"宜州管下羁縻都黎县印"考

　　1979 年出版的《上海博物馆藏印选》刊印了一方南宋官印：方形，印面篆书阳文"宜州管下羁縻都黎县印"十字，背面在印钮左右两侧錾刻行书"绍兴二十四年文思院铸"十字。书中对这方官印没有做文字说明，从印的形制、印文及印背铭文来看，此印所言"宜州"应是今广西宜州。这方铜印应是研究宋代宜州沿革及其民族历史的重要实物资料。

　　按《辞海》历史地理分册所说，中国古之宜州有三：一是南朝梁大宝初（公元 550年）置，治所在夷陵，即今湖北宜昌西北，辖境约当今之湖北宜昌、长阳、宜都等县地，西魏时改称拓州；二是唐乾封（公元 666～668 年）中改粤州置，治所在龙水，即今广西宜州，辖境约当今广西宜州一带，宋咸淳元年（公元 1265 年）升为庆远府；三是辽代兴宗（公元 1031～1055 年）置，治所在宏政，即今辽宁义县东北，辖境约当今辽宁义县，金天德三年（公元 1151 年）改称义州。此印既是"绍兴二十四年文思院铸"，应是南宋颁发的官印，绍兴二十四年为公元 1154 年，其时南朝宜州已不存在，辽代宜州也在三年前改称义州。辽代宜州即使存在，也为辽所管辖，不会受宋朝官印。因此绍兴官印之宜州必是唐宋时之宜州，即今广西宜州无疑。

　　《新唐书·地理志》说，宜州龙水郡，唐开置，本粤州，乾封中更名。《宋史·地理志》说，广南西路，大观元年（公元 1107 年）割融、柳、宜及平、允、从、庭、孚、观九州为黔南路，融州为帅府，宜州为望郡。三年（公元 1110 年），以黔南路并入广西，以广西黔南路为名。四年（公元 1111 年），依旧称广南西路。辖州二十五、军三、县六十五。其中有宜州。至绍兴二十四年（公元 1154 年），宜州已存在四百八十多年，再过一百一十多年，至咸淳元年（公元 1265 年）才升置为庆远府。

　　文思院属少府监。少府监是宋朝管理朝廷手工业的官署，职掌造门戟、神衣、旌节、郊庙诸坛祭玉、法物、铸牌印朱记、百官拜表案、褥之事。文思院掌造金银、犀玉工巧之物，金采、绘素装钿之饰，以供舆辇、册宝、法物凡器服之用（《宋史·职官志》）。南宋官印背后均刻"文思院铸"字样，表明是由朝廷监造正式颁发的。

　　我们知道，"羁縻"一词最早出现于汉代。东汉顺帝永和元年（公元 136 年）在讨论是否在蛮荒地区增加租赋时，尚书令虞诩奏曰："自古圣王不臣异俗，非德不能及，威不能加，知其兽心贪婪，难率以礼，是故羁縻而绥抚之，附则受而不逆，叛则弃而不追。"（《后汉书·南蛮传》）提出对少数民族实行羁縻的主张。所谓"羁縻"，就是笼络少数民族首领，给他们封职官名号，通过他们去统治当地老百姓。永和二年（公元137 年），日南、象林徼外蛮夷反叛，汉顺帝召群臣计议，经过一番辩论后，听从了大将军从事中郎李固的意见，不派大兵镇压，只选派"勇略仁惠"的将帅为刺史、太守，前往招抚，利用南蛮首领，羁縻绥抚，使得岭外安定，收到了好的效果。到唐朝，羁縻形成一种制度，《新唐书·地理志》专设"羁縻州"条，说，"唐兴，初未暇于四夷，自太宗平突厥，西北诸蕃及蛮夷稍稍内属，即其部落列置州县。其大者为都督府，以其首领为都督、刺史，皆得世袭。虽贡赋版籍，多不上户部，然声教所置，皆边州都督、都护所令，著于令式。"当时全国有羁縻州县八百五十六个，隶属岭南地区的"为州九十二"。

宋承唐制，设立羁縻州县，其中以岭南、巴、滇、黔置得最多。宋人范成大在《桂海虞衡志》中记载：岭南西道"羁縻州洞，隶邕州、左右江者为多"，"大者为州，小者为县，又小者为洞"，"州、县、洞五十余所，推其雄长为首领，籍其民为壮丁"。据《宋史·地理志》载，邕州羁縻州四十四，县五、洞十一，融州羁縻州一，庆远府有羁縻州十、军一、监二。合计七十三个。在这些羁縻州、县、洞，分封当地民族首领为知州、知县、知洞等官，发给印记，地位世袭。宜州，即后来的庆远府，所辖的十个羁縻州是：温泉、环、镇宁、蕃、金城、文、兰、安化、迷昆、智。范成大说："宜州管下有羁縻州十余所，其法制尤疏，几同化外"（《桂海虞衡志·志蛮》），说明了这种松散情况。

《宋史·舆服志》还特别提到，绍兴十二年（公元1142年），官印改铸，"蕃国效顺者，给以铜印"，其中"宜州界外诸蛮乞印，以'宜州管下羁縻某州之印'为文，凡六十颗给之"。在宜州管下，一次就颁发羁縻州印六十颗，还不知是否也包括"羁縻县"印，可见数额之大。印文"宜州管下羁縻某州之印"，文字体例和我们发现的"宜州管下羁縻都黎县印"完全相合。"宜州管下羁縻都黎县印"应该正是在这种情况下颁发的。"宜州管下羁縻都黎县印"的发现，反过来又证明了南宋绍兴年间给宜州界外的少数民族首领颁发过官印的这段史实。

据雷坚编著《广西建置沿革考录》考证：羁縻都黎县属文州，治所在今巴马瑶族自治县和东兰县一带；《广西通志》载，羁縻文州是崇宁五年（公元1106年）置的，下领三县，都黎县是其一。所存在的年代也与上述官印的年代相契合。

南宋官印

宜州管下羁縻都黎县印

［原载于《河池师专学报》（社科版）1997年4期］

广西所见"三藩"土官印

明末，辽东边将吴三桂投敌，引清兵入关，受封为平西王，留镇云南。清康熙十二年（公元 1673 年）十一月吴三桂举兵反清，自号"周王、天下都招讨兵马大元帅"。传檄远近，并致书驻防广东的平南王尚可喜和驻防福建的靖南王耿精忠以及贵州、四川、湖广、陕西诸将吏与相识者，"邀约响应"。传檄所致，反者四起，数月之间占领云南、贵州、四川、广东、广西、湖南 6 省之地，波及湖北、江西、浙江、福建、陕西、甘肃，这就是清朝前期的"三藩之乱"。

广西历来是少数民族聚居地区，自唐宋以来实行羁縻制度和土司制度，地方势力较强。明末清初，在经历了南明时期的抗清斗争之后又卷入了"三藩之乱"，土官趁机扩大势力，局势动荡不安。吴三桂叛乱之初，镇守广西的孙延龄即在桂林举兵响应，围困广西巡抚衙门，囚禁巡抚马雄镇。广西布政使李迎春、梧州知府杨彦溶等向叛军投降，整个广西很快沦入吴三桂的控制之下。

吴三桂在其占据的地区沿用明代建制，任命官员，授以官印。如他曾任命傅奇栋为广西巡抚、李迎春为布政使、程可则为按察使等。"三藩之乱"持续了 8 年，颁发的官印数以千计，但留存下的极少。除罗福颐《古玺印概论》收录一枚"文县守御所印"外，没有见到其他著录[1]。20 世纪 90 年代在广西发现了两枚这个时期的土官印，弥足珍贵。这两枚土官印是：周元年"田州土知府印"和洪化元年"镇安府土知府印"。

田州土知府印，铜印。1995 年 7 月于广西田阳县田州镇凤马村度立屯出土。出土地点近清代田州土司衙门。此印现藏田阳县博物馆，已在《中国文物报》报道[2]。1998 年出版的《田阳县志》彩版插页刊有其打本[3]，2002 年出版的《广西文物珍品》图录刊有其打本和正面彩照[4]。印为正方形，椭圆柱形直钮（杙钮）。面宽 7.9、厚 1.6、通高 10 厘米；钮高 8.9、椭圆头径 1.8、宽 2.4 厘米；重 1.18 千克。印面有边框，印文为九叠篆阳文 3 行 6 字"田州土知府印"。背面刻阴文楷书，钮右竖刻"田州土知府印" 6 字，钮左竖刻"周元年柒月　日" 6 字，上方横刻"礼曹造" 3 字，左侧边卧刻"天字一千九百号" 7 字（图一）。

镇安府土知府印，铜印。1990 年在广西德保县敬德镇暮洞村征集。现藏德保县文物管理所，打本和正面彩照也已收入《广西文物珍品》图录。印面正方形，杙钮已残断。面宽 7.8、厚 1.1 厘米，残高 5.5 厘米。印面有边框，印文为九叠篆阳文 3 行 7 字"镇安府土知府印"。背面刻阴文楷书，钮右竖刻"镇安府土知府印" 7 字，钮左竖刻"洪化元年九月" 6 字，上方横刻"礼曹造" 3 字，左侧边卧刻"洪字二百四号" 6 字（图二）。

　　　　图一　田州土知府印　　　　　　　　　图二　镇安府土知府印

　　以上二印的"周元年"和"洪化元年"都是吴三桂政权的纪年。吴三桂于康熙十二年（公元1673年）十一月叛清，第二年（公元1674年）正月以"周"为纪年，僭称"周元年"[5]，以后依次称周二年、周三年、周四年，直至周五年。属于周纪年的遗物，在湖南长沙市发现过一些铁炮，铸有周的纪年铭文。如"周元年十一月造，重壹千斤"。"周二年正月造，重五百三十斤。""周三年六月　日造，重五百五十斤。""周四年八月　日造，重五百五十斤。""周五年二月　日造，重三百五十斤。"[6]

　　《古玺印概论》收录的文县守御所印与田州土知府印风格相同。文县守御所印印面也是方形，边长7.6厘米。印面也有边框，印文也是九叠篆书阳文6字3行，印背阴刻楷书，亦钮右竖刻印名"文县守御所印"，左刻颁印年月"周五年二月　日"6字，上方横刻"礼曹造"3字，左侧边刻编号"天字四千六百九十二号"。说明此印是"周五年"颁发的。

　　"周"只有五年（公元1674～1678年）。到康熙十七年（公元1678年）三月，吴三桂自叹"年六十有七，兵兴六年，地日蹙，援日寡"，到了日暮途穷的地步，"思窃号自娱"，在湖南衡州宣布称帝，国号大周，改元昭武。同年八月病死。其孙吴世璠留守云南，在奔丧途中，于当年十一月在桂阳继位，翌年（公元1679年）改元洪化。洪化只有三年（公元1679～1681年）。康熙二十年（公元1681年）十月二十八日，清军攻入云南省城昆明，吴世璠自杀。为时8年的"三藩之乱"至此平息[7]。在云南昆明留有一些洪化纪年的遗物，其中有大德寺碑、郭宏巍买地券、吴三汲墓志等，都署"洪化元年己未"款[8]。

　　以上两印都是土知府印。土知府是设在少数民族地区的土府最高行政长官。土府是明清时期在少数民族地区的建制，属布政司统辖，主要官员即土知府。土知府由当地民族酋首担任，可以世袭，是从四品官。其职权和流官知府相同，掌管一府政令，监督所属州、县行政，宣布条教，兴利除害，决讼检奸等。

　　田州在广西西部右江流域，是壮族世居之地。唐开元中置田州，天宝元年（公元742年）改置横山郡，乾元元年（公元758年）复置田州。宋代属羁縻州。元代改为田州路。明嘉靖七年（公元1528年）六月降为田州府，直隶布政司。清顺治初改名土田州，治所在今田东县治西祥周乡祥周村旧州屯。据《余姚岑氏粤田源流世谱》载，"三藩"时田州知州是岑汉隆。岑汉隆的父亲岑廷铎任职于明崇祯年间（公元1628～1644年），至清顺治二年（公元1645年）不食清禄，退隐山林，由其长子岑汉贵袭替。顺治八年（公元1651年）岑汉贵也辞官，让位给其弟岑汉隆。康熙十九年（公元1680年）岑汉隆死。康熙二十年其三弟岑汉华袭职，奉两广总督金光祖"颁给新印到州，汉华领印管事"[9]。岑汉隆在知州任上近29年，终其"三藩"时期。其中康熙三年（公元1664年）直隶田州降为土田州，隶思恩府（今武鸣县府城）。所以在吴三桂占据田州时，授予田州土官的印信是"土知府印"。周元年（公元1674年）接受田州土知府职者当是岑汉隆。

　　镇安府在广西西南，也是壮族世居的腹心地区。宋皇祐年间置镇安峒，由壮族大姓岑氏任峒官。政和年间改置右江镇安军民宣抚司，属羁縻州。明永乐中置镇安州，为土州。洪武二年（公元1369年）改镇安路置镇安府，为土府，岑天保任土知府。治所原在今那坡县城北一里的感驮岩。岑天保任职后，于当年将府治迁往废冻州[10]，即今德保县治城关镇。据清光绪《镇安府志》载，明末，镇安世袭土官岑吉祥无嗣。崇祯十五年（公元1642年）岑吉祥死，族人争夺世袭之位，互相倾轧，无有宁日。清康熙元年（公元1662年）田州土官之婿沈文崇乘虚而入，从富州（今云南富宁县）领兵东下，攻入镇安府城，夺取土官牌印，行号施令。康熙二年（公元1663年），清政府出兵弹压，将镇安土府取消，改设流官，由思恩府（治所在今武鸣县府城）派通判赵振驻理镇安府事务。但慑于沈氏压力，百姓未敢受命。康熙十二年（公元1673年），督抚遣刘、李二游击调兵清剿沈文崇，追至富州界，族人将沈文崇杀戮。十三年（公元1674年），沈文崇之子沈绍基趁吴三桂控制广西之机起兵报复，攻打镇安，杀害官民。康熙十九年（公元1680年），沈绍基再次攻破镇安府，杀通判胡撂恩，劫持府印，退至陇峒、暮峒，据险固守。在这种情况下，吴三桂政权又将镇安恢复为土府，授土官为知府。洪化元年（公元1679年），在沈绍基再次攻破镇安府的前一年，吴世璠授予土知府印信。第二年沈绍基攻破府城，把府印劫走。这枚土知府印出在德保县暮洞村，正是沈绍基退出镇安府城、据险固守的暮峒。

　　田州土知府印是"天字一千九百号"，镇安府土知府印是"洪字二百四号"。从这两枚印的编号来看，当时颁发的土官印数量很大，"天"字印在周元年就有1900多号，到周五年颁发文县守御所印时，编号已达4692号了，这还未必是当年颁发的最后一枚。

　　这两枚土官印见证了"三藩"统治中国西南这段动乱的历史，为研究当地的历史地理沿革和民族历史提供了新的实物资料。

注　释

[1]　　罗福颐：《古玺印概论》，文物出版社，1981年，96页。

［ 2 ］　黄明标：《广西田阳县出土田州土知府铜印》，《中国文物报》1996 年 3 月 31 日。

［ 3 ］　《田阳县志》，广西人民出版社，1998 年。

［ 4 ］　广西壮族自治区文物管理委员会等：《广西文物珍品》，广西美术出版社，2002 年，106 页。

［ 5 ］　《清史稿·吴三桂传》。

［ 6 ］　孙太初：《伪周纪元证误》，《云南文物》1979 年 8 期。

［ 7 ］　同［ 5 ］。

［ 8 ］　同［ 6 ］。

［ 9 ］　谷口房男、白耀天：《壮族土官族谱集成》，广西民族出版社，1998 年。

［10］　《明史·地理志六》。

（原载于《故宫博物院院刊》2003 年 3 期）

四、其　　他

左江崖壁画的考古学研究

　　考古学是一门根据实物史料来研究人类社会历史的科学。考古学的主要研究对象是人类历史遗留下来的客观实体。左江崖壁画是古代人类给我们留下来的一份珍贵的文化遗产，也是考古学研究的重要对象。

　　近三十年来，在发现和研究左江崖壁画的过程中，考古学工作者和民族学、历史学工作者一道，跋山涉水、攀藤附葛，经受着烈日酷暑，寒风冷雨，进行艰苦的实地考察，搜集和积累了十分丰富而又难得的资料，做出了应有的贡献。但是，由于人力和物力的限制，到目前为止，还不可能在崖壁画周围开展大规模的田野考察工作。不过，当我们徜徉在崖壁画所处的青山碧水之间，面对古朴、粗犷而又神秘莫测的画幅时，心里总免不了激起对左江流域古代历史的回顾。这历史长河有如岩溶地区的伏流，时现时没，若明若暗，会把它的重要阶段隐伏起来。如果充分利用现有考古材料，顺流追寻，步步进逼，或可能对寻找它的始末增添一线希望，本文为此而作。

一、左江流域的远古文化

　　崖壁画分布区发现最早的文化遗物当是崇左县濑湍乡绿青山矮洞出土的打制石器。这些石器都是从河滩采集的砾石加工而成的，只经简单的打击，器形很不典型。与它们伴出的有淡水螺、丽蚌、鱼牙、鹿类等动物的牙齿化石。贾兰坡、邱中郎把它们的时代定在更新世晚期，考古学年代为旧石器时代晚期[1]。因为这类洞穴没有发现过磨制石器和陶片，裴文中同意贾兰坡的意见，也定在更新世晚期[2]。何乃汉、覃圣敏把岭南地区同类洞穴遗址做了比较研究，指出它们的文化层中含大量螺蚌介壳，所出化石都是现生种，认为其时代要晚于更新世晚期，应属全新世早期，考古学年代定为中石器时代，绝对年代距今一万年左右[3]。

　　属于这个时期或比这个时期稍晚的洞穴遗址在崖壁画分布区还有龙州县弄岗自然保护区陇山片企鸟 19 号洞。该洞是广西弄岗自然保护区综合考察队在进行地貌调查时发现的，当时对洞内文化遗址做了试掘，从文化堆积层中采集到炭屑、石器、蚌器和大量的蚌壳、螺壳、兽骨。我于 1980 年 6 月在广州中山大学历史系考古教研室见过其中的一部分实物标本。从其石器来看，大多是打制的砾石石器，包括尖状器、刮削器，但已有砺石，有磨制的石斧、石锛，有用三角帆蚌做原料磨制成的蚌刀、蚌匕。虽然在该洞文化层中还没有发现陶器，但从总的情况观察，它与南宁地区邕江沿岸的贝丘遗址颇相接近，尤其是其中的蚌刀、蚌匕，两地简直无法区别，其时代当然也应该相近，同属新石器时代早期。

此外，在崇左县濑湍乡六京村角磨屯大岩、车站村白达岩、新地屯大岩等洞穴也出土过由砾石打击成的石核、石片、单边厚刃砍砸器，磨制成的石锛、小石斧等。

还有一些洞穴遗址，除石器之外，有陶器伴出，时代可能略晚。如珠山、羊岩、沉香角、歌寿岩等。

珠山在宁明县驮龙乡珠联村明江右岸，临江一面有三处崖壁画，在崖壁画北端的下方有一溶洞，1956 年调查崖壁画时，就在洞中采集到绳纹夹砂陶片、磨制的有肩石斧、石网坠、石制装饰品、骨针、紫贝和一件铜斧[4]。1961 年在该洞又发现一件用辉绿岩磨制的石斧，1963 年又发现绳纹夹砂陶片和海贝。

羊岩在宁明县驮龙乡珠联村攀龙屯，1963 年出土过磨制石斧和绳纹夹砂陶片。

沉香角在龙州县上金乡进明村左江东岸，在临江峭壁上有长达一百多米的崖壁画，在崖壁画的下方的一个溶洞口有松散的堆积物，可采集到红色和灰色的细绳纹夹砂陶片。

歌寿岩在大新县榄圩乡新球村歌寿山，1973 年当地农民上山积肥，从文化堆积层中挖出完整的绳纹夹砂陶器和磨制的石器多件。附近山上有个逐龙洞，也出土类似的陶器[5]。

龙州县八角乡的八角岩于 1958 年也出土过完整的绳纹夹砂陶釜。

以上诸处洞穴所见陶器有的完整，有的虽然破碎，但其火候都比较高，磨制石器也制作得比较精致，表明当时人类已过定居生活，除了从事原始渔猎采集经济以外，已经产生了原始农业。

同这些洞穴遗址时代相当的还有左江沿岸的贝丘遗迹。目前已知的有花山、江西岸和敢造三处。

花山贝丘就在著名的花山崖壁画下方的倒石锥坡上，残存的堆积已经不多了，内含大量螺蛳壳、蚌壳，可采集到打制石器、磨制石器和绳纹夹砂陶片。

江西岸贝丘在扶绥县城西南，处在左江拐弯的北岸。遗址于 1963 年发现，先后经过 1964 和 1973 年的两次试掘，其文化层厚达 2 米左右，在大量的螺壳堆积中含丰富的石器、骨器、陶片和动物遗骸。石器中打制的石片石器较多，磨制石器主要是石斧、石锛，还有石凿、石杵、石环，蚌器主要是蚌匕、蚌刀，也有穿孔的蚌网坠，骨器有骨针、骨锥、骨镞等。陶片较破碎，都是绳纹夹砂的[6]。

敢造贝丘在扶绥县昌平乡敢造渡口，1963 年的发现，1973 年试掘 5.2 米 ×1.6 米，发现人骨架十四具，出土石斧、石杵、砺石、骨锥、骨针等[7]。

以上贝丘遗址都是属新石器时代早期的。1979 年 10 月，北京大学历史系考古专业碳十四实验室到扶绥江西岸贝丘遗址分层采取螺壳标本进行年代测定，测得结果，其绝对年代大约距今七千多年，比南宁豹子头贝丘遗址的年代略晚[8]。

由以上情况看来，大约距今一万年到七千年前，人类在左江流域的活动是广泛的，他们的经济生活还处在渔猎和采集阶段，生活水平相当低下。原始森林中的岩溶洞穴，大河两岸的滩涂阶地，是他们栖息的场所。他们与禽兽为伍，入山猎取飞禽走兽，采集植物的根茎叶果，下水捕捞鱼虾螺蚌，向大自然索取丰富的食物资源。由于一些遗址中有磨制石器和绳纹陶器出现，说明到后来，他们已有了原始农业活动，懂得种植谷物和饲养家畜，过着较稳定的定居生活，尽管社会发展缓慢，但仍在不断进步。左江流域纬度低，终年气温高，雨水丰富，植物生长繁茂，动物繁殖也快，大自然给人类提供了丰富的食物资源，同时也给社会发展造成不利因素。人类还在使用原始的木石工具的时候，很难战胜茂密的森林和生长力极强的杂草，开垦种植，使农业发展受到客观限制。

以渔猎采集经济为主的时代经历了漫长的过程方进入以农业经济为主的时代。往后，我们就看到一些属新石器时代晚期或铜石并用时代的文化遗址，这就是广西南部地区比较特殊的大石铲的普遍涌现。

在左江崖壁画分布区内以大石铲为特征的文化遗址已发现吞云岭和韦关两处。

吞云岭遗址位于崇左县雷州乡崇别村南，地表散布石铲、有肩石斧、石凿、砺石及其残片，文化层厚约二十厘米，在文化层中发现大量的石铲半成品、毛坯及石铲残片，石铲的堆放，一般是侧置或竖放，每隔一定距离又放一堆，堆放得很有规律。

韦关遗址在扶绥县渠黎乡渠莳村，石器散布面很广，石铲在地层中大多数刃部向上，呈鱼鳞状的叠压。排列得也很有规律。

零星发现大石铲的地点很多，如扶绥县渠黎乡渠凯村强介屯、崇左县驮卢乡栋里村左江农场和新和乡庆和村附近坡地、大新县太平乡中军潭水库附近、龙州县新旺村附近、宁明县板棍乡附近等地。

以大石铲为特征的文化遗址主要分布在广西南部，其中以隆安县东南、扶绥县北部和邕宁县西部，也就是左江、右江向南宁汇合成邕江的这一三角地带，最为密集，其文化面貌也最典型，最富有代表性。左江崖壁画在这类遗址中心区的南部。这种文化遗址除了出土大量的、形式多样的、制作精致的石铲以外，还有石斧、石锛、石锄、石犁、石凿等磨制石器伴出。这样众多的磨制石器的出现，表明当时的锄耕农业已很发达。由于石铲制作精致而又规整，有人推测当时已有一定的金属工具予以加工，或可能进入了铜石并用时代。经碳素测定，其绝对年代距今四千七百多年[9]。在这类遗址还常常发现许多未加工成型的半成品和毛坯，有的遗址可能就是当时的石器制作工场。手工业已逐渐从农业中分离出来成为独立的生产部门。石铲制作规整，打磨光洁，有许多显然不是实用品，加上排列有序，应是一种同祭祀活动有关的遗址。这就是说，生活在左江流域的先民这时已跨进了阶级社会的门槛（图一）。

按照广西考古学文化的发展序列，在新石器文化之后就是出几何印纹陶和青铜器的青铜文化，时代相当于中原地区的商周至春秋战国时期。战国时期岭南地区已进入铁器时代，再后就是秦汉的政治统一，中央在这里建立封建政权。几何印纹陶文化在广西东半部大量发现，青铜文化和早期铁器时代的文化遗存在桂北的恭城、平乐，在桂南的武鸣、宾阳、田东等地也都有发现，汉代墓葬在当时郡县所在地附近更是比比皆是，不胜枚举。唯独左江流域至今既没有发现几何印纹陶和青铜文化遗存，也没有发现早期铁器

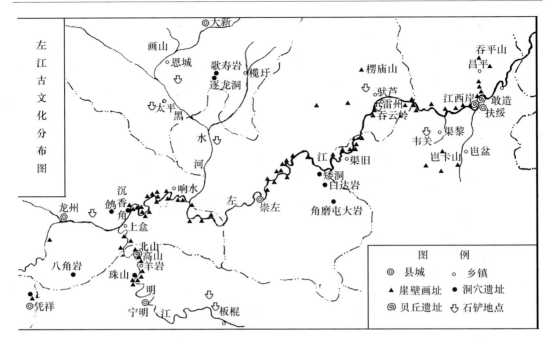

图一　左江远古文化分布图

时代文化遗存，汉代墓葬也还没有发现，就是风靡一时的古代铜鼓，在这一带也极为罕见。这就是说，在历史发展的正常进程中，以大石铲为代表的铜石并用文化之后出现了很长一段时间的空白。

蓬勃发展的大石铲工艺为什么没有延续下来？创造这种传统文化的部族后来到哪里去了呢？

这些，就是我们探索左江崖壁画的时空前提，也是我们追溯崖壁画的主人和它所处时代的第一步。

二、几个典型图像的考释

关于崖壁画图像的释读，也费了不少人的心思。因为这些图像笔画简单，没有多少透视感和立体感，许多细枝末节都被隐藏在省略之中了，要想恢复它们的本来面目，真是难乎其难。有的崖壁画虽然画幅很壮观，画像场面宽大，图像数量众多，但没有生产、生活的真实场面，所有图像过于单调划一，也增加了释读的难度。

要读破这部"天书"，必先认识它的"字母"，而"巨人"、"巨兽"、圆圈，刀剑就是其中最常见、最通用、贯穿始终的"字母"。这些"字母"的本意，也需从考古发现中去寻找。

崖壁画中的"巨人"即是正身人像。这种画像只表现人的头、颈、身、四肢，不见五官。姿态都是双手上举、两腿叉开、作骑马蹲裆式，四肢有的画有手指和脚趾，但

指和趾的数目不等，不仅是五，有的是三、是
四，也有的是六。个别人像头戴高冠，或梳发
髻，或插鸟羽，装饰略有不同。一般腰间横插
长刀、长剑，脚下有"巨兽"（图二）。这些巨
大人像常处画面的中心位置，是画面中最引人
注目的地方，他们不同的装束和不同的指趾数，
绝不会是画师随意涂抹的结果，可能代表着某
种不同的含义。

图二　巨人与巨兽像

　　这种形象在左江流域的考古资料中还没有
发现，却见于湖南南部湘水流域出土的铜钺上[10]。湖南道县出土一些"凤"字形铜钺
的身部饰有双臂侧伸平举，双腿叉开站立，腰间斜佩长剑的"巨人"形象；湖南衡山
县霞流市出土的一件靴形铜钺，一面有一个巨大的正身人像，另一面有六个并排的正面
人像，这些人腰间所佩刀剑，有的是无格无首长剑，有的是环首长刀，也和崖壁画近
似。更有意思的是，铜钺上的这些正身人像也是采用投影式的涂抹法来表现的（图
三）。类似这种铜钺，无论是"凤"字形的还是靴形的，其流行时代都在战国时期，在
汉代和汉代以后的遗址和墓葬中再也没有发现。这类铜钺都是岭南越人的传统兵器，主
要分布在两广、云南和越南北部，湖南南部发现的铜钺可能是从岭南流传过去的[11]。

图三　靴形铜钺拓本

　　"巨兽"的形象是：竖耳，张嘴、弓背、屈腿，尾上指或后扬，是一种向前小跑的
姿态。它所在的位置正是"巨人"的下方（图二）。有的学者将它释为马，认为是首领
人物胯下的坐骑。有的学者把它释为狗，认为是图腾崇拜物或祭祀的牺牲。两种说法各
有所据，迄无定论。如果说它是坐骑的话，在铜鼓纹饰中可以找到旁证。灵山型铜鼓鼓
面纹饰有骑士纹：马为侧面像，骑士腰间佩剑，立于马背上，与崖壁画形象颇相似；在
冷水冲型铜鼓上也有类似的骑士纹，但其纹饰已图案化了，不过其整个结构组合，仍有
崖壁画的遗风流韵[12]（图四）。持"巨兽"为狗说的学者否认广西先秦用马，其证据
是不充分的。我们看到在贵县罗泊湾西汉初年的墓葬出土的铜盆上就有漆绘的人从马背

图四　铜鼓上的骑士纹

上跌落下来的图像。那奔跑起来的马，背上还有荐，显然是供坐骑的[13]，更何况西林西汉前期的铜鼓墓出土过铜骑马俑的实体[14]，冷水冲型铜鼓鼓面有骑马俑立体装饰[15]。当然，铜鼓上出现骑士纹和骑士立体装饰都是较晚的事，但西林铜鼓墓和贵县漆画盆可以追溯到西汉前期和西汉初，广西在秦汉以前决然没有骑马的现象的说法也就很难成立了。另一方面，关于是狗的说法也不能忽视。狗是人类最早驯服的动物之一，是狩猎民族最亲密的伙伴。古代不少民族都崇拜狗，有的甚至奉狗为图腾。左江流域远古居民长期过着渔猎采集生活，在密林中狩猎，当然也可能求助于狗，狗的形象在左江流域的考古资料中尚未发现，但在贵县罗泊湾西汉初年墓出土的铜竹节筒的漆画上可以看到[16]。画面分为四段，在第二段有一个头梳发髻，右肩荷长矛的男子，其左手用绳牵着的动物就是狗（图五）。在第四段又有此人回身与狗搏击的形象。虽然，竹节筒上的漆画和崖壁上的画在画风中有文野之别，不能同日而语，但可说明，狗这种动物在汉代岭南地区已成为狩猎者的伙伴的这一事实。在越南越池出土的一件靴形铜钺上装饰着一只图案化的弓形船，船上立三人，船下立二鹿一狗；在越南国威出土的一件靴形铜钺上也有狗迎鹿形的纹饰。这两件铜钺上的狗的形象也是投影平涂的，与崖壁画中的狗更为近似[17]。

图五　荷矛男子与狗

由此可见，对"巨兽"释为马或是狗，对判断崖壁画的时代并无多大矛盾之处。

圆圈图案很多，据初步统计，其总数达二百五十以上[18]。对这些圆圈有过不同的解释。有的人认为是铜鼓、铜锣，有的人认为是太阳，也有的人认为是藤牌。我同意把它们中的大部分视为铜鼓的看法。因为这众多的圆圈图案中，大多数绘有光芒，与铜鼓鼓面中心的太阳纹近似；少数绘有晕圈，个别的在圆圈外还绘有对称双耳。这些都是人们俯视铜鼓鼓面时看到的基本特征。但在如此众多的铜鼓鼓面图像中还没有发现绘有立体装饰的图像。这种现象，恐怕不是古代画师的疏忽，相反，正是当地使用铜鼓的类型和时代的反映。我们知道，在古代铜鼓中，万家坝型、石寨山型和麻江型是没有立体装饰的。虽然，在左江崖壁画地区至今尚未发现万家坝型和石寨山型铜鼓，但从它周围地区发现铜鼓的情况来看，其西北面的右江上游的百色龙川和田东祥周，其东北面的郁江西侧的贵县，都出土过石寨山型铜鼓；在其南面左江上游的越南北部也发现过石寨山型（越南学者称为东山型）铜鼓。左江崖壁画处在这些石寨山型铜鼓分布区的包围之中，很可能是流行过石寨山型铜鼓的。非但如此，还可能有比石寨山型铜鼓更早的万家坝型铜鼓。画面上的铜鼓图像有的仅以一个实心或空心圆圈为代表，很像万家坝型铜鼓的鼓面。有些图像用实心圈或空心圈表示光体，还没有光芒和晕圈，又像石寨山型早期的铜鼓。有的圆圈内有晕圈而无光芒，有的有光体、有光芒，也是石寨山型早期铜鼓所特有的现象。这些铜鼓，其时代上自战国，下至西汉。

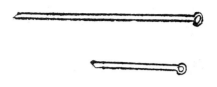

图六　环首刀

刀剑图像有三种：一是环首刀，二是长剑，三是短剑。

环首刀和长剑一般横插于"巨人"的腰部。按画像比例，其长度应在七八十厘米以上。短剑仅见于宁明花山，悬吊在一个"巨人"的右手之下，长约三四十厘米。

环首刀柄部末端有一环，刀身平直，有的锋端较宽大，呈方折，看来是鞘。这种刀是铜制还是铁制，从画面本身无以判断。从考古发现来看，如此长的环首刀还没有发现铜制的，但是铁制的长环首刀在广西贵县、梧州的汉墓出土过，中国历史博物馆通史陈列室展出过贵县汉墓出土的一件铁环首刀，长达一米左右（图六）。

图七　舞人佩剑

长剑与环首刀的不同，只在于首端无环，有的在剑茎部位还有垂直的格（护手）。这种长剑，在考古发现中既有铜的，也有铁的。铜的就是所谓"楚式剑"，在江淮地区楚墓中大量出现，广西战国晚期墓中也有出土[19]，铁的长剑在两广西汉前期墓中也常有出土，贵县罗泊湾一号墓出土一件长达 130.2 厘米[20]，在云南晋宁石寨山 12 号墓出土的双盖鼓形贮贝器上还可以看到舞人佩带这种长剑的塑像，其佩带方法也与崖壁画所见相同[21]（图七）。

短剑，细茎，剑身上宽下窄，呈倒三角形。有人释为箭镞，有人释为酒壶，看来都没有什么根据。是箭镞必有弓，但画面上没有任何弓的痕迹；是酒壶，何以尖底，悬吊在"巨人"手上？从其形制来看，只有同考古发掘品中的一字格铜剑最接近。这种短剑在广西田东祥周战国墓[22]，云南晋宁石寨山[23]、江川李家山[24]、贵州清镇[25]等地的汉墓中都有出土（图八），在越南的太原和河江也发现过[26]。这种青铜短剑一般制作都很精美，有复杂而精致的花纹，除了实用之外，很可能还有显示身份和代表荣誉的含义，也可能是作为礼器或权力的象征。此物在画像之中极为罕见，恐怕也是因此之故。

此外，在宁明花山和高山还见到一种上小下大，底边平直，顶端有倒"八"字形双钮的器物图像。高山一处是悬挂在一个"士"字形的器物架上，这器物架横出两层，在横杠的两端各悬挂一个（图九）。在花山，除了类似这样的组合之外，还有单独一个图像的。这种器物已有学者释为羊角钮钟[27]，我认为是很恰当的，关于羊角钮铜钟我曾有一篇短文作过探讨[28]。从当时发现的情况看，只有云南楚雄万家坝、

图八　一字格剑

图九
1. 崖壁画上的图像　2、3. 铜羊角钮钟

晋宁石寨山、广西西林普驮屯、贵县罗泊湾、浦北官垌大岭脚、容县六王龙井坭、广东广州、越南北部，才有羊角钮铜钟出土。其分布地区完全在古代铜鼓分布范围之内，其流传时代上自战国，下迄西汉中叶。羊角钮铜钟应是岭南越人的传统乐器，地域特征和时代特征都相当明显。

三、结　语

对左江流域远古历史的梳理和对崖壁画上常见图像的考释，使我们可以看到，左江崖壁画产生的年代应该是在新石器时代之后，主要是战国秦汉之间。崖壁画的作者不是流动的狩猎采集经济的部族，而是青铜时代和早期铁器时代在左江流域较长时期定居的民族。

在崇左绿青山矮洞出土打制石器的堆积里曾发现过一粒赤铁矿碎块，有人认为可能是原始人类用作染色的原料，但没有其他材料进一步证实[29]。人类使用赤铁矿粉的历史是很悠久的，旧石器时代的北京山顶洞人就曾在死者周围撒放赤铁矿粉，广西南宁地区一些新石器时代贝丘遗址也有这种现象。这是一种原始宗教萌芽的表现。左江流域到处都有亦铁矿料，采集极为方便。现在还无法证实矮洞的赤铁矿块是原始人类的绘画颜料，更无法证实它与崖壁画是否有直接关系。

左江崖壁画绘制在河流拐弯的悬崖峭壁之上，一般距离水面高十至二十米，最高的达五十米左右。在这种艰险的地方绘制规模巨大的崖壁画，要克服许多意想不到的困难，没有一定的生产力水平和一定的社会经济基础是不可想象的。不但是人类处在原始的采集狩猎阶段办不到，而且在锄耕农业阶段也无法提供这样巨大的经济积累。

说左江崖壁画不是原始人类的作品，还从画像本身可以看出。所绘人物有大有小，有正身有侧身，正身人像高大，腰间佩带刀剑，常处中心位置；侧身人像矮小，腰间无任何佩带，个个面向正身人欢呼跳跃。由此可以明显看出，人群中已有主仆之分，当已出现了阶级分化。画面所反映的内容都是祭祀活动，画像既是祭祀的对象，又是祭祀活动的记录。没有关于狩猎、采集和捕捞的情景，与沿江贝丘遗址和洞穴遗址反映出来的情况无任何共同之处。画面所见器具都没有木石工具特征，风行于左江流域原始社会的石斧、石锛，和具典型意义、有强烈美感的大石铲，在画面上都没有露一点痕迹。这绝不是作画者有意的回避，而是当时离使用木石工具的时代已相去遥远了。前面已经谈到，"巨人"腰间佩带的刀剑，周围陈设的铜鼓、铜钟等，都是金属制品，而这类金属制品在岭南青铜时代和早期铁器时代的考古发现中都可以找到。

因此，从考古学角度考察，左江崖壁画应是当地新石器时代结束之后的产物。紧接着大石铲文化的结束，崖壁画产生的时代就到来了。由于崖壁画本身从形式和风格都还没有汉文化影响的明显表现，其下限应是汉政权最后在这里确立的时候。我们在前面释读的图像，相应器物的时代都落在战国至汉代这前后三四百年之间，与此正相吻合。至于绘制崖壁画的民族就是战国秦汉之际活跃在左江流域的骆越，已有不少人做了论述[30]，在此不再重复。

汉政权统治的确立，使左江流域的传统祭祀活动受到限制，崖壁画的绘制工程也就逐渐停止了。但是，这些传统活动的停止并不等于这个民族从此在这里消失，相反，它吸收了新的文化影响，向更高级的阶段发展了。

1986 年 1 月 30 日

注　释

［1］　贾兰坡、邱中郎：《广西洞穴中打击石器的时代》，《古脊椎动物与古人类》2 卷 4 期。

［2］　裴文中：《柳城巨猿洞的发掘和广西其他山洞的探查》，科学出版社，1965 年，29 页。

［3］　何乃汉、覃圣敏：《试论岭南中石器时代》，《人类学学报》1985 年 4 期。

［4］　《花山崖壁画资料集·前言》，广西民族出版社，1963 年。

［5］　广西壮族自治区文物管理委员会：《广西出土文物》，文物出版社，1978 年。

［6］　广西壮族自治区文物工作队：《广西南宁地区新石器时代贝丘遗址》，《考古》1975 年 5 期。

［7］　同［6］。

［8］　《石灰岩地区碳—14 样品年代的可靠性与甑皮岩等遗址的年代问题》，《考古学报》1982 年 2 期。

［9］　《放射性碳素测定年代报告（九）》，《考古》1982 年 6 期。

［10］　高至喜：《湖南发现的几件越族风格的文物》，《文物》1980 年 12 期。

［11］　参见拙文：《先秦越人的青铜钺》，《广西民族研究》1985 年 1 期。

［12］　洪声：《广西古代铜鼓研究》，《考古学报》1974 年 1 期。

［13］　《广西贵县罗泊湾一号墓发掘简报》，《文物》1978 年 9 期。

［14］　《广西西林普驮铜鼓墓葬》，《文物》1978 年 9 期。

［15］　同［12］。

［16］　同［13］。

［17］　〔越〕黎文兰、范文耿、阮灵：《越南青铜时代的第一批遗迹》，河内科学出版社，1963 年。

［18］　参阅陈远璋：《左江岩画铜鼓图象的初步探讨》，中国古代铜鼓第二次学术讨论会论文。

［19］　《平乐银山岭战国墓》，《考古学报》1978 年 2 期。

［20］　同［13］。

［21］　云南省博物馆：《云南晋宁石寨山古墓群发掘报告》，文物出版社，1959 年。

［22］　《广西田东发现战国墓葬》，《考古》1979 年 6 期。

［23］　同［21］。

［24］　《云南江川李家山古墓群发掘报告》，《考古学报》1975 年 2 期。

［25］　《贵州清镇、平坝汉墓发掘报告》，《考古学报》1959 年 1 期。

［26］　同［17］。

［27］　王克荣、邱钟仑、陈远璋：《巫术文化的遗迹》，《学术论坛》1984 年 3 期。

［28］　《羊角钮铜钟初论》，《文物》1984 年 5 期。

［29］　同［1］。

［30］　邱钟仑：《左江崖壁画的族属问题》，《学术论坛》1982 年 3 期。

（原载于《广西文物》1986 年 2 期）

广西汉至唐代建筑用砖瓦研究

古代房屋建筑，从土墙草顶发展到砖墙瓦顶，是人类物质生活的一大进步。传说夏禹住的房子还是用茅草盖顶的，到西周前期，宫殿才开始盖瓦。所谓"秦砖汉瓦"并不确切，但大量用砖瓦建筑房屋确是秦汉以后的事，至少对广西来说，确是如此。

广西建筑用砖瓦，目前所知可以推到先秦时期，但罕有实证。有真凭实据的，可以从西汉开始。我们试以考古材料做依据，对这一问题做简单阐述。

一

我们先说秦汉时期。在广西境内最古老的城址应是位于全州县绍水镇梅潭村上改州的洮阳古城，此城应在战国时期就有了。但那时建城一般都是土坯墙，还没有砖砌的城墙，城内建筑如何，没有经过考古发掘或钻探，不敢妄言。其次是兴安县大溶江镇境内的秦城，此处城址称之为"秦城"是宋代以后的事，宋代以前的文献无考。时代是否可以早到秦，也还没有真凭实据。这处城址范围很大，广西壮族自治区文物工作队于1990—1996年对其中七里圩"王城"作过钻探，并发掘331平方米。初步查明，"王城"这部分始建于西汉中期，在东汉时期曾进行过一次加筑，魏晋时期废弃，是一座军事古城[1]。从这里发掘出大量建筑材料，包括板瓦、筒瓦、瓦当、铺地砖等，可作为那个时代建筑材料的代表。

板瓦　瓦胎以青灰色为主，色泽表里如一，形状基本相同，平面近梯形，后端宽厚，前端较窄薄，断面呈弧形。规格大体可分为大小二种，大者长约50厘米、宽35~40厘米、厚1.5~2.5厘米，小者长32~35厘米，宽22~28厘米，厚1~1.5厘米。绝大多数板瓦正反面均施纹，少部分的反面光素，正面主要为斜或直线粗绳纹，有的并抹光或抹光后再饰以弦纹，反面以布纹为主，有小量先饰菱格纹或方格纹后再覆以布纹（图一）。

筒瓦　陶质、胎色与板瓦大致相同。可分为三型。A型，扣尾平齐，扣尾与瓦背之间的高差小，前窄后宽，后端微上翘。正面饰斜线粗绳纹，反面为篮纹，内侧有明显泥条盘筑痕迹，一般长41.8厘米，宽10.4~15.2厘米，厚1.1~1.5厘米。B型，扣尾较长而宽，往上翘，扣尾与瓦背的高差较A型大，瓦身直筒形。瓦正面与扣尾均饰直线或斜线细绳纹，后端抹光，瓦身与扣尾交接处有二道凹弦纹，反面篮

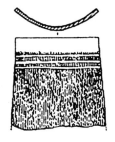

图一　兴安秦城七
里圩王城板瓦

纹，长39.2厘米，宽14厘米，厚0.7～1.1厘米。C型，扣尾短小上翘，与瓦背之间的高差大。胎厚，扣尾与瓦背交接处向内突起，瓦身外表饰直线粗绳纹，内面平整，饰布纹。未发现完整者，残长33.5厘米、宽12.8厘米（图二）。

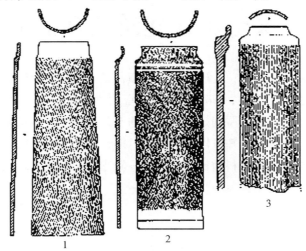

图二　兴安秦城七里圩王城筒瓦

1. A型筒瓦（96T5:1）　　2. B型筒瓦（91T5:1）　　3. C型筒瓦（91T5:1）

图三　秦城井字纹瓦当

瓦当　面均圆形，宽高缘。按纹饰不同也可分为三型。A型，近缘处和中圈各饰一周凸弦纹，中心有一大乳突。外圈内有三线界格将当面分成四部分，界格外端连接卷云纹。直径16厘米，缘宽1.2厘米。B型，近缘处和中圈各饰一周凸弦纹，中心有一小乳突。双线界格穿过内外圈，外圈饰变形云纹。当面涂有装饰涂料。直径13.4厘米，缘宽0.6厘米。C型，近缘处饰一周凸弦纹，中圈为方形，中心有小乳突。外圈双线界格连以卷云纹，云纹间填以三角纹。内卷单线界格，各格内饰花办纹。直径15.2厘米，缘宽1.2厘米（图三）。

地砖　有长方形和方形两种。长方形砖长30厘米，宽20厘米，厚4厘米；方形砖长宽均约为27厘米，厚3.5厘米。砖面饰花纹，边缘有1～2道方框，内有斜线组成多个菱形纹（图四）。

汉代房屋没有保存下来，难以拿到房屋建筑的实证，但从合浦、贵港、梧州等地汉代墓葬中陪葬的陶屋、陶仓、铜仓等建筑模型明器，仍可看到当时房屋建筑的缩影。从这些模型看，汉代广西的住房和粮仓已用砖瓦建筑。屋顶盖瓦，而且瓦面宽大；墙壁有时还用木板，墙基则用砖砌筑。住屋的后院用矮墙围护，这种矮墙也常是砖墙，墙顶用

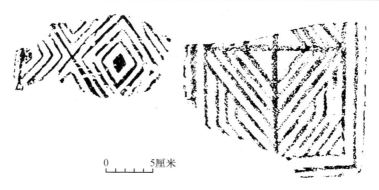

0 5厘米

图四　兴安秦城七里圩地砖菱形纹

瓦覆盖。从合浦望牛岭一号墓出土的西汉晚期铜仓模型和从梧州低山汉墓出土的东汉铜仓模型看，屋顶瓦垅很大，是用大片波浪形的板瓦覆盖的。从出土的陶屋模型看，当时的民居已可砌到二至三层，甚至更高的楼层，所砌的墙体绝不会是土坯，而应是砖石，屋顶有悬山式的，有庑殿式的，也都用板瓦覆盖；围墙有的用棂格式的花砖。当时的水井，大都砌有井亭，亭顶不是覆盖茅草，也是盖瓦[2]。

二

从东汉时期起，砖也用于建造墓室。根据墓室的不同部位，烧制不同规格的砖，比如砌墓室周围的墙壁用长方形砖，亦称条形砖；砌墓室的券顶，拱券时则用一边厚一边薄的楔形砖，亦称斧形砖；铺墓室底部，除了用长方形砖外，则用正方形的铺地砖。根据砖的用途和所砌的部位，印制各种不同的花纹图案，如壁砖，在向室里的一侧面印几何图案花纹，券顶的楔形砖，在薄的一侧，即向里的一侧印几何图案花纹，而铺地砖则在朝上的一面印几何图案花纹。用这类砖砌出的房屋或墓室，就可以看到头顶、脚下，前后左右四壁，都有图案花纹。

汉代砖瓦，各地规格不一，就广西而论，合浦地区的较小，贵港地区的较大。如属东汉早期的合浦县风门岭 10 号墓，所用长形砖长 28 厘米，宽 14 厘米，厚 4 厘米[3]；合浦县母猪岭 1 号墓所用长形砖长 28 厘米，宽 13.5 厘米，厚 3.5 厘米[4]；北海市盘子岭 17 号墓所用长方形砖长 27 厘米，宽 13.5 厘米，厚 3.5 厘米，22 号墓所用长方形砖长 26 厘米，宽 13 厘米，厚 4 厘米[5]；合浦县杨家岭东汉墓所用长方形砖长 25 厘米，宽 11 厘米，厚 3 厘米[6]；灵山县新圩古文村桂山岭出土"熹平五年七月"铭文砖长 28 厘米，宽 14 厘米，厚 5 厘米；塘败村九都岭出土的"熹平五年六月作"铭文砖长 28.5 厘米，宽 13.5 厘米，厚 5.5 厘米[7]（图五）；临桂县两江镇联村出土"永和九年太岁在癸丑"铭文砖长 27.2 厘米，宽 12.7 厘米，厚 4.7 厘米[8]。贵港地区不同，贵港北郊木材加工厂 2 号墓所用长方形砖长 35 厘米，宽 16 厘米，厚 5 厘米，水电设备厂 10 号墓所用长方形砖长 36 厘米，宽 16.5 厘米，厚 5 厘米（图六）；二七三地质队 1 号墓所

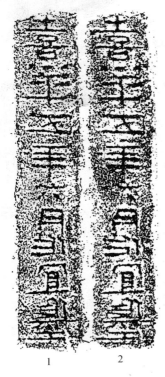

1　　2

图五　灵山九都岭墓砖

用长形砖长 36 厘米，宽 16 厘米，厚 5 厘米，煤建公司 2 号墓所用长方形砖长 38 厘米，宽 18 厘米，厚 5 厘米[9]。昭平东汉墓用砖规格接近于贵港，如昭平县乐群 1 号墓所用长方形砖长 32 厘米，宽 16 厘米，厚 4 厘米；界塘 1 号墓所用长方形砖长 36 厘米，宽 16 厘米，厚 5.5 厘米[10]。当然，这其中也有例外，合浦也有规格较大的砖，如合浦钟屋东汉墓所用长方形砖长 35 厘米，宽 18 厘米，厚 4 厘米[11]，北海盘子岭 28 号墓出过长 33 厘米，宽 16.5 厘米，厚 5 厘米的长方砖形，20 号墓出过长 30 厘米，宽 14 厘米，厚 4 厘米的长方形砖，接近贵港地区规格，或处两地区一般规格之间。

各地的楔形砖一般与长方形砖规格一致，不同的仅在于它们的一侧边较薄。有的楔形砖规格则加大，似向地砖看齐，如北海盘子岭 28 号墓，其楔形砖是一种长 35 厘米，宽 15.5 厘米，厚边 5 厘米，薄边 3.8 厘米；一种长 35 厘米，宽 17.5 厘米，厚边 5 厘米，薄边 4.2 厘米。

墓中的铺地砖除了使用砌墓壁的长方形砖外，有专门烧制的方形砖，规格较长方形砖大而厚。如北海盘子岭 20 号、22 号两墓的地砖长、宽均 34 厘米，厚 4 厘米；28 号墓前室底部铺的砖长、宽均 41 厘米，厚 10 厘米，后室铺的砖长、宽均 45 厘米，厚 10 厘米。

三国两晋时期，长方形砖略有变化。钟山县西门岭三国吴墓的长方形砖长 33 厘米，宽 16 厘米，厚 5.5 厘米（图七）；楔形砖长、宽与长方形砖相同，只是侧边厚度不一致，厚的一边 5.5 厘米，薄的一边只有 3 厘米[12]。藤县晋墓的长方形砖长 33 厘米，宽 15 厘米，厚 4.5 厘米[13]。贵港两晋墓的长方形砖长只有 30 厘米，宽则有 18 厘米，厚有 5 厘米。兴安县界首镇百里村晋墓出土有"永和十一年"和"升平四年"铭的砖，也长 30 厘米，宽 15 厘米，厚 5 厘米；但兴安县界首镇五一村野鸡冲晋墓的壁砖长 35 厘米，宽 15 厘米，厚 6 厘米；铺地砖长 32 厘米，宽 13.5 厘米，厚 5 厘米；楔形砖长

图六　贵港水电 M10 墓壁砖

34 厘米，宽 16 厘米，厚 4.5 厘米[14]。梧州晋墓出土的砖更为宽大厚重，其文化路一座晋墓的砖长 39 厘米，宽 17 厘米，厚 4.5 厘米[15]。在梧州有永嘉年间的墓葬，出土"永嘉六年壬申公侯永保万年"，"永嘉六年富且寿考"铭文砖，长 34.8 厘米，宽 16 厘米，厚 4.3 厘米，永嘉是西晋怀帝司马炽的年号，六年年即公元 312 年。

　　南朝时期，桂林、恭城砖的规格比较一致，桂林东郊横塘南朝墓的砖，长方形砖长 30 厘米，宽 14 厘米，厚 5 厘米，楔形砖长、宽与此相同，厚边 4.5 厘米，薄边 2.5 厘米。[16]桂林市西城路段南朝墓的砖，长 30.5 厘米，宽 16 厘米，厚 5 厘米。[17]桂林北郊观音阁南朝墓的砖，长方形砖长 29 厘米，宽 14 厘米，厚 4.5 ~ 5 厘米；楔形砖厚边 4.5 厘米，薄边 3.5 厘米[18]。恭城县新街长茶地南朝墓，长方形砖长 30 厘米，宽 14.5 厘米，厚 4.5 厘米[19]。黄岭大湾地（亦长茶地）南朝墓，长方形砖长 30.5 厘米，宽 14 厘米，厚 4 厘米（图八）；楔形砖长 30.5 厘米，宽 14 厘米，厚边 6.5 厘米，薄边 3.5 厘米[20]。融安县的南朝墓与此接近，4 号墓和 6 号墓的长方形砖均长 31 厘米，宽 15 厘米，厚 5.2 厘米（图九）；楔形砖长 31 厘米，宽 15 厘米，厚 5 厘米，薄边 3.5 厘米[21]，但 1 号墓和 2 号的长方形砖规格稍大，1 号墓的长方形砖长 33 厘米，宽 14 厘米，厚 6 厘米，2 号墓的长方形砖长 32 厘米，宽 16 厘米，厚 6 厘米[22]。此又与藤县跑马坪南朝墓的规格相近。跑马坪 1 号墓长方形砖多数长 32 厘米，宽 16 厘米，厚 5 厘米，少数长 32 厘米，宽 10 厘米，厚 5 厘米；楔形砖长 32 厘米，宽 16 厘米，厚 5 厘米，薄边 2 厘米[23]。苍梧倒水南朝墓砖的规格又大一些，长 34 厘米，宽 15 厘米，厚 4

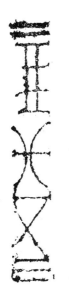

图七　钟山西门岭三国墓砖　　　　图八　恭城大湾地南朝墓砖　　　　图九　融安锅铲坡南朝墓砖

厘米[24]（图一〇）。梧州富民坊南朝墓的砖更大，长 35 厘米，宽 20 厘米，厚 5 厘米[25]。而桂林尧山南齐永明五年（公元 487 年）秦僧猛墓的长方形砖长 36 厘米，宽20 厘米，厚 4.5 厘米[26]。最大的墓砖则是永福县寿城南朝墓的长 42 厘米，宽 18 厘米，厚 7 厘米[27]。

图一〇　苍梧倒
水南朝墓砖

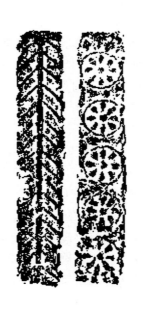

图一一　钦州久
隆唐墓砖

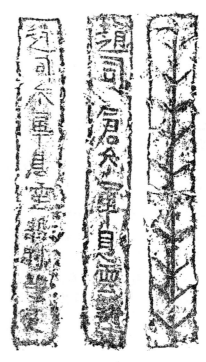

图一二　全州麻子冲墓砖

图一三　兴安红
卫唐墓砖

隋唐墓葬在广西只有零星的发现。钦州市久隆隋唐墓，其长方形砖长 32 厘米，宽 15.5 厘米，厚 5 厘米（图一一）；楔形砖长 31.5 厘米，宽 15 厘米，厚 4.5 厘米；薄边 2.5 厘米[28]。全州县大毕头麻子冲唐贞观十二年（公元 638 年）墓的长方形砖长 33 厘米，宽 16 厘米，厚 4.5 厘米（图一二）；楔形砖长 33 厘米，宽 16 厘米、厚边 4 厘米、薄边 3 厘米[29]。兴安县红卫村贞观十五年（公元 641 年）墓的长方形砖，长 30 厘米，宽 15 厘米，厚 4.5 厘米[30]（图一三）。钦州久隆隋唐墓还发现有专门用于砌墓道的等腰三角形砖和等边三角砖，等腰三角形砖的直角边长 14 厘米，斜边长 15.5 厘米，厚 4 厘米；等边三角形砖三边均长 13 厘米，厚 4 厘米。全州麻子冲唐墓除了长方形砖和楔形砖外，还有一种特殊的水槽是长方形砖，砖的一面留有两条平行的沟槽，供修排水沟用，应是特制的。

三

就工艺水平来说，一般能够烧造陶器的地方，也就能够烧造砖瓦。但烧造砖瓦有专门的窑场，与烧造日用陶器的窑有所不同，窑室规模较大，结构比较简单，产品也比较单一。目前广西还没有找到汉代烧造砖瓦的窑址。但从大量使用砖瓦的情况和各地发现同一时代不同规格的砖瓦来看，当时的砖瓦肯定是当地烧造的。

从秦城遗址出土的砖瓦来看，瓦类均为泥质陶，由于烧造火候的高低不同，陶色驳杂，以青灰陶为主，灰白陶和红陶次之，大多质地坚硬，只有灰白陶火候偏低，质地较软。其制法是以泥条盘筑，瓦体多厚薄不匀，内壁上可见到一道道盘捏痕迹，有的则内壁平整，瓦体厚薄均匀。板瓦先盘筑成筒坯，拍印纹饰后，再从里向外四等份切割而成，筒瓦则从里向外二等分切割而成。切痕深浅不同，有的深达厚胎的一半以上，分割后造成瓦体两侧边缘不平齐，有凸凹痕，有的筒瓦边缘很平整，可能是将整个瓦胎割透，且切割方式是从外向内切。

砖是模制的，将炼好的泥压进木模内，将多余的泥用线割掉，然后松开木模，将砖坯取出，待晾干后，再入窑煅烧。

隋唐时期的砖瓦窑已在桂林南郊上窑村附近发现，该窑烧造板瓦、筒瓦、瓦当、长方形砖。1号窑的板瓦长24厘米，宽15～18厘米，厚1.3厘米；筒瓦长22厘米，宽9厘米，厚1.7厘米。2号窑的板瓦长33.1厘米，大头宽22.5厘米，小头宽18.5厘米，厚2厘米；筒瓦长25.2厘米，直径10.2～12.5厘米，有的前半部中央有1.5厘米见方的孔，卯一只金翅鸟；瓦当圆形印莲花纹，莲瓣八片，直径8.2～10.5厘米；长方形砖和当地同时期的墓砖相同。这些砖瓦，在桂林城内的开元寺、西山的西庆林寺的废址和伏波山南及解放路等处的隋唐遗址都有发现。可见，它们的产品既供应当地寺庙，也供应当地民用和构筑墓葬用[31]。

古时修建房屋、寺庙或建造坟墓，用砖瓦量较大，需要事先向窑工订烧，工匠按用户所需品种和规格烧制。因此我们看到，一些大墓所用的砖，规格比较划一，纹饰、铭文事先有所设计，有的还留下用户的姓氏。苍梧县夏郢有东晋"莫龙编侯墓"出土铭文砖的铭文是"永和六年太岁庚戌莫龙编侯之墓"，既有修墓的年款，又有墓主人的姓氏和封号（图一四）。各地区砖瓦规格不尽相同，应是当地窑工烧造的，远距离运输的现象较少。梧州晋墓有"永嘉世，天下灾，余广州，皆康平"和"永嘉世，天下荒，余广州，皆平康"铭文砖（图一五、图一六），有人认为这些砖是从广州买回来的。其实是对"广州"的误解，那时广西大部分地区属广州管辖，今梧州是广州的一部分，梧州人也可以说他那地方是"广州"。因此，这些砖还应是本地烧造的，当然也不绝对排斥有广州的砖瓦厂带着木模到梧州来烧砖或有人到广州去贩运墓砖到梧州的可能。又如全州大毕头麻子冲贞观十二年墓，其中有一种砖的侧面印"赵司参军，息云骑尉等造"，或"赵司仓参军，息云骑尉"铭文，正面印"太岁戊戌贞观十二年六月廿日，永

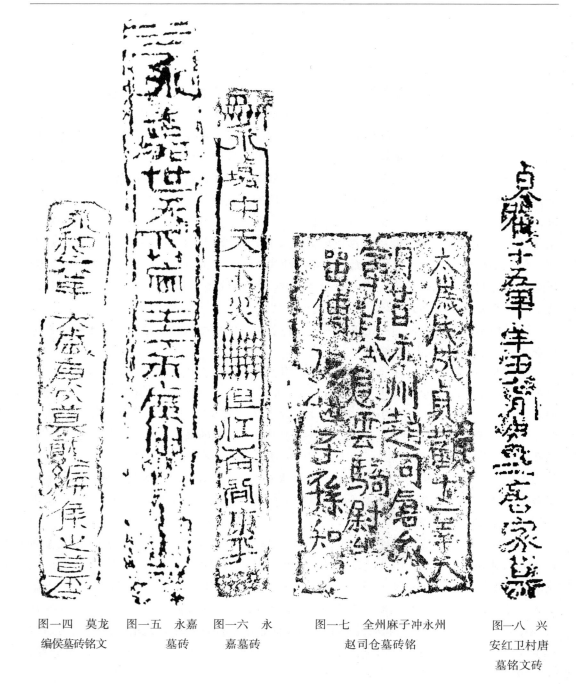

图一四　莫龙 图一五　永嘉 图一六　永 图一七　全州麻子冲永州 图一八　兴
编侯墓砖铭文 墓砖 嘉墓砖 赵司仓墓砖铭 安红卫村唐
墓铭文砖

州赵司仓参军墓，息云骑尉造，留传后世子孙知"铭文，既有安葬的年、月、日，又
有墓主的姓氏、官职，还有葬墓者的身份和对后人的告示（图一七）。从这些铭文可以
很清楚地看到，这批墓砖是死者"赵司仓参军"的子女"息云骑尉等"到窑场定烧的。
为了修建排水沟，还专烧了带水槽的砖。又如兴安红卫村贞观十五年墓，砖铭有"贞
观十五年辛丑七月庚日""唐家墓"，其墓砖也是专门定烧的（图一八）。但是，窑工生

产的砖，除了订购定向销售外，大量的应是"标准砖"，各家各户都能适用，随时可以出售。这种砖有的印上窑工的姓氏，或打上特殊记号，以示与他人的产品相区别。兴安县界首百里村晋墓出土两种纪年砖，一种是"永和十一年太岁乙卯文"，一种是"升平四年七月三日文"。永和、升平都是东晋穆帝司马聃的年号，永和十一年是公元 355年，升平四年是公元 360 年，两者前后相差 5 年，这两种砖不太可能同时烧造，更不可能是一次性订烧的。兴安县界首野鸡冲晋墓，有 4 种铭文砖，其中"泰和五年七月陈立"铭文砖 13 块，"泰元四年乙卯蔡张"铭文砖 4 块，"泰元四年七月廿蔡张"铭文砖4 块，"泰元四年七月廿日蔡□"铭文砖 1 块，"张参军□"铭文砖 1 块，掺杂在一起使用。"泰和五年"应是东晋海西公司马奕太和五年，即公元 370 年，"泰元四年"应是东晋孝武帝司马曜的太元四年，即公元 379 年，两种纪年砖前后相距 10 年之久，工匠的姓氏也不相同，更不可能是同时烧造的。同一墓使用不同纪年铭文砖，说明这些砖不是墓主家属事先有意订烧的，而是在墓主死后，临时到窑场购买的旧砖。野鸡冲晋墓还有一种"张参军□"铭文砖。按参军一职在晋代是职务较高的一种幕僚，秩比千石。这座墓则仅长 2.65 米，宽 1 米，是一座规模很小的砖室墓；随葬品也仅有陶碗 4 件、铁撑架 1 件，少得可怜，墓葬规模和随葬品都与参军的身份不符。因此还有一种可能，墓主家属盗用一位张参军的墓砖，或者买了一位张参军订烧而未用完的墓砖。这还需要从当时的社会风尚去考察。

注　释

[1]　广西壮族自治区文物工作队等：《广西兴安县秦城遗址七里圩王城城址的勘探与发掘》，《考古》1998 年 11 期。

[2]　广西壮族自治区文物管理委员会：《广西出土文物》，文物出版社，1978 年。

[3]　合浦县博物馆：《广西合浦丰门岭 10 号墓发掘简报》，《考古》1995 年 3 期。"丰门岭"实是风门岭。

[4]　广西文物工作队等：《广西合浦母猪岭东汉墓》，《考古》1998 年 5 期。

[5]　广西壮族自治区文物工作队：《广西北海市盘子岭东汉墓》，《考古》1998 年 11 期。

[6]　杨豪：《广东合浦发现东汉砖墓》，《考古通讯》1958 年 6 期。

[7]　玉永琏：《广西灵山县发现东汉纪年砖》，《考古》1999 年 4 期。

[8]　周开保、贺战武：《临桂首次出土东汉纪年款铭文砖》，《桂林文博》1993 年 1 期。

[9]　广西壮族自治区文物工作队：《广西贵县北郊汉墓》，《考古》1985 年 3 期。

[10]　广西壮族自治区博物馆等：《广西昭平东汉墓》，《考古学报》1989 年 2 期。

[11]　同 [6]。

[12]　莫测境：《广西钟山县西门岭发现六朝墓》，《考古》1994 年 10 期。

[13]　黄增庆：《藤县清理一座晋代墓葬》，《文物》1962 年 1 期。

[14]　兴安县博物馆：《兴安县界首东晋纪年墓清理简报》，《广西文物》1990 年 2 期。

[15]　梧州市博物馆：《广西梧州市晋代砖室墓》，《考古》1981 年 3 期。

[16]　桂林市文物工作队：《桂林市东郊南朝墓清理简报》，《考古》1988 年 5 期。

[17]　赵平：《西城路发现南北朝墓群》，《桂林文博》1992 年 1 期。

［18］　赵平：《观音阁六朝墓发掘简报》，《桂林文物》第 3 期。

［19］　广西壮族自治区文物工作队：《广西恭城新街长茶地南朝墓》，《考古》1979 年 2 期。

［20］　俸艳：《广西恭城县黄岭大湾地南朝墓》，《考古》1996 年 8 期。

［21］　广西壮族自治区文物工作队：《广西融安安宁南朝墓发掘简报》，《考古》1984 年 7 期。

［22］　广西壮族自治区文物工作队：《广西壮族自治区融安县南朝墓》，《考古》1983 年 9 期。

［23］　藤县文化局等：《广西藤县跑马坪发现南朝墓》，《考古》1991 年 6 期。

［24］　广西梧州市博物馆：《广西苍梧倒水南朝墓》，《文物》1981 年 12 期。

［25］　梧州市博物馆：《广西壮族自治区梧州市富民坊南朝墓》，《考古》1983 年 9 期。

［26］　黄增庆、周安民：《桂林发现南齐墓》，《考古》1964 年 6 期。

［27］　广西壮族自治区文物工作队：《广西永福县寿城南朝墓》，《考古》1983 年 7 期。

［28］　广西壮族自治区文物工作队：《广西壮族自治区钦州隋唐墓》，《考古》1984 年 3 期。

［29］　广西壮族自治区博物馆等：《广西全州县发现纪年唐墓》，《考古》1987 年 3 期。

［30］　李珍、彭鹏程：《广西兴安县红卫村发现纪年唐墓》，《考古》1996 年 8 期。

［31］　桂林市博物馆：《广西桂州窑遗址》，《考古学报》1994 年 4 期。

（原载于《弘扬民族科技，促进西部开发——第五届中国少数民族科技史国际研讨会论文集》，广西民族出版社，2004 年）

广西唐宋时期佛教遗迹述略

广西地处边陲，又是少数民族聚居地区，经济文化比较落后。虽然在汉末三国时期沿着南北交通线就有佛事活动，出现过牟子《理惑论》那样的佛学著作，但就整个广西来说，佛教是不发达的。特别是在少数民族集中的地区，原始巫术长期以来顽固地占据着统治地位，佛事活动只沿着大江大河，在交通方便的政治中心地区徘徊。尽管如此，在广西古代的政治中心，如桂林一带，在唐宋时期，佛教也曾盛极一时，留下许多佛教遗迹，这些遗迹值得考察研究。本文仅就这些遗迹试做概略的论述，提供给研究中国南方佛教文化的学者参考。

一、在广西活动的佛僧

我们知道，自秦代凿通灵渠，统一岭南之后，长江流域与珠江流域的水上交通贯穿广西南北，通达南海之滨。汉代徐闻、合浦，中外商贾云集，已是中国南方远航南洋诸国最便捷的出海港。东汉、三国、晋、南朝，不少南亚和西方国家的使节都遵这条航线在交趾、合浦入境，经过广西到达中原内地。

在合浦、贵港、梧州等地的东汉墓中出土过"胡人"陶俑（图一），在贵港出土过三国吴黄龙元年（公元 229 年）铭文的神兽纹铜镜，镜背内区主纹有高浮雕的佛像（图二）[1]。《三国志·吴书·士燮传》载：汉末董督岭南七郡的苍梧豪强士燮兄弟"出入鸣钟磬，备具威仪，笳箫鼓吹，车骑满道，胡人夹毂焚烧香者常有数十"。这些焚烧香的"胡人"应当包括南亚来的佛教徒[2]。大家比较公认的中国最早的佛教著作《理惑论》，其作者牟子就是广西苍梧的儒生，成书的地点当在今越南至广西之间，书中说到出家僧人"捐家财，弃妻子"，"剃头发，被赤巾"，应反映了他生活的地区苍梧—交趾一带的社会真实情况。三国时一些印度僧人途经交趾北上，到吴国都城传教。第一个在中国南方设像布教的康僧会，其祖先是康居人，世居天竺（印度），其父亲因经商移居交趾，他本人随父母长住交趾，十多岁出家，明解三藏，博览六经，赤乌十年（公元 247 年）到建业（今南京），吴主孙权为之盖建初寺[3]。康僧会从交趾到建业，必以广西为通道。由此可见，汉末三国时期，广西地区确已有佛教僧人活动。

图一 梧州东汉墓胡人俑陶灯

图二 黄龙元年佛像铜镜

西晋惠帝末年，天竺僧人耆域"自发天竺，至于扶南，经诸海滨，是涉交、广"，后来北上湖北襄阳[4]，当也途经广西。《梁书·诸夷列传》和《南史·扶南国列传》记载着这样一个故事：天竺国阿育王曾为其第四女造了一尊佛像。这尊佛像被送到邺下（今南京）时，正值战乱，临时埋在河边，到晋咸和（公元 326~334 年）中，这尊佛像被人发现于水中，但已缺趺。发现者当即将这尊佛像送往长干寺供奉。一年以后，有人在海口打捞出铜花趺，拿到长干寺一对，正好与佛像相合。到简文帝咸安元年（公元 371 年），交州合浦人董宗之下海采珠，得佛光焰，送到长干寺以施佛像，又同这尊佛像相合。"自咸和中得像，至咸安初得佛光焰，历三十余年，光趺始具。"[5]这个故事的某些情节过于离奇，不可信。但它透露出这样一个信息：东晋时期，天竺国的佛像有从海路经过合浦传入中国内地的可能。苏东坡《菩萨泉铭并序》说到，晋人陶侃在任广州刺史时，在海上得到阿育王铸造的有款识的文殊师利像，后来转送到武昌寒溪寺了。《南齐书·祥瑞志》载，永明七年（公元489年）越州（今属合浦）人采到一颗像思维佛像的白珠，也献给皇帝，齐武帝为此盖了一座禅灵寺把它作为佛像供奉。这些又为天竺佛像经合浦传入中国内地增加了旁证。

东晋时期，罽宾（今克什米尔）僧人昙摩耶舍"喻历名邦，履践郡国"，以隆安（公元397~401 年）中，初达广州，在王园寺（今光孝寺）传教，至义熙（公元405~418 年）中"来入长安"[6]。南朝时期，罽宾僧人求那跋摩随商人船至广州，宋文帝于元嘉元年（公元424年）派人迎至建康（今南京）[7]。中天竺僧人求那跋陀罗由师子国"随舶泛海"，元嘉十二年（公元435年）至广州，宋太祖遣使迎至京师[8]；天竺僧人拘那罗陀（亦名真谛）于梁大同十二年（公元546年）从扶南至南海（今广州），后北至建业（今南京）[9]，等等。晋、南朝时期的"广州"，辖区包括今广东、广西大部分地区。这些外国僧人到所谓广州，其中也应包括在广西合浦登岸者。而当时从广州到建业（建康）的内陆交通以溯桂江入灵渠，过湘桂走廊，或走零陵、桂阳峤道，最为便捷，这两条通道都以穿越广西境为必由之途。

隋唐时期，广西的佛事已较兴盛。隋代名僧昙迁是否到过广西，现在无从查考，但他于开皇十年（公元 590 年）题写"栖霞洞"三字却赫然錾刻在桂林七星岩口，至今仍存。如果昙迁本人没有到过桂林的话，至少他的弟子是到过桂林的。

据唐僧义净撰《大唐西域求法高僧传》记载，唐初的道弘、贞固、智弘等高僧都曾到过广西桂林，并由桂林前往印度。道弘是汴州雍丘（今河南开封）人，早年随父游历三江五岭，后至广州，"入桂林以翘想，步幽泉而叠息"。贞固在武则天永昌元年（公元 679 年）来桂林，与道弘相遇，二人情投意合，一起南下番禺，于当年十一月附商舶西去天竺巡礼佛迹。智弘是洛阳王玄策之侄，初入道就想西游，"济湘川，跨衡岭，入桂林而托想，遁幽泉而息心"，颇经年载，后与无行禅师为伴，"至合浦升舶，长泛沧溟"。

这时来中国的印度僧人，和从印度、南洋回国的中国僧人，取道广西北上也为数不少。如中印度的布如乌伐耶（即那提三藏）由南海诸国经交趾，入广西，过桂林，于唐高宗永徽三年（公元 655 年）到达长安，住慈恩寺。显庆元年（公元 656 年）受命前往南海诸国采取异药，龙朔三年（公元 663 年）重返长安。南海波陵国僧人若那跋陀罗（即智贤）在唐高宗麟德年中（公元 664～665 年）与泛海前往印度求法的成都僧人会宁同译《涅槃》后分经二卷，"译毕寄经达交州"，会宁再到西域。仪凤初（公元 676 年），交州都督梁难敌遣使同会宁的弟子运期"奉表进经入京"[10]，随后运期又返交趾，告诸道俗，蒙赠小绢数百匹，重谐波陵，报告若那跋陀罗和会宁。南天竺僧人跋日罗菩提（即金刚智）游师子、佛誓（室利佛誓），于开元七年（公元 719 年）泛海至广州，唐玄宗敕迎到长安慈恩寺译经。以上这些僧人，一往一来，都途经广西，到过桂林。

唐中叶以后，由于中国西部丝路断绝，南海丝路相对繁荣起来，中外僧侣往返途经广西的更多。

武则天时，世称禅宗六祖大师的慧能（公元 638～713 年）曾到广西永宁州（今属永福县）双瑞岩讲经说法，他的弟子从广东溯西江而上进入广西弘法的不少。桂林人元康，曾居京师长安讲经说法，唐玄宗赐予他外国进贡的白鹿，因此他自号白鹿禅师，开元年间（公元 713～741 年）回桂林住持尧山，建白鹿寺。著名高僧鉴真大师在第五次东渡日本失败后，漂流到海南岛，于天宝九年（公元 750 年）也进入广西，到达桂林，受到桂州都督冯古朴的隆重接待，之后住持开元寺一年。唐肃宗至德元年（公元 756 年）自号无量寿佛的寂照大师周全真从湖南进入广西，在广西北部的全州县创建湘山寺（净土院），倡轮回因果之说，信徒颇众，之后在桂北的名山大川到处都建有寿佛寺庵。

元和年间（公元 806～820 年）释怀信、觉救、无业、无等、惟则、惟亮六位僧人同入广西，游览桂林。元和十二年九月三日（公元 817 年 10 月 16 日）游览了桂林西郊的芦笛岩，在芦笛岩内壁上留下他们的题名，墨迹至今仍存。同年重九，他们又同游桂林南溪山的元岩，在元岩内摩崖镌刻题名：

怀信、觉救、惟则、惟亮、无等、无业，元和十二年重九同游。业记。

怀信在桂林七星岩口的栖霞洞还题了一首诗，诗也被刻在崖壁上：

石古苔痕厚，岩深日影悠，

参禅因久坐，老佛总无愁。

元和十五年（公元 820 年）又有僧昼、道臻等僧人来游芦笛岩，他们也提笔在洞内崖壁上题名：

元和十五年，僧昼、道臻。

怀信、觉救、惟则、无等、无业、僧昼都是唐代小有名气的高僧，在《宋高僧传》中载有他们的生平事迹。怀信原居扬州灵塔寺，著有《释门自镜录》，后南游广西[11]。惟则俗姓长孙，京兆人，初谒慧忠禅师，得悟玄旨，遂南游天台，隐于瀑布之西岩。元和中，学众渐集，始筑舍室，后成寺院[12]。无等俗姓李，东京尉氏人，元和七年游汉上，后至武昌，结茅郡西黄鹄山，巴、蜀、荆、襄尚玄理者无远不至[13]。无业俗姓杜，商州上洛人，曾游历庐岳、天台及诸名山，唐宪宗、唐穆宗都很器重他[14]。觉救则是一位印度籍的客僧，本名佛陀多罗，北天竺罽宾人，擅长翻译，曾居洛阳白马寺，翻译过《大行广圆觉了义经》[15]。

宋元丰元年（公元 1083 年）西山净惠寺僧人溥法等也游览芦笛岩，同样在崖壁上也留下墨书题名：

元丰正祀癸亥八月四日，西山净惠寺赐□溥法、沙门如岳，同寺僧如揔、

蕴行，补陀院僧法印，同俗□河内于昫、于登同游。怱后同游。怱书。

绍兴十三年（公元 1143）大梁僧赐普明大师中远与洛阳滑颜诚等也游芦笛岩，留下墨书题名。

这时期，不但有大批外地僧人来广西，而且有广西土生土长的高僧。其代表人物就是契嵩。契嵩俗姓李，字仲灵，号潜子，景德四年（公元 1007 年）生于广西藤州镡津县（今藤县），七岁出家，入县东的广法寺；十三岁剃度，十四岁受具足戒，皈信净土宗，十九岁游方，沿西江北上，经梧州，上桂林，入湘江，下长江，历经佛道圣地衡山、庐山，头戴观音像，日诵观音菩萨十万声，受四方佛徒尊崇。宋皇朝赐予他紫方袍，仁宗赐他"明教大师"称号。

一批批佛教僧侣，或从南洋随舶入境，或从中原内地南来，或自广东逆水西行，相继在广西境内会合成潮。使桂林一带一时寺院林立，僧尼汹汹，香客沸沸，晨钟暮鼓，此落彼起，"龙华会上诸贤圣，为蕴精诚一炷香"[16]，造成佛事活动空前繁盛的局面。

二、佛 寺 遗 迹

从现有资料来看，广西最早的佛寺是晋代建于平乐的龙兴寺、合浦的灵觉寺，南朝建于封阳（今贺州境）的禅封寺[17]。这些寺院的具体地点和建筑规模已无从查考。隋代在桂林建有缘化寺，在梧州建有开皇寺，唐宋建立的寺院则更多。据清嘉庆六年（公元1801年）谢启昆编修的《广西通志·胜迹略》不完全的统计，自晋至清的1000多年间，广西境内先后有过135座佛教寺院，其中唐建20座，五代建2座，宋建65座。我们再参照府、州、县志记载和从历代石刻、诗文中检视，发现实际上远不止此数，仅唐宋时期的寺院至少就有170座。现以谢志为基础，参照其他资料，将唐宋佛寺列表如下（表一）：

表一 广西唐宋佛寺表

序号	名 称	地 点	创建年代	备 注
1	开元寺	桂林象山西	隋	隋名缘化寺，唐称善兴寺、开元寺，宋称宁寿寺
2	延龄寺	桂林西山	唐高宗时	原号西庆林寺，后改称西峰寺、延龄寺，宋称资庆寺
3	庆林寺	桂林七星山	唐初	
4	白鹿寺	桂林尧山	唐开元年间	原名龙泉寺，名僧白鹿禅师祝发处
5	白龙寺	桂林南溪山	唐宝历间	李渤建
6	栖霞寺	桂林七星岩	唐	原为寿佛庵
7	圣寿寺	桂林叠彩山	唐	见《桂林风土记》
8	释迦寺	桂林龙隐岩	唐	唐建，宋元符二年重建，后称龙隐寺
9	云峰寺	桂林象鼻山	唐	
10	华盖庵	桂林隐山	唐	
11	香林寺	临桂	唐咸通五年	
12	龙泉寺	灵川北街	唐贞观间	
13	陟屺寺	灵川武利场	唐中宗时	明代圮
14	如意寺	灵川南街	唐开元间	
15	罗汉寺	阳朔广福岩	唐	唐时题为"广福"，曹邺有诗
16	太和庵	兴安西五十里	唐	妙应禅师建
17	昙慧寺	全州	唐初	古谚云："先昙慧，后湘山"
18	湘山寺	全州	唐元和二年	又名寿佛寺、报恩光孝寺
19	静隐寺	全州	唐	北宋慈明大师出家处
20	慧明寺	灌阳	唐	旧名梁兴寺，宋祥符间赐额
21	大云寺	柳州	唐	武后时创建，柳宗元复建
22	开元寺	柳州	唐	
23	天宁寺	柳州	唐	靖康元年《修天宁寺路碑记》载
24	开皇寺	梧州东门外	唐	隋建，唐圮

序号	名　称	地　点	创建年代	备　　注
25	光孝寺	梧州云盖山	唐	
26	冰井寺	梧州冰井侧	唐	有敕藏经楼
27	慈寿寺	藤县	武德初	宋为广法寺，契嵩在此出家
28	乾亨寺	藤县	武德初	
29	永福寺	藤县	唐贞观七年	
30	通善寺	藤县	唐	主持比丘尼智首随鉴真东渡日本
31	南山寺	贵港	唐	武后赐经五千卷，宋咸淳初赐额
32	开元寺	容县	唐	现存贞元十二年铸开元寺铜钟
33	景星寺	容县	唐乾封间	宋毁
34	宴石寺	博白	唐咸道间	岭南节度使高骈创建，南汉大宝间重建
35	普明寺	博白	唐元和间	
36	龙华寺	桂平西山	唐末	
37	寿佛寺	横县	唐	始建于唐，宋绍兴间重建，又名应天寺
38	龙兴寺	横县	唐会昌六年	宋政和末改为冲霄宫，靖康复为寺
39	龙兴寺	南宁	唐	明改名天宁寺
40	金峰寺	来宾	唐	
41	定兴寺	阳朔倪家村	五代同光二年	
42	鉴山寺	阳朔寿阳山	五代同光间	有宋太祖御制碑
43	报恩寺	梧州云盖山	五代南汉	现存南汉乾和十六年（公元958年）铸铜钟
44	乾亨寺	贺州	五代南汉	有南汉大宝四年（公元961年）铸铜钟
45	灵景寺	容县都峤山	五代南汉	乾和时有佛寺，供奉佛像和五百罗汉
46	宁国寺	容县	五代南汉	有南汉大宝十二年（公元969年）铸铜钟
47	万安寺	贵港	五代南汉	
48	多灵寺	宜州	五代南汉	明末圮
49	普陀寺	桂林普陀山	宋元丰元年	
50	雉山寺	桂林雉山	宋	陶弼（公元1017~1080年）有《宿雉山寺江亭》诗
51	崇明寺	桂林	宋	至和二年（公元1055年）义缘造像记已载
52	福缘寺	桂林	宋乾道间	
53	东禅寺	桂林	宋	
54	铁牛寺	桂林独秀峰	宋	
55	铁佛寺	桂林宝积山	宋	
56	棋盘寺	桂林	宋	
57	天宇寺	桂林	宋	
58	正悟寺	桂林	宋	
59	宝王寺	灵川	宋太平兴国八年	

续表

序号	名 称	地 点	创建年代	备 注
60	方广寺	灵川	宋治平间	
61	报恩寺	灵川	宋	乾宁间邹浩有《假寐灵川报恩寺》诗
62	禅水寺	灵川	宋绍兴间	
63	福逻寺	灵川	宋绍兴间	
64	普照寺	灵川	宋绍兴间	
65	下法云寺	灵川	宋绍兴间	
66	佛塔寺	灵川	宋绍兴间	
67	圣建寺	灵川	宋绍兴间	
68	祖印寺	灵川	宋隆兴间	
69	龙华寺	灵川	宋乾道间	
70	神珠寺	灵川	宋乾道间	
71	义兴寺	灵川	宋乾道间	
72	延寿寺	灵川	宋乾道间	
73	宝积寺	灵川	宋乾道间	
74	寿圣寺	灵川	宋淳熙间	
75	湘山寺	灵川	宋淳熙间	
76	正果寺	灵川	宋淳熙间	
77	胜福寺	灵川	宋淳熙间	
78	多宝寺	灵川	宋淳熙间	
79	法忍寺	灵川	宋庆元间	
80	上明心寺	灵川	宋庆元间	
81	下明心寺	灵川	宋庆元间	
82	大雄寺	灵川	宋嘉定间	
83	本觉寺	灵川	宋绍定间	
84	广福寺	灵川	宋嘉熙间	
85	圣教寺	灵川	宋嘉熙间	
86	海会寺	灵川	宋嘉熙间	
87	珊瑚寺	灵川	宋宝祐间	
88	白衣寺	灵川	宋宝祐间	
89	元贞寺	灵川	宋景定间	
90	东胜寺	灵川	宋咸淳间	
91	惠林寺	灵川	宋咸淳间	
92	玉乘寺	临桂	宋绍兴二十二年	
93	龙华寺	临桂	宋乾道三年	
94	禅隐寺	临桂	宋淳熙间	

序号	名 称	地 点	创建年代	备 注
95	超果寺	临桂	宋嘉泰三年	
96	德云院	兴安	北宋	
97	宝塔寺	兴安怀德坊	宋宣和元年	
98	能仁寺	全州	北宋	
99	灵归庵	全州湘山	北宋	
100	甑山寺	全州	宋	
101	砻岩寺	全州	宋	大观进士孙觌有《砻岩寺》诗
102	梵安寺	灌阳伍家湾	宋太平兴国	
103	大觉寺	灌阳文市	宋	旧名演潭寺，宋熙宁中赐额
104	资圣寺	阳朔平乐乡	宋	宋丁渭有《桂林资圣寺诗》
105	三李寺	阳朔	宋政和六年	
106	普润寺	阳朔历头街	宋建炎间	
107	澄心寺	阳朔木山村	宋隆兴二年	
108	宝梵寺	阳朔富和里	宋庆元丙辰	
109	等法寺	阳朔杨梅岭	宋嘉定乙亥	
110	六通寺	阳朔	宋绍定二年	
111	广慈寺	阳朔枫林村	宋端平间	
112	善兴寺	阳朔	宋端平丙申	
113	报恩寺	阳朔	宋景定间	
114	宝相寺	荔浦	宋	
115	满觉寺	荔浦	宋元丰间	后改名金鱼寺
116	鹅翎寺	荔浦	宋绍兴二十二年	此寺至今仍存
117	北山寺	平乐	北宋	宋邹浩尝游此寺
118	资寿寺	平乐	宋大中祥符	又名南山寺，元丰元年秋生芝草，又名资圣寺
119	东山寺	平乐	北宋	
120	西山寺	平乐	北宋	
121	庆林寺	平乐	宋	
122	龙孟寺	平乐榕津	宋淳祐二年	
123	登云庵	恭城	宋	
124	宝胜庵	恭城	宋	
125	思恩寺	恭城	宋嘉定四年	后名福田寺，清道光改名凌云古刹
126	恭诚寺	富川	宋	
127	沸水寺	贺州	宋	有瀑布泉
128	浮山寺	贺州	宋	此寺至今仍存
129	梵安寺	贺州铺门	宋宣和间	

续表

序号	名 称	地 点	创建年代	备 注
130	三乘寺	贺州	宋德祐间	内有南汉时铸铜钟
131	西山寺	昭平	宋淳祐二年	进士陶希文建
132	龙亭寺	昭平	宋	铜钟有铭广西龙平县高村坊开庆元年十二月造
133	寿圣寺	桂平白石山	宋嘉祐三年	
134	报恩寺	贵港	宋	
135	隆兴寺	容县	宋	有宋铸铁佛
136	报恩寺	容县	宋	
137	宝相寺	玉林	宋	元以后又重修过
138	南台寺	博白	宋熙宁间	李时亮建
139	报恩寺	横县	宋嘉定间	
140	观音寺	横县	宋嘉定间	
141	乌龙寺	南宁	宋皇祐间	
142	宝林寺	南宁	宋皇祐间	
143	石台庵	南宁	宋	
144	明秀寺	南宁	宋	
145	三宝寺	武鸣	宋	
146	寿宁寺	宾阳	宋	明改名报恩寺
147	景福寺	来宾	宋	
148	灵泉寺	柳州	宋	元祐三年王安中《新殿记》已载，又名天宁寺，崇宁间改称万寿禅寺
149	开元寺	柳州	宋	吕本中有《开元寺夏雨》诗
150	感应寺	柳城	宋咸淳间	
151	湘山寺	罗城	宋	
152	西明寺	融水	宋	治平间改名西竺寺
153	报恩寺	融水	宋	
154	铁旗寺	融安	宋	
155	会仙寺	融安	宋景定间	
156	广化寺	融安	宋	宋真宗赐御书十六轴
157	广化寺	宜州	宋真宗时	
158	西竺寺	宜州	宋治平间	
159	万寿寺	宜州	宋崇宁间	
160	南山寺	宜州	宋	
161	保民寺	宜州	宋	见元符初《五百大阿罗汉碑》
162	飞来寺	河池	宋	
163	西龙寺	河池九圩	宋	

续表

序号	名　称	地　点	创建年代	备　注
164	景德寺	环江	宋	
165	湘山寺	天峨	宋	
166	迎晖寺	凌云	宋	太平兴国二年重修
167	东山寺	合浦	宋	北宋宝山成禅师在灵觉寺旧址上创建
168	慈云庵	合浦	宋	清改名为保子庵
169	接龙庵	合浦	宋	
170	准提庵	合浦	宋	

从上表可以看出，广西的佛寺创建于唐代的有 40 座，五代的有 8 座，宋代的有 122 座。但这是不完全的统计，有的佛寺已经佚名，无法列入表内。如《柳州复大云寺》记载，武则天时曾下令在柳州建了 4 座佛寺，除了大云寺以外，其他 3 座都已佚名；又如容县都峤山，唐宋时期有九寺十三观，其佛寺除仅知有南汉时创建的灵泉寺之外，其余都不知名了。尽管如此，此表也从一个侧面反映了唐宋时期佛教在广西的繁盛景况。从地理分布来看，它们主要集中于桂林及其附近，沿桂江（漓江）南下至梧州，再溯西江上柳州、南宁，靠近水路沿线的比较多。随着封建统治的加强，在封建统治势力向少数民族聚居的腹地推进的同时，佛教寺院也逐步伸入桂西地区，使桂黔交通孔道上的宜州，到宋代也成为一个小小的佛教中心。当然，上列佛寺规模有大有小，有的存在时间长，有的存在时间短暂。除了极少数著名的寺院外，广西的古代佛寺一般规模较小，有的只有住持僧尼一二人，有的甚至没有常住僧尼，香火时断时续，甚至变成道观或其他神祇的庙宇。现仅就几座著名佛寺介绍如下。

1. 桂林开元寺

在桂林城南文昌门外。隋代始建，原名缘化寺，是桂林见于记载最早的一座佛寺。据唐人莫休符《桂林风土记》载："后因纱灯延火烧毁重建。"唐初称善兴寺，建有七层高塔，塔内藏有贮存舍利子的石函一个，故名舍利塔。后改名开元寺。天宝九年（公元 750 年）著名高僧鉴真和尚在此住持一年，主持过受戒大典，桂州城不少官员、举子跟他学佛受戒。五代时，楚王马殷有所扩建。宋称永宁寺，又名宁寿寺，规模宏敞，殿宇靓深。诗人刘克庄曰："吾行半区中，钜丽莫能比"，认为是当时南方最大的寺院。张釜在登寺内慈云阁时也有诗赞曰："千年佛阁与云齐，足力穷时目力移。堪笑痴儿夸壮丽，哪知芥子纳须弥。"元人张湖山有《桂林宁寿寺诗》："丹级才升四望赊，香消无复梦豪华。向来马氏殚禅力，要拟龙宫作佛家。树老烟霜台殿古，石封苔藓井栏斜。上人不用莲花漏，自有林梢报晓鸦。"明洪武二年（公元 1369 年）毁于火，八年（公元 1375 年）拓展南城时，从今南门桥侧挖筑护城河，使桃花江水至象鼻山北麓入漓江。十六年（公元 1383 年）重建宁寿寺时，从原址向西迁移约 300 米，并改称万寿寺。洪武十八年（公元 1385 年）在新址重建舍利塔，成喇嘛式砖塔。万寿寺"虽为浮屠氏供筵之所，自入国朝，每岁凡遇会节，自镇巡藩臬而下，大小臣工，嵩呼祝庆，演习礼仪，实唯其地，非他祇园道场可比焉者。"[18] 清乾隆五十七年重修，清末废弃，现仅存明代重修的舍利塔（图三）。

2. 桂林延龄寺

在桂林西山，又名西峰寺，始建于唐。据唐人莫休符《桂林风土记》载："寺在府之西郭郊三里，甫近隐山，旧号西庆林寺。"这里原甚荒芜，本无寺宇，有一年因大水飘来一巨木，有人操斧欲砍伐，被一梵僧止住："此木有灵，尔宜勿伐。"洗蔬菜的人站在上面则浮，洗荤腥的人站在上面则沉。老百姓相信梵僧的话，不但不砍伐，而且将它雕刻成僧佛，盖一座佛寺供奉。武则天临朝之日，梦见金人长一丈六尺，向她乞求袈裟，诏大臣问此事，大家都不能解。后来依照梦中所见制作一件袈裟悬在城门外以俟符验。第二天一早，袈裟不翼而飞。诏天下寻找，结果发现在桂州西峰寺的卢舍那佛身上[19]。这个故事虽然很荒唐，但可侧面

图三　桂林开元寺舍利塔

印证，在唐初，桂林已有印度僧人活动，西峰寺也已闻名于世。可惜好景不长。到武宗毁佛时，这座寺院遭到"废毁"。到宣宗重新复法时才又有所复兴。后经五代十国的战乱，到宋代就衰落了，但是佛寺仍存，据《临桂县志》载宋人柳开《桂州延龄寺西峰僧咸整新堂铭序》说："桂州西峰僧咸整淳化元年（公元990年）不下山十二年矣。"足见北宋初还有寺僧活动。南宋以后才真正逐渐荒废，乾道九年（公元1173年）任广西经略安抚使的范成大还说"幕府有清土，寻僧上西峰"[20]。淳熙间任静江府（治所在今桂林市）经略的张栻则说，"故人畴昔隐西峰，野寺幽房一经通，无复老僧谈旧事，空余修竹满清风"了[21]。到明代，"崖镌佛像，仅余金碧，若乃楼间尘销，文字露立，鸟啼荒冢，草蔓石阶，虽足俯视两山，然积废大甚，不可复支矣。"[22] 近年来，经对该寺遗址试掘，知该寺原建筑坐北朝南，依山势前低后高，长约300米，宽约80米，出土唐代绳纹青砖、板瓦、筒瓦、联珠纹瓦当、滴水、莲瓣纹石柱础、宋代青砖、"明道二年"铭文石勾栏，大量唐宋时期的青瓷碗、盏、碟及戴盔的武将人物装饰砖。

3. 桂林释迦寺

在桂林城东龙隐岩。原建于何时已不可考。明《一统志》认为是唐代修建。据宋

人周刊《释迦寺碑》记载："依岩有败屋数椽，上雨旁风，旧榜释迦寺。"可见宋代已有释迦寺。而且已经破落。但是，它有一段时期僧人的活动是很频繁的。皇祐五年（公元1053年）刻在龙隐岩外峭壁上的狄青等《平蛮三将题名》碑就由僧宝珍篆额；龙隐岩又有至和元年（公元1054年）区八娘镌日月光菩萨像二尊，其间有题记曰："本州城南厢左界通波坊女弟子区氏八娘舍钱镌造日月光菩萨二躯，永充供养。时至和元年五月二十一日记。"还有至和二年（公元1055年）僧义缘刻智者大师等画像，其题记曰："城里崇明寺住持其僧义缘谨用斋资命匠者镌庄就天台教主智者大师，擎天得胜关将军、坛越关三郎相仪圆具在龙隐岩，释迦寺开光斋僧上报四恩，下资三友。至和二年乙未九月五日谨题，小师法巽稳法衮金符书，匠人易仕端，刊石卢迁。"

4. 贵港南山寺

位于贵港市南山。宋初因岩为寺，仁宗赐"景佑禅寺"额。有宋陈谠"南山寺"摩崖，宋庆元六年（公元1200年）立《南山寺前后住持题名碑》，记载第一代住持善智，端拱二年（公元989年）开山。元泰定年间（公元1324～1328年）太子图帖睦尔（后为元文宗）两次游寺，称该寺为禅宗南宗正脉，题曰"南山寺"。寺内有飞来佛等钟乳石造像，又有北宋天圣三年（公元1025年）铸的铁钟留存至今。现寺及其所属铁钟为广西壮族自治区文物保护单位（图四）。

图四　贵港南山寺

三、摩崖佛像及有关石刻

广西最早的摩崖佛像要算博白宴石山佛造像和桂林西山佛造像。桂林是广西佛造像最集中的地方，其他地区只是零星可见，宜州白龙洞的五百罗汉名号碑有重要的学术价值。

1. 博白宴石山摩崖佛造像

博白宴石山在唐代建有宴石寺，附近崖壁上镌凿不少佛造像。随着寺院废毁，这些佛像早已被人遗忘。1988年进行文物普查时考古工作者才从山崖上发现三龛。这三龛造像排列在一起，雕刻面宽5.5米，高3米。龛形都是尖拱形。正中一龛内为坐佛一尊，左右两龛均为一佛二菩萨。这些造像都因长期风化，剥蚀严重。从整个造像风格来看，似为隋唐时期的作品，是目前已知广西境内最早的摩崖造像之一[23]。南汉人刘崇远撰《新开宴石山记》说："昔曾有人临水凿石作佛像，约高五丈余，未穷其年代者矣。"是否即指这三龛造像，尚无确证。也许还有更高大的摩崖佛像早已被毁，或者仍在淹没中（图五）。

图五　博白宴石山摩崖造像

2. 桂林摩崖佛造像

桂林的摩崖佛造像主要集中在西山、骝马山、伏波山、叠彩山，在象鼻山、轿子山等地也有零星散布。

桂林西山包括西峰、观音峰、立鱼峰、龙头峰、千山等山峰，延龄寺就建在这些山峰之间的山谷里。佛寺附近的石壁上凿有大批佛龛和灯龛，后因会昌毁佛，造像受到严重破坏，加上历代兵燹人祸再毁，保存至今的尚有佛像98龛243尊，虽然大都断头缺臂，但仍可想见当年佛事繁盛的景况。

西山的佛像大都是一龛三尊，中间一佛，左右为菩萨；也有一龛五尊，一龛七尊和一龛十一尊的。造像场面都不大，没有佛传故事。其中最大的高达200厘米，最小的高仅20～30厘米。

观音峰是西山北边的主峰，在纵横曲折的登山道两侧随处可见摩崖佛像。主佛有低肉髻，面相方圆，浓眉细眼，小鼻阔嘴，长耳垂肩，颈起肉轮，宽肩直腰，缁衣斜披，祖右，露胸不露乳，结跏趺坐。菩萨面相与主佛相似而形体略小。在半山腰有一处较大的佛龛，在佛座的下方有一通造像题记：

大唐调露元年十二月七日，隋太师太保申明公孙，昭州司马李实造像一铺

隋太师太将保申明公是隋初的李穆，开皇六年卒。隋炀帝时，宇文述诬告李穆一门谋反，将李穆家族流放到岭南，其孙李实，于唐调露元年（公元679年）任昭州（今广西平乐县地）司马，造此佛像一龛。这龛造像可作初唐时期作品的断代标尺。观音峰有许多龛，从整体布局，到佛、菩萨风格都与此龛相同或相似，应是同一时期的作品（图六、图七）。

图六　桂林西山观音峰造像

图七　桂林西山调露元年造像记

龙头峰是一座危石累累的小石山，因从南面看去很像龙头，故名。1939年冬陈志良最先在这里发现佛像，称此石山为"佛像岩"。石壁上密密麻麻、重重叠叠布满佛像，但所有佛像的规模都很小，一般是一佛二菩萨，或单独一佛，最复杂者是5号龛，龛内凿出一佛二弟子二菩萨一供养人一飞天。主佛结跏趺坐，背后有蕉叶形大背光；弟子着圆领袈裟，双手合十，立于莲花座上；菩萨戴冠，着通肩长裙，立于圆墩形须弥座上；主佛背光之右上方有一供养人，面向主佛跽坐，主佛背光之左上方有一飞天，双手前举，双腿后张，作腾越状，这是广西唐宋时期佛像造像中发现的唯一的飞天形象（图八）。10号龛是并排二尊坐佛，左侧有造像题记一方：

造阿弥阤仏两躯，弟子梁今义并身影，永代供养，法界众生，同斯愿海。

龙头峰还有尹三归造像题记一方：

仏弟子尹三归造弥　阤仏三躯并身影，并文殊一躯及身影一躯，弟子玄僧
香造弥　阤仏一　躯及身影，养主二一躯。

这些题记虽然没有年款，但从彌作弥，陀作阤，佛作仏，躯作躯等情况看，应是初唐时期的。龙头峰东崖有一处"上元三年五月十九日"的灯龛题记，可以作佐证。

图八　桂林西山龙头峰造像

骝马山在桂林西山东北，山的北麓有摩崖造像6龛23尊。以前被积土掩埋，1983年清除积土才显露出来，也正因为长期掩埋，保存的特别好。其中以3号龛规模最大，是一佛二弟子二菩萨二力士二供养人。主佛高肉髻，面相颐方，平肩直腰，善跏趺坐，脚踏莲花；弟子面向主佛侧立，拱手胸前；菩萨腰身修长圆润，侧身稍内倾，立于莲花座上；力士站在菩萨外侧，其中左侧的力士头戴尖顶高冠，深目、高鼻、阔口、连腮胡须，着长袍，足穿靴，胸前挂长剑，一望而知是古波斯人。骝马山造像面容丰腴，阔胸细腰，身段修长婀娜，很有唐代塑像风韵，应是中唐时期的作品（图九）。

图九　桂林骝马山摩崖造像

伏波山在桂林城东，峙立在漓江西岸，山腹中空，名还珠洞。洞分上下两层，上层洞壁布满唐代造像，有两幅较大的千佛壁，因而又名千佛洞。下洞也布满造像和石刻。现存造像 36 龛 293 尊。这些造像，大都面容慈祥，身材粗壮，线条流畅，仍不失唐代风韵。从洞壁题名、题诗来看，有年代可考的，最早的是唐大中六年（公元 852 年）桂管监军使赐鱼袋宋伯康造像记，和咸通四年（公元 863 年）桂管观察使赵格、摄支使刘虚白的题名。有一些佛龛上刻有宋人题名。可以证明这些佛造像大都是晚唐时期雕凿的（图一〇）。

图一〇　桂林伏波山摩崖造像

叠彩山在桂林市东北角的漓江边上，山腰有洞南北贯通，名风洞，于是山又称风洞山。据《桂林风土记》载，山上在唐代有圣寿寺，晚唐诗人元晦在《叠彩山记》中曾提到，"其西岩有石门，中有石像，故曰福庭"。会昌毁佛，佛寺和造像受到严重破坏。

叠彩山现存造像33龛88尊，大多面型较瘦，形态较忧郁，具宋代风格。其中一龛的左下方有治平元年（公元1064年）造像记：

使院都孔目官邓峄，今舍财镌菩萨二龛永充供养。治平元年六月四日庆记。

在洞壁上还有一处题记是："本寺尼志华舍衣钵钱请匠人镌造释迦佛一堂供养，时号甲辰六月　日记"。此记与治平元年邓峄造像记的作风、书法相近，甲辰亦即治平元年。还有一则题记是："当寺尼囗囗舍衣钵钱命匠人镌造释迦佛一堂供养，甲辰岁润五月十五日记"。又与邓峄、志华造像及其题记风格相似，甲辰又润五月者也只有治平元年。可见，叠彩山的摩崖造像大多是北宋中叶前后的作品（图一一）。

图一一　桂林叠彩山摩崖造像

在象鼻山西南麓，唐代建有云峰寺，寺后石壁上有唐代摩崖造像两龛，今残存5尊。据记载，原造像下方镌有僧人知深为合浦令吕兴撰的造像记。

综观桂林的摩崖造像，西山、骝马山、伏波山，风格大致相同，以脸型丰满，形态温和，服饰简朴，雕凿精巧为著，显示了一脉相承的风格。叠彩山造像脸型稍瘦削，形态安闲，衣褶厚重，但仍不失前代遗韵。以时代而论，西山的时代为最早，都是初唐时期的，武宗毁佛时受到严重摧残；骝马山次之，当属中唐时期，但因被掩埋，避开了武宗毁佛的厄运。再次是伏波山还珠洞的，大多是宣宗复法以后的作品。最晚的是叠彩山的，主要是唐末至北宋中叶的作品。从这里大致可以看出唐宋时期佛教在桂林有从西向东转移的发展趋势。这些造像同中国北方和中原地区的不同，罗香林曾以毗卢遮那佛像为例，同南天竺和爪哇的佛像做过比较，认为它们是从海上传入的[24]。

值得注意的是，骝马山造像中有波斯力士像，使我们想到桂林北边的全州有个波斯岩。据道光年《湘山寺志》载："波斯岩在（湘山）寺南四十里，前后有龙潭，多佛像。泉窦直通井，崖多记游石刻。"罗香林认为，"岩以波斯为名，而又多佛像，似为自波斯西来之僧侣所经始"。《湘山寺志》卷下载寺内石刻有："须菩提祖师像石刻在山门右，唐人作"；"观音大士像石刻在景德寺中，唐吴道子作"；"金刚经全部石刻在山门左，唐清泰三年立。"由此可见，该地自唐至五代多佛像艺术作品。须菩提是隋代比丘，扶南国人，在建康翻译过《大乘宝云经》八卷。须菩提师像石刻的出现，应是西来僧侣曾经栖止全州的痕迹，不然就是印度化较深的中国僧侣，或者曾到印度求过法的中国僧侣留下的遗迹[25]。这再次证明，佛教有自印度经海路进入广西而向中原传播的路线存在。

3. 宜州佛造像与五百罗汉名号碑

晚唐五代，广西塑造罗汉比较多。容县都峤山在南汉时建的灵景寺有泥塑的五百罗汉，博白宴石山在南汉时铸过五百铁罗汉。可惜这些罗汉塑像无一保存下来。现在还保留下来的唯有宜山县（今宜州市）会仙山上白龙洞里的五百大阿罗汉名号碑摩崖石刻。此刻高 200 厘米，宽 110 厘米，碑额为："供养释迦如来住世十八尊者五百大阿罗汉圣号"，碑题为："宜州会仙山保民寺罗汉峒新建五百大阿罗汉碑"，下署："住持劝首沙门洪耀书额，桂林欧阳照书，区炳刊"。碑末落款为："都知兵马使莫之才、梁瑾，上名左都押衙曹寿、韦实，都孔目官欧阳皋，教练使覃超，作院将李旻，修造覃通、罗师忠，通用官行首廖兴能，弟子徐怀辩、梁鼎臣、魏添、徐益、秦汲、李公辅，指挥使李诚，女弟子谢氏二娘、王氏一娘、欧阳氏四娘、吴氏四娘，已上施主每人各舍钱一贯文足，作生生不朽之功，结世世相随之果，龙华会上，同为一会之人，佛法因中，口经如来之地。时圣宋元符初戊寅岁中元日设斋庆，杨记。"正中刻有佛教故事图一幅。图幅之下刻铭文十一行，曰："功德上祝当今皇帝龙图永固，圣祠遐昌，国泰民安，法轮常转，文武臣僚，常居禄位，次报四恩，下资三友，各愿此生他世，真性不迷，奉佛闻经，得无生忍，法界有清，供沾利乐"。正文记罗汉名号共 518 位，第一罗汉阿若憍陈如，第五百罗汉愿众，均在其中。以前认为现存最早的罗汉名号石刻记录是宋绍兴四年（公元 1134 年）十二月立的《江阴军乾明院罗汉尊号石刻》，原碑已不存，碑文收在《嘉兴续藏》第 43 函中。宜州白龙洞五百罗汉名号碑刻于宋元符戊寅年（公元 1098 年），比江阴乾明院石刻早 36 年，而且完好地保存此今[26]。此石刻的发现，对研究佛教的民俗化并向南方少数民族地区的传播有不可忽视的重要意义。

宜州在北宋时期出现五百罗汉名号碑并非偶然。在同一岩壁上另有三龛浮雕造像与之互为参证。第一龛高 150 厘米，宽 250 厘米，有造像 15 尊，正中主佛高 100 厘米，其余分上下两列，上列 8 尊，下列 6 尊，各高 70 厘米。此龛右上方有造像记一方，可惜字迹模糊，已无法识读（图一二）。第二龛高 150 厘米，宽 200 厘米，有造像 5 尊，正中是骑白象的普贤，高约 100 厘米，右上方是白鹿大师，高约 50 厘米，普贤之后另有一立像，普贤之前下方有二供养人（图一三）。此龛左上角有一方造像题记，文曰：

图一二　宜州白龙洞佛造像

图一三　宜州白龙洞普贤造像

宜州街西居住□□行人龙管同妻罗氏九娘，于绍圣戊寅六月初八日往江北保民寺会仙□阁烧香，观洞中圣迹，当时同妻发心舍净财，命匠人就石刻上普贤菩萨、白鹿大师从真□，并管夫妻出身，请得开光，永世供　奉。迨资荐亡父龙四郎，亡母刘氏八娘，道姑陈氏三娘等早超生界，愿龙　管夫妇合家四时□□□八节常有人来之喜庆。大宋元符元年八月秋日，清　信弟子龙管记。

第三龛高110厘米，宽160厘米，有造像5尊。

这些造像形像古朴，线条流利、清晰，刻工精巧，不是一般粗疏之作，反映了佛教在宜州流传已久，寺院佛事已有深厚的基础。第二龛造像题记中的绍兴戊寅也就是落款中元符元年，即公元1098年，与五百罗汉名号碑同年而晚一个月。

在宜州白龙洞外崖壁上有一处碑刻，其额为"婺州双林寺善慧大士化迹应观图"。

碑文似记述梁武帝萧衍奉佛的事。此碑刻于宋绍兴四年（公元 1097 年），比五百罗汉名号碑还早一年。

罗汉崇拜的兴起标志着佛教的民俗化进程，因为罗汉出身的成分复杂，什么社会阶层的人都有，比起佛和菩萨来更接近广大民众，最易为一般老百姓所接受。这也是佛教能够深入经济文化比较落后的民族地区的一个重要因素。

注　释

［1］　广西壮族自治区文物管理委员会：《广西出土文物》，文物出版社，1978 年，图版 147。

［2］　任继愈主编：《中国佛教史》第一卷，中国社会科学出版社，1981 年，194 页。

［3］　（梁）慧皎：《高僧传》卷一，海山仙馆丛书本。

［4］　同［3］卷九。

［5］　（唐）李延寿：《南史·扶南国列传》。

［6］　同［3］卷一。

［7］　同［3］卷三。

［8］　同［3］卷三。

［9］　（唐）道寅：《续高僧传》卷一。

［10］　（宋）赞宁：《宋高僧传》卷二。

［11］　同［10］卷十九。

［12］　同［10］卷二十七。

［13］　同［10］卷十一。

［14］　同［13］。

［15］　同［10］。

［16］　（宋）邹浩：《送择老赴桂州龙华会》，《粤西诗载》卷二十二。

［17］　（唐）李延寿：《南史·萧思话传》。

［18］　（明）徐淮：《重修宁寿寺碑》，见《广西通志·胜迹略》。

［19］　（唐）莫休符：《桂林风土记》，《丛书集成》初编本。

［20］　（宋）范成大：《次韵陈仲思经属西峰观雪诗》，《粤西诗载》卷三。

［21］　（宋）张栻：《和友人梦游西山》，《粤西诗载》卷十四。

［22］　（明）张鸣凤：《桂胜》卷十一。

［23］　封绍柱：《广西博白宴石山摩崖造像》，《文物》1991 年 4 期。

［24］　罗香林：《唐代桂林摩崖佛像考》，《唐代文化史研究》商务印书馆，1945 年。

［25］　同［24］。

［26］　李楚荣、谭耀东：《宜山发现宋刻罗汉名号碑》，《中国文物报》1988 年 35 期；又《宜山县发现宋刻五百罗汉名号碑》，《宜山文史》1989 年 3 月 3 期。承蒙李楚荣先生惠赐碑文拓本，得以详细观察，谨此顺致谢意。

（原载于《广西博物馆文集》第五辑，2008 年 8 月）

论灵渠的灌溉作用

灵渠位于广西壮族自治区北部的兴安县境，是我国最古老的运河之一。公元前 221 年，秦始皇完成中原统一大业之后，随即挥军南下，派五十万大军进行统一岭南的战争。秦军越过五岭山脉，进入岭南少数民族地区，由于战争未能迅速取胜，大部队的军需粮秣的补给遇到极大困难，于是命监御史禄率兵在湘桂走廊，湘江漓水之间，开凿了这一条运河。

灵渠在湘江上游截流，将湘江水分成南北二支：一支向北流，穿过湘江右岸的冲积平原，蜿蜒八里，又回到湘江本流；一支向南，突破湘漓二水间的分水岭，进入漓江流域，将漓江原有的一条支流展拓之，流程四十五里，到灵河口，与漓江上源的溶江汇合（图一、图六）。

灵渠自开凿之后，至今已历二千余年，一直是沟通长江水系和珠江水系的交道枢纽。它在繁荣祖国内地同岭南地区的经济文化方面，在巩固祖

图一　灵渠全景

国西南边疆的国防方面，都起过巨大的作用。关于灵渠的航运之利，历来都受人重视，谈论的人很多，但它同时兼有灌溉之利却很少有人提及。我生长在灵渠附近，有六年中学时代就是在灵渠岸上渡过的，对古老的灵渠怀着特别深厚的感情。就个人见闻所及，深深感到，灵渠的灌溉作用也是巨大的。因为灵渠除了从南陡口到太史庙山一段是人工修筑和开凿的以外，其他地段都是利用原来的溪流河道疏浚加修而成的，它们流经的地区多半是土地平衍、适于农耕的地区，这些农耕区的开发，同灵渠的灌溉之利息息相关。因此，探讨灵渠的灌溉作用也是一个很有意义的课题。

一、灵渠灌溉之利的发展

自汉代以来，记载灵渠的文献资料"代不绝书"，但在宋代以前，都把灵渠同行军作战联系在一起，谁也没有提到过它的灌溉作用。虽然，明代人方昇在《灵渠赋》中提到唐代李渤复立陡门三十六时说过："自是人无负载之苦，而得灌溉之利矣"[1]，似

乎唐代已注意到灵渠的灌溉作用了，但李渤本人和与李渤同时代的人并不以灵渠的灌溉之利为然。

李渤是唐宝历初年（公元825年）的桂管观察使，他修灵渠，是"以利舟行"，完全是为航运着想的[2]。比他晚四十余年的桂州防御史鱼孟威重修灵渠，在《灵渠记》一文中更加明确地说："旧说秦命史禄吞越峤而首凿之，汉命马援征徵侧而继疏之。乃用导三江，贯五岭，济师徒，引馈运，推俎豆以化猿饮，演坟典以移缺舌，蕃禹贡，荡尧化也。"把历代修灵渠的目的，统之为"济师徒，引馈运"。他本人主修灵渠也是因为"近岁以来，蛮寇犹梗，王师未罢"的缘故。他所津津乐道的也只是这一次修渠"浚决碛砾，控引汪洋，防陇既定，渠遂汹涌，虽百斛大舸，一夫可涉"的功绩，只字不提灌溉之利。甚至到北宋中叶，广西提典刑狱兼河渠事李师中率修灵渠，还是说"既导且辟"，"舟楫以通"[3]，说"浚灵渠以通漕"[4]，"师征安南，馈饷于是乎出，大为民利"，还是没有讲到灌溉一字。

只有到了南宋学者张栻为静江知府李浩撰写墓志铭时，才讲到南宋乾道年间（公元1170~1172年）李浩重修灵渠有"通漕运，且溉田甚广"的话[5]。同样，元代脱脱《宋史·李浩传》也载有"旧有灵渠，通漕运及灌溉"的文句[6]。这样，我们能找到勉强与"溉田"有关的文献记载已是灵渠开凿一千三百多年以后的事了。

但从地理分析，宋代之前，灵渠也一定会有灌溉之利的。因为灵渠的水位较高，沿途又设有船闸陡门，分段提高了水位，这就很自然地使灵渠水的一部分溢出渠外，流入附近低洼之地。由此可以想到，当时利用渗漏或有意开凿函孔引水灌田是完全可能的。比如东汉时代马援南征交趾，沿途所过，"穿渠灌溉，以利其民"[7]，虽然没有明说他利用灵渠灌田的事，但他既然在岭南有这种"穿渠灌溉"的举动，在他往返必经的交通孔道灵渠，不能不留下他的影响。又如唐代景龙年间（公元707~710年）王晙任桂州（今桂林）都督，"堰江水，开屯田数千顷"[8]，其中也应与灵渠的灌溉有关。不过，宋以前，灵渠的作用主要是军务运输，灌溉仅是承漏之余，是附带的，无法同漕运相比罢了。"且溉田甚广"，一个"且"字也就足以说明其中奥妙了。

自宋代以后，文献提到灵渠就开始注意它的灌溉价值了。这种变化，同广西农业经济的发展和灵渠本身所起的实际作用的变化有关。在宋代，桂北一带的农业生产有了明显的发展，南宋学者周去非在其《岭外代答》一书中说道："静江（今桂林）民颇力于田，其耕也，先施人工踏犁，乃以牛平之。"[9]。农业生产的发展，对水利灌溉事业提出了新的要求。宋代重视灵渠的灌溉作用，与此不无关系。同样，灌溉作用的加强，又促进灵渠两岸耕地面积的扩大和农业生产的进一步发展。

元代对灵渠的灌溉作用记载更为明确。黄裳《灵济庙记》说：元至正十三年（公元1353年）夏，"山水暴至，一旦而堤者圮，陡者陨，渠以大涸，壅漕绝溉"，广西行中书省平章事兼肃政廉访使乜儿吉尼派人重修，"于是铧堤之制加于初，漕溉之利咸复其旧矣"[10]。洪水冲垮了灵渠的堤陡，既"壅漕"，阻碍了交通运输，又"绝溉"，影响了农业生产，灵渠一旦修复，"漕溉之利"同时得以恢复，可见灵渠灌溉的地位已得到提高。

到了明代，由于灵渠的灌溉作用明显增大，在维修灵渠时就不仅考虑到有利漕运，同时也预先考虑到灌溉了。明初，洪武四年（公元1371年）修灵渠，《明实录》记载说"可灌田万顷"[11]。洪武二十九年（公元1386年）由监察御史严震直主持维修灵渠，把灌溉设施看作重要施工项目，最后修成"灌田水函二十四处"[12]。主持这项工程的严震直也把灌溉设施作为一项成就来歌颂，他在《筑兴安堤》一诗中说："塘陡经营筑版初，皇恩旁沛海南隅，民田自此多沾溉，安享丰年乐有余。"[13]但是此公不懂科学，在施工设计中主观臆断，在修筑大小天平时，把用于溢洪的天平鱼鳞石撤去，却增高石堤，等到当年洪水暴涨时，汹涌大水无处宣泄，把堤岸冲垮了，反而弄得"行舟不通，田失灌溉"[14]，两岸农民为此叫苦不迭，纷纷要求恢复洪武二十九年以前的旧貌。为此，八年之后（明永乐二年），朝廷又出资重修灵渠，"改作如旧制"[15]。从这里我们可以看出，灵渠的灌溉作用已经不可轻视。

明代对灵渠灌溉作用的重视还可以从当时人的言论中看出。明成化年间（公元1487年）孔镛作《重修灵渠记》，记载了当时政府官员对灵渠的议论，他们认为，"灵渠当南服往来喉舌之地。田畴之灌溉，舟楫之通塞系焉。"[16]已明白地把田畴的灌溉提到舟楫的通塞前面去了。到这时，运输与灌溉大约已能等量齐观了。

清代维修灵渠，对灌溉一着更为重视。如在北渠修建回龙堤和海阳堤，就几乎全为农田考虑。回龙堤在北渠下游，雍正庚戌（公元1730年）创建石堤，"万亩田畴利赖"[17]。海阳堤在北渠口，因为漫越大小天平石堤的洪水沿湘江故道直冲湘江右岸的沙洲，两岸平畴皆不得受灌溉，海阳堤修成后，洪水受到制约，"沙洲两岸，田数百顷，禾黍彧彧，而曲水平波，舟楫往来无滞"[18]。

至近代，由于陆路交通的开辟，灵渠作为运输渠道的职能大大衰落。特别是在20世纪30年代以来，湘桂公路和湘桂铁路相继通车，大批货运皆遵陆路，灵渠的帆影就日渐稀疏了。40年代以后，除了偶尔有一些短距离的运粮运肥的船只之外，一条历2000年不衰的漕运渠道其生命已经终结，正式转化为完完全全的灌溉渠道。由于交通运输职能的消失，原来官府所设的管理机构也自行撤销，至新中国成立之前，相当长的时间无人管理，堤陡渠道任其破败，灌溉之利也是相当有限的。只有在新中国成立以后，人民当家做主，在灵渠设立了水利管理委员会，才把灵渠的灌溉之利真正重视起来。

二、灵渠灌溉的方式

利用灵渠水灌溉包括自流灌溉和提水灌溉两部分。

所谓自流灌溉，就是利用渠堤上的涵洞及其分离出来的支渠、子渠，把灵渠水直接引入附近的田垌，需要水时，只要扒开田坝口子，水就可以自动流入稻田，无须借助于任何提水工具。这种方式当从灵渠一开凿之后就已存在了，开始是无意识的，只是承受堤漏的余波和泄水天平排出来的多余的水，随后则有意识地在渠堤上留出渠眼、涵洞，和在渠中塞以堰坝，导引出支渠、子渠。

图二　贯穿渠田垌的一支渠

最早记录灵渠灌田涵洞的，如前所述，是明代洪武二十九年维修的那一次。据今人唐兆民先生考证，明代修筑的涵洞主要分布在南陡口至大湾陡一带的秦堤上和北渠自分水塘至水泊村一带。至今还能找出其确切位置的尚有十处之多，包括南渠七处，北渠三处。南渠七处即由泄水天平至粟家桥一段秦堤上有三处，这三处涵洞引出农毛渠，灌溉兴安县城上水关一带稻田；由接龙桥至大湾陡一段渠堤上有四处，这四处涵洞引出四条较大的渠沟，灌溉兴安县城北郊渠田垌的大片稻田（图二）。北渠三处，一处在分水塘村旁，一处在湾陡下，一处在水泊村旁回龙堤上。这三处涵洞分别引水进入渠沟，灌溉分水塘、黄村头、打鱼村、花桥、水泊村等村一带稻田[19]。这些涵洞引出来的水都是自动流入稻田的，无须借助于提升机械。由于这些涵洞引水自流灌溉的作用，使兴安县城北郊和东郊沿湘江东西两岸的两片很大的冲积平原成为十分富庶的稻田区。人们习惯于把北郊的稻田区叫做"渠田垌"就是因为有灵渠灌溉之利的缘故。

灵渠为了积水通舟，沿渠设有陡闸。这种陡闸既分段提高水位，以利船只梯山航岭，自然也有利于导水灌田。所以，临近陡闸上游多附有泄水兼灌田的涵洞。这些涵洞溢出的水导入渠沟，也灌溉着周围的田地。此外，在河面较宽的渠道中还专门修筑拦河蓄水、引流入沟的堰坝。南渠自赵家堰以下共有三十二座堰坝。堰坝的结构，一般是用大木料钉成长方形框架，横置渠中，一个接一个，像一列火车的车皮，两边再用长木桩密排深钉，框架里填塞鹅卵石，砌成高约一米，宽约三至四米的斜面滚水堤坝。较简单的堰坝则不用木框架，而用毛竹编织成高约五六十厘米，长约四五米的竹篓，填装鹅卵石，横置渠中，也用长木桩密排钉牢。堰坝上开有堰门，以便船舶通行，船行过后，将堰门堵塞，导水入沟，灌溉稻田。

所谓提水灌溉是利用提升工具抽水上岸，导引入稻田，灵渠的提水灌溉起源也很早，其主要提水工具是龙骨车和筒车。

龙骨车是一种古老的提水工具。灵渠沿岸所用的龙骨车又分手摇和脚踏两种。龙骨车的车身是用杉木板钉成两端不封闭的长槽，槽中置刮水板。刮水板用杉木片制成，方形或长方形，正中凿方孔，楔入相当于活动链条的龙骨爪。车身两端装轮轴，轮轴带齿，可以旋转带动龙骨爪。尾端的轮辐较小，使用时浸入水中，首端的轮辐较大，而且从车身向上昂起，使用时架于岸上。使用时，转动首轮，就可以带动刮水板向上移动，将水渠的水刮上岸来。

手摇龙骨车和脚踏龙骨车的区别仅在于车头（即首轮）。手摇龙骨车的车头两侧装曲柄摇把，一人或二人站立在车头前摇动曲柄，即可车水（图三）。这种龙骨车比较轻便，一人可以扛在肩上转移，放下架稳即可提水。缺点是使用时要弯腰驼背，费力而效率低。脚踏龙骨车当地人称之为"踩车"，形体较大，车头不装曲柄摇把，而是装一长轴，轴上交错横楔四条长柄踏板。架设脚踏龙骨车需要一个长方框架，框架有四根立柱，八条横杠，车架前有扶手，后有靠背，中间横架一条木板供踩车者乘坐。其形态和《农政全书》所绘的"翻车"略似。踩动这种脚踏龙骨车一般需要二人，一左一右，并排坐在车架上，脚蹬踏板，转动车轴，带水上岸（图四）。脚踏龙骨车的优点是使用时省力，提水量大，其缺点则是移动不方便。每当天旱季节，龙骨车就在灵渠两岸咿呀鸣唱，吸水入田。如果田太高，龙骨车还可以采取分级提水的办法，集中多架龙骨车，逐级将水上送。

图三　灵渠边上的手摇龙骨车

　　筒车是利用水能机械自动提水的工具，在我国也有悠久的历史了。由于它既省力，又能把水一次提高到好几米甚至十几米的高度，其功效远胜于龙骨车。但筒车必须安装在有流水冲击的地方，又不如龙骨车来得灵活。灵渠之有筒车，至少可以上溯到宋代。南宋乾道年间（公元1166年）诗人张孝祥《过兴安呈张仲钦》诗中已写道："筒车无停轮，木枧着高格，秔稌接新润，草木丐余泽。"[20] 灵渠两岸的筒车是由竹木合构而成的。主体是一个大型立轮，立轮的轮轴是一根大木头，两端凿以榫眼，榫眼内插入圆竹辐条，辐条相向交叉，另一头用竹条编成轮廓，倾斜装置用竹篾编织的挡水板，每张挡水板的外缘捆扎一条长竹筒。竹筒用当地产的毛竹锯成，除最下一个竹节保留外，其余

图四　灵渠边上的脚踏龙骨车

图五　灵渠边上的筒车

竹节全部打穿。立轮的大小由渠岸的高低及渠水深浅和水力大小而定。竹筒捆扎的倾斜度要求很严，一定使其在轮轴转动时，竹筒没入水里，筒口刚好倾斜向上，能充分装水，而在其转到高空时，筒口正好倾斜向下，将竹筒内的水全部倒出。倒出的水由一条横置的木枧承接，然后引入一条纵置的木枧达于渠岸，引进稻田（图五）。

三、灌溉面积的估计

灵渠究竟能灌溉多少田地，历代没有作过精确统计。在宋以前，灵渠作为单纯的运输渠道，当然无人关心它的灌溉面积。自宋代以后，灵渠的灌溉作用已开始受到重视，但对它的灌溉面积也只有粗略的估计。在不少旧的文献里，动辄就说灌田"万顷"或"千顷"。如《明实录·太祖洪武实录》说，洪武四年维修之后，灵渠水"可灌田万顷"；谈迁《国榷》也说"溉田万顷"。吴勤《题重修灵渠卷》诗："灌溉良田万顷足"。一顷等于一百亩，灵渠所过之处整个流域面积也不过四十万亩，即四千顷左右。说灵渠"灌田万顷"显然是夸大其词。另一方面，有的人为说明旧社会的腐败，又把灵渠的灌溉面积任意缩小，说灵渠在新中国成立前的灌溉面积只有二千五百亩，也是不符合历史事实的。灵渠的灌溉面积理应随着时间的推移历代都有所扩大，到清代初年，"近渠之田，资灌溉者不下数百顷"[21]，可能接近事实；或者说至少应在数千亩之上。为了弄清灵渠在新中国成立前的灌溉面积，唐兆民先生于 1974 年和 1979 年进行了两次

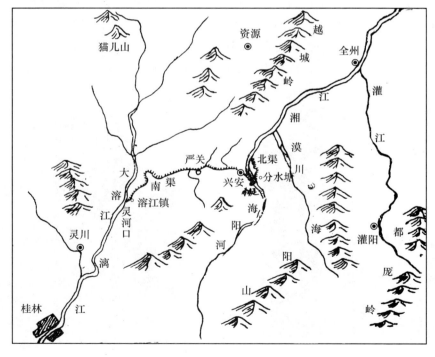

图六　灵渠位置示意图

详细的实地考察，编成《解放前灵渠水利灌渠情况调查表》，据他统计的结果，到新中国成立前夕，仅兴安县城附近依靠灵渠水函的水直接自流灌溉的稻田就超过二千五百亩以上，整个灵渠灌溉的实际面积是八千九百五十四亩。新中国成立以后，人民政府组织沿岸人民对灵渠大加整治，兴建排灌工程，对灵渠水进行合理分配使用，充分发挥了它的效益。据有关部门统计，灵渠两侧已修建大小渠道三十四条，总长一百一十多公里，修建了支灵水库等四个蓄水工程和六十多个山塘，构成了一个以灵渠为主干的长藤结瓜式的水利灌溉网，灌田面积已达四万多亩[22]，是历史上任何时期也无法比拟的。

摄　影：盛久永

注　释

[1]　汪森：《粤西文载》卷一。

[2]　鱼孟威：《灵渠记》，见汪森《粤西文载》卷十九。

[3]　李师中：《重修灵渠记》，见《兴安县志》卷三。

[4]　《宋史·陶弼传》。

[5]　（明）《永乐大典》卷一〇四二一引《张南轩集》。

[6]　《宋史·李浩传》。

[7]　《后汉书·马援传》。

[8]　《嘉庆一统志》卷四六〇《广西统部·名宦》。

[9]　周去非：《岭外代答》卷四。

[10]　见郝浴《广西通志》卷三五《艺文一》。

[11]　《明实录·太祖洪武实录》卷六〇。

[12]　严震直：《通筑兴安渠陡记》（兴安县秦堤上飞来石石刻）。

[13]　汪森《粤西诗载》卷一五。

[14]　顾祖禹：《读史方舆纪要》卷一〇七。

[15]　《明史·严震直传》。

[16]　见蒋方正《兴安县志》卷三《水利》。

[17]　同［16］。

[18]　鄂昌：《海阳庙碑记》，见乾隆《兴安县志》卷九《艺文》。

[19]　唐兆民：《灵渠资料粹编》，中华书局，1982 年。

[20]　张孝祥：《于湖居士文集》卷第五。

[21]　鄂尔泰：《重修桂林府东西二陡河记》，乾隆《兴安县志》卷九《艺文》。

[22]　《融融春光古灵渠》，《广西画报》1984 年 2 期。

（原载于《农业考古》1987 年 1 期）

从《壮族简史》所用考古资料
谈壮族古代史上的几个问题

　　壮族历史源远流长，涉及面很广，内容十分丰富。能用简史的形式把它反映出来，很不容易。《壮族简史》[1]的编著者掌握了大量的实地调查材料和文献资料，概略地论述了壮族各个历史时期的政治发展状况和经济文化水平，给人以脉络清晰之感。

　　壮族的生息之地是我国南部边疆，包括广西、云南、广东、贵州等地，离我国历代政治中心的黄河流域较远，在我国浩如烟海的历史文献中，关于这些地区古代劳动人民生活斗争的记载极为贫乏，即使偶有只言片语，也由于地域和民族偏见而多歪曲不实之词。要正确认识和阐述壮族的古代历史，除了现代民族学调查资料以外，还要靠考古学提供新的更确实具体的实物史料。《壮族简史》已经注意到了这个方面。但是壮族地区的考古工作到目前为止还是比较薄弱的，能利用资料十分有限。如何利用这些有限的资料来说明壮族历史问题，是研究壮族历史的新课题。本文想就该书中运用考古资料存在的问题谈谈个人一些粗浅看法，以求教于编著者和其他同志。

一、民族史与地域史的关系

　　民族是有一定的地域概念的。但各个民族生息活动的地域是会随着不同的历史时期而有所变化。因此，一个民族现代的分布地区，同历史上的分布地区并不是完全相重合的。不能用今天的地域观念去套古代。研究壮族历史也必须注意这个问题。如果把今天壮族分布地区算作古代壮族分布地区，显然是不合适的。《壮族简史》在论述壮族古代历史时，着重点放在广西这个地域内发现的古代文物和发生的历史事件，当然是应该的，但对广西以外曾是壮族先民活动的地区的历史和所发现的考古资料注意得不够，在某些问题上就显得不十分全面。

　　怎么来解决这个问题呢？我认为有两个方面的工作要做：

　　一是了解壮族在历史上活动的地域，按时代顺序划出它的分布范围来。在论述族源和民族名称时，既然承认今日壮族同历史上的西瓯、骆越、乌浒、俚、僚、俍等民族有极密切的关系，那么就应该分别把战国至汉代的西瓯、骆越的分布范围，汉及其以后的乌浒、俚人的分布范围，三国以后属壮族先民的僚人的分布范围划出来，分别在这些范围之内追述他们的历史，在汉代，骆越的活动地域除了广西、广东以外，至少还应包括今越南北部地区在内[2]，谈到壮族古代这一阶段的历史时就不能不包括越南北部发生的有关历史事件。在唐代，壮族先民聚居的地区至少还应包括现在桂林附近许多地方，甚至还包括湖南南部，虽然这些地方现在都是汉族地区，但对唐代农民起义在这个地区的影响就不能不述及。在使用新发现的考古资料上，由于忽视了历史上的地域性，《简史》只注意了广西的，而没有注意或很少注意到与广西毗邻的，曾是壮族先民劳动生息之地的考古资料。

二是历史遗物的识别工作。要把考古发现中的历史遗物和遗迹分辨出哪些是壮族先民的，哪些是别的民族的先民的。不然就不便于说明某些历史问题，甚至会出现张冠李戴的现象。如广西的汉代墓葬很多，这些汉墓葬群有不少就在现在的壮族地区。从目前出土的文物来看，不少与中原内地的相同，一概把它们看成是汉族的或一概把它们看成是壮族的看法都是片面的。应该说，在古代壮族聚居地区的汉代墓葬是与壮族直接相关的，可以看作是壮族先民遗迹的一部分，当然其中有许多明显属于汉族的东西。同样，在与古代壮族聚居地区相邻的汉族地区的墓葬里也不可避免地有某些纯属壮族先民的遗物。不但汉代如此，就是唐代、宋代、明代、清代也无不如此。如壮族聚居地区出土的唐宋瓷器，有的是外来的，像平乐出土的唐代贴花瓷壶就是长沙窑的产品；有的则是本地瓷窑产品，如一些宋代本地瓷窑的产品，就出自壮族先民工匠之手。同样，明、清时代土司随葬的器物，有的是汉族地区输入的工艺品，有的则是当地壮族的手工遗泽。因为壮族很早以来就不断与汉族交往，大量吸收了汉文化，即使纯属出自壮族先民之手的东西，也带有汉文化色彩。如果不加分辨，或者全归之于汉族，或者全归之于壮族，都是与历史事实相违背的。但那些从古到今，一脉相承，有明显地方特色的东西，就更加应该重视了。

汉族是一个在历史上融合了许多民族形成的共同体。同样，壮族也是在历史上融合了岭南地区许多民族以后才形成的。它们都不是历代"单传"的民族。因此，壮族的民族特点就不像别的少数民族那么突出，跟它有关的历史文物和考古现象识别起来也就更加困难。壮汉民族自来关系十分密切，一部壮族史被当作地方史来写，也是有其客观原因的。但只要研究工作更加深入，其间的相互关系还是可以弄清的。比较理想的一部壮族史，应该在地域上有伸有缩，多少是按历史进程推移的；在文化面貌上则是一脉相承，发展脉络清晰可见的。

二、壮族原始社会的下限

壮族作为一个古老的民族，何时进入阶级社会，是一个比较复杂的问题。关于这个问题，在此以前已多次展开过讨论。《壮族简史》把壮族原始社会的下限定在战国时代，我认为是太晚了。看待一个民族的社会性质，主要看它的社会主流，社会生活的主导方面。壮族人数很多，分布地区很广，决定它的社会性质的应是它的中心地区，经济文化比较发达的那一部分，而不是比较僻远，保守，落后的那一部分。《简史》把广西平乐银山岭战国墓放在原始社会解体期，显然是说不过去的。平乐银山岭战国墓群的主人应是战国时代的西瓯[3]，它是壮族先民的一支。从墓葬形制，随葬品的组合，大量铜制兵器和大量铁制农具的出现，都可以看出，当时社会生产水平已很高，明显有了阶级分化，经常从事战争。这些，都绝不是原始社会末期所能有的。再从历史文献来看，西瓯有"君"有"将"，当然这是汉代著作家对西瓯部族军事首领的称呼，但反映了他们已有统治者与被统治者的区分；西瓯有强大的武装力量，可以同曾灭六国的强大秦军较量，有效地阻挡了秦军的南进。这样有组织的人群也绝不会是原始社会末期的人群。

从考古发现来看，壮族先民和其他民族一样，是经过了若干万年无阶级的原始社会发展阶段的。如果把桂林甑皮岩新石器时代文化遗址[4]和南宁附近贝丘遗址[5]的原始居民推断为壮族远古祖先的遗迹的话，距今已有将近一万年时间。这些原始文化遗址所表现的文化内涵，说明当时居民还处在母系氏族社会。随后便向前发展了。在桂北、桂东北、桂南等地发现大量的处于山坡丘陵地带的原始文化遗址[6]，其居民的农业经济就比较发达，在一些遗址还出现了石制的武器和作为男性崇拜标志的石祖、陶祖，说明当时的社会已由母系氏族公社过渡到了父系氏族公社，处于阶级社会的前夜。这个阶段目前虽从考古现象上还无法确知它的年代，但至迟应在中原地区的商周时代。广西的恭城[7]、平乐[8]、田东[9]、广东的清远[10]、四会[11]、德庆[12]、肇庆[13]等地发现春秋战国时代的一些墓葬，有的规模已经很大，随葬品很丰富，而且出现了象征奴隶主权威的编钟、大鼎等青铜礼器，不能不使我们强烈地感到，这些地区当时已经跨入了奴隶社会。

三、壮族奴隶制问题

关于壮族历史上是否存在过奴隶制，也是一个争论不清的问题[14]。有的学者认为，壮族历史上没有奴隶制，壮族社会在原始社会解体后就直接进入封建社会了。有的学者认为壮族历史上有过奴隶制，但奴隶制存在的时代又有不同的看法。《壮族简史》的作者是主张壮族历史上有奴隶制的。在该书第 28 页上说：

战国末期，壮族的原始社会解体以后，进入人类社会的第一个剥削制度——奴隶占有制。这个制度从开始到唐代最后崩溃，大约经过了一千多年的历史。

但是这样断定壮族奴隶制的上下限，我认为也是值得商榷的。关于战国时代壮族地区已不是原始社会而进入了阶级社会，已如前述。秦汉以后，壮族地区正式纳入中国版图，设立了郡县，封建王朝已在这里派官驻守，封建统治大大加强了，一些主要地区无疑已进入了封建社会。这种情况，文献是有据的，《简史》第三章第一节《秦汉到唐壮族社会的政治经济》中也作过叙述。秦统一岭南后，设立桂林、南海、象三郡，派遣官吏统治。岭南三郡都是壮族先民的聚居地区，如果承认秦是封建政权的话，它实行的统治无疑就是封建统治。秦亡以后，赵佗割据岭南，仍是继承秦代的统治方式，并未改变秦代时的社会制度。虽然，赵佗推行了一系列"和缓百越"的政策，迁就了越族地区的一些落后习俗，但并没有从根本上将社会制度倒退回奴隶制的现象。赵佗的割据，和中原内地的同姓或异姓诸侯王的割据，同是在汉帝国范围之内的封建割据，二者之间并没有本质的区别。汉武帝平定南越后，把岭南地区划分为九郡，实行了更加严密的统治，这些，无疑也都是封建的统治。从东汉末至南朝，中原战乱，不少汉族士人避乱南来，进入越族地区，与越人相杂处。从当时的记载来看，这些人所到的地方都不是一个可怕的奴隶制社会，他们并没有沦为奴隶，或蜕变成奴隶主，而是同当地民族和睦相处，相安无事。《简史》只引《宋书》、《梁书》、《陈书》所载在今荔浦、贺县、富川一带封侯置史的事实，来说明"产生了封建主义因素"，未免拘泥于文献，显得见事太迟了。

《简史》同章第三节《秦汉到唐壮族人民的反抗斗争》引了不少文献资料，也说明壮族地区人民所受的压迫是封建压迫，当地人民起义是反封建统治的，而不是反奴隶主统治的。如句町反王莽（《汉书·西南夷列传》）、二征反苏定（《后汉书·马援传》），都是如此。《简史》还直书东汉建宁三年郁林郡，乌浒人"起来反抗封建统治者"。如果当时壮族地区的阶级关系不是封建关系而是奴隶制关系，又怎么会有反封建统治者的斗争？

从考古材料来看，壮族主要分布地区在秦汉时代也应是封建社会。近三十年来，先后在桂北、桂东北各县[15]和梧州[16]、合浦[17]、贵县[18]等地发掘了数以千计的汉墓，在广州[19]、徐闻[20]也发掘了大批汉墓。这些汉墓所反映的丧葬习俗和陪葬的器物，同湖南等地的几乎一样，反映的阶级关系不是奴隶制而是封建制。《简史》引贵县罗泊湾汉墓出现殉葬人的事例来证实汉代壮族地区还是奴隶制，是不能成立的。关于贵县罗泊湾汉墓殉人的身份，我们在编写该墓的发掘简报时已略有论述，辩明这些殉葬者不是奴隶制下的奴隶，而是封建制下的奴婢[21]。这种现象是奴隶制的残余习俗，它只能说明壮族地区曾经有过奴隶制，有奴隶殉葬的习俗，不能因此说明时至西汉时代该地区还是奴隶制社会。

至于有些文献说到壮族地区到唐代还有蓄奴、掠奴、负债为奴的现象，应看作奴隶制的残余。这种现象，除了壮族地区之外，中原汉族地区也有；在壮族地区，除了初唐以前有之外，唐以后，宋、元、明、清各代也还有。这是历史遗留下来的尾巴。不能以有蓄奴、掠奴等现象就断定其社会是奴隶制的。汉代番禺的吕氏，南朝至唐代高凉合浦的冼氏、钦州的宁氏等"百越大姓"都曾占有不少奴隶和无数珍宝，但不能说他们是奴隶主。否则，宋代广源州的侬智高是否也算奴隶主？明代田州的瓦氏夫人是否也算奴隶主呢？当然不能。

综上所述，我们认为壮族社会的奴隶制下限应是秦统一岭南时。秦以前是不发达的奴隶制，随着秦的统一，很快就转入封建制了。当然整个壮族地区的封建制还是有其一定的地方色彩和民族色彩的，不必同先进地区整齐划一，等量齐观。

注　释

[1]　《壮族简史》，广西人民出版社，1980 年。

[ ] 《后汉书·马援传》。

[3] 《从银山岭战国墓看西瓯》,《考古》1980 年 2 期。

[4] 《广西桂林甑皮岩洞穴遗址的试掘》,《考古》1976 年 3 期。

[5] 《广西南宁地区新石器时代贝丘遗址》,《考古》1975 年 5 期。

[6] 《广西钦州独料新石器时代遗址》,《考古》1982 年 1 期;《广西南部地区新石器时代晚期文化遗存》,《文物》1978 年 9 期。

[7] 《恭城出土的青铜器》,《考古》1973 年 1 期。

[8] 《平乐银山岭战国墓》,《考古学报》1978 年 2 期。

[9] 《广西田东发现战国墓》,《考古》1979 年 6 期。

[10] 《广东清远的东周墓葬》,《考古》1964 年 3 期。

[11] 《广东四会鸟旦山战国墓》,《考古》1975 年 2 期。

[12] 《广东德庆发现战国墓》,《文物》1973 年 9 期。

[13] 《广东肇庆市北岭松山古墓发掘简报》,《文物》1972 年 11 期。

[14] 《在区民委召开的壮族瑶族历史科学讨论会上关于壮族古代社会性质问题的不同意见》,《广西日报》1962 年 7 月 25 日。

[15] 《平乐银山岭汉墓》,《考古学报》1978 年第 4 期;《广西贺县甫门西汉墓》,《文物资料丛刊》第 4 辑,文物出版社,1981 年。

[16] 《广西梧州市近年来出土的一批汉代文物》,《文物》1977 年 2 期。

[17] 《广西合浦西汉木椁墓》,《考古》1972 年 5 期;《广西合浦堂排汉墓发掘简报》,《文物资料丛刊》第 4 辑,文物出版社,1981 年。

[18] 《广西贵县汉墓的清理》,《考古学报》1959 年 1 期。

[19] 《广州汉墓》,文物出版社,1981 年。

[20] 《广东徐闻东汉墓》,《考古》1977 年 4 期。

[21] 《广西贵县罗泊湾一号墓发掘简报》,《文物》1978 年 9 期。

（原载于《学术论坛》1984 年 4 期）

后 记

本论文集是在广西文物考古研究所领导和同仁的大力支持下编辑的。2008年5月，在广西文物考古研究所学术委员会的会议上，研究所领导宣布将为老人编辑出版论文集，要求我先做这方面的准备。遵照领导意见，我从已发表的论文中选出40多篇，做了简单分类，将目录呈送研究所。韦江副所长仔细看过目录后，提出了修改意见，剔出铜鼓论文，将论文集目录确定了下来，随即动手做论文的搜集编辑工作，10月将复印稿和相关书刊寄往科学出版社。

选入本集的论文37篇，最早的是20世纪80年代初发表的，最晚的是退休以后的新作，前后时间跨度30多年。扬州八怪之一的郑板桥在《词钞自序》中说，他"年三十至四十，气盛而学勤，阅前作辄欲焚去；至四十五六，便觉得前作好；五十外读一过，便大得意。可知其心力日浅，学殖日退，忘己丑而信前是，其无成断断矣！"对照自己，也有类似感受历程，现在回过头去看早年写的那些论文，虽然不成熟，随着考古工作迅速发展，新资料、新观点层出不穷，有的已经过时，但是那种初生之犊不怕虎的生气和探索精神仍跃然纸上；晚年想的问题更多，欲作补益，无奈精力不足，追赶不上时代前进的步伐，虽有新作，仍无多少进步。但是"敝帚自珍"，对这些论文总有一种难以割舍的情怀。每当翻到这些久违的论文，就回想以前艰难的岁月，更加珍惜来日不多的余生。

这些论文结集出版，绝大多数保持最初公开发表时的原貌，文末注明出处，除个别文字堪误和体例规范外，基本没有改动。有些论文在发表时因刊物要求，没有配图，为了阅读方便，这次增加了一些插图。

在本书即将付印之际，我衷心感谢广西文物考古研究所的领导和同仁，40多年来风雨同舟，我们一起顶烈日，冒寒雨，跋涉八桂大地，互相扶持和勉励，为文物考古事业作奉献。本书的内容是这些劳动的部分结晶。特别感谢韦江副所长，他亲自主持了本书目录的编定、论文的审阅，提出了许多很好的建议，并亲自同科学出版社联系出版事宜，促成本书的顺利出版。感谢中国社会科学院考古研究所资深研究员、秦汉考古第一人黄展岳先生，他是我的师长，长期以来给我悉心指导和帮助，这次又欣然命笔，为本书撰写了热情洋溢的序。感谢科学出版社文物考古分社宋小军、刘能两位编辑，他们为编辑出版本书付出了巨大的辛劳。

蒋廷瑜
2009年7月20日于南宁铜鼓书屋